Ernst Issberner-Haldane

Die wissenschaftliche Handlesekunst
– Chirosophie –

Ernst Issberner-Haldane

Die wissenschaftliche Handlesekunst – Chirosophie –

Die Weisheitslehre der Hand

Verlag Hermann Bauer
Freiburg im Breisgau

Die Deutsche Bibliothek – CIP-Einheitsaufnahme

Issberner-Haldane, Ernst:
Die wissenschaftliche Handlesekunst – Chirosophie :
die Weisheitslehre der Hand / Ernst Issberner-Haldane. –
15. Aufl., 55.–57. Tsd. –
Freiburg im Breisgau : Bauer, 1991
ISBN 3-7626-0052-X

Mit 82 Abbildungen und 133 Zeichnungen.

15., überarbeitete Auflage – 55.–57. Tsd.
ISBN 3-7626-0052-X

Satz: Fotosetzerei G. Scheydecker, Freiburg im Breisgau.
Druck und Bindung: Wiener Verlag GmbH, Himberg.
Printed in Austria.

Inhalt

Zweiter Teil

Handformenlehre – Chirognomie

Dritter Teil

Handlinienlehre – Chiromantie

Vierter Teil

Praxis der Chirologie

Fünfter Teil

Ergänzendes, Verwandtes

Sechster Teil

Anhang

Über den Autor

Ernst Issberner-Haldane wurde am 11. Juni 1886 in Kolberg in Pommern geboren. Schon in früher Jugend naturverbunden, feinspürig denkend und erlebend, waren Botanik, Zoologie, Heilkunde, Religion und metaphysische Zusammenhänge seine besonderen Interessen. Im Alter von zwölf Jahren machte ihn sein Bruder, ein Theologe, auf die Handlesekunst aufmerksam. Er begann als Siebzehnjähriger, sich intensiv damit zu beschäftigen und die Handlesekunst zu studieren, dabei Graphologie und Physiognomie gleicherweise näher betrachtend. So wurde die Chirologie sein intensivstes Studium und seine Liebhaberei – sie sollte seine Lebensarbeit werden.

Während seiner Militärzeit nahm er jede Gelegenheit wahr, sein Wissen durch praktische Wertungen und Studien der alten Literatur zu vertiefen. Später erkannte Ernst Issberner-Haldane, daß die damals vorliegenden Bücher dieses Spezialgebietes unzuverlässig waren; nur wenige der gebrachten Merkmale waren sinnvoll. Diese wenigen guten Merkmale bildeten das Fundament, auf dem er, unter Berücksichtigung statistischer Ergebnisse, »weiterbaute«. Während ausgedehnter Reisen in alle Welt (1910 bis 1914, unter anderem nach Australien, Neuguinea, Südamerika, wo er viele Menschen traf, die ihm aus der Heimat ihres Volkes weiteres Wissen über die Hände der Menschen vermittelten) besuchte er in Indien Fakire und Yogis, durch deren Unterweisungen er viele wertvolle Erfahrungen über die Hand- und Nageldiagnostik sammeln und diese Wissenschaft begründen konnte.

Aufgrund seiner wissenschaftlichen Arbeiten über medizinische Hand- und Nageldiagnostik und die metaphysischen Zusammenhänge von Krankheit und Gedankenleben (Psycho-Somatologie) erfuhr Ernst Issberner-Haldane Ehrungen aus aller Welt: 1912 Professor h.c., 1926 Ehrenmitglied der Plasmologischen Gesellschaft in Barcelona, 1953 Ehrenmitglied der International Society of Neuropathic Physicians.

Während des Ersten Weltkrieges wurde Ernst Issberner-Haldane in Zivilgefangenschaft gehalten. Diese Zeit nutzte er, um an Tausenden von Menschen sein Wissen von der Hand zu bereichern und zu vervollständigen. Nach dem Krieg lebte er in Berlin, wo er weiterstudierte. Er wurde Mitglied der Arbeitsstätte für Menschenkunde an der Universität Berlin (Prof. Dr. med. H. Friedenthal). In dieser Zeit gründete er auch seine Beratungspraxis und schuf sich einen ausgezeichneten Ruf als wissenschaftlicher Charakterologe, seelischer Berater, Vortragsredner und Fachschriftsteller. Seine Gutachten, zum Beispiel für Berufseignungsprüfungen, und seine Handanalysen, zu deren Erstellung er Lichtbilder, Handschriftproben, Handabdrücke und Handfotos erhielt, waren in vielen Ländern der Erde gefragt.

Zahlreiche Ärzte und Heilpraktiker suchten und erhielten seinen Unterricht. Ernst Issberner-Haldane gab der Heilwissenschaft anhand von über einhundertfünfzig Merkmalen eine neue, objektive und zuverlässige Ergänzungs-Diagnostik, die heute hoch geschätzt und praktisch angewandt wird. Begeisterte Zuschriften und Wertgutachten bestätigen dies.

Seine Lehrwerke erreichten hohe Auflagezahlen und werden immer wieder neu aufgelegt; sehr zur Freude verschiedener »Autoren«, die sie plagiieren – natürlich ohne Quellenangabe.

Der weltweite geistige Anhang, den sich Ernst Issberner-Haldane durch umfassendes Wissen und großes Können, durch Vorträge und Beratungen schaffen konnte, machten ihn zu einer sachkundigen »Auskunfsstelle« für Yoga- und Rosenkreuzerlehren, Atemkunde, Theosophie, Urreligion, Metaphysik, Psychologie und Parapsychologie. Dies war der Grund, warum er im Dritten Reich verfolgt und interniert wurde. Nach dem Zweiten Weltkrieg begann er mit zähem Fleiß und ungebrochenem Willen, seine Praxis in Berlin wieder aufzubauen. Er wurde nur von dem einen Gedanken geleitet, vielen Suchenden geistige und seelische Hilfe zu geben. Er hatte erkannt, daß sich die gesamten Eigenschaften einer Persönlichkeit in deren Hände einprägen und von dort von dem Wissenden wie aus einem offenen Buch abgelesen werden können. Von 1952 bis zu seinem Tod 1966 lebte und lehrte Ernst Issberner-Haldane in Frankfurt, wo seine Lebensgefährtin Rita Issberner-Haldane noch heute in ihrer Heilpraxis mit den chirologischen Erkenntnissen ihres verstorbenen Gatten arbeitet.

Vorwort des Verfassers zur 7. Auflage 1956

Dieses Buch ist das Ergebnis meiner jahrzehntelangen Forschungen und praktischen Erfahrungen, die immer wieder überprüft wurden und sich in gleichbleibenden Bestätigungen als zuverlässig erwiesen haben.

Die erste Auflage erschien 1921, womit erstmalig ein Lehrbuch der wissenschaftlichen Handlesekunst (Chirologie) vorlag, auf dessen Grundlage der Stoff objektiv lehr- und erlernbar wurde. Fachwelt und Kritik bezeichneten mich damals übereinstimmend als den Begründer der modernen Chirologie.

In der ersten Auflage war auch eine Anzahl von Krankheitsmerkmalen im Zusammenhang mit der Chirologie bearbeitet, die in späteren Auflagen abgetrennt wurden und als besonderes Buch unter dem Titel *Medizinische Hand- und Nageldiagnostik* erschien. Beide Bücher haben inzwischen eine erfreuliche Verbreitung und starken Widerhall auch im Ausland gefunden.

Im Jahre 1941 wurden meine Bücher von der Gestapo verboten und die Bestände vernichtet. Sofort nach Kriegsende setzte erneut starke Nachfrage nach meinen Schriften ein; im Antiquariat gehörten sie mit zu den gefragtesten und höchstbezahlten Titeln. Nach gründlicher Bearbeitung mag nun die neue Auflage ihren Weg gehen und versuchen, zu den alten auch neue Freunde zu gewinnen.

Verschiedene Autoren haben in der Annahme, ich sei im Konzentrationslager umgekommen, Bücher, Lehrbriefe oder ähnliches herausgebracht, die meist teilweise oder ganz als Plagiat meiner Arbeiten anzusehen sind. Ein solches Verfahren richtet sich selbst. Der ernsthafte Leser und Lernende merkt sehr bald, daß Publikationen dieser Art niemals die gründliche und systematische Aufbauarbeit ersetzen können, die mein Buch bietet.

Ernst Issberner-Haldane

Vorwort zur 13. Auflage 1982

Das Streben vieler Menschen, einer wachsenden Unsicherheit zu begegnen, wächst ständig. Sie wollen erfahren, wie sie mit sich selbst besser zurechtkommen können; sie suchen nach Wegen, um über Selbsterkenntnis Kraft zu empfangen. Anfragen, Begegnungen und Gespräche zeigen immer wieder auf, wie wichtig den Menschen eine Selbstorientierung ist. Schon jahrzehntelang hat die Chirosophie hier helfen können.

Um die Informationen dieser Lehre zeitgerechter zu gestalten, war eine Überarbeitung des 1921 erstmals veröffentlichten Werkes geboten. Das gesamte Material wurde mit großer Sorgfalt gesichtet, systematischer geordnet und dem heutigen Sprachgebrauch angepaßt. Um das Gedankengut des vor sechzehn Jahren verstorbenen Autors möglichst authentisch zu dokumentieren, sind auch persönliche, zeitbezogene Ereignisangaben in dieser 13. Auflage unverändert übernommen worden.

Möge dieses Werk weiterhin vielen Suchenden einen Anstoß vermitteln, durch größeren Überblick mehr Einsicht in die Zusammenhänge von Ursache und Wirkung zu gewinnen, um damit mehr innere Ruhe und Gelassenheit zu erreichen.

Abschließend sei darauf hingewiesen, daß ein schon seit langem geplanter Atlas der Hände mit ausführlich beschriebenen Farbfotografien von Handpaaren mit eingehender Berücksichtigung auch der Außenhände 1984 erschienen ist. Dieser Atlas wird die Arbeiten von Ernst Issberner-Haldane über wissenschaftliche und medizinische Handdiagnose weiter erläutern und die gesamten Informationen über dieses Wissensgebiet abrunden.

Frankfurt am Main
im Dezember 1982
Hansa-Allee 9

Rita Issberner Haldane

Vorwort
zur 14. Auflage 1986

Die 14. Auflage der *Wissenschaftlichen Handlesekunst* erfuhr während der Ausarbeitung des Atlas der Chirologie, im Dezember 1984 erschienen, weitere Ergänzungen. Einzelne Merkmale und Hinweiszeichen wurden erklärt und hinzugefügt.

Dem Studierenden dient es zu größerer Klarheit und tieferem Verständnis.

Rita Issberner-Haldane

Vorwort zur 15. Auflage 1991

Das Spiegelbild der Hand bedingt sich durch die Wechselwirkung zwischen Geist, Seele und Körper. Darüber hinaus besteht eine Wechselwirkung zwischen unsterblicher Seele und den kosmischen Kräften.

Geist und *Bewußtsein* lenken das sich »fortpflanzende Schwingungsmuster der Intelligenz«. Das Energiepotential des Menschen wird von diesem durchdrungen. Die persönliche Denkstruktur wird nicht allein von ihnen gebildet, sondern bewirkt durch das universale Wandlungs- und Schöpfungsprinzip auch das Erkennen der Allverbundenheit. Darin ist der individuelle Lernprozeß des Menschen, der zur Handhabung geistiger Intelligenz führt, eingeschlossen. Stufe um Stufe schreitet der Mensch in das höhere Bewußtsein, überrundet dabei seine Ichbezogenheit, wissend geworden in die geistige Freiheit.

Jeder erfährt es an sich selbst. Die eigene Hand zeigt ihm den Weg.

Oktober 1991 *Rita Issberner-Haldane*

Erster Teil

Wesentliche Grundlagen der Chirosophie

Das menschliche Leben ist nur eine Episode
in dem großen Zyklus kettengliedartig
aufeinanderfolgender Lebensbewußtseinsstufen,
in der sich alle Ereignisse von Zeit zu Zeit –
periodenweise und gesetzmäßig – wiederholen.

Die Wissenschaft hat Grenzen, das Wissen nicht.
Urteile nicht über eine Sache, wenn du sie nicht verstehst oder nicht begreifen kannst, sondern meditiere und versuche, durch Konzentration deiner Gedanken in die Tiefe der Weisheit und des Geheimnisses des Universums einzudringen. Nur so wird es möglich sein, Erleuchtung und Verstehen zu erlangen.

Ernst Issberner-Haldane

1. Zur Geschichte der Handlesekunst

Uralt sind die Lehren der Handlesekunst. So alt wie alle Religionen, Astrologie, so alt wie das menschliche Denken. In den ältesten heiligen Büchern, in den Veden, im Buche Hiob finden wir Hinweise darauf. Zu allen Zeiten hat es Chiromanten gegeben, und fast alle bedeutenden Männer der Weltgeschichte haben sich mit dieser alten hohen Wissenschaft befaßt; alle, einerlei ob in Indien, Ägypten, Arabien, Griechenland, im Römischen Reich oder in Germanien, besonders aber im alten Deutschland. Eine Menge alten und besten Wissens ist durch politische Umtriebe, die es zu allen Zeiten gab, verlorengegangen, durch Verfolgungen der »Ketzer« und »Zauberer«, durch Vertreibung der Magier und der alten Meister. Jene Überlieferungen, die noch blieben, waren Stückwerk und reichlich mit Phantasien durchsetzt. Viele dieser spätmittelalterlichen Überlieferungen, unzuverlässig wie sie waren, wurden wieder und wieder abgeschrieben und weiter überliefert, so daß sich doch wenigstens ein guter Teil retten ließ. Diese Reste finden wir zum Teil heute noch in den Schriften, die zwischen 1500 und 1700 gedruckt wurden. Leider sind sie aus bestimmten Gründen nicht wertvoll genug, daß man sie in der Fassung und Auslegung praktisch verwenden könnte oder dürfte. Man würde nur Fehlschlüsse und Unwahrheiten erhalten. Gewiß finden sich in jedem Buche Teile – wenn auch nur kleine verstreute –, die Anspruch auf unbedingte Richtigkeit haben. Aber diese wenigen Goldkörnchen sind so verstreut, daß sie ein in diese Materie nicht wirklich tief Eingedrungener nicht finden würde. Daher haben diese »alten Bücher« heute als Überlieferung nur noch Sammlerwert.

Im alten Griechenland stand die Chiromantie bei allen großen Gelehrten und Philosophen in höchstem Ansehen und galt als eine heilige Wissenschaft. Die damalige griechische Kultur ist im Hinblick auf Kunst und Wissen klassisch und heute noch modern. Sie wird noch heute an unseren Hochschulen gelehrt. So sollte es auch mit der Wissenschaft von der Hand sein, wenn man sachlich sein will. Ein großer deutscher Gelehrter von Ruf, Johann Hartlieb, ließ um 1448 ein Buch über Chiromantie erscheinen. Melanchthon, zuerst ein Gegner der Astrologie und Chiromantie, studierte diese Wissenschaften, überzeugte sich von ihrer Richtigkeit und lehrte sie dann an der Universität Wittenberg. Zu Beginn des 18. Jahrhunderts wurde die Chiromantie an den Universitäten Halle, Jena und Königsberg gelehrt. In Dresden hielt um dieselbe Zeit der Arzt Philipp Meyens in diesen Wissenschaften Vorlesungen. In der ersten Hälfte des 19. Jahrhunderts waren es die Franzosen d'Arpentigne und etwas später Desbarolles, die die Chiromantie wieder neu aufleben ließen und einiges von dem Verlorenen ersetzten. Beide Autoren wurden weltbekannt durch ihre Schriften.

Auf dem zweiten Kongreß für Experimental-Psychologie in Paris 1913 wurde die Chirologie als Wissenschaft anerkannt. Der Anfang war wieder gemacht. Die Chemie entstand einst aus der Alchimie, die Astronomie aus der Astrologie, die Physik aus der Metaphysik. Alle Wissenschaften haben ihren Grund im Okkulten, und mit Hilfe des Okkultismus und seiner Gesetze werden alle Wissenschaften erst vervollkommnet, zur Höhe entwickelt. In Deutschland ist man noch nicht so weit, obgleich Prof. Dr. med. H. Friedenthal zeitweise Vorlesungen über das Äußere der Hand hielt und obgleich es bereits akademische Studiengesellschaften für Astrologie in Deutschland gibt. Aber es kann nicht mehr allzulange dauern, bis man auch hier einsehen muß, daß Chirosophie eine ernste Wissenschaft ist, die auf Physiologie und Psychologie, also auf Naturwissenschaft, begründet ist und deshalb als einer ihrer Zweige anerkannt werden muß.

Im letzten Jahrzehnt hat die Handlesekunst einen gewaltigen Aufschwung erhalten. Leider sind es sehr wenige, die Besonderes darin geleistet haben. In England war es »Cheiro« (Count Hamon), in Frankreich Comte de St. Germain, in der

Schweiz der Arzt Ottinger, die wertvolle Bücher veröffentlicht haben. In Deutschland schrieb der bekannte Dr. med. Freiherr von Schrenck-Notzing eine kleine Abhandlung über das Thema.

Neuausgaben »alter Werke« sind und bleiben für den diese Wissenschaft Studierenden wertlos und verwirren nur, weshalb ich von ihrer praktischen Verwendung abraten muß. Auch in neuerer Zeit haben sich einige Personen gefunden, die aus den genannten alten Quellen geschöpft haben, um neue Schriften über Handlesekunst zu veröffentlichen. Diese Schriften mit altem Inhalt haben, wie ich schon sagte, nur historischen Wert.

Solche Sammlung ist wohl interessant und verdienstvoll, denn ein Vergleich der Schriften mit der Erfahrung und Praxis zeigt uns, wieweit u.a. die Zigeuner das Wissen verwässert haben. Diese Bücher der Tradition sind in ungeheuren Massen verbreitet und richten viel Unheil an, denn Halbwissen ist in jedem Fall eine gefährliche Sache. Ich warne dringend davor, diese Schriften der Tradition praktisch zu gebrauchen, da fast alle Ausdeutungen darin falsch sind, den Tatsachen nicht entsprechen. Ein wertvolles Buch für den praktischen Gebrauch kann nur der schreiben, der mitten in der heutigen Praxis steht und aus der Praxis und tiefem Studium die Erfahrung seines Wissens hat, in jahrzehntelanger rastloser und gründlicher Arbeit den Weizen von der Spreu, das Gute, wirklich Zutreffende und Verläßliche von dem Schlechten und Fraglichen gesondert hat. Man vergesse nicht, daß die Chirologie auf philosophischer und physiologischer Grundlage beruht und daß man sie sich nur durch fleißiges und gründliches Studium aneignen kann. Das Herumnaschen an ihr hat nicht mehr Sinn, als wenn man eine Abhandlung über den Blutkreislauf liest und dann Kranke heilen will. Beides ist gleich gefährlich. Gerade diejenigen, die sich nur zum Zwecke der Unterhaltung oberflächlich mit der Handlesekunst beschäftigen, sind es, die dazu beitragen, daß dem Mißtrauen gegen die Chirologie unberechtigt Vorschub geleistet wird. Wer diese Wissenschaft erlernen will, soll und muß sie ganz erlernen, studieren oder gar nicht.

Solange die wissenschaftliche Handlesekunst in Deutschland noch nicht anerkannt ist, kann man sich nicht dagegen wehren, daß sie von so vielen Unwürdigen, Ungeeigneten, Pfuschern und Schwindlern zum Schaden der Allgemeinheit und dieser Wissenschaft selbst ausgenutzt wird. Eine amtliche Prüfungsstelle hierfür einzurichten, ist ein dringendes Bedürfnis. Heute ist es nicht mehr so wie vor Hunderten von Jahren, daß sich jeder damit beschäftigen darf, ganz gleich, wer er ist. Daß bei soviel Schwindel und Pfuscherei die Handlesekunst heute noch bei vielen Menschen als Humbug gilt, ist daher nicht sehr verwunderlich.

Man hüte sich auch vor oft angepriesenen »Lehrbriefen«, denn sie bieten nur Halbheiten, sogar Irreführungen, und sind zumeist Plagiate anderer Werke. Im Anhang dieses Werkes ist für Interessierte eine frühere Zusammenstellung alter Literatur zum Thema mit Kommentaren nachgedruckt.

2. Wissenschaftliche Begründung der Chirologie

Der richtige Standpunkt in der Forschung ist immer der voraussetzungslose, rein objektive, sachliche, auf den auch durch ihr Alter manchmal ehrwürdige Meinungen keinen maßgeblichen Einfluß ausüben dürfen.

Wissenschaft ist, was unter gleichen Umständen und Voraussetzungen jederzeit gleiche Resultate ergibt und sich objektiv lehren und erlernen läßt.

Ein großer Teil des menschlichen Wissens beruht auf dem Zeugnis der Menschen. Wollte man diesen nicht glauben, so müßte jenes aufgegeben werden. Wenn die Freunde der wahren Aufklärung in dem Glauben an Vorgänge, die nicht nach den »bekannten« Naturgesetzen erfolgen, eine Gefahr für die Aufklärung sehen, so sind sie im Irrtum begriffen.

Alles im menschlichen Körper drängt zum Aufbau einer einzigen, vollkommenen Individualität. Alles steht in Beziehung miteinander, um eine einmalige Persönlichkeit zu schaffen. Alles: die Gesichtszüge, die Krümmungen und Ausbuchtungen des Schädels, die Größe oder Länge der Glieder, die Haltung, der Gang und der Blick, die Stimme, die Gebärden und auch die Handschrift. Und *wer* gestaltet die Bewegung der Schrift? Die *Hand.*

Nach den alten Philosophen ist alles in allem enthalten. Wenn dem so ist, warum sollte dann die Hand, die so feinempfindend und voller Ausdruck ist, nicht der treue Spiegel des inneren Menschen sein? Es wäre nicht logisch, wollte man das nicht anerkennen. Aristoteles nennt die Hand das Organ der Organe, das Instrument der Instrumente des menschlichen Körpers. An anderer Stelle, in seinem *De coelo et mundi causa*, sagt er, daß die Linien nicht ohne Ursachen in die Hände der Menschen geschrieben seien, sondern hauptsächlich dem Einfluß des Himmels (kosmischen Strahlungen) und der eigenen menschlichen Individualität zuzuschreiben wären. Gegenüber Plato betont Aristoteles die Empirie als wesentlichen Faktor der Erkenntnis: »... So kann man auch die Seele mit der Hand vergleichen; denn wie die Hand das Werkzeug aller Werkzeuge ist, so ist die Vernunft die Form aller Formen und der Sinn die Form alles Wahrnehmbaren.« (*Über die Seele*, Kap. 8 [übersetzt von Busse, Leipzig 1922])

Meines Erachtens ist die beweisende Empirie zuverlässiger als die Logik der Erkenntnis-Theorie, die der praktischen Beweisführung durchaus nicht immer standhält und daher der erfahrungsmäßigen Erkenntnis unterlegen ist.

Viele setzen das alleinige Heil in die Naturwissenschaft und verwerfen die philosophischen Doktrinen, weil sie nicht wissen, daß die Sicherheit der naturwissenschaftlichen Forschung nur in der Beschaffenheit der Naturdinge beruht, welche unter das Gesetz der Notwendigkeit gestellt sind, die sich nur im Endlichen bewegt, nie aber die Bedürfnisse des Herzens und des Geistes befriedigen kann. Glaubt man im Ernst, daß die Einsicht in die Gesetzmäßigkeit der Lösung und Bindung der Elemente die Menschen über den Verlust der Freiheit des Willens trösten und die Zerstörbarkeit und die Dauer der Atome, aus denen ihr Körper besteht, sie für die Vernichtung der Seele entschädigen können, die nur das Phänomen der Zusammenwirkung jener Atome sein *soll*?

Lassen sich aber schon die physiologischen Vorgänge nicht allein auf Bewegung der Atome zurückführen, so ist das mit den psychischen noch viel weniger der Fall. Die materialistische Ansicht kann aus den Kräften der einzelnen Atome nicht einmal die Sinnesempfindungen erklären, die nur durch einheitliches Zusammenfassen der einzelnen Eindrücke, Bewegungen und Zustände möglich werden.

Wenn alles Materielle nur Kraftspannung wäre oder eine Kraft, die ihren bestimmten Raum setzt, und die Seele selbst eine Kraft, die im Körper ihren bestimmten Raum setzt, so wird die Wechselwirkung zwischen Seele und Körper und die andere der Seele und Außenwelt nicht mehr unbegreiflich, weil sich sowohl die Materie als auch die Seele als Kraftwesen erweisen, die nur nach dem Modus ihres Seins und Wirkens, nicht aber ihrem innersten Wesen nach verschieden sind. Auch die Materie ist etwas Geistiges, gebundener Geist.

Alles in der Natur steht nach seiner Ordnung, alles ist Harmonie. Jede seelisch-geistige Veränderung, ob Fortschritt oder Verschlechterung, findet äußerlich ihren Widerschein. Angeborene Schönheit und Vornehmheit werden durch Ausschweifung ausgelöscht und erhalten ein gewöhnliches, gemeines Gepräge. Häßlichkeit verschönt sich durch den Ausdruck guten Denkens und besonders durch Gewohnheit geistiger Arbeit.

Das Seelisch-Geistige beeinflußt das Physische, und der Körper wirkt auf das Seelisch-Geistige ein. Dies ist absolut richtig. Auch die Physiologen geben in vollständiger Übereinstimmung mit der Gnosis zu, daß die Körperformen beim Tier mit besonderen Eigenschaften und Naturtrieben in Verbindung stehen (siehe: Porta, Carus, Schewe, Lavater). Deshalb muß das Studium jeder einzelnen mit diesem oder jenem Naturtrieb in Beziehung stehenden Form dem Beobachter den Charakter des betreffenden Menschen zeigen, ihn erkennen lassen.

Diese sprechenden Formen, die von den alten Forschern Signaturen (Merkmale) genannt wurden, können am *ganzen* Körper gefunden und abgelesen werden (Formaldiagnose) und nicht nur am Schädel und im Gesicht, wie Gall und Lavater es annahmen.

In dieser Arbeit will ich der Chirosophie eine ernsthafte Grundlage durch die Physiologie geben, trotz aller theoretischen Bedenken wegen ihres metaphysischen Ausgangspunktes. Es gibt in allen Wissenschaften und Künsten zwei Arten sinnvoller Betrachtung: durch intuitives Erkennen oder durch theoretisches *und* erworbenes Wissen. Theoretisches Berechnen ist teilweise ein empirisches Wissen, das heißt ein auf Tatsachen aufgebautes Erfahrungswissen und die Einteilung dieser Tatsachen durch Vergleichsetzungen. Diese Methode verwendete Gall beim Studium der Beziehungen zwischen Charakter und Trieb. Sind die Forschungen Galls heute auch zum größten Teil überholt, so hat er doch große Verdienste, denen man Anerkennung nicht versagen kann.

Die Nerven, die den ganzen Körper wie ein Netz durchziehen, lassen gemeinhin mit dem Blut die vitale Elektrizität kreisen, von der sie durchdrungen sind. In ihren hohlen, rohrförmigen Wänden enthalten sie einen durchsichtigen, sehr empfindlichen Strom, der das Fortpflanzungsmittel der Empfindung bildet. Das Gehirn ist der Behälter der noch wägbaren Kraft, Flüssigkeit oder Elektrizität, die von Blut und Nerven dargestellt wird. Es ist der Sitz des Lebens (Zirbeldrüse), des Verstandes, zum Teil auch der Seele (Kleinhirn) und deren vier Sinne: Gesicht, Gehör, Geruch und Geschmack. Der Tastsinn (Gefühl) ist weiter vom Gehirn entfernt, aber dennoch nicht weniger als die anderen Sinne eng mit ihm verbunden.

Es gibt zwei Arten von Nerven: Bewegungs- und Empfindungsnerven. Unter den Nerven, die vom Rückgrat und dem verlängerten Mark (Gehirn) ausgehen und sich zur Hand hin erstrecken, sind jene, die für die Empfindungen bestimmt sind, fünfmal wichtiger als die Nerven, die der Bewegung dienen. Dagegen ist zu beobachten, daß bei Tieren, deren Gestalt noch nicht vollkommen entwickelt, deren Muskelkraft aber groß ist, beispielsweise bei einem jungen Pferd, die Bewegungsnerven um ein Drittel wichtiger sind als die der Empfindung.

Sind die Finger Werkzeuge des bewußten Seelenlebens, dann ist nach Ansicht einiger Physiologen die Handfläche, die durch Fieber, Auszehrungskrankheiten und wesentliche Reizstörungen erhitzt wird, gewissermaßen der Raum des unbewußt triebhaften Seelenlebens. Das ist in der Tat so. Die Verbindungswege für diese Überfülle an triebhaftem Leben sind die sich unter den Fingern befindlichen Erhöhungen der Handfläche (»Berge« genannt) und eine mehr oder weniger starke Anhäufung von Tastkörperchen auf den dort befindlichen Nerven. Das Innere der Hand, die *positive* Seite, der Sitz des Tastsinnes und der Nervenempfindlichkeit, zeigt etwa 250 bis 300 Tastkörperchen (nach anderen Feststellungen 1600 Nervenenden) auf etwa 6,5 Quadratzentimeter.

Das Äußere der Hand, die *negative* Seite, auf das sich die Chirognomie (die Physiognomik der Hand) aufbaut, weist nicht ein einziges Tastkörperchen auf. Die Bedeutung dieses Unterschieds wird besonders klar, wenn man weiß, daß beispielsweise der Daumen eines Idioten an seiner Innenfläche keine, zumindest keine wahrnehmbaren Tastkörperchen aufweist. Aufgrund dieser Tatsachen wird man verstehen, daß die Chirognomie bisher ohnmächtig, mindestens aber unzulänglich bleiben mußte, trotz vieler sehr guter und treffsicherer Erkenntnismöglichkeiten (wie Teile der Charakteristik, Berufseignung, Grundrichtung des Denkens, Verhalten zur Umwelt usw.), denn mit unbedingter Richtigkeit kann sie nur Naturtriebe und – teilweise – die Einstellung zur Umwelt anzeigen, die aber leicht durch das Überwiegen von Leidenschaften, Einsichten, Fähigkeiten, ja selbst durch den Grundtyp, den die Handlesekunst heute mit viel Sorgfalt und großer Genauigkeit aufdeckt, ihre ursprüngliche Bedeutung verlieren. Erst die Merkmale der Innenhand bringen die Korrekturen und daher das genaue Gesamtbild. Es ist hier wie bei der wissenschaftlichen Graphologie und wie überhaupt bei jeder Wissenschaft: Alle Merkmale sind genauestens in Betracht zu ziehen, um ein vollständiges Gesamtbild zu erreichen.

Der physiologische und physiognomische Teil der Chirologie, der die äußeren Formen zu Charakter und Naturtrieben in Beziehung setzt, wird überwiegend anerkannt. Gall und andere haben hierzu einen Weg gebahnt. Seit etwa 1920 ist die Charakterkunde auf der Basis der Hand-Typen mit ihren sieben Grundtypen, also die Bedeutung der Physiognomik der Handform, weitgehend ausgebaut und die Charakteristik gesichert worden durch die erste Auflage meines Lehrbuches *Wissenschaftliche Handlesekunst* (inzwischen in der hier vorliegenden 15. Auflage erschienen). Daß die Typologie der Hand in die Konstitutionsforschung (durch Kretzschmer, Marburg) mit einbezogen wurde, sei nur nebenbei erwähnt.

Einige Krankheitsmerkmale der *Fingernägel* sind uralt. Etwa 150 Krankheitsmerkmale, solche der erblichen Belastung und Operationen, wurden von mir neu gefunden und werden in der Heilpraxis aufmerksam beachtet.

Die Hand*form* ist für die Charakteristik nur teilweise ausschlaggebend. Daher müssen die Merkmale der Innenhand zur Ergänzung mit herangezogen werden. Auch die Innenhand bietet durch die Verschiedenartigkeit der Plastik viele Ausdrucksmerkmale für die Charakteristik, doch wird sie noch oft durch Formation, Farbe und Konstitution der Linien und kleiner Signifixe verstärkt oder abgeschwächt. Ohne diese einer genauen Betrachtung und entsprechenden Auswertung zu unterziehen, läßt sich kein genaues Gesamtbild ermitteln. Gemeinhin wird darüber, daß die Linien und kleinen Merkmale eine Bedeutung haben sollen, gelächelt und abfällig kritisiert. Doch das geschieht immer nur von Menschen, die sich mit dieser Wissenschaft nicht eingehend beschäftigt haben und damit nur ihre Voreingenommenheit beweisen. Solche »Meinungen« sind daher auch bedeutungslos. Was für die Graphologie recht sein darf, muß auch der Chirologie zugestanden werden, um so mehr, als bei der Graphologie eine gewisse »gefühlsmäßige Betrachtung« nötig ist, insbesondere bei Feststellung des »Form-Niveaus«. Der Physiker Fresnel (um 1800, *Oeuvres complétes*, 3 Bände 1866) entdeckte die Transversalität der Lichtwellen und ersetzte das System der Leere durch das der Fülle. Das wurde allgemein von der Wissenschaft übernommen, seit man erkannte, daß der Himmelsraum mit einer gasförmigen Substanz, dem Weltäther, angefüllt ist. Er bietet in seiner flüssigen Form genug Widerstand, um den Lauf der Planeten zu hemmen. Gleichzeitig verbindet er durch die Anfüllung des Raumes die Welten miteinander. Danach ist die Annahme durchaus berechtigt, daß die Elektrizität, die auch Wärme, Magnetismus und Licht ist, das Bindeglied aller Welten bedeutet und die wechselseitigen Einflüsse der Himmelskörper von einem Stern zum anderen leitet. Der Mensch, der selbst eine kleine Welt bildet, ist ein Glied in dieser unermeßlichen Kette der allumfassenden Harmonie.

Wenn nun die Elektrizität zugleich Licht, Wärme und Magnetismus, nur mit gewissen Unterschieden, darstellt, dann leben wir inmitten einer ungebundenen Elektrizität, die uns sehr wohl mittels der durch unser Nervensystem aufgenommenen und eingeatmeten Atmosphäre mit den kosmischen Kräften und Strahlungen in Verbindung setzen kann. Die Elektrizität oder die kosmischen Ströme, wie ich sie nennen will, fließen unaufhörlich von der Außenwelt zum Gehirn und vom Gehirn zur Außenwelt. Wenn sie durch Willensanstrengung in eine bestimmte Richtung gedrängt werden, und wenn man diese Kraftströme als eine Ursache der Linienbildung ansehen will – was durchaus wahrscheinlich ist –, so ist klar, daß dieser Durchgang Spuren hinterlassen muß, wie zum Beispiel der dauernd auf eine Stelle fallende Wassertropfen in einem Felsen.

Es dürfte unmöglich sein, das Gegenteil zu beweisen.

Man kann bis zur Erbringung des Gegenbeweises mit dem seinerzeit berühmten Gelehrten Professor Chetenham d'Aubenay behaupten, daß die Alten nicht unrecht hatten, wenn sie den kosmischen Kraftfeldern einen besonderen Einfluß auf die Erde und ihre Bewohner zuschrieben, was ja durch den Einfluß des Mondes (zum Beispiel Ebbe und Flut, 28-Tage-Rhythmus der Frau) und der Sonne (Sonnenflecken, Seuchen, Naturkatastrophen, 23-Tage-Rhythmus des Mannes) längst erwiesen ist. Haben nicht alle großen und bedeutenden Männer der Weltgeschichte die gleiche Anschauung voll und ganz vertreten?

Es ist eine Tatsache, daß man von einem Teilchen der Materie stets auf die Art des Ganzen schließen kann. Um aber an dieser Stelle die Worte eines Wissenschaftlers von Ruf zu gebrauchen, bringe ich einen Auszug aus einer Vorlesung des Geh. Medizinalrates und Leibarztes Dr. Carl Gustav Carus von 1846:

> »... Es ist aber, um hier sogleich durch ein Beispiel zu erläutern, in unseren Tagen auch außerhalb des Kreises eigentlicher Wissenschaft sattsam bekannt geworden, daß die neueren wissenschaftlichen Bestrebungen ausnehmend viel Merkwürdiges und Gewisses über Bildung und Lebensweise von Geschöpfen ans Licht gebracht haben, welche schon vor vielen Jahrtausenden als Lebende von der Erde verschwunden sind. Die Möglichkeit davon, daß solche Nachweisungen gegeben werden konnten, beruht nur darauf, daß ein jeder Organismus, jedes organische Ganze, die Eigenschaft hat, daß alle Teile die genaueste, so nur eben

hier vorkommende Beziehung aufeinander und zum Ganzen haben, und daß eben darum eigentlich allemal ein Teil – zumal ein irgend größerer oder wichtigerer – ein bestimmtes Symbol, ein entschiedenes Zeichen des Ganzen darbieten wird. Als daher G. Cuvier, welcher die Lehre von den fossilen Überresten größerer tierischer Geschöpfe mit Geist und Umsicht behandelte, aus den Steinbrüchen des Montmartre bei Paris die ersten Fragmente von Knochen jener dort in Gipslagern eingebetteten sonderbaren lamaartigen Tiere, der Paläotherien und Anaplotherien, erhielt, entzifferte er, noch ehe die übrigen Skeletteile gefunden waren, aus den Knochen der Vorderläufe (streng genommen also auch eigentlich aus den Handknochen) nicht nur Größe und Stärke des ganzen Tieres, sondern gab, erleuchtet durch das Licht der vergleichenden Anatomie, über Bau des Kopfes und der Zähne, über Lebensweise und Nahrung des Tieres die bestimmtesten Aufschlüsse. Dergleichen kommen uns wie Zeichendeuterei und Zauberei vor, aus so wenigen Stücken Knochen so vieles herauslesen zu können, aber es ist die Zeichendeuterei und Zauberei der Wissenschaft, und dies ist von jeher die eigentlich rechte und einzige gewesen. Ich komme jedoch nochmals darauf zurück: All dies wäre nicht möglich, wenn nicht jeder Organismus eben diese genaue Beziehung jedes Teiles auf den anderen und alle Teile auf das Ganze als wesentlichste Eigenschaft hätte, als Eigenschaft, die ihn eben zum Vorbilde für alles Große macht, was auch der Mensch erschaffen kann; denn sei es nun ein Kunstwerk oder ein Wissenschaftswerk oder der Bau und die Gründung einer Staatsverfassung, alle sollen sie nach dem Bilde des Organismus geschaffen sein, und alle sollen sie sich dieser engsten organischen Beziehung, der Teile unter sich und aller Teile zum Ganzen erfreuen, wenn sie überhaupt von Wert zu sein den Anspruch erheben.

Schon aus dieser Erkenntnis folgt also mit der größten Entschiedenheit: Ein so edles Gebilde wie die menschliche Hand müsse unbedingt in der engsten Beziehung zu dem ganzen menschlichen Organismus stehen, und sie müsse folglich auch ein bestimmtes Zeichen einer gewissen Individualität abgeben, und so, wie es gewiß ist, daß zum Beispiel die Stirn, das Auge, das Ohr nur gerade so sein können bei einem so beschaffenen Kopfe, so kann nur eine so beschaffene Hand nur so bei einem so beschaffenen Menschen vorkommen.

Hiermit wäre also wirklich bereits sehr viel, ja alles für Begründung einer wissenschaftlichen Chiroskopie gegeben, doch mehr wird sich die Wichtigkeit und Wahrheit derselben noch herausstellen, wenn wir nun weitergehen und einen Blick werfen auf die Geschichte der tausend merkwürdigen Formen, in welchen teils die der Hand entsprechenden Gebilde im Tierreiche, teils die Formen der eigentlichen Hand in der unendlichen Verschiedenheit der Menschheit selbst sich darstellen.

Wem das ganz und größtenteils fremd ist, was man ein organisches Ganzes, einen Organismus nennen darf, der wird nie und nimmermehr begreifen, wie überhaupt das einzelne Glied einer höheren Gesamtheit eine Bedeutung hat, ein Zeichen sein könne für die Eigentümlichkeit dieses Ganzen.«

Aus dem Zitat geht klar hervor, daß es durchaus nicht so übernatürlich und antireligiös ist, wenn man aus den einzelnen Merkmalen der Handformen, Zeichen und Linien die Natur des betreffenden Menschen, seine Krankheiten, seine Gewohnheiten, seinen Lebenslauf feststellt und begutachtet.

Wer sich mit diesen Dingen nicht beschäftigt hat, dem wird es erscheinen, als ob zum Beispiel von zwanzig Pferdebeinen eines wie das andere aussieht. Derselbe Mensch würde auch denken, daß von zwanzig Menschenhänden auch eine wie die andere aussieht. Es würde ihm ungefähr so ergehen wie einem zum erstenmal in ein afrikanisches Negerdorf kommenden Europäer, für den ein Neger wie der andere aussieht, was aber keineswegs der Fall ist. Jedes einzelne Geschöpf ist individuell, das heißt einmalig im Innern und Äußeren, mögen die Nuancierungen mitunter auch noch so fein sein.

Wir lesen des öfteren in Zeitungsberichten, daß ein Polizeiarzt an einer Leiche durch seine Kenntnisse feststellen kann, woran dieser Mensch gestorben ist. So wird auch zum Beispiel an den Zähnen erkannt, wie alt der gefundene unbekannte Mensch war, aber auch manches andere, wie Charaktereigenschaften. Somit ist es logisch, daß man aus einem Körperteil eines Menschen oder eines Tieres erkennt, welcher Art dieses Wesen ist, welche Lebensweise es hatte und welche Gewohnheiten. Kann man das in diesem weiten Maße, warum sollte man es aus den Händen eines Menschen nicht erkennen können? Man *kann* es, wie ich im folgenden nachweisen werde.

Aus der Hand lassen sich auch bestimmte und bedeutsame Ereignisse des Lebens ablesen, sowohl zurückliegende als auch kommende, vor allem schwere Operationen oder Unfälle. Starke Eingriffe in den Organismus, Krankheiten, große Erschütterungen, Kummer, Gram, können Spuren auf dem Gesicht hinterlassen, Züge und Ausdruck verändern, Falten eingraben und die Haare des Kopfes in kürzester Zeit grau oder weiß werden lassen. Ebenso wie im Gesicht können sich diese Spuren durch entsprechende Zeichen in die Hand eingraben, da die Hand in innigster Verbindung mit dem Gehirn steht, wie wissenschaftlich nachgewiesen.

In bezug auf die zukünftigen Ereignisse sei zur Erklärung gesagt: Jeder noch so starke, noch so vollkommen gebaute Mensch wird mit irgendeinem krankhaften und zerstörenden Keim geboren. Es gibt keinen Menschen ohne bestimmte Krankheitsdispositionen von Jugend an. Er unterliegt früher oder später einer körperlichen Unvollkommenheit oder Schwäche, die zu gegebener Zeit sein Ende herbeiführen muß. Noch ist dieser Keim nicht sichtbar, aber er wird eines Tages unvermeidlich in irgendeinem Teil des Organismus hervortreten, in den inneren Organen oder im Gehirn; er ist latent wie alle Keime. Aber die Zeit seines Aufbrechens ist schon festgesetzt.

Da alle Organe zusammenhalten und miteinander in Verbindung stehen, ist dieser Zeitpunkt auch im Gehirn vermerkt, und eben durch diese Verbindung kann und muß er auch in der mit dem Gehirn engverbundenen Hand angezeigt sein. Die Erfahrung beweist das und bewies es mir und anderen seit einigen Jahrzehnten an vielen Hunderten, ja Tausenden von Fällen.

Warum sollte die Natur nicht, dem Menschen erkennbar, die gefährlichen Zeitpunkte und Krisen seines Lebens bezeichnen, damit er ihnen zuvorkommen und sie, wenigstens zum Teil, vermeiden oder abschwächen oder sie einer neuen Bewegung nutzbar machen kann durch Anwendung seiner Weisheit und Willenskraft? Das Observatorium sagt durch Berechnung Stürme und Unwetter voraus, und diese Voraussagen sind richtig. Dadurch wird viel Schaden vermieden und Unglück abgewendet; hier siegen Intelligenz und Wille. Aristoteles sagte: Der weise Mensch beherrscht die Sterne (kosmische Einflüsse).

Der bedeutende Astronom Albert Kniepf, Hamburg, schrieb in seiner Abhandlung »Die Psyche des Gangliensystems als Quelle der mediumistischen und verwandten Erscheinungen«:

> »Ich möchte darauf aufmerksam machen, daß es das Gangliensystem in erster Linie ist, welches die astrologischen Einflüsse empfängt, ja mit ihnen seinem Wesen nach in ursprünglicher, angeborener Verbindung steht. Es ist der Bildner unseres Körpers. Es trägt von Hause aus auch die Zukunft desselben in sich, ebenso wie es uns diese Zukunft durch Reflexe auf das Gehirnsystem unter Umständen zu enthüllen vermag. Daß es aber durch die Gestirne stark beeinflußt wird, beweist die Übereinstimmung der Astrologie mit den physischen und psychischen Zeichen der Hände. Die astrologische Grundlage nicht nur der Handlesekunst, sondern auch der Phrenologie und Physiologie ist so exakt und so gewiß, wie die Wahrheit der Keplerschen Gesetze. Es läßt sich bezüglich der Chirognomie sogar zahlenmäßig nachweisen. Die Zeichen der Hände sind ein Horoskop, das uns die Natur mitgegeben hat. Ebenso ist daher auch alle ›Magie‹ der Zahlen lediglich astrologisch, ja astronomisch begründet.«

Paracelsus hat angenommen, daß alle Sterne in direkter Verbindung mit der Erde stehen und es unter ihnen Gestirne gibt, die erst dann sichtbar werden und für die Erde leuchten, wenn auf unserer Erde eine Gegenwirkung durch diesen Einfluß entsteht. Wir kennen noch längst nicht alle die verschiedenartigen Strahlungen, die aus jenen Welten zu uns gelangen; wir kennen nicht einmal alle Strahlungen der Erde und ihre Auswirkung auf uns. Wo Aktion ist, da ist auch Reaktion; es gibt nichts Einseitiges.

Dem Unwissenden erscheint es unmöglich, die Vergangenheit und die Zukunft zu erkennen. Wenn aber vollzogene Geschehnisse Spuren hinterließen, ist es ebenso wahrscheinlich, nein, sogar sicher, daß die kommenden Ereignisse ihre Wurzeln haben. Die metaphysischen Phänomene und Wirkungen sind nur eine Erweiterung des Kreises der Welterscheinungen, die den Menschen zur Wahrnehmung und zur Erkenntnis zugewiesen sind.

Wer bei der Erforschung der Natur und des Menschen nicht nur dem Verstande und den sinnlichen Mitteln Anwendung zugesteht, sondern auch dem feinsten Gefühl und der Intuition eine Stimme gönnt, wird einsehen, daß die Dinge neben den offenkundigen, auf der Oberfläche erkennbaren Beziehungen und Wechselwirkungen auch noch einen inneren Zusammenhang besitzen. Dieser wird durch andere Mittel und Vorgänge gekennzeichnet.

Nach Plotin und Platon ist die Lebenskraft mit der Seele vereinigt, und darauf beruht die Unsterblichkeit. Die Seele als Inbegriff des Lebens kann nicht sterben. Im *Phädros* sagt Sokrates, die Seele lasse sich nur in ihren Funktionen teilen, nicht in ihrer Substanz; die Verschiedenheit der Funktionen liege an den Organen, die Seele aber sei die Quelle aller Funktionen, das Leben eingeschlossen, die sich im Menschen bis zum bewußten Denken erheben.

Aristoteles und Thomas von Aquin haben die Definition des Menschen als Einheit (Monismus) mit den Worten ausgedrückt: *Die denkende Seele ist zugleich die Form des Körpers*. Damit wollen sie sagen, daß Denken und Organisieren die Doppelfunktion einer Seele sei, nicht Tätigkeiten getrennter Prinzipien, daß also Psychologie und Physiologie, da aufeinander angewiesen, nicht auseinandergerissen werden dürfen. Auf demselben Standpunkt der Erkenntnis steht der Verfasser, und das praktische Leben beweist die Richtigkeit.

Auch die Naturwissenschaft hat sich gegen die Trennung ausgesprochen. Stahl schreibt der denkenden Seele auch die organischen Fähigkeiten zu und läßt ihre Tätigkeit nicht erst in dem fertig geformten Leib anheben, sondern schon bei der Formation des Leibes (Physiol. III. §§ 8 bis 10).

Eine Medizin, welcher die Seele, der wirkliche Träger des Lebens, abhanden gekommen ist und die den vermeintlichen Träger des Lebens, den Leib, allein therapeutisch behandelt, ist zum Scheitern verurteilt. Die wahre Therapie ist Psychotherapie. Es ist der erste Schritt, der mit der Hypnose getan wurde. Er hat sich als höchst erfolgreich erwiesen.

> »Wer ist denn unser Ich? Der Träger aller jener Empfindungen, die uns durch das Gehirn vermittelt werden. Dieses Ich weiß nichts von der organischen Arbeit unseres Leibes. Ist aber dieser Leib von der Seele gebaut und wird er von ihr belebt und erhalten, so muß eben zwischen dem Ich und der Seele ein Unterschied, wenigstens des Umfangs nach, vorhanden sein; sie können sich nicht decken. Nur in diesem Falle kann die Seele ein Bewußtsein haben, verschieden von dem des Ich, des Gehirns: ein transzendentales Bewußtsein, und eben dieses ist im Somnambulismus nachweisbar.
> Die richtige Lösung des Menschenrätsels werden wir erst finden, wenn wir zuerst die Lebenskraft wieder zur Seele schlagen, das heißt, wenn wir der Seele auch die organisierende Funktion zusprechen. Sodann aber muß der Grundfehler beseitigt werden, der Gehirnbewußtsein und Seele, also gleichsam die Brille und das Auge, verwechselt.«
>
> du Prel

> »Der Tod ist nicht die absolute Aufhebung des Lebens, sondern eine Befreiung der Hindernisse eines vollständigen Lebens.« Kant, Vorlesung über die Metaphysik, 237.

Oft hört man die unhaltbare Meinung, die Linien der Hände entstünden durch die Arbeit. Folglich müßten also manuelle Schwerarbeiter die meisten Linien in ihren Händen aufzuweisen haben, während die Hände jener zarten Damen, die nichts tun – also so gut wie gar keine schwere Arbeit leisten – fast frei von Linien wären. Die Erfahrung beweist aber, daß der Fall genau umgekehrt liegt: die Schwerarbeiter haben die allerwenigsten und die zartesten Menschen die meisten Linien und Zeichen in ihren Händen. Das ist anders auch nicht gut möglich, da nicht Arbeit, sondern intensive seelische Schwingungen die Linien hervorbringen. Auch müßte nach jener oberflächlichen Theorie ein neugeborenes Kind, das noch nicht gearbeitet hat, die wenigsten Handlinien haben. Tatsache ist jedoch, daß das Kind sehr viele aufweist, die nach wenigen Wochen zum Teil verschwinden, um nach vielen Jahren, ausgelöst durch tiefere Erlebnisse, wieder zu erscheinen.

Eine andere Behauptung sagt, die Handlinien entstünden durch das Falten der Hände. Auch das ist ein Irrtum, denn ein neugeborenes Kind hat sich in dieser Richtung bestimmt nicht betätigt, und die Schwerarbeiter haben, wie schon erklärt, die Anzahl ihrer Handlinien durch das dauernde »Falten« auch um nichts vermehrt. Sie könnten es auch nicht, weil die Bildung solcher Linien und Zeichen durch Faltungen unmöglich ist. Auch hätte ich noch einen weiteren Beweis dagegen anzuführen: Selbst wenn solche Linienbildungen durch Faltungen entstehen könnten und würden, wäre es wohl eindeutig klar, daß sich diese Linien vertiefen und verbreitern müßten in dem Maße, wie die Faltungen geübt worden sind oder die Arbeit schwer ist. Dem steht jedoch entgegen, daß es zahlreiche Menschen gibt, die sehr intensiv und anhaltend manuell arbeiten und die trotzdem sehr zarte, dünne, blasse oder gar rissige oder brüchige Linien aufweisen, weil sie einen schwachen oder kranken Organismus haben. Ganz abgesehen davon wäre es bei aller schweren Arbeit oder bei noch so häufigen Faltungen der Hände gar nicht erklärlich, woher jene Kennzeichen in Form von Dreiecken, Vierecken, Sternen, Kreuzen, Ringen und

Punkten stammen beziehungsweise wie sie zustande kommen sollten. Und womit will man wohl begründen, warum die großen Handlinien bei Negern, Mongolen oder weniger entwickelten Indern immer breiter sind als jene in den Händen der weißen Rasse? Dieses Breiteverhältnis beträgt etwa 1:4 bis 1:6. Bei aller Objektivität und Logik sind diese Bildungen *nicht* praktisch oder mechanisch zu erklären. Gewiß wird es immer Personen geben, die nicht nachdenken, von dem so beliebten »Zufall« sprechen und mit diesem billigsten und zugleich dümmsten Mittel die Angelegenheit abtun. Nein, nur jahrzehntelange empirische Forschung konnte feststellen und *hat* es festgestellt, daß sowohl diese Veränderung der Linien, ihre und der Signifixe Neubildung als auch die Konstitution und Färbung der Linien und Zeichen organisch bedingt sind.

Oder wie kommt es, daß schon im fünften Monat des Menschwerdens die Handlinien in ganz bestimmter Art eingezeichnet sind und sich im Laufe des Lebens nicht oder nur ganz wenig ändern? Und wie kommt es, daß sich die feinen Hautlinien erst im siebenten Monat, also *nach* den Handlinien, entwickeln und den Verlauf der großen Linien *nicht* beeinträchtigen können? Hier wirken die Gesetze von Ursache und Wirkung geistiger, seelischer und physischer Art. Sind der Hände Formen, ihre Linien und deren Verlauf aber schon *vor* der Geburt festgelegt, unabänderlich eingegraben, so muß ein Gesetz vorhanden sein, nach dem dies in diesen bestimmten Formationen vor sich ging. Da allem Werden geistige Ursachen zugrunde liegen, schufen auch hier geistige Ursachen solche unveränderlichen Zeichnungen. Diese geistigen Ursachen liegen in der Individualität, in der Struktur der Persönlichkeit, fließen aus der eigenen geistigen Entwicklung der betreffenden Persönlichkeit, also damit auch aus ihrer schicksalhaften Erfahrung, ihrem Denken, ihrem Erleben, Fühlen und Handeln, was allerdings nicht erst vom Augenblick der Empfängnis an datiert. *»Es ist der Geist, der sich den Körper baut«*, das wird hier so recht deutlich. Somit ist immer der Geist die Triebkraft von allem, was sich materiell bildet oder manifestiert. Körperliche Vererbung? Gewiß, aber nicht ursächlich, wenn der Geist das Primäre ist, der sich der Materie bedient, die ihm zur Weiter- und Höherentwicklung nützlich ist.

Anders Gesinnte mögen mir mittels anderer naturgemäßer Fakten nachweisen, wie eine harmonische Übereinstimmung zustandekommt zwischen dieser oder jener Körperform, dieser oder jener Handlinie mit den Naturtrieben, mit denen diese Form, diese Linie in Verbindung steht – was zusammen das Alphabet der metaphysischen Beziehungen ausmacht –, und ich bin bereit, das System anzunehmen. Solange aber keine tatsächlichen Gegenbeweise erbracht werden, bleibe ich bei der durch ihr Alter ehrwürdigen Tradition, deren Ursprung sich fern in grauer Vorzeit verliert. Sie ist mehr als nur beachtenswert, eben weil sie von großen Männern des Altertums, des Mittelalters und auch der Neuzeit gestützt wird.

Nach den bisher beschriebenen Richtlinien habe ich die alte und auch die neuere Literatur über Chirologie systematisch und intensiv durchgearbeitet. Ich begann damit 1904 und beendete die Hauptarbeiten 1920. Anfangs hoffte und glaubte ich, darin viel Brauchbares zu finden. Doch das Gegenteil war der Fall, denn die Merkmale, die bei gewissenhafter Nachprüfung der Kritik standhielten, waren so verschwindend wenige, daß sie kaum der Erwähnung wert sind. Was die ausländische Literatur angeht, so waren einige englische Werke recht gut, mir aber nicht ausführlich genug. Auf dem Gebiet der medizinischen Handdiagnostik gab es überhaupt kaum mehr als ein Dutzend Merkmale. Nur einige Hinweise waren brauchbar, um ausgearbeitet zu werden. Alles andere zu finden und festzulegen, blieb mir vorbehalten.

So veröffentlichte ich 1921 mein erstes Lehrbuch aufgrund der Ergebnisse meiner Forschungsarbeit. Die damalige Papierknappheit, die Inflation und andere Umstände erlaubten es leider nicht, das Werk so ausführlich zu gestalten, wie ich es gern getan hätte. Doch in den späteren Ausgaben meiner *Wissenschaftlichen Handlesekunst – Chirosophie* wurde alles ergänzt und erweitert. Mitte der zwanziger Jahre ließ ich erstmalig meine *Medizinische Hand- und Nageldiagnostik* als selbständiges Werk – das erste Werk dieses Spezialgebietes – erscheinen. Für den Wert und praktischen Nutzen des Gebrachten sprechen die vielen Gutachten von Ärzten, Heilpraktikern und anderen, die meine Hand-Diagnostik mit bestem Erfolg in ihrer Praxis verwandten.

Sechzehn Jahre intensiver empirischer Forschung, dazu laufende Statistiken bei den vielhundertfachen, ja tausendfachen von mir selbst und anderen Personen durchgeführten Nachprüfungen haben bewiesen, daß die erforschten Merkmale eine Treffsicherheit von bis zu 98 Prozent ergaben, bis auf einige wenige, weil seltene Merkmale, die sich jedoch ebenfalls, obwohl die Möglichkeit der Nachprüfung erschwert war, als richtig erwiesen. Diese Ergebnisse einer langwierigen Arbeit sind jederzeit nachprüfbar für jeden, der sich vorurteilslos und sachlich mit der Materie beschäftigt.

Der leider viel zu früh verstorbene bedeutende Arzt und Psychologe Prinzhorn sagt über die Chirologie: »... obgleich an der allseitigen Beziehung jedes einzelnen persönlichen Details derselben Person nicht zu zweifeln ist, so daß in der Idee bereits eine Zelle, eine Bewegung, eine seelische Regung die gesamte Persönlichkeit eindeutig repräsentiert, so ist doch unser Bewußtsein keineswegs und unser Unterbewußtsein nur in dem Maße, als es ganz rein elementar wäre, zu einer sicheren Rückdeutung des Ganzen aus seinen Teilen befähigt ... Das Unternehmen etwa, aus der Hand eines Menschen seine Eigenart zu erschließen, erweist sich mit den besten Gründen als das aussichtsreichste der sogenannten Physiognomik (eindrucksvolle Mannigfaltigkeit dieses nurmenschlichen Organs, dabei Unfähigkeit zum Lügen, wie es das Gesicht, der Kampfplatz des Geistes, vermag, und ähnliches mehr).«

Der bedeutendste Arzt aller Zeiten, Paracelsus von Hohenheim, rühmte die Chiromantie als Astrum rerum naturalium, stellte sie neben die Physiognomik und Anatomie als das Fundament der Medizin und wollte denjenigen nicht als tüchtigen Arzt gelten lassen, der der Kenntnis dieses philosophischmedizinischen Alphabetes entbehrte. (Dr. Joh. Müller, in: *Lotosblätter*, O. W. Barth, München, 1924.)

In jüngster Zeit fand diese Wissenschaft auch von akademischer Seite wieder Anerkennung: Die Universität Pennsylvania, USA, erhielt 1950 einen Lehrstuhl für praktische Handlesekunst.

3. Was ist Chirologie?

Chirologie ist eine alte Wissenschaft, Beobachtung und Erfahrung wie jede andere Wissenschaft der Personenkenntnis – was jemand ist, was er war und was er sein wird. Dieses Wissen, so schwer verständlich für jene, die damit nicht vertraut sind, ist für einen wirklichen Chirologen so klar wie Quellwasser. Wie alles Wissen, hat auch dieses seinen Grund in Beobachtung und Erfahrung von Ursache und Wirkung; folglich kann man auch aus der Wirkung die Ursache erkennen. Die Handlesekunst ist nicht von gestern und heute, sondern wird seit Jahrtausenden ausgeübt. Sie ist Meta-Physiologie, also Naturwissenschaft. Jeder gute Beobachter kann nicht umhin, die Verschiedenheit des Charakters zu erkennen an Form und Ausdruck des Kopfes und Gesichts bei Personen, mit denen er in Berührung kommt. Das gleiche wird er bei näherer Betrachtung der Hände finden. Das Gesicht gibt ein klares Bild der Leidenschaften und Neigungen. So auch die Hand, die Form und Haltung des Körpers oder der Gang. Man erkennt gewisse Menschen schon am Gang, an Klang und Art des Trittes, der Stimme, selbst wenn die Person noch nicht sichtbar ist. Ebenso erkennen wir zum Beispiel auch den Charakter und selbst Krankheiten aus der Hand, aus der Handschrift, der Kopfform, dem Auge, der Iris, auch ohne mit Hellsichtigkeit oder Psychometrie begabt zu sein. Wer aber noch mit einer dieser göttlichen Gaben gesegnet ist, sei es von Geburt oder durch Ausbildung, der sieht oder fühlt noch weit besser und mehr und erkennt sicherer, was er sucht. Das Studium der Chirologie wird jedem Wißbegierigen in dieser Hinsicht ein weites und äußerst interessantes Feld eröffnen, eine Quelle von Wissen bieten zum Nutzen seiner Gesundheit, seines Erfolges in geistiger und materieller Hinsicht. Viele Ehen werden unglücklich durch späteres Erscheinen oder Hervortreten von Eigenschaften, die man zunächst weder vermutet noch in Betracht gezogen hatte. Manches Kind wurde einer Erziehungsmethode unterworfen, welche seiner Individualität nicht Rechnung trug, dann in einen Beruf gedrängt, der seinen Fähigkeiten nicht entsprach. Wie fremd es auch für manche klingen mag: Erfahrung hat gelehrt und bewiesen, daß Chirosophie die Natur und das Alter von Geschehnissen, die das Leben und sein Ende beeinflussen und angehen, entschleiert und oft mit großer Genauigkeit definiert. Sie enthüllt überstandene oder kommende Krankheiten, drohende Unfälle und Gefahren. Sie enthüllt den Grad der Liebesfähigkeit, klärt den Wert von Freundschaften. Sie erkennt, welcher Beruf am besten zu wählen ist, wie man zu Wohlstand kommt und Verluste verhütet. Sie sagt Bedeutsames aus über die Aussichten einer geplanten Ehe, die Möglichkeit, Kinder zu bekommen, und über guten oder bösen Charakter der Partner.

Großes Interesse, Neigung und Fleiß werden jeden ernsthaft Studierenden mit der Zeit dieses Wissen gewinnen lassen und ihn von seinem Werte überzeugen. Mancher wird eventuell nach dem Lesen dieses Buches sagen, daß er mit einzelnen Hinweisen wenig anfangen könne. Dem ist aber nicht so. Jedem wird wohl ein wenig bange vor der Fülle des Materials, das er auswendig lernen muß, wenn er ganzes Können erreichen will, denn es kommen zeitweise Hände vor, die so viele Kombinationslinien haben, daß jede derartige Hand nahezu ein Studium für sich ist. Solche Fälle erfordern Geduld und ruhiges, logisches Denken. Man muß nachdenken und sich genau klar werden: Wo entspringt und wohin geht die Linie, was streift und kreuzt sie, wo und weshalb ist sie da oder dort gebogen, wo ist sie unterbrochen, weshalb ist gerade hier ein Kreuz, da ein Stern, ein Punkt, eine Insel, ein Fleck, ein Gitter? Dann wird man auch die Antwort finden. Es ist wirklich nicht so schwer, wie es anfangs aussieht, wenn man die Charakteristik des Handtyps, der Berge und Linien kennt. Dies ist Grundbedingung. Unermüdliche Übung ist erforderlich; der ernsthafte Schüler wird jede Gelegenheit zu nutzen wissen, sei es unauffällig in der Straßenbahn; auf dem Ball, im Geschäft oder sonstwo. Zu jedem Studium ist großes Interesse, Liebe,

Streben und Ausdauer erforderlich, und Chirosophie bildet darin keine Ausnahme. Die besten wissenschaftlichen Bücher machen im Schrank einen imponierenden Eindruck, sind aber wertlos für den, der sie weder benutzt noch ihren Inhalt im praktischen Leben anwendet.

Gewiß gibt es viele Hände, in denen man außer den Charaktereigenschaften und Krankheitsanlagen wenig erkennen kann. Dies gilt dann, wenn der Betreffende zu materiell oder nur intellektuell eingestellt (reiner Verstandesmensch) ist, denn rein verstandesmäßiges Denken vertreibt das Empfindungsleben. Diese Bestätigung findet man bei solchen Menschen, welche alles Empfinden und Gefühl als »Gefühlsduselei« hinstellen möchten. Sie berauben sich selbst ihrer ideellen und praktischen Werte. Außerdem hemmen sie sich selbst dadurch in ihrer Höherentwicklung zum wahren Menschen. Wie sollen sich die unterdrückten seelischen Schwingungen in solchen Fällen zeigen? Auch kommt der Fall vor, daß das Schicksal des Betreffenden es besser findet, den Weg absichtlich dunkel zu erhalten; das heißt, der in Frage kommende Mensch soll »nicht wissen« und Prüfungen durchmachen, die für ihn durchaus notwendig sind.

Ich sage keinesfalls, daß heute alles von der Chiromantie bekannt ist. Auch ich studiere weiter und lerne Neues zur Vervollkommnung. Es gibt noch sehr viel, wovon man heute noch nichts Genaues weiß, andererseits vieles, was noch nicht genügend erforscht und erprobt ist. Welche Wissenschaft ist heute vollkommen? Nicht eine. Es handelt sich bei der wissenschaftlichen Chirosophie durchaus nicht um das vielverrufene Wahrsagen, sondern um die wirklich vorhandenen, ablesbaren Zeichen, welche nach uralten »Regeln der Erfahrung« in unsere Sprache übersetzt werden, die Vergangenheit – soweit solche Zeichen noch nicht verblichen sind –, Gegenwart und Zukunft enthalten, jederzeit nachprüfbar. Menschen, welche dies bestreiten, fehlt es an Einsicht. Sie glauben aber an Wettervoraussagen und dergleichen.

Jeder Arzt, Prediger, Mathematiker, Astronom, Politiker und Kriminalist deutet die Zukunft. Auch Feldherren, Strategen. Man versuche sich doch klar zu werden über die Frage:

Was ist Zeit? Ein Menschenalter währt, wenn es hoch kommt, hundert Jahre. »Zeit« ist uns nur durch die Tag- und Nachtunterschiede bewußt geworden. Hätte die Erde dauernd Sonnenschein, wer würde sagen können: »heute«, »morgen«, »gestern«? Es wäre ein dauerndes Heute. Man betrachte den Sinn »Zeit« vom Standpunkt Gottes, der Natur, des Kosmos, oder wie man will. Dann wird man auch erkennen, daß die Dauer eines Menschenlebens nur ein Augenblick im kosmischen Sinne ist. Wo aber sind Vergangenheit, Gegenwart und Zukunft in solch einem Augenblick? Sie sind ein Begriff geworden. Je höher das spirituelle (nicht intellektuelle) Bewußtsein im Menschen ist, desto kürzer erscheint ihm das Leben. Nur ein Mensch, der wenig oder kein Innen-(Seelen-) Leben hat, kennt »Langeweile«.

Die astrologischen Bezeichnungen der Finger, Berge und Linien behalte ich bei. Sie haben ihren guten Grund, sind kurz und sachlich und machen es besonders denen leicht, welche mit den Elementen der Astrologie vertraut sind. Anfänger werden sie sich ohne viel Mühe merken können. Zum leichteren Erlernen bringe ich nachstehend eine Übersicht der Planeten, ihrer Symbole und ihrer Zuordnung zu den Wochentagen:

☽	♂	☿	♃	♀	♄	☉
Mond Montag	Mars Dienstag	Merkur Mittwoch	Jupiter Donnerstag	Venus Freitag	Saturn Samstag	Sonne Sonntag
		⛢ Uranus		♆ Neptun		

Die Zuordnung ist durchaus nicht sonderbar oder lediglich Spielerei; auch in der Astronomie werden diese Zeichen benutzt, und in der Medizin stehen die Zeichen Mars für »männlich« und Venus für »weiblich«. Die Zeichen für Uranus (⛢) und Neptun (♆) sind leicht zu merken. Man wird die Zeichen noch besser verstehen lernen, wenn man die esoterische Bedeutung der Symbole kennt, auf die ich im folgenden Abschnitt eingehen werde.

4. Symbolik und Geistlehre

Das Alter der Symbole ist so groß, daß man darüber heute nichts mehr sagen kann. Sicher ist, daß sie auf die ältesten Kulturvölker zurückgehen, weil die meisten Symbolzeichen auf die nordische Runensprache zurückführen und in dieser enthalten sind (siehe *Ursprache und Bilderschrift der Ario-Germanen* von Guido v. List).

Das Ich-Selbst, das Ego, wird dargestellt durch einen Punkt (der Geist), die Seele durch einen Kreis (das Prinzip der Unendlichkeit). Punkt im Kreis ist das Symbol (auch astronomisches Zeichen) für die Sonne.

Der Mond hat das Zeichen eines Halbkreises oder einer Sichel und bezeichnet die Persönlichkeit, Leidenschaft und Gefühle des Menschen.

Der senkrechte Strich stellt das Männliche dar, der waagrechte Strich das Weibliche; verbunden zum Kreuz: männlich und weiblich, positiv und negativ.

Das Kreuz im Ring ist das Glückszeichen (von der Seele umgeben). Andererseits ist das Kreuz das Symbol der Erlösung, also christlich. Dieses Kreuz muß überwunden werden. Das wird dargestellt durch den Kreis mit daraufstehendem Kreuz: das Symbol der Erde. Das Kreuz obenstehend bedeutet hier, daß das Leid noch nicht überwunden ist.

Venus hat als Symbol einen Kreis über dem Kreuz: das Kreuz oder die Leiden durch Liebe überwunden. Das gleiche Zeichen mit einem liegenden Halbmond darüber ist das Merkurzeichen und bedeutet, daß das Kreuz und das Leiden durch Liebe und Vernunft überwunden sind.

Die Zeugungsrune, ein Pfeil mit einem Ring daran, ist das Symbol des Mars. Die gleiche Rune aufrechtstehend mit einem Halbmond im Kreis auf der rechten Seite und dem Punkt in der Mitte ist das Zeichen für Uranus:

höchste Erkenntnis durch Geist, Seele, Vernunft und Sexualmysterien.

Der Jupiter ist dargestellt durch ein Kreuz, auf dessen waagrechtem Balken ein Halbmond steht: Das Kreuz ist durch rechtes Fühlen und Denken, durch Erkenntnis, überwunden.

Das Saturnzeichen besteht aus einem Kreuz mit darunterhängendem Halbmond: das Leid ist noch nicht überwunden; und da dieser Planet sehr kräftig wirkt, ist er der Erzieher, aber auch der Helfer. Saturn ist auch der Intellekt (Halbmond), überschattet vom Stoff (Kreuz), also vom Gehirndenken eingeschränkt und gefesselt, deshalb egoistisch. Durch seine Hemmungen wirkt er zur Nachdenklichkeit und Konzentration. Wir wissen, daß alle Ereignisse schwerer Art, alles Leid, uns zum Nachdenken bringen. Werden der Stoff und die Hemmungen, das Leid, durch Erkenntnis überwunden, so kehrt sich dieses Zeichen um, und aus dem Saturn entsteht der Jupiter.

Die unmanifestierte Gottheit wird symbolisiert durch den Kreis, die sich manifestierende Gottheit durch den Punkt. Die Manifestation im Vollendeten wird dargestellt durch einen Punkt und einen Doppelkreis: die Zentralsonne, der göttliche Wille.

Die Swastika bedeutet, mit einigen Worten gesagt, die Bewegung des Kosmos. Es ist das Sonnenkreuz, das Kreuz der alten Magier und Weisen, eines der ältesten Symbole der nordischen Rasse. Mißbrauch der heiligen Runen rächt sich früher oder später immer. Rechtmäßig gehört in das Hakenkreuz ein Punkt (in das Zentrum).

Der fünfzackige Stern mit einem Strahl nach oben ist das Symbol der Gottheit; mit zwei Strahlen nach oben ein Symbol des Dämons. So stellt der erstere den kosmischen Menschen aufrechtstehend dar, der zweite den göttlichen Menschen auf den Kopf gestellt, »aufgehängt«.

Der Sechsstern, auch Siegel Salomonis oder Schild Davids genannt, bedeutet die Verstofflichung des Geistes und die Vergeistigung des Stoffes. Es ist ebenfalls ein nordisches Zeichen und wird gern von den Juden benutzt.

Der Fisch ist das Symbol Christi und der Wiedergeburt.

Das griechische »A« und »O« bedeuten Anfang und Ende. Daher ist es oft auf Grabsteinen zu finden.

Die Runen der hebräischen Schrift stellen sowohl Zahlen als auch Buchstaben dar.

Die Feuerzeichen des Tierkreises werden dargestellt durch ein aufrecht stehendes Dreieck (△), die Wasserzeichen durch ein Dreieck auf der Spitze stehend (▽), die Luftzeichen durch ein aufrecht stehendes Dreieck mit waagerechtem Strich durch den oberen Teil (🜁) und die Erdzeichen mit dem gleichen, aber kopfstehenden Symbol (🜃).

Jeder Planet hat noch seine eigenen Runenzeichen dieser oder jener Art, wie ich sie auf Bild 44.19/349* gebracht habe. In jeder Zeile bedeutet das letzte Zeichen ein dämonisches Siegel und die beiden vorletzten theonische (göttliche) Siegel.

Befinden sich in der Hand ein oder mehrere Planetenzeichen, so hat man darauf zu achten, wie sie stehen. Aufrecht stehend, mit dem Kopf nach den Fingerspitzen zu, haben sie günstige Bedeutung, umgekehrt stehend ungünstige; liegend sind sie zweifelhaft und wechselartig. Man muß die Bedeutung der Planetencharakteristik als Person betrachten und diese Person in Verbindung bringen mit der Bedeutung der betreffenden Stelle in der Hand, Berg oder Linie. Aus dieser Kombination ergibt sich, was die Natur damit sagen will. Für gute und günstige Bedeutungen müssen Runenzeichen immer aufrecht stehen.

Das mag hierüber genügen. Einiges andere ist beschrieben im fünften Teil unter »Chirosophie und astrale Symbolik«.

In der alten Symbolik ist Wahrheit enthalten. Diese Bezeichnungen entsprangen nicht dem »Zufall«, wie irgendein Sprichwort, sondern sie entsprachen sowohl den Funktionen der einzelnen Handteile als auch den Eigenschaften, die den Göttern von den Menschen zugeordnet wurden. Wenn zum Beispiel der Zeigefinger droht und warnt, so ist sein Sinn und Ausdruck sehr wohl mit dem donnernden Jupiter zu verglei-

* Die Zahlen bedeuten: Bild 44. Teil 19 / auf Seite 349

chen. Wir winken, zeigen, warnen, befehlen mit dem Zeige-/Jupiterfinger.

Der Daumen bejaht und verneint das »Ich«. Bei den Römern zu Neros Zeiten war es gebräuchlich: aufwärts zeigend: ja, Leben; abwärts: nein, Tod.

Im Daumenballen wird das Triebleben dargestellt, erotische Liebe, daher Venus, »die Feste der Venus«.

Der Mittel- oder Saturnfinger ist der längste und sehr massiv; er steht mit der Gewissenhaftigkeit des Menschen in Verbindung, aber auch mit dem Einfluß des »Bösen« (Saturn – Satan).

Das Symbol der Sonne ist Gold. Am Apollofinger trägt man den goldenen Schmuck, vor allem aber den Ehering.

Der kleinste Mensch ist gewöhnlich der gewandteste. Gewandt muß man sein im Handel und in der Sprache. Wenn jemand »recht vornehm erscheinen« will, zum Beispiel beim Trinken oder Rauchen, so spreizt er seinen kleinen Finger nach außen und gibt ihm eine besondere Stellung. Das gleiche erfolgt im Gedankenleben als Diplomatie, das heißt Verstellung: alles Attribute des Merkur. Warum das so ist, hat man bisher nicht besser erklären können, doch die immer wiederkehrenden Erfahrungen beweisen, daß es so ist.

Die Proportionsverhältnisse der Finger zueinander und zur ganzen Hand haben ihre ganz bestimmten Charakteristiken. Sehen wir zum Beispiel eine breite, kurze und gedrungene Hand, so wirkt sie unsympathisch, oft sogar abstoßend auf uns. Wir erkennen sofort (durch bewußtes Empfinden) die brutalen und niederen Eigenschaften des Eigners, wir *sehen* sie (»Das Innere formt das Äußere«). Weil seine Art und sein Wesen so sind, formt sich das Äußere auch dementsprechend. Man darf deshalb einen solchen Menschen durchaus nicht verdammen, denn es ist sein Schicksal, den Lebensweg derart zu durchwandern und zu durchleben, wie es ihm von dem Karmagesetz vorgezeichnet wurde.

Die Erziehung und die Eltern können und dürfen niemals für die Qualität und die Eigenschaften eines Kindes oder Erwachsenen und seiner Lebensart verantwortlich gemacht werden. Wer dies nicht einsieht, ist unwissend.

Ein Kind ist nur *leiblich* das Kind seiner Eltern, nie aber geistig. Der Geist und die Seele des Kindes haben nichts von den Eltern. Das Wesen des Geistes ist Absicht und Zweck. Er ist eine Individualität für sich und bildet sich eine eigene Persönlichkeit. Der Drang und die Kraft zur Verkörperung waren die Macht, welche die Eltern zusammenführte, um jene Kombination von Körpern zu schaffen, die dem äußeren Ausdruck der treibenden, sich verkörpernden Individualität entspricht. Das werdende Kind konnte keine anderen Eltern aussuchen, weil gerade die beiden Körper dieser Eltern in ihrer Kombination wiederum eine neue und ganz bestimmte Körperkombination hervorbringen. Sie ergibt, zusammen mit den zu einem bestimmten Lebensschicksal erforderlichen astralen Einflüssen und Schwingungen, das physische Menschenleben, das wir dann vor uns sehen. Daß der Körper des Kindes von den Eltern eventuell manches Ähnliche hat an Eigenschaften, ist ganz klar, denn aus vielen dieser Ähnlichkeiten (die nicht allemal sichtbar zu sein brauchen) ergibt sich *die* Vererbung, welche für die »Erfahrungsschule des Lebens« des Betreffenden durchaus erforderlich ist, seien diese Ähnlichkeiten nun geistiger oder physischer Art. Gaben oder Talente werden nicht vererbt, nur die dazu erforderlichen Bedingungen in größerem oder kleinerem Maße. Wenn ein Kind zum Beispiel sehr stark seinem Großvater ähnelt, geistig oder körperlich, so braucht es beziehungsweise der Geist des Kindes, das ein ganz fremdes »Ich« ist, gar nichts mit dem Großvater noch mit den eigenen Eltern zu tun zu haben. Seine Ahnen haben nur dazu beigetragen, ihm das für ihn genau passende und notwendige Gehäuse zu schaffen, weil sie geistige Ähnlichkeiten mit ihm (dem sich im Kinde neu verkörpernden Geist) zu der Zeit hatten.

Jede Verkörperung ist an bestimmte Bedingungen und Verhältnisse, Gesetze gebunden, die wiederum ein ganz bestimmtes Schicksal in sich schließen. Aus dem Grunde ist es richtig, wenn man sagt, daß die Kopfform der Charakter und das Schicksal ist. Es kann nicht jederzeit ein Christus geboren werden. Auch er muß sich bei einer Verkörperung den kosmischen Gesetzen unterwerfen, die genauer arbeiten als das beste Uhrwerk. Alles ist eben Ursache und Wirkung. Hierauf beruht auch das Gesetz »Jede Schuld rächt sich auf Erden«. Mit irgendeiner »Schuld« (Sünde) verstoßen wir gegen die kosmischen Harmoniegesetze und legen *selbst* die Ursachen, deren Wirkungen auf uns zurückkommen müssen. Jede Tat setzt Gedanken voraus. Gedanken sind aber Kräfte, haben Form (und Farbe), und diese Kraftformen sind die Plagegeister, die wir schufen oder herbeiriefen und dann nicht mehr loswerden, da sie uns folgen wie Schatten, bis der geeignete Augenblick kommt, wo wir ihre Macht zu erleben haben, im guten wie im bösen Sinne. Wir erleben heute in jeder Beziehung das, was in den letzten Jahrzehnten »gedacht und gewünscht« wurde.

Weil jeder Mensch eine eigene, selbständige Individualität ist, in einer eigenen Gedankensphäre lebt und in Wirklichkeit keine körperliche Verwandtschaft hat, muß er auch seinen vor sehr langen Zeiten sich selbst vorgezeichneten Lebensweg allein durchleben. Es kann ihm niemand dabei helfen, nur er sich selbst – durch sich selbst. *»Leide allein!«* lehrt die Yoga-Meister-Schule. Darum ist höchste Aufgabe des Erdenlebens: sich selbst zu ergründen und zu erkennen; dadurch ergründet man gleichzeitig sein Schicksal. Richtiges Denken ist hierzu erste Bedingung. Lerne richtig denken, richtig wünschen, richtig wollen, denn daraus fließen deine Handlungen, und diese wieder bestimmen dein Schicksal. Aus Verkehrtem kann nur Verkehrtes entspringen. Der erste Schritt zur geistigen Wiedergeburt ist die feste Überzeugung, die unerschütterliche Erkenntnis, daß unser physischer Körper nicht unser wahres Selbst (Ich) ist, daß dieser physische Körper vielmehr, wie die ganze Welt der Erscheinungen, nur die Wirkung, die Verkörperung geistiger Kräfte ist; daß unser geistiger Wesenskern der innere unsterbliche Mensch, der wahre Mensch ist. In dem Maße, wie wir uns als Geistesmenschen fühlen und danach leben, in dem Maße, wie der göttliche Geistesfunke in uns zur Aktivität erwacht, genau in dem Maße werden wir Herr über unser Schicksal. Das wichtigste Ereignis im Leben des Menschen ist der Augenblick, da er sich seines Ichs bewußt wird. Die Folgen dieses Ereignisses können die wohltätigsten oder die schrecklichsten sein.

Es hängt unendlich viel davon ab, ob sich jemand als Triebmensch oder als Geistesmensch fühlt und erkennt. »Was du denkst, das wirst du.« Eine Kraft, die imstande ist, irgendein System wie den menschlichen Lebensweg zu leiten und zu lenken oder einem Gegenstand wie dem menschlichen Körper eine zweckentsprechende Form zu geben, handelt nicht blind, nicht automatisch, sondern zielbewußt. Deshalb: Der Geist ist nicht nur die höchste Form der Energie, er ist mehr als diese, er beherrscht jede Energie, er leitet und lenkt sie; er ist Herr der Materie, nicht »Funktion«.

Was der Mensch bedeutet, das fängt erst da an, wo er nicht nur Gattungswesen, sondern wo er Einzelwesen ist. Man kann nicht aus dem, was zwischen Geburt und Tod liegt, die geistige Gestalt erklären. Die Verschiedenheit der Menschen in geistiger Beziehung rührt durchaus nicht (allein) von der Verschiedenheit ihrer Umgebung oder ihrer Erziehung her, denn zwei Menschen entwickeln sich unter den gleichen Einflüssen der Umgebung, der Erziehung in ganz verschiedener Art, eben weil jeder Mensch geistig ein eigenes, selbständiges Wesen ist. Meine physische Menschengestalt habe ich von meinen physischen Vorfahren, die geistige Gestalt von mir selbst, durch meine geistige Entwicklung. Aus dieser Ursache wiederhole ich die Rassengestalt und das Blut meiner Vorfahren und die geistige Gestalt meines Selbst.

Ich kann meine Gestalt von niemandem anders haben als von mir selbst, weil »das Äußere der Spiegel des Inneren« ist. Weil ich nicht mit unbestimmten, sondern mit bestimmten Anlagen in die physische Welt eintrat – da durch diese Anlagen mein Lebensweg, wie er in der früheren Wesensart zum Ausdruck kam, bestimmt ist –, so kann meine Arbeit an mir selbst nicht bei meiner Geburt begonnen haben. Ich muß als Ichheit vor meiner irdischen Geburt vorhanden gewesen sein. In meinen Vorfahren bin ich sicher nicht vorhanden gewesen, denn diese sind als geistige Menschen von mir verschieden. Meine Art ist nicht in der ihrigen zu finden, aus derselben auch nicht erklärbar. Also bin ich als geistiges Wesen die Wiederholung meiner selbst, denn nur in mir selbst liegt die

Erklärung meines Selbst und des Seins meiner Art und deshalb meines Schicksals. Somit war ich von Uranfang und bin ewig.

Zu sein heißt: zu wirken. Jede Wirkung schafft in sich neue Ursachen (gleichgültig, ob uns diese bewußt sind oder unbewußt), und diese Ursachen müssen und werden sich wieder in Wirkungen auslösen. Dies ist die endlose Kette von Geschehnissen, die erfahren und *erlebt* werden müssen, denn sie sind von uns selbst geistig und somit auch physisch geschaffen und deshalb in die Sphäre unserer Geistes- und Wirkungsart hineingezogen. Sie bilden unser Karma, unser Schicksal.

Wie wir diese Geschehnisse seelisch und deshalb auch physisch erleben, durchleben und verwerten, davon hängt das weitere Entwickeln neuer Ursachen und Wirkungen der Qualität und Quantität ab, somit auch die Verbesserung oder Verschlechterung unseres Schicksals.

Innerhalb der durch Geburt und Tod bestimmten Grenzen gehört der Mensch den drei kabbalistischen Welten physisch, astral und mental (oder Körper, Seele, Geist) an.

Die Seele ist das Mittel- und Verbindungsglied zwischen Leib und Geist, indem sie als Seelenleib mit der Empfindungsfähigkeit den physischen Körper durchdringt und als Bewußtseinsseele den Geistleib durchsetzt, beide verbindet. Die Seele hat dadurch während des Lebens sowohl Anteil an dem Leibe als auch an dem Geiste. Dieser Anteil kommt in ihrem ganzen Dasein zum Ausdruck. Von der Organisation des Seelenleibes wird es abhängen, wie die Empfindungsseele ihre Fähigkeiten entfalten kann. Von dem Leben und Schwingen der Bewußtseinsseele anderseits wird es abhängen, wieweit sich das Geistselbst in ihr entwickeln kann. Die Empfindungsseele wird einen um so besseren Verkehr mit der Außenwelt entfalten, je entwickelter der Seelenleib ist. Das Geistselbst wird um so reicher, machtvoller sein, je mehr Nahrung ihm die Bewußtseinsseele durch Erleben zuführt. Das heißt: Es werden während des Lebens im Körper die verarbeiteten Erlebnisse als Früchte durch die Bewußtseinsseele dem Geistselbst zur Bereicherung und zum Erstarken zugeführt. Diese gewonnenen Schätze bleiben dem Geiste nicht in unveränderter Gestalt. Vorstellungen, welche der Mensch aus Erlebnissen äußerer und innerer Art gewinnt, entschwinden dem Gedächtnis allmählich, nicht aber ihre Früchte. Der Geist nimmt Umwandlungen mit den Gedächtnisschätzen vor. Er entnimmt ihnen nur die Kraft zur Erhöhung seiner Fähigkeiten. Auf diese Weise geht kein Erlebnis ungenützt vorüber, besonders kein tieferes. Die Seele bewahrt es als Erinnerung für eine Zeitlang; der Geist saugt aus ihm das, was seine Fähigkeiten, seinen Inhalt und Wert für die Weiter- und Höherentwicklung bereichert. Des Menschen Geist wächst durch die verarbeiteten Erlebnisse. Wenn man sie auch nicht aufbewahrt finden kann wie in einem Museum, man findet ihre Wirkungen in den Fähigkeiten, die sich der Mensch erworben hat, folglich auch in der Anwendung dieser Fähigkeiten, im Charakter, in seinem Schicksal und Lebensweg. Nur in dieser Hinsicht ist jeder seines Schicksals Schmied, sonst nicht. Für denjenigen, dessen seelisches Schauen erschlossen ist, wirken die obigen Tatsachen genau mit derselben Kraft wie ein Vorgang, welcher sich vor seinen physischen Augen abspielt. Er erkennt sie als klar und selbstverständlich.

Es gibt sehr vieles für den Durchschnittsmenschen, was sich vorläufig nicht handgreiflich beweisen läßt, eben weil der Durchschnittsmensch und vor allem der rein verstandesmäßig denkende Mensch nicht die seelischen und geistigen Sinne entwickelt hat. Nie darf deshalb ein Mensch sagen, nur das sei wirklich, was er mit den fünf Sinnen wahrnehmen kann, denn es gibt so unendlich viel Wirkliches, für dessen Wahrnehmung ihm die Organe nicht gerade fehlen, aber unentwickelt sind.

Hat man sich selbst erkannt, dann erkennt man auch Gott und seine Mitmenschen und – kann ihnen helfen, denn Erkennen heißt auch Liebe und Verstehen. »Wer versteht, wird nie verdammen!«, denn er erkennt sofort die Motive, den Urgrund der Handlung. Selbsterkenntnis ist erstes Gesetz für jeden. Sie zu erlangen, ist jedes Menschen größte Pflicht gegen sich selbst und seine Mitmenschen (und der Grund seiner Verkörperung auf unserem Planeten). Wege dazu gibt es mehrere, die später immer auf den einen geraden Hauptweg führen. Doch ist jeder Weg nicht gleich leicht für jeden.

Die Chirosophie ist einer dieser Wege, und ein guter, klarer, praktischer. *Wer andere beurteilen will, muß sich selbst und das Leben kennen.* Er muß es verstehen, sich in den zu Beurteilenden hineinzuversetzen, durch dessen Augen die Umwelt zu betrachten und auf sich wirken zu lassen. Es gehört viel Erfahrung und Erkenntnis dazu, ihm dann raten zu können in den überaus vielseitigen Kompliziertheiten dieser oder jener Verhältnisse und Umstände, welche das Leben des einzelnen birgt. Man muß schon viel Lebens- und Welterfahrung besitzen und alle Lebenslagen, alle Verhältnisse kennen, aber auch eine hohe Weltanschauung errungen haben. Die hohe Warte der Betrachtung will erklommen, gewonnen sein.

Der Weg hierzu führt durch Entsagung, Aufopferung, mit einem Worte, durch Selbstbefreiung von der Ichsucht. Das ist erlebte spirituelle Erkenntnis. Es ist durchaus falsch, aus reiner Neugierde die Regeln einer Wissenschaft erlernen oder oberflächlich studieren zu wollen, um das so gewonnene oberflächliche Halbwissen in irgendeiner Form zu verwerten. Selbsterkenntnis erlangt man durch Oberflächlichkeit nie. So weit der Weg in den Irrtum hineinging, so weit ist er auch zurück. Gerade die menschliche Natur zu studieren, ist das Schwerste, und das gewonnene Wissen macht verantwortlich.

Es ist jedem Menschen selbst überlassen, in der Finsternis oder im Lichte zu wandeln. Da ist kein Zwang. Gott schuf keine Automaten. Wer aber einmal Erkenntnis erlangt hat, der ist von dem Augenblick an verpflichtet, den Weg des Lichts zu wandeln, der besseren Einsicht zu folgen – oder aber die Rückwirkung ist furchtbar. Nicht die Verhältnisse machen den Menschen, sondern der Mensch macht die Verhältnisse. Sie wirken dann wohl auf den Menschen zurück, doch ist dies gerade das Erziehende zum Besseren und zur Verbesserung. Der Mensch wird dadurch zum Denken erzogen, zur Erkenntnis seines Selbst durch sich selbst.

Ein sehr wichtiger Punkt, der noch zu beachten bleibt, ist das *geistige Niveau*. Wenn zwei das gleiche tun, so ist es nicht dasselbe. Es kommt auf die Motive des Handelns an, und die sind bei verschiedener Geistigkeit anders, nicht gleich.

Ein spiritueller Mensch handelt aus anderen Gründen (Motiven) als ein intellektueller, und dieser aus ähnlichen wie ein materieller, ganz abgesehen davon, daß es Eigenschaften gibt, die im Grunde keine typischen, sondern zusammengesetzte sind. Nehmen wir zum Beispiel einmal Ehrlichkeit. Aus welchen Gründen ist jemand ehrlich? Der eine, weil er es wirklich der Gesinnung nach ist; ein anderer aus Mangel an Gelegenheit zur Unehrlichkeit, ein Dritter aus Angst vor Strafe oder Angst vor üblem Ruf – je nach Geistigkeit oder geistigem Niveau.

Diese Niveau-Unterschiede erkennt man in den Händen an der feinen, mittleren oder groben Hauttextur (Bild 1/326). Je feiner die Haut und die zarten Hautlinien sind, desto höher ist das geistig-seelische Niveau. Konform damit geht auch noch der Reichtum oder die Armut an wirklichen Handlinien und Zeichen und deren Unversehrtheit, Klarheit und Farbe. Zur Begründung des »geistigen Niveaus«, seiner Grundursachen und seines großen »Wie«, »Woher« und »Warum« verweise ich auf den Abschnitt »Die astralen Einflüsse« (siehe Seite 70).

Eine notwendige Begriffserklärung zu Geist – Seele – Körper

Es herrscht heute allgemein noch eine Verwirrung über den Begriff Geist. Viele Menschen verstehen unter Geist den Intellekt; andere wieder verwechseln Geist mit Seele. Damit im folgenden keine Irrtümer vorkommen, muß ich auf den Begriff Geist etwas näher eingehen.

Uralt ist die Einteilung Geist – Seele – Körper. Der Geist ist der Gottesfunken, das Ego, das Ich-Selbst im Menschen und zugleich das höchste Prinzip, die höchste und bewußte Kraft im Kosmos, unsterblich wie Gott selbst, darum also auch ein Teil Gottes.

Da aber der Geist zu fein ist, um sich durch sein physisches Gefäß, den Körper, bemerkbar und wirksam zu machen, benötigt er Zwischenstufen von verschiedener Dichtigkeit, nennen wir sie verschieden dichte »Schichten« oder Körper. Diese sind die Seele. (Über die verschiedenen Seelenkörper, ihr

Wesen und ihre Funktionen gab ich bereits eine genaue Darstellung in meinen Werken *Medizinische Hand- und Nageldiagnostik* sowie *Die Seele des Menschen.*)

Der Intellekt ist eine seelenlose Denkart, die wenig mit Geist zu tun hat. Er ist eine Schulung in logischen Gedankengängen, die oft richtig erscheinen, es aber nicht zu sein brauchen. Es gibt genügend Beispiele dafür. Intellekt ist nicht seelisch belebt, deshalb auch nicht schöpferisch. Zum Beispiel erwachsen Erfindungen nicht aus dem Intellekt, sondern aus dem Geist. Selten war oder ist ein schöpferisches Genie ein intellektueller Mensch. Der Intellekt ist eine selbstgebaute Scheidewand innerhalb der Seelenkörper, und wer sie einmal, durch fanatische intellektuelle Einstellung seines Denkens, fest errichtet hat, der hat weder Intuition noch Religion, noch seelisches Erleben, denn es ist ihm unmöglich geworden, sich »nach innen« zum Ich-Selbst zu vertiefen, er kann nur noch materiell, also sachlich und real denken, und bekanntlich läßt sich nicht alles mit dem sachlichen Verstand erfassen, wie zum Beispiel Metaphysik, Religion, Kunst.

Der Geist besitzt aus sich heraus hohe und höchste Erkenntnis, wie sie sich im Genie oft offenbart. Nicht der Geist ist Widersacher der Seele, wie L. Klages behauptet, sondern der Intellekt ist der Widersacher. Das ist ein sehr großer Unterschied. Der Intellekt ist ein Gegner alles Spirituellen (Geistig-Seelischen) und des Erkennens durch Innenschau und ist nur groß im Kritisieren, »Besserwissen«. Erkenntnis ist eine geistige Eigenschaft, Empfinden eine solche der Seele, und Gefühl eine Eigenschaft des Körpers. Da ist nichts zu verwechseln.

Chirologie ist die Wissenschaft und Kunst, aus den durch Erfahrung gewonnenen Regeln für die Bedeutung der einzelnen Handmerkmale (Signifixe) und deren Kombinationen ein richtiges Charakter- und Schicksalsbild zu gewinnen und zu konstruieren.

5. Leitsätze der wissenschaftlichen Chirologie

1. Bei jeder Begutachtung müssen *beide* Hände betrachtet werden. Die *Außenseite* bietet die Grundlage der Begutachtung. Sie zeigt die Grundeinstellung der Persönlichkeit zur Umwelt. Die Merkmale der Innenhände sind Ergänzung dazu.
2. Die *linke* Hand zeigt außen und innen, was man vorgeburtlich übernommen und aus der mütterlichen Generation ererbt hat, die Veranlagung der Individualität.
   Die *rechte* Hand zeigt außen und innen die Arbeit und Entwicklung an sich selbst, die Grenze des Erreichbaren, außerdem das, was aus der väterlichen Generation ererbt wurde.
3. *Ein* Merkmal besagt: Neigung, Disposition, Anlage, eventuell Warnung. *Mehrere* Merkmale gleicher Bedeutung verstärken die Bedeutung des ersten. Andere können eventuell abschwächen.
4. Hände geben objektiv nur Auskunft über die eigene Person, nicht aber über andere, nicht über Kinder, Verwandte, Eltern usw. Wer anderes behauptet, kann dafür keine objektiven Merkmale aufzeigen, sondern sich lediglich auf Einfühlungsvermögen stützen.
5. Der kürzeste Zeitraum, den man – bis heute – in den Händen zuverlässig ausmessen kann, ist *ein Jahr*. Monats-, Wochen- und Tageszeiten sind nicht meßbar, denn 1 Jahr = 1 mm (in allen Linien), also kaum noch teilbar. Um Jahresdaten genau berechnen zu können, muß man Korrekturdaten erfragen, zum Beispiel Todesfall von Blutsverwandten, am besten Onkeln oder Tanten oder Großeltern.
6. Angelegenheiten, die von »Formalitäten« abhängen, also menschlichen Einrichtungen, wie zum Beispiel Standesamt und dergleichen, sind nicht ersichtlich.

7. Hände mit zahlreichen Linien geben mehr Auskunft als solche mit wenigen oder nur mit Hauptlinien.
8. Das seelische Niveau sollte nicht unbeachtet bleiben, denn: Wenn zwei das gleiche tun, so ist das nicht dasselbe.

Jeder Irrtum ist ausgeschlossen, wenn man sich genau an diese Regeln hält und die Wissenschaft beherrscht.

Eine richtige Handanalyse wird auf folgende Art ausgearbeitet: Es werden alle Merkmale aus der Außen- und Innenhand gesucht und notiert. Dann werden diese Merkmale in Eigenschaftsgruppen aufgeteilt und besonders zusammengeschrieben. Hiernach wird der Handtyp oder dessen Mischung sehr genau analysiert und sein Hauptmerkmal festgestellt, als Ausgangsbasis für die Analyse: für die Persönlichkeit selbst, dann für das Umweltverhalten in mehreren Richtungen, so daß ein umfassendes Charakterbild entsteht. Dieses Charakterbild ist so zu gestalten, daß zuerst das Geistige, dann das Seelische und schließlich das Physische in Veranlagung und Auswirkung dargestellt wird. Aufgrund dieser Gegebenheiten wird das Analysenbild unter Berücksichtigung aller Merkmale der Innenhände zu einem Lebensbild gestaltet, aus dem der Weg der Entwicklung der Persönlichkeit, ihre Möglichkeiten und Grenzen ersichtlich ist.

Wissenschaftliche Lehrbücher sind keine Kochbücher und nicht zu dem Zweck geschrieben, daß man in ihnen naschhaft nach der Bedeutung eines Zeichens sucht, um dann allein nach dieser einen Bedeutung etwas erkennen zu wollen, oder daß gar jemand einem etwas darüber sagt.

Ich warne dringend davor, den Inhalt meiner Lehrbücher derart zu mißbrauchen. Es kann nicht oft genug, nicht eindringlich genug betont werden: Lehrbücher werden geschrieben, damit sie studiert werden. Studieren aber heißt: ein Thema gründlich und intensiv durcharbeiten. Um etwas, zum Beispiel eine Eigenschaft, festzustellen, darf man niemals nach *einem* Merkmal gehen, sondern muß mehrere Merkmale suchen, die den Hinweis der einen Eigenschaft bestätigen oder abschwächen. Und auch dies genügt noch nicht; man muß vielmehr alles andere noch in Betracht ziehen, um ein ganzes und abgerundetes Bild zu erhalten. Erst dann kann man etwas mit Sicherheit begutachten.

Man bedenke immer, daß man einen *Menschen* begutachtet und daß man ihm seelisch schaden kann, wenn man ihm etwas sagt, das in ihm ein Minderwertigkeitsgefühl aufkommen läßt, so daß er an Selbstvertrauen verliert, anstatt daß man ihm zum Selbstvertrauen und zur Selbstbehauptung verhilft.

Da wir Menschen sind, haben wir auch mehr oder minder negative Eigenschaften. Sie sollen durchaus nicht verheimlicht werden, aber sie müssen genannt und auch erklärt werden. Zugleich muß auch ein Weg zu ihrer Beherrschung aufgezeigt werden, denn nur durch Erkenntnis läßt sich Änderung und Besserung erzielen. Mit Feststellungen allein ist niemandem gedient, und ebensowenig, wenn kein Weg zur besseren Entwicklung im positiven Sinn geboten wird.

Um ein gründlicher Gutachter zu sein, benötigt man vor allem eine Eigenschaft, die heute selten ist: Verstehen. Um aber verstehen zu können, muß man selbst die harte Schule des Lebens durchgemacht haben, Menschen- und Weltkenntnis in hohem Maße besitzen, am Leben gereift sein. Das aber wiederum kann man nicht lernen, weder durch Bücher noch durch Menschen, sondern nur durch persönliche Erfahrung. Und noch eine Eigenschaft ist nötig, um verstehen zu können: Güte. Wir haben kein Recht zu verurteilen, denn um beurteilen zu können, was gut und was böse ist, ist eine geistige Reife erforderlich, die nur bei sehr wenigen Menschen gefunden wird.

Alle Wissenschaften, die es ermöglichen, Menschenkenntnis zu geben, erfordern geistige Schau auf höchster Warte der Betrachtung und kosmisches Denken. Nur so werden wir der Forderung und der Würde dieses Wissens gerecht, das ein heiliges Wissen ist.

Man gewöhne sich an, darüber tief nachzudenken, was eine Eigenschaft bedeutet, wie und woraus sie entsteht oder entstanden ist. Es gibt viele Eigenschaften, die sich aus mehreren zusammensetzen, zum Beispiel ist Eifersucht eine Kombination von Mißtrauen, Neid, Stolz und Dummheit. Hieraus möge erkannt werden, wie wichtig es ist, nicht nur Menschenkenntnis zu erwerben, sondern sich auch mit der Charakterkunde zu befassen. (Anmerkung: Siehe dazu von Rita Issberner-Haldane *Formen und Linien der Hand. Typische Merkmale für Charakter und Beruf.*)

Was auch immer eine Handanalyse als Resultat ergeben mag, nie darf man vergessen, daß es eines jeden Menschen Pflicht dem Nächsten gegenüber ist, seine seelische Kraft zu stärken; auf welche Art, das mag ihm überlassen bleiben.

Seelische Widerstandskraft und Gleichmut in allen Geschehnissen, Lebensbejahung und Selbstvertrauen anderen zu geben, das ist positive Arbeit am Mitmenschen. Das ist die heilige Mission des Menschenkenners und Charakterologen. Das ist praktische, ist Tat-Religion, Priesterschaft.

Wie viele Menschen haben für den Anblick einer Hand einen überraschenden Instinkt? Wie viele lassen sich von dem Ausdruck und der Form einer Hand beeinflussen? Wer genau betrachtet, wird die Entdeckung machen, daß Hände sehr verschieden sind, wie Gesichter, genauso sympathisch, genauso unsympathisch, genauso anziehend, genauso abstoßend oder gewinnend. Es gibt grobe, zarte, zynische, hochmütige, bescheidene, kluge, dumme und liebevolle, anmutige, tückische, geistreiche und stumpfsinnige, brutale und sentimentale Hände. Dies schon allein nach dem Empfinden. Wieviel mehr aber offenbaren Hände, wenn man sie außerdem noch objektiv zu lesen vermag. (Siehe den Abschnitt »Die Bewegungssprache der Hand«, Seite 120)

6. Chirologie und Medizin

Da alle physischen Geschehnisse primär geistige und sekundär psychische Ursachen haben, ist es selbstverständlich, daß sich Dispositionen zu körperlichen und seelischen Leiden lange vor Erscheinen (Auswirken), zumeist auch körperlich, irgendwie bemerkbar machen. Es ist jedoch ein Irrtum zu glauben, daß sich bei einem im Werden begriffenen oder vorhandenen Leiden auch gleichzeitig Schmerzen bemerkbar machen müssen. Wie oft kommt es vor, daß jemand gar nicht weiß, daß er zum Beispiel ein Magengeschwür hat. Wenn man ihn aber an den hierfür in Betracht kommenden Schmerzzentren der Bauchdecke berühren würde, dann würde er Unbehagen oder Schmerzen fühlen. So ist es auch mit vielen anderen Leiden. Jeder Mensch bringt schon bei der Geburt Dispositionen zu bestimmten Leiden mit. Sie können ererbt oder auch angeboren sein; später kommen eventuell erworbene noch hinzu. Diese Dispositionen lassen sich teilweise schon äußerlich durch die Konstitutions-Typologie, die Merkmale der Vorder-, Rücken-, Seitenbelastung (Kuhne), durch Haltung und/oder Gang erkennen.

Erbliche Belastungen lassen sich zum Teil im Gesicht, am Ausdruck der Augen, an den Ohren, an einer Hasenscharte und ähnlichem erkennen, auch in den Händen. Erkennt man in der Iris den augenblicklichen Zustand von Gesundheit und Krankheit, so in den Händen mehr die Dispositionen sowie erbliche Belastungen, was prophylaktisch von besonderem Wert ist, denn Vorbeugen ist immer besser als heilen.

Gerade die Möglichkeit, die die Handdiagnostik durch ihre zuverlässigen objektiven Merkmale zur Verhütung von Erbkrankheiten bietet, hebt sie über andere Methoden hinaus. Als Forscher und Schöpfer dieses Spezialgebietes (seit 1905) fand ich bisher etwa 150 medizinisch-diagnostische Merkmale, davon allein 42 Merkmale an den Fingernägeln. Diese handdiagnostischen Merkmale werden bereits von einer sehr beachtlichen und ständig wachsenden Zahl von Ärzten und Heilpraktikern in ihrer Praxis mit allerbestem Erfolg verwendet.

Um hier Wiederholungen zu vermeiden, sei darauf hingewiesen, daß dieses Thema ausführlich in meinem Standardwerk der medizinischen Chiromantie *Die medizinische Hand- und Nageldiagnostik* (12. Auflage 1989) behandelt ist.

7. Was bietet die wissenschaftliche Handlesekunst?

Sie bietet

1. die *medizinische Hand- und Nageldiagnostik* als eine Paralleldiagnostik mit einer Treffsicherheit von bis zu 98 Prozent sowie das Erkennen der Erbmasse, der Erbkrankheiten, Veranlagung und deren Auswirkung auf das Denken, den Charakter und Erfolg;
2. eine *Berufseignungsprüfung* mit hervorragender Sicherheit und Feststellung der moralischen Qualitäten (was die Psychotechnik nicht kann), der technischen Möglichkeiten und zu gleicher Zeit das Erkennen von der Verwirklichung in bezug auf Erfolg;
3. gute Unterlagen zur *Ahnenforschung*, indem die Hinweise der Vererbung von Krankheitsdispositionen, Charakteranlagen und Schicksalseinflüssen deutlich gegeben sind;
4. eine *ausgiebige Charakterkunde* für praktische Menschenkenntnis, für die Leitung (Erziehung) von Kindern und Mitmenschen, sowie für Eheberatung;
5. wertvolle Merkmale für die *Polizeiwissenschaft*, den Erkennungsdienst;
6. die beste Basis für eine *objektive Psychoanalyse*, das Erkennen von seelischen Hemmungen und sonstigen Störungen und deren Herkunft (ob erblich, angeboren oder erworben);
7. eine psycho-physiologische Basis für die *Erkenntnis kosmischer Gesetze* und der individuellen Lebens-Rhythmen, die alle Geschehnisse als schicksalsmäßig bedingt erweisen, somit kosmische Religion (Yogalehre), die uns zur Lebenskunst führt.

Zusammengefaßt wird durch die wissenschaftliche Handlesekunst eine Anleitung zu kosmischem und damit zu richtigem Denken und Leben, zur besten Nutzung der persönlichen Anlagen und der Menschenentwicklung geboten:

> geistig: durch bewußtes Denken,
> seelisch: durch bewußtes Erleben und gesundes Fühlen,
> materiell: durch bewußtes Handeln und Nutzen günstiger Zeitperioden für den praktischen Erfolg im Alltagsleben.

Kaum eine andere Wissenschaft ist imstande, *das* zu bieten – allenfalls noch die Astrologie.

8. Wie man Hände »liest«

Wie unendlich oft finden wir im täglichen Leben, daß sich jemand, wenn er ein Spezialstudium beginnt, die ganze erreichbare Literatur dieses Wissenszweiges beschafft, um dann zwischen all den verschiedenen Meinungen, den guten und den minderwertigen Lehren, nicht durchzufinden. Es fehlt die Sachkenntnis. Solche Menschen kommen nur sehr langsam und schwer zum Ziel. Diese Art ist nicht richtig. Deshalb sage ich: Nehmen Sie nicht alle und irgendwelche Literatur, auch nicht, wenn der Name noch so viel angepriesen wird von dem Buchhändler, der nur selten tiefere Kenntnisse in den verschiedenen Wissenszweigen haben kann. Versuchen Sie zuerst, sich bei Kennern oder Interessenten Anregungen zum Nachdenken zu holen; lassen Sie sich einen praktisch ausübenden Chirologen besten Rufes nennen, von dem Sie dann sicher die beste Auskunft über ein Spezialwerk bekommen. Weiter: Ist ein gutes Lehrbuch vorhanden, lasse man jegliches andere Buch fort und bleibe von Anfang bis Ende fest bei diesem einen Werke, bis man es völlig beherrscht und den Inhalt praktisch anwendet. Erst wenn diese Lehren des einen Buches ganz fest sitzen, wenn man durch praktisches Ausüben die Bestätigungen hat, erst dann ist man in der Lage, »vergleichende Studien« zu betreiben, wozu man andere Werke heranziehen mag. Es soll hiermit gesagt sein, daß man sich aufgrund der besten Literatur eines Autors einen Grundstock dieses Wissens aneigne, um eine Basis zu haben, von der aus man arbeitet.

Was das vorliegende Buch betrifft, verweise ich auf folgenden Weg: Vor allem, bleiben Sie bei diesem einen Buch. Lesen Sie es langsam und mit Bedacht dreimal von Anfang bis zu Ende. Dann beginnen Sie mit den einzelnen Teilen. Auch Vorwort und Einführung sind zu berücksichtigen. Man muß sich hineinleben und wird daraus manches Wissenswerte erhalten. Besonders zu beachten ist, was im ersten Teil und besonders im Abschnitt »Die astralen Einflüsse« gebracht wird. Es ist durchaus erforderlich, sich mit dem Wirken der geistigen Welt vertraut zu machen. Ist das geschehen, dann wird alles andere leichter erfaßt werden, weil man die Ursachen und Wirkungen der einzelnen Dinge besser erkennt. Man gehe nur langsam voran, jedenfalls nicht schneller, als man klar und ganz begriffen hat.

Intensiv studiere man die Handformen und beschäftige sich so lange mit den einzelnen Handtypen theoretisch und praktisch bei jeder sich bietenden Gelegenheit, bis man mit einem Blick die Handform eines beliebigen Menschen erkennt, sie sogleich klassifizieren kann und auch ihre charakteristische Bedeutung weiß.

Erst wenn man so weit ist, sollte man sich mit der Bedeutung der Linien und Zeichen der Innenhand vertraut machen. Hier fangen die Schwierigkeiten des »Nicht-erkennen-Könnens« an, weil sich das Auge erst an die feinen und feinsten Linien gewöhnen muß, was aber mit Hilfe einer guten Lupe (4fache Vergrößerung) nicht lange dauert.

Nun heißt es, das Gedächtnis anspannen, denn alle die verschiedensten Bildbedeutungen der Zeichen usw. muß man auswendig wissen, um sogleich für jede Bedeutung das Kontrollzeichen zu finden. Das Fundament dieses Wissens ist: *Beherrschung der Bedeutung der einzelnen Handformen, der einzelnen Berge und der Hauptlinien.* Durch Kombination und einfache logische Folgerungen ergibt sich dann alles andere von selbst. Nur muß man Geduld bewahren, hier nicht weniger als bei jedem Studium einer Wissenschaft.

Bei der Beurteilung von Händen wolle man immer folgendes vor Augen haben: Ein Merkmal läßt eine Neigung erkennen, mehrere Merkmale geben erst die Gewißheit der Tatsache und ihres Eintreffens. Aus diesem Grunde muß man Begleit- oder Kontrollzeichen (korrespondierende Zeichen) an anderen Stellen ausfindig zu machen suchen. Bei einer Voraussage von Krankheiten, Trauerfällen usw., von Dingen, welche die heutigen nervösen Menschen nicht hören wollen, sei man vorsichtig. Viele Menschen können die Wahrheit nicht vertragen. Auch beurteile man in solchen Fällen erst den Daumen, um zu sehen, wieviel Wahrheit die Betreffenden ihrer Natur gemäß ertragen können, denn viele sind schwach und müssen erst nach und nach gestärkt werden. Ebenso vorsichtig sei man auch bei der Beurteilung der guten oder schlechten Eigenschaften und Neigungen. Man kann durch Irrtum oder nicht richtiges Ablesen einem Menschen bitter unrecht tun. Hat jemand aber schon viel Übung, so wird er durch logisches Denken auch das Richtige erkennen und sagen dürfen. Man muß Art und Abstammung immer in Betracht ziehen, denn eine spirituelle Natur wird immer alles anders durchleben und erkennen als eine intellektuelle oder materielle, ein Neger anders als ein Mongole, Eskimo, Indianer, Japaner, Chinese. Alle Rassen haben verschiedenes seelisches Erleben.

Man muß bei einer feinnervigen, sensiblen Frau die Beurteilung der gleichen Tatsachen in andere Worte kleiden als bei einer Hausgehilfin; das muß jedem Tieferdenkenden einleuchten. Intuition verwende man nicht, denn sie könnte täuschen. Man lese und übersetze nur die Merkmale und Formationen, dann die Kombinationen, so erhält man von selbst das Richtige. Mit der Übung und der Zeit kommt die Sicherheit. Viel Üben, Beobachten und Nachdenken ist erforderlich, und wer will, kommt auch zum Ziel, freilich nicht in einigen Wochen oder Monaten; mit guter Anleitung natürlich schneller.

Zuerst betrachte man den Handtyp, die Handform, dann die Proportion und Konsistenz, darauf die Lage der Finger und ihre einzelne Form, endlich die Nägel, die Haut. Dies im Gedächtnis behalten zur Kombination mit der Innenhand. Die Fingerknöchel nicht vergessen; dann zur Innenhand. Hier zuerst die Lage der Kopflinie; weiter sind die einzelnen Berge genau zu betrachten, der hervorragendste, stärkste zu finden. Sodann kommen die Hauptlinien eine nach der anderen und ihre Kombination unter Berücksichtigung der eventuell vorhandenen Haupteigenschaft einer bestimmten Hauptlinie. Hiernach das Gesamtbild der Berge und Hauptlinien, Erhöhungen und Vertiefungen. Immer sind beide Hände nebeneinander zu lesen. Die Annahme, die »Linke« sei bei der Ausdeutung zu bevorzugen, weil sie ja dem Herzen näher lieg, ist irrig. Dies ist einseitig und oberflächlich, unvollständig und Pfuscherei.

Nachdem man nun die Charakteristik, Talente (ob diese bestätigt oder bestritten werden, bleibt sich gleich, denn viele Menschen haben Talente, ohne daß sie es wissen oder Interesse dafür haben; sie verwechseln meist das Talent mit »Interesse an der Sache«) oder Neigungen klar erkannt und mitgeteilt hat, gehe man zu den einzelnen Verbindungen, Kombinationen, Lagen, Merkmalen und Ereignislinien über und lese deren Bedeutung ab, mache eventuell erforderliche Abzüge, bedenke gleichzeitig aber auch die Folgen (sich ergebender Umstände) und die Art, wie sie eintreten, und weise darauf hin. Dann nehme man als letztes die Meßkarten (Bild 55.56/369), messe die Zeit des Eintretens der Ereignisse ab. Eine gute, große Lupe ist von großem Vorteil. Zur Kontrolle der Studien führe man Listen von Handabdrücken und vergleiche diese jährlich.

Wenn jemand einen guten Handabdruck herstellen will, sei es zum Studium, zu eigener Beobachtung und Vergleichung, sei es zur Fernbeurteilung (brieflich), so bediene er sich eines Stempelfarbkissens (Bild 6/330). Leichter abwaschbar aber ist »Japan-Aqua schwarz«, das man in jedem Künstlerbedarf-Geschäft erhält. Man kann auch durch Fotografie Außen- und Innenhand erhalten. Nur muß man achtgeben, daß das Bild scharf und nicht zu klein wird.

Für die Beurteilung der Hände bei der Berufsberatung sind natürlich die ganze Handform und die Innenhand erforderlich. (Bei Fernbeurteilung: Handphoto der linken Außenhand und rechten Innenhand sowie Abdruck der Linien.) Deshalb werden für diesen Zweck am besten ganze Gipsabdrücke von Händen verwandt oder Photos von Außen- und Innenhand und Abdrücke der Innenhände. Dieser Weg ist nicht gerade billig, aber dafür ist das Material tadellos, besser zu beurteilen und zum späteren Vergleich wertvoller als ein einzelner Farbabdruck. Eine Sammlung von Handphotographien ist für jeden Chirologen wertvoll, besonders wenn es Bilder von den Händen eines ganzen Familiengeschlechts sind. Wer den Wert der Chirosophie erkannt hat und auf Geschlecht und Stammbaum Wert legt, wird in den Handbildern seiner Vorfahren eine ganz besonders interessante und lehrreiche Chronik besitzen. Diese Idee ist durchaus nicht neu. Ich habe einige solcher Sammlungen zu sehen Gelegenheit gehabt. Warum nur Bilder von der halben Figur oder dem Gesicht haben und aufbewahren? Die Hände erzählen uns oft mehr über das ganze Leben eines Menschen als sein fotografiertes »Sonntagsgesicht«.

9. Die astralen Einflüsse

Die alten Weisen stellten durch tausendfache Erfahrung fest, daß aus der Form der Hand der Charakter und aus den Linien und Zeichen die Vergangenheit und Zukunft zu erkennen ist; jeder kann diese Angaben nachprüfen. Viel von dieser Wissenschaft ist verlorengegangen, genau wie in der Astrologie und allen anderen Wissenschaften, doch wird den Menschen im Laufe der Entwicklung (nicht aber der geistigen und körperlichen Entartung) alles Verlorene wiedergegeben werden. Keine Berufstätigkeit ändert die Linien, und kein Gewerbe hat bestimmte Linienformationen. Es gibt keine Linien, aus denen man einen speziellen Berufszweig erkennen kann.

Viele Frauen schonen und pflegen ihre Hände, üben keinen Beruf oder keine schwere Arbeit aus, aber dennoch sind meist solche Hände mit Linien dicht bedeckt. Andererseits haben schwerarbeitende Personen meist in ihren Händen nur die Hauptlinien, keine anderen. Damit ist auch zugleich der Einwand beseitigt, daß die Linien in den Händen durch Arbeit entstehen. Wenn ein geistiger Arbeiter durch Umstände gezwungen wird, schwere körperliche Arbeit zu leisten, werden sich die Handformen und Hauptlinien nicht ändern, sondern nur einige der feinen und feinsten Linien werden sich verlieren, weil sein seelisches Empfinden durch die schwere physische Arbeit abstumpft und dadurch das Einströmen der feinen astralen Kräfte gehemmt wird.

Mancher wird sagen, der Mensch habe sein Schicksal in der Hand, und jeder habe seinen freien Willen. Dem ist durchaus nicht so. Wahlfreiheit hat er, freien Willen jedoch nicht. »Die Sterne (Kräfte) beherrschen den Menschen, aber der Weise (Spirituelle), weil er erkannt hat und sich bei ihm das Lebenserkennen mit dem Lebenkönnen paart, beherrscht die Sterne (Kräfte).« Der Weise kann den Fesseln der niederen

Welt entfliehen, sich ihr entziehen, nicht aber der Alltags-Durchschnittsmensch der materiellen Welt. Der Weise hat in sich das Geist-Seelische vereint. Er ändert sein Schicksal nicht, denn er hat sich dem Universalwillen (kosmischen Willen) untergeordnet zur Erreichung des Endziels der Entwicklung. Er zahlt seine rückständige Schuld im guten wie im bösen Sinne auf einmal und bewußt ab und wird dadurch frei.

Der Mensch aus der zweiten Welt (des Intellekts) mißbraucht seinen Willen, soweit er ihn besitzt, denn er ist »kalter Verstandesmensch«, der, um seine Neugierde (Wissenschaft) zu befriedigen, andere Geschöpfe, Tiere, »manchmal« auch Menschen quält, lebendig zerschneidet, vergiftet, verbrennt, jammern hört und sieht, aber nichts empfindet. Wohl kann er verschiedene Wege seines Lebens wählen, doch muß er darum den falschen gehen, weil er soviel wie kein Empfinden besitzt und glaubt, alles mit dem bißchen Verstand begreifen zu können, was allerdings in die Irre führen muß.

Bei Menschen der dritten (elementaren) Welt (Bild 11/332) kann man mit großer Bestimmtheit auf die Unveränderlichkeit des Schicksals schließen, denn sie stehen noch zu sehr unter dem Karmagesetz und können nur im Wandel der Zeiten die verschiedenen Stufen erklimmen, bis auch für sie der Tag des Lichtes kommt und sie frei werden.

Karma ist das kosmische Gesetz der ethischen Wiedervergeltung und ausgleichenden Gerechtigkeit, welches die ewige Ordnung und Harmonie alles Lebenden aufrechterhält. Jede Störung, die ein Einzelwille auf Kosten der anderen verursacht, indem er gegen die Harmoniegesetze verstößt, wird vom Karma gerächt (Hiob XXXIV, 10 bis 11), nicht als Strafe, sondern als Wirkung der selbstgeschaffenen Ursache, zur Erziehung.

Festgesetzte Schicksalsschläge lassen sich nicht ändern, nur die Wege sind frei, die zum Ziele führen. Wie der Mensch sich beträgt, so wird er behandelt; nicht von anderen behandelt, sondern durch die Auswirkung, die sein eigener Geist durch Tat oder Denken veranlaßte. Also: Der eigene Geist behandelt den eigenen Körper wie der Erzieher den Zögling. Geist und Körper sind zwei Dinge, und einer ist des anderen Vermittler.

Jede Schuld muß ausgeglichen werden. Der Weise zahlt auf einmal, der Unwissende in Raten.

Durch die Kenntnis der Chirosophie können wir unser Schicksal verbessern, denn sie gibt uns Selbsterkenntnis und zeigt jedem einzelnen seine Reiseroute. Kennen wir diese aber durch tiefes, ernstes Studium, so können wir unseren Charakter und damit auch unser Geschick verbessern, weil wir die verschiedenen Gefahren erkennen, die aus Mangelhaftigkeit, Minderwertigkeit und deshalb oft aus Leidenschaft, niederem Verlangen und Wünschen entstehen und drohen, uns zu schädigen. Nicht diese sollen uns überwinden, sondern wir sie.

Alle äußeren Einflüsse nehmen wir auf durch Vermittlung unserer Aura, des Sonnengeflechts und des Gehirns. Gedankenwellen nimmt der Geist auf und überträgt sie durch die Funktion der Seele auf das Kleinhirn (das Unbewußte). Dieses gibt sie weiter in das Großhirn, wo sie uns dann bewußt werden, als ob wir die Gedanken selbst gedacht hätten. Das Sonnengeflecht (das große seelische Nervenzentrum nahe der Magengrube) nimmt Empfindungen des Erlebens auf, zum Beispiel Traumbilder, Ahnungen, Angst- und Freudegefühle, Schreck usw. Die feinsten dieser Einflüsse aber ziehen wir an und ein durch die Fingerspitzen (Habakuk III, 4), welche Strahlensammler sind für die feinen Nervenzentren (Chakras) der Hände. Hier handelt es sich um Einflüsse von Kräften, die Charakter und Neigungen des Menschen bestimmen. Die für die Aufnahme dieser astralen, elektrischen und magnetischen Fluidströme abgestimmten Empfangsapparate sind die Fingerspitzen (Bilder 3/328 und 4/329 und Seiten 74 und 75).

Regulatoren und Akkumulatoren der Ströme sind die Finger, Formen und Berge (Erhöhungen unter den Fingern) der Hände; das Flußbett sind die Linien; die Finger-Knoten (natürliche Knoten in den Fingerbeugegelenken) sind die Schleusen oder Ventile, welche soviel Strom durchlassen, wie ihre Form und Öffnung (Bewußtsein, Vernunft) es zulassen; das heißt, je wacher und bewußter der Geist ist, um so stärker bilden sich die oberen Knoten aus, werden die Emotionen und Verstandeskräfte beherrscht. Andere Ströme – solche, die ihren Eingang durch Gehirn und Sonnengeflecht nehmen –

kommen mit dem Blut- und Nervenkreislauf von innen durch die Handwurzel in die Nervenzentren, wo sich dann, verstärkt oder abgeschwächt, diese astralen Kraftströme kristallisieren, materialisieren oder in Zeichen erkennbar werden.

Unter »astralen Einflüssen« sind auch die der Planeten Venus, Jupiter, Saturn, Sonne, Merkur, Mars, Mond, Uranus, Neptun, Pluto, Isis (einschließlich der Sonne, welche oft nicht dazu gerechnet wird) zu verstehen.

Die Kraftströme von Uranus und Neptun finden sich nicht häufig in den Händen, sondern meist nur in linienreichen. Die Kraftströme von Pluto und Isis sind noch sehr selten, und die Bedeutung ist noch nicht gesichert. Es sind erst zarte Anfänge. Einflüsse sogenannter »transneptunischer« Planeten in den Händen sind zur Zeit noch Phantasien, die jeder Grundlage entbehren.

In diesem Zusammenhang sei auf die Werke *Sternenmächte und Mensch* von Dr. med. Schwab; *Transitlehre* von Prof. Dr. Uhle; *Medizinische Astrologie* von dem Wiener Arzt Feerhof; *Periodenlehre* von Dr. Fließ; *Geistesperioden im Leben der Völker* von Ing. Rud. Meewes und *Das Siebenjahr* von Dr. Swoboda hingewiesen; sie alle enthalten Lehren über diese Kräfteeinflüsse.

Bild 1/326 zeigt die feinen Hautlinien (Niveaustufe) der Hand, Bild 2/327 die Muskulatur, Sehnen, Adern zum Teil und die Hautlagen als weicheren Teil, in dem sich schon die feinstofflichen Kräfte und Strahlungen bemerkbar machen durch Harmonie (Gesundheit) oder Disharmonie (Krankheit), verdichten, materialisieren.

Über die Tatsache, daß sich bei einem Fötus im Mutterleibe zuerst die Hauptlinien und danach erst die feinen Linien der Haut bilden und daß weder diese jene noch jene diese in ihrem Wachstum oder in ihrer besonderen Gestaltung beeinflussen, habe ich bereits in *Die medizinische Hand- und Nageldiagnostik* eingehend gesprochen.

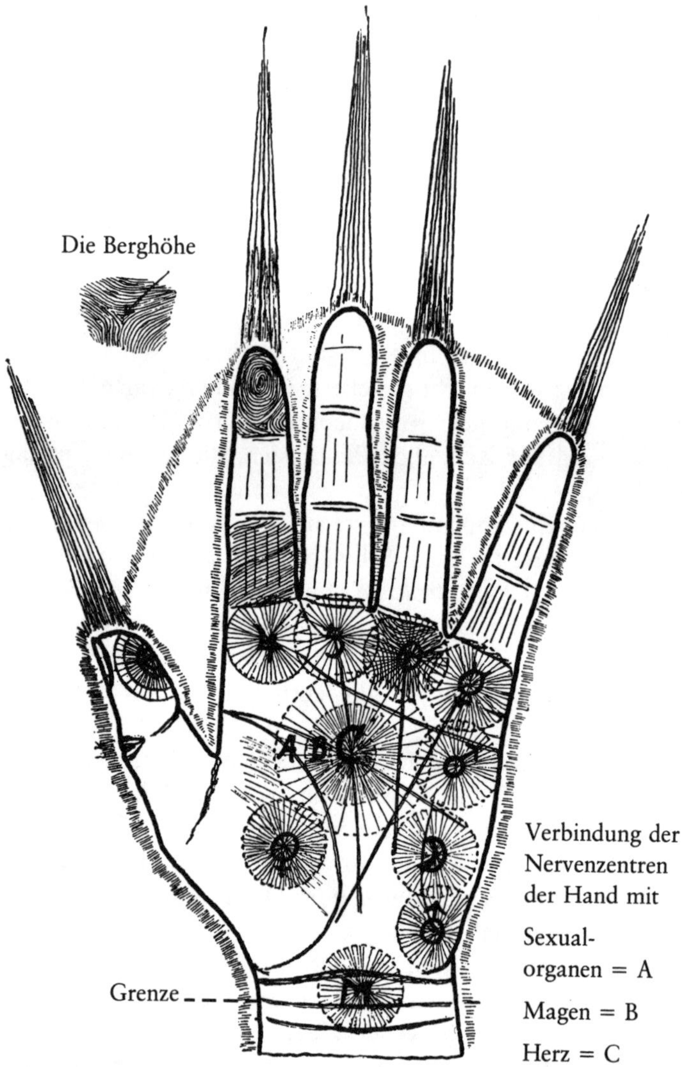

Strahlen, Aura und Nervenzentren der Hand:
flache Innenhand
(Bild 3/328 aus dem Bildteil)

1 = Strahlungen der Hand und der Finger

2 = Strahlungen der Zentren

3 = Aura des Körpers

4 = Strahlungen von Blut- und Nervenkreislauf

5 = Strahlungen in Wechselwirkung

6 = untere Beugegelenke der Finger, Anfang der Berge

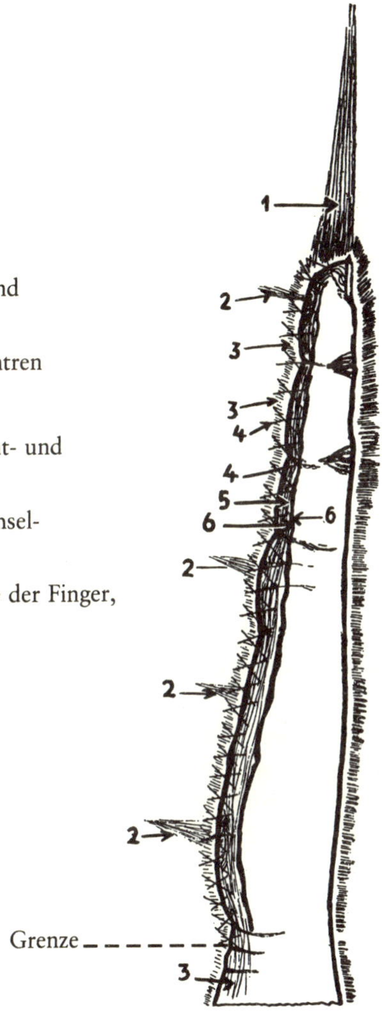

Strahlen, Aura und Nervenzentren der Hand: Seitenansicht
(Bild 4/329 aus dem Bildteil)

Die Aura des Körpers (Bilder 3/328 und 4/329) und seiner Nervenzentren unterscheidet erstens die geistige und zweitens die astrale Aura des Menschen. Hauptnervenzentren sind Scheitel, Augen, Herz, Sonnengeflecht, Sexualorgane und Lumbalgehirn. Die Stärke der geistigen Aura richtet sich ganz nach der geistigen und göttlichen Erkenntnis des Menschen und hat dementsprechend verschiedene Farben. Alles im Kosmos strahlt, solange es lebt, von Geist durchdrungen ist, auch das Erz; besonders stark strahlen Edelsteine und Samenkörner. Wenn auch nicht jedes physische Auge diese Strahlungen wahrnimmt, so werden sie doch durch geist-seelisch (spirituell) geschulte geistige Augen erschaut.

In der Hand haben wir ein großes Nervenzentrum und sieben kleine Nervenzentren, deren jedes für sich strahlt. Sie alle sind auch untereinander verbunden, wie es auf Bild 4/329 dargestellt ist. Bei der Strahlung, die auf dem Handprofil (Bild 3/328) zu ersehen ist, habe ich die Strahlzentren mit Bezeichnung 2 stärker markiert. Bezeichnung 3 ist die Odstrahlung (Aura) unter und über der Oberfläche der Innen- und der Außenhand. 4 bezeichnet die Blutbahn und Nervenbahn im Handinnern und 5 die Strahlung in Wechselwirkung.

Denken wir uns, stark vergrößert, die Hauttextur der Innenhand in einer Darstellung wie zum Beispiel der Lichtreklame an den Häusern. Hier enden die feinsten Nerven, und die Erschütterungen und Schwingungen der Seele und des Körpers zeichnen sich ein. Genau wie man bei der großen Lichtreklame einen besonderen Kontakt berührt, worauf eine ganz bestimmte Formation von Buchstaben erscheint, ein Name, ein Bild, so erscheint auch an der Oberfläche des Handinnern an bestimmter Stelle ein bestimmtes entsprechendes Zeichen durch Einwirkung auf ein entsprechendes Gehirn- oder Nervenzentrum. Das kommt daher, weil bestimmte Teile der Hand mit bestimmten Organen des Körpers und noch besonders mit ihren korrespondierenden Zentren des Gehirns in enger Verbindung stehen. Bestimmte Denkart wirkt auf entsprechende Organe und beeinflußt diese in positivem oder negativem Sinne, ersteres zur Aktivität und gesunder Tätigkeit, letzteres zur Hemmung und Krankheit. Als Beispiele will ich nur kurz anführen: Alles, was mit Sorgen, Gram, Kummer, Trauer zu tun hat, hängt mit der Leber zusammen. Schwermut, Grübelei, Melancholie und Tiefsinn stehen in Verbindung mit der Milz; Ängstlichkeit und Nervosität, Humor sowie Schreck mit dem Herzen; Verbitterung mit dem Magen; Hysterie mit der Überreizung der Sexualnerven des Uterus und des Rückenmarks; Anpassungsvermögen mit der Wirbelsäule.

Verschiedenheit und Nuancierung des menschlichen Charakters (Beispiel: Menschlichkeit oder tierische Instinkte, Härte oder Weichheit, Empfindlichkeit, Indolenz, Temperament und Phlegma, Beweglichkeit und Langsamkeit, Festigkeit und Flüchtigkeit, Eigensinn und Nachgiebigkeit, Herzhaftigkeit und Weichheit oder Feigheit, Standhaftigkeit und Verzagtheit, Verschiedenartigkeit der Laune und des Humors und andere Charaktereigenschaften) sind bestimmt durch den Grad der Assimilation des Nervenäthers, seine größere Annäherung oder Entfernung von der Natur der elektrischen Materie, den Grad der Verbindung desselben mit dem ganzen Nervensystem, die Richtung, Intensität und Stabilität der Strömungen des Nervenäthers und die Struktur und Beschaffenheit der Nerven selbst, soweit sie dadurch zu vorzüglichen Leitern des Nervenäthers gemacht werden. Hierin ist auch der Grund sowohl der naturgemäßen Nervenwirkungen als auch der Nervenkrankheiten im eigentlichen Sinne enthalten.

Somit ergibt sich hieraus, daß durch physische und geistige Mittel Charaktere verändert, Nervenkrankheiten und seelische Leiden erzeugt und behoben werden können.

Je konischer, spitzer und glatter die Finger sind, um so mehr Strom saugen sie auf (daher die größere und leichtere seelische Empfänglichkeit – Inspiration, innere Weichheit, Stimmungen – der Menschen mit konischen Händen). Je eckiger die Finger, um so mehr Verstandesherrschaft. Der Verstandesmensch läßt sich wenig oder nie von Empfindungen leiten. Die reine Verstandestätigkeit schaltet das Empfindungsvermögen sehr stark aus, weil die Empfindungsbereitschaft mehr oder minder bis zur Vernichtung verdrängt wurde, und läßt es verkümmern, anstatt es zu entwickeln und zu nutzen, mit dem

Verstand in Einklang zu bringen, woraus sich dann eben die Vernunft als das Göttliche, weil Harmonische, ergibt.

Da der Mensch auch kosmischer Natur ist, wird er auch von den Strömen des Kosmos durchzogen, beeinflußt. Die physischen sichtbaren Linien (Bild 42/344) der Hände sind aber nur die physische Gemarkung der darin und darunter laufenden astralen Ströme. Die Hauptlinien sind die Hauptkraftströme, die kleinen, feinen und feinsten Linien die Nebenströme und sich durch Kombination ergebenden Flüsse und Bäche. Die Formationen und Kombinationen der Hauptlinien geben so den Hauptcharakter und die der kleinen und feinsten Linien die Neigungen, die teilweise durch die Wahlfreiheit, das jeweilige Maß und die Kraft des eigenen Willens eine Abänderung erhalten. Das Maß des freien Willens richtet sich nach der Höhe der göttlichen Erkenntnis der Seele und der Geisteskraft. Der Geist ist unsterblich, denn er ist der Gottesfunken und besitzt die göttliche Erkenntnis seit Ewigkeit, wie er auch alle Kräfte der Gottheit in sich umschließt; das ist überhaupt die Wahrheit aller Mysterien, diese Kräfte in sich zu erkennen und zum Erwachen zu bringen (das verlorene Meisterwort). Nur ist der Geist durch die materielle Welt zwecks Schulung umschattet, und diesen Nebel kann nur die empfindende Seele in Erkenntnis des Göttlichen und Wahren, also durch bewußt empfindendes Wissen, durchleuchten. Dieses bewußt empfindende Wissen kann aber nur eine schwingende, stark vibrierende, strahlende Seele erlangen, eine Seele, die in Harmonie mit dem Unendlichen, also mit und in der höheren Welt schwingt: der spirituelle Mensch (Bild 73/396).

Je stärker und bewußter das Schwingen und Leben in der göttlichen Erkenntnis ist, desto kräftiger werden die »schädigenden Einflüsse« der Astralwelt ausgeschaltet, weil die Erkenntnis von dem unmittelbaren Zusammenhang alles Lebendigen entfacht worden ist, wodurch die üblen Wirkungen lebensgieriger und vererdeter Ich-Sucht aufgehoben sind, denn das Erkennen der Abhängigkeit des Gesamtwohls vom Wohlergehen des einzelnen muß die wahre Nächstenliebe betätigen. Die Nächstenliebe verhält sich zur Ich-Sucht ähnlich wie der Segen zum Fluch, wie die weiße zur schwarzen Magie. So wird der eigene Wille dem kosmischen Allwillen untergeordnet, dem Willen Gottes, und Gott will nur Gutes und vollkommene Entwicklung. Je stärker die Seele vibriert, um so mehr erlebt der Mensch, desto bewußter werden die Einflüsse des Kosmos durch die Fingerspitzen wahrgenommen und desto leichter kristallisieren und zeigen sich die Zeichen in den Händen. Folglich bringt das Empfinden und *Erleben der Seele* die meisten Linien und Zeichen in den Händen hervor. Ich sage: bringt hervor, nicht »erzeugt«, denn alle Linien, auch die feinsten, sind schon bei der Geburt vorhanden, wenn auch meist nicht sichtbar. Der geübte Chiromant kann oft solche Untergrundlinien schon zum Teil erkennen. Es kommt ganz darauf an, in welcher der drei Welten der Betreffende lebt.

Die Hände eines Menschen aus der materiellen (dritten, niedrigsten) Welt werden nie viele andere außer den Hauptlinien haben, da die höhere Seele so gut wie nicht bewußt ist. Und weil diese Seele noch dumpf, unentwickelt ist, wird sie zum Beispiel ein Ereignis wie Trauer, Kummer, Enttäuschung, Tierquälerei, überhaupt Seelisches, nicht stark erleben und sich dadurch nicht beeinflussen lassen. Sie wird sich sehr schnell über derartiges hinwegsetzen, eben weil sie noch stumpf, empfindungslos ist. Wie sollen sich da seelische Erlebnisse, ganz gleich, ob vergangen, gegenwärtig oder zukünftig, in den Händen materialisieren, zeigen?

Der Intellektuelle (Bild 13/332) wird stets den Verstand sprechen lassen und damit die Schwingung der Seele (zweite Welt) hindern, sich zu entfalten. Derjenige aus der spirituellen (ersten) Welt wird mehr bewußt empfinden, mit dem Kosmos im Einklang stehen, geistig und seelisch am weitesten entwickelt (aufnahmefähig) sein und deshalb auch die meisten Linien und Zeichen in den Händen haben.

Die Charakteranlage wird angezeigt durch die Formierung der Aufnahmestationen, die Finger und Handberge. Die am meisten und stärksten einwirkende Kraft, die dann auch dominiert, entwickelt den entsprechenden Platz und erzeugt so eine plastisch hervorragende Stelle, den dominierenden Berg. Die größte Empfangsstation wird folglich auch die meiste Kraft aufnehmen und verarbeiten, somit auch eine bestimmte Richtung des Charakters oder Charakterhaupteigenschaften entwickeln und erkennen lassen.

Es sind vor allem sieben bekannte kosmische (planetare) Kräfte vorhanden und sieben Empfangsstationen (Berge). So treffen sieben verschiedene Kräfte ihre sieben entsprechenden Aufnahmestationen, die dafür vorhanden sind (Offenb. I, 16). Ihre Kombinationen ergeben dann die Unterschiede der Charaktere, die unbegrenzt sind. Einer dieser sieben Kräfteströme ist fast immer der dominierende. Sein Einfluß kann so weit gehen, daß er der Haut die ihm entsprechende Farbe gibt, so daß man an der Hautfarbe oft den Planeteneinfluß oder die vorherrschende Kraft und so das Temperament erkennen kann. Zum Beispiel Mond = blaß und matt = phlegmatisch; Mars = dunkles Rot = heftig, brutal; Venus = helles Rot = leidenschaftlich; Saturn = dunkel = melancholisch; Merkur = gelblich = nervös, beweglich.

Die Einflüsse von Uranus und Neptun sind in den ihnen entsprechenden Linien zu erkennen. Für ihre feinere Kraft der Strahlung sind die Menschen noch nicht genügend fortgeschritten, und deshalb ist auch kein Handberg als Sammelpunkt dafür vorhanden.

Bei der Beurteilung der Hände muß genau in Betracht gezogen werden:

1. Rasse, Artgeschlecht
2. Was ist krankhaft, erworben oder
3. erbliche Belastung?
4. In welcher der drei Welten lebt der Betreffende (Niveau) ?
5. Welche der sieben kosmischen Kräfte sind vorherrschend?
6. Was ist als Karma anzusehen?
7. Die Stärke des eigenen Willens (Grenze des Erreichbaren).

Die einströmenden astralen Kräfte sind die Vollzieher des karmischen Gesetzes. Sie laufen, sammeln, arbeiten in den unsichtbaren Linien und in den Bergen, sind »Uhren«, nach denen sich der Mensch selbst zu richten hat. Jesaias XLIX, 16:

»Siehe, in die Hände habe ich dich gezeichnet, deine Mauern (Hindernisse und Kampf) sind immerdar von mir.«

Hieraus ist schon der Wert dieses Wissens zu ermessen. Doch: »Unwissenheit ist das Grundübel allen Elends in der Welt; nur Wissen allein zeigt den Weg zur Erlösung.« *Zeigt* den Weg; *gehen* muß ihn jeder selbst – durch sich selbst. (Parsifal: Durch Mit-leid wissend der reine Tor.) Hierauf baut sich alles andere in seiner Wirkung auf, und verkehrte Berechnungen und Voraussetzungen (Ursachen) ergeben falsche Schlüsse (Wirkungen, Taten).

Die Vorgeburtslinien ändern sich nicht. Sie sind bei der Geburt alle vorhanden, vom Karma vorgeburtlich geschaffen und reguliert. Wenn einige nach den ersten Lebenstagen nicht mehr offensichtlich zu erkennen sind, bleiben sie dennoch erhalten und erscheinen früher oder später, alles zu seiner Zeit.

Sind die Einflußwege Fingerspitzen, Knoten, Linien = Schotten, Ventile, Flüsse eingeengt, verstopft, gebrochen, zerrissen, gewunden, so entsteht naturgemäß auch Stockung, Störung, Hindernis für astrale Einflüsse. Hieraus ergibt sich wiederum, kristallisiert, ein physisches, sichtbares oder fühlbares Geschehnis, das sich in der Handfläche erkennen läßt. Da die Linien dem Lebensablauf entsprechen, kann man sie auch ausmessen und einen gewissen Zeitpunkt bestimmen. »Alles im Universum ist geregelt nach Maß, Zahl und Gewicht, und die Gesetze sind ohne Wandel.« Wie im Makrokosmos, so im Mikrokosmos. (Wie oben, so unten. Wie innen, so außen.) Alles ist Wechselwirkung, Evolution (Entwicklung) des Seins; die menschliche Verkörperung ist das Werkzeug, durch das solches erreicht wird. Jeder sieht, wenigstens zeitweise, einen Teil seines Weges vor sich: der eine mehr, der andere weniger. Einer, der es mit persönlichem Abstand vom universalen oder kosmischen Standpunkt aus betrachtet, versteht die Zusammenhänge. Der geübte Chirosoph und Okkultist oder Metaphysiker betrachtet alles »aus der Vogelschau« und wird deshalb am weitesten für sich und andere sehen und, wo es nottut, raten können.

Ich behaupte hiermit durchaus nicht, daß sich des Menschen Schicksal nur allein durch die Hände oder in den Händen offenbart. In jedem Körperteil ist die ganze Persönlichkeit verborgen, wie es unter anderem psychometrische Experimente beweisen und bewiesen haben. Deshalb kann man auch aus Schädelform und Ausdruck, aus dem Gesicht, aus dem Auge, Haar, überhaupt aus dem ganzen Körper entziffern wie aus der Hand. Es ist nichts Einseitiges in der Natur. In der Physiognomie prägen sich diejenigen Ereignisse mehr aus, welche die Vergangenheit betreffen; in den Stirnlinien und dem Auge auch betreffs der Zukunft. In der Regenbogenhaut des Auges kann man sehr deutlich Krankheitserscheinungen wahrnehmen, die erst im Entstehen begriffen sind, also noch gar nicht bemerkbar, fühlbar zu sein brauchen.

Ob nun jemand für oder gegen die Dreiteilung der Natur (Geist, Seele, Körper oder Mental, Astral, Physisch) ist, bleibt ihm überlassen. Auch ein Gegner dieser Prinzipien wird die Handlesekunst erlernen können. Der Anhänger wird es jedoch in seinen Kenntnissen und Erkenntnissen viel weiter bringen, soviel ist sicher. Die Symbolik der Astralwelt ist kein leichtes Studium, doch sie nutzt sehr viel und gibt Aufschluß über das »Warum« und »Woher«. Ohne sie wird niemand ein Meister der Chiromantie. Einiges dieser Symbolik gebe ich als Überblick in Bild 40/341, anderes an den betreffenden Stellen über Handberge, Finger, Hauptlinien.

Das menschliche Leben kann man sehr zutreffend mit einer Seefahrt vergleichen. Vielleicht erleichtert dieser Vergleich dem angehenden Chirologen und Chiromanten die Übersicht im Studium; ich jedenfalls erkannte dies bei meinen Schülern. Der Mensch wird geschaffen (meist leider unbewußt, und diese Ursache bleibt nicht ohne Wirkung), so auch das Schiff. Das Kind (Körper = Fahrzeug) wird geboren, das Schiff läuft vom Stapel. Das Kind bleibt noch lange in der Obhut und erhält Anweisung und Erziehung; das Schiff bleibt gleichfalls noch lange im Dock und Hafen, erhält Takelwerk, Vervollkommnung. Die Reife kommt für beide; das Kind soll hinaus ins Leben, das Schiff auf die große Reise, auf den Ozean. Der Körper (Schiff) ist so weit gediehen, daß der Verstand (Kapitän) ihn mit Vernunft (Erkenntnis) gebrauchen, führen soll. Die Seekarte ist in beide Hände gezeichnet vom Karma

(Schiffahrtsgesellschaft) und mit Zeichen (Leuchtfeuern, Klippen, Tiefen usw., das heißt Sternen, Kreuzen, Punkten, Ecken usw.) versehen, damit das Schiff (Körper) keinen Schaden erleidet. Wenn aber der Kapitän betrunken (unwissend) ist, so wird sein Schiff bald zerschellen. Klarer Verstand (Kenntnis, Wissen) ist deshalb erforderlich. Ist das Schiff (Körper) auf dem hohen Meere (im Strudel des Lebens), so hat der Kapitän (Verstand) wohl acht zu geben, wie und wohin er seinen Weg nimmt. Weicht er von seiner rechten Fahrstraße ab und beachtet die Bojen und Leuchtfeuer (Warnung vor Gefahren und Verführungen) nicht, so muß er selbst und sein Schiff die Folgen tragen, wird Schiffbruch (Krankheit, Unglück) erleiden und die Reise erneut (im nächsten Leben) antreten, bis er die vom Schicksal (Karma) vorgezeichnete Reise gut aus- und zu Ende führt, am Bestimmungsort den sicheren Hafen (Gotteserkenntnis, die göttliche Welt) gewonnen hat.

Eine Schule der Erfahrung und der Entwicklung ist das Leben. Die Chiromantie ist der Lotse (Wegweiser), kennt jedes Seezeichen und jede Warnung. *Vorgeburtlich* sind die Linien und Zeichen in der Hand des Menschen eingegraben, wie längst erwiesen ist. Sind sie aber vorgeburtlich, so beweisen sie das Vorhandensein der Seele und deren Wirken, beweisen das Gesetz, nach dem sie angelegt sind.

Des öfteren fand ich bei Handeignern Zeichen für Todesfall eines Blutsverwandten auf der Lebenslinie, die als Zeitpunkt zwei, drei, auch vier Jahre vor der Geburt des Betreffenden vorhanden waren. Das allein beweist, daß wir mit unseren physischen Eltern Jahre vor der Geburt verbunden sein mußten, ebenso, daß wir vor der Geburt als geistiges Wesen existierten; es beweist das Karma, das ewige ausgleichende Gesetz der Göttlichkeit, das selten mit dem vom beschränkten Menschenverstand gemachten Gesetz übereinstimmt. *Wo Karma ist, da ist Re-inkarnation* (Wiederverkörperung). Dies beweist hiermit auch die Chirosophie. Manchmal wird bemerkt, daß es wohl anginge, Ereignisse der Vergangenheit in den Händen zu lesen, daß es aber doch zweifelhaft sei, solche der Zukunft zu erkennen. Die Antwort darauf ist schon im Hinweis »Was ist Zeit?« gegeben und auch in der wissenschaftlichen Begründung der Chirologie. Sollte das nicht genügen, dann wird folgendes die Antwort ergänzen: Warum kann man denn die Veranlagung und deshalb das Sichentwickeln und Näherrücken einer Krankheit aus den Händen erkennen? Weil sie seelisch-geistig schon vorhanden ist. Erst muß sie aber seelisch-geistig *vorhanden sein*, um sich physisch entwickeln, bemerkbar machen zu können.

Aus diesem Grund ist es verkehrt, wenn ein Arzt eine Krankheit »örtlich« beseitigen will und dies versucht, ohne sich um den »geistigen« Sitz der Krankheit zu kümmern (siehe Paracelsus). Ein Übel kann nicht beseitigt werden, es sei denn, daß es mit der Wurzel vernichtet wird. Bei der Behandlung eines Organs wird der Organismus zumeist vergessen, obgleich dieser wichtiger ist, weil in ihm die Ursachen zu suchen sind. Nicht Organtherapie, sondern Konstitutionstherapie sollte mehr angewendet werden.

Wenn ein Haus gebaut werden soll, muß es zuerst geistig (die Struktur) in Gedanken, und seelisch (die innere Gestaltung) in der Phantasie erbaut werden. Durch die Gedankenverdichtung läßt sich das innerlich Erkennbare als Plan auf dem Papier darstellen. Die Gedanken haben sich materialisiert zum greifbar Physischen. So geschieht alles in der Natur: Wie innen, so außen, im Großen wie im Kleinen.

10. Handform und Karma

Betrachten wir viele Hände, so fällt uns die Verschiedenheit der Form oder des Typs mitunter recht drastisch auf. Weil nun der Mensch schon im achten Lebensjahr eine ganz bestimmte Handform aufweist und diese wieder meistens verschieden ist von der der Eltern, also von direkter Vererbung im geistig-seelischen Sinne keine Rede sein kann, folgt hieraus, daß die Handform jedes Menschen durch bestimmte Veranlagung naturgesetzmäßig ist, deren Bedingungen durch die Präexistenz festgelegt, geschaffen, selbstgeschaffen wurden.

Was »geistige Vererbung« genannt wird, ist in Wirklichkeit nichts anderes als die Anziehung von Geistwesen, die den Eltern entsprachen. Reinheit der Art ist eine religiöse Forderung. Daß der Mensch nicht nur einmal lebt auf diesem Planeten, sondern eine lange Kette von verschiedenen Daseinsstufen durchleben und erfahren muß, um dem Ziele der Vervollkommnung näherzukommen, ist jedem Tieferdenkenden selbstverständlich. In *ein*maliger Verkörperung kann er niemals die Vervollkommnung erreichen, die in einer immer engeren Vereinigung mit dem göttlichen Ideal im eigenen Herzen besteht, denn die Zeit eines normalen Erdenlebens (im Durchschnitt sechzig bis siebzig Jahre) ist viel zu kurz, lächerlich kurz, und das Medium (Vermittler) des Geistes, der menschliche physische Körper, zu sehr beschränkt (durch den derzeitigen Stand der Erdentwicklung), um diese Titanenarbeit zu bewältigen. Alles im Kosmos entwickelt sich ganz allmählich. Sprünge gibt es nicht, weder im Großen (für Planeten) noch im Kleinen (für die Menschheit und den Einzelmenschen).

Beispiel: Man stelle sich einen hochentwickelten Menschen von dreißig Jahren vor, daneben einen Menschen im gleichen Alter, weniger entwickelt. Wenn der Erdenmensch nur einmal lebt, wie dies gedankenlose Personen gern behaupten, was hat der weniger Entwickelte »verbrochen«, daß er in bezug auf Geist, Seele und Körper (infolgedessen auch in Art, Charakter und Kultur) anders ist im Verhältnis zum Hochentwickelten? Ungerechtigkeiten gibt es im Kosmos nun aber nicht. Während einer Verkörperung kann aus einem grobgeformten aber auch nie ein feingeformter Mensch werden. Diese Tatsache beweist schon, daß eine Höherentwicklung nur in einer langen Kette von Daseinsstufen erfolgen kann. Ziehen wir nun noch die vielen verschiedenen Abstufungen der geistig-seelischen Qualitäten in ein und derselben Rasse in Betracht, die in einem Erdenleben auch nicht erlauben, von niederer Geistesstufe zum Genie zu kommen, so wird es noch klarer, wie viele Erdenleben notwendig sind, vom Unterrassigen zur Hochzucht zu gelangen, vom primitiven Handtyp zum philosophischen oder idealen Menschentyp. Bei Tieren ist es das gleiche. Gewiß wird man auch bei einem Negerstamm Hände finden, die Unterschiede aufweisen vom niederen bis zum höheren Handtyp. Trotzdem wird der Neger mit konischem Handtyp nicht die gleichen Qualitäten aufweisen wie ein Weißer mit konischem Handtyp. Hier kommen die Rassenunterschiede als ein Merkmal zur Geltung. Das innere Erleben ist ganz verschieden, da die physische Basis und das Blut (als Mittler der Seele, der Aura und deshalb des Empfindungsvermögens) eine andere Beschaffenheit aufweisen. Beweis: Bluttransfusionen von Negern oder Mongolen (Andersrassigen) auf Weiße wirken verderblich auf diese. Ein anderer Beweis: Bei Mischmenschen zwischen Ariern und dunklen Rassen läßt sich nach vielen Generationen durch chemische Blutprobe immer noch ganz genau nachweisen, welch andersrassiger Einfluß von welcher Art die »physische Imprägnation« hervorrief. Phreno-physiognomisch läßt sich dies ebenfalls nachweisen, wenn auch nicht mit ganz der gleichen Sicherheit wie durch die chemische Blutprobe. Ich habe auf meinen weiten Reisen den Weg einiger Männer gekreuzt, die mit Sicherheit auch nach der Hand (ohne den Körper zu sehen, wohlverstanden) die Mischung analysierten.

Da sich die Form der Hand nicht verändert (so daß aus

einem niederen kein hoher Handtyp werden kann), ist es klar, daß der Entwicklung bestimmte Grenzen gesetzt sind: Grenzen der erreichbaren Möglichkeiten. Diese »Grenzen des Erreichbaren« sind in jeder rechten Hand durch die Handform und in weiterer Analysierung durch die Hauptlinien erkennbar. Also muß diese Wirkung (als feststehende Tatsache der Begrenzung) eine Ursache haben. »Ursache und Wirkung« sind aber die Gesetze des Karma, sind die beiden Faktoren, aus welchen unser Schicksal besteht, sich gegründet hat und sich weiter bildet. Gedanken sind lebende und formende Kräfte. Sie können aufbauend oder verderbend wirken. *Was* und *wie* wir denken, *das* sind wir. Der Mensch ist in bezug auf Charakter und Krankheit das Produkt seiner Weltanschauung und Erfahrungen, also seines Denkens. Wirken Gedanken aufbauend oder zerstörend nach außen (wie zum Beispiel bei Liebe, Segen, Wunsch, Haß, Fluch), dann wirken sie auch nach innen, das heißt auf unseren Organismus: erst geistig und dann durch Vermittlung der Seele auf den Körper und die Organe.

»Sünde ist Krankheit« sagt schon die Bibel, und so ist es. Beispiel: Bekannt ist, daß man durch bestimmte Experimente in der ausgeatmeten Luft Farben feststellen kann. So hat der Atem eines wütenden Menschen graue Farbe und wirkt giftig nach außen und nach innen. Ärgerliche und wütende Menschen vergiften sich selbst, denn diese Gifte greifen die Organe an. Seelische Liebe wirkt positiv, aufbauend, gesundend. Hat und betätigt man eine falsche (un- oder widernatürliche) Weltanschauung durch verkehrtes Denken, so wird sich dies im Organismus notgedrungen bemerkbar machen, weil die Organe negativ beeinflußt werden und dementsprechend arbeiten: Gedanken = Tat, Ursache = Wirkung. Eine gefestigte Anschauung und deren konsequente Betätigung nennt man Charakter. Somit sind Krankheit und Charakter die Polaritäten, die dauernd in uns arbeiten und nach außen verlegt, verwirklicht, in die Tat umgesetzt werden.

Jede Tat hat somit Motiv, Ursache und in der Wirkung neue Ursachen, die wieder Wirkungen auslösen *müssen*, weil jede Tat materialisiertes Denken ist. Der Gedanke oder das

Wort wird durch den Willen zur Tat. Taten schaffen neue Umstände und diese wiederum veränderte Verhältnisse. Neue Verhältnisse schaffen veränderte Bedingungen, diese wieder neue Gedanken, diese wieder andere Taten. So ergeben sich die »Ketten«, welche wir schleppen. Einer verwickelt sich in ihnen, ein anderer läßt sie an sich vorüberziehen. Je feiner ein Apparat, desto feiner seine Schwingungen im geistigen und auch im physischen Sinne. Ein feinnerviger Mensch nimmt (als bessere und feinere Antenne, Aufnahmestation) auch feinere Einwirkungen auf, als ein physisch robuster es vermag, und verarbeitet sie in seinem Denken. Die robuste Natur ist noch zu unreif hierzu. Das »Reifen« erfordert Zeit, ist Entwicklung. Infolgedessen ist der feinnervige Mensch älter (verfeinerter) in der Entwicklung, hat mehrere Leben (Daseinsstufen oder Verkörperungen) durchlebt, ein höheres Niveau erlangt. Die Folge davon ist, daß er in seinen Händen auch mehr Linien und Zeichen (Sprachrunen) aufweist und diese mehr Auskunft geben. Auf jeden Fall ist die Handform, der Typ, ein höherer und die Höhe der Entwicklung erkennbar.

Von einem Fakir erfuhr ich, daß die Zahl der durchlebten Verkörperungen innerhalb einer Rasse an bestimmter Stelle in der linken Hand erkennbar sei. Ich erwähne dies nur und überlasse es jedem, über die Möglichkeit nachzudenken.

Im allgemeinen haben Frauen mehr Linien und Zeichen in ihren Händen als Männer, weil sie seelisch empfindungsfähiger, daher Instinkt-Menschen sind. Wie oft finden wir unverstandene Frauen, wie selten unverstandene Männer im Eheleben. Warum? Weil fast jedes Weib Gefühls- und Empfindungsmensch ist und deshalb auch meist blind liebt, anstatt bewußt, indem es erkennt: *wen* und *was* es liebt. Wer mit vielen Menschen in Berührung kommt, kann sich leicht davon überzeugen. Es ist selbstverständlich – weil natürlich –, daß sich eine Frau mit vielen Handlinien (feinere Seelenschwingung) auf die Dauer nicht glücklich fühlen kann bei einem Mann mit wenigen Handlinien (mangelhafte Seelenschwingung), weil er nicht mitschwingt, deshalb ihre Schwingungen (ihre Empfindungen) nicht versteht, nicht verstehen *kann*. Sie leben in verschiedenen Welten und können nicht in Harmonie kommen. Unharmonische Ehen leben sich auseinander. Eine Frau kann sich nur dann glücklich fühlen, wenn sie (und ihr Empfinden) verstanden und gewürdigt wird. Seelische Liebe ist harmonische Schwingung.

Eine Ehe zwischen zwei derartig verschiedenen Menschen als Ursache hat stets die entsprechende Wirkung zur Folge. Auch hier greift das Karma ein und zeigt sich in der Hand. Andererseits hat aber auch jede unglückliche Ehe eine Ursache, die durch Handlungen in der Präexistenz begründet ist. Menschen, die ihre »Ketten« gegenseitig mit solchen tiefgreifenden Ereignissen verbinden und verwickeln, haben sie auch wieder zu entwirren, ob in diesem oder im nächsten Erdenleben, das hängt von der Erkenntnis und Gelegenheit ab. Wie es mit den Ursachen und Wirkungen der Verkettung bei den Ehekameraden ist, so ist es auch mit den größeren und kleineren Verkettungen zu anderen Mitmenschen.

Wer unrecht tut, muß selbst wieder unrecht erleiden. Schon in der Bibel heißt es zum Beispiel bei Matthäus, daß niemand von dannen kommt, bis er nicht den letzten Heller bezahlt hat. Jeder schafft die Ursachen und damit auch die Wirkungen selbst, und er kommt nicht eher zur Ruhe, bis er die Auswirkungen der selbstgeschaffenen Ursachen selbst wieder verarbeitet hat. Dies gilt sowohl für geistige Dinge (Gedanken, Weltanschauung, Charakter) als auch für physische (Krankheiten, Taten). (Siehe vom selben Verfasser: *Kosmische Religion*, zu beziehen bei Rita Issberner-Haldane, Hansa-Allee 9, 6000 Frankfurt 1)

11. Grundsätzlicher Hinweis und Warnung

Für den ernsthaften Studenten der wissenschaftlichen Chirologie und Lebensberater ist es erforderlich, den bisherigen Teil des vorliegenden Werkes sehr eingehend durchzuarbeiten, bis er ihn restlos verstanden hat. Ohne die Erkenntnis des Wirkens der feinstofflichen Kräfte bleibt vieles unklar, und Mißdeutungen können dann leicht unterlaufen. Es ist nun einmal so, daß alles, was vom Geistigen her kommt, auch nur von dieser Sphäre aus verstanden werden kann.

Und hier noch einmal die Warnung, die nicht oft genug wiederholt werden kann:

Für lange, viel zu lange Zeit, war es das Schicksal der Graphologie, weder ernst genommen noch anerkannt zu werden. Nicht zum wenigsten lag der Grund darin, daß mit ihr zu oft ein Gesellschaftsspiel getrieben und nach einigen Schriftmerkmalen »etwas gesagt« wurde, zum Amüsement.

Der Chirologie ergeht es nicht anders. Es gibt auch heute noch ungezählte Menschen, die mein vorliegendes Lehrbuch – genauso wie früher die Lehrbücher der Graphologie – als »Kochbuch« verwenden, um »jemand etwas sagen zu können«, ohne sich in dieser Richtung ein zuverlässiges Wissen angeeignet zu haben.

Abgesehen davon, daß damit diese Wissenschaften immer nur geschädigt und in schlechten Ruf gebracht werden, ist es nicht ohne seelische Gefahren, jemandem in solcher Weise nach einigen Zeichen ein Charaktermerkmal oder eine Eigenschaft zu nennen, die er vielleicht gar nicht besitzt. Man entfacht in ihm seelische Konflikte, die jahrelang haften und ihn belasten können.

Gerade auf dem Gebiet der Charakterkunde sind ganz besondere Vorsicht und größte Gewissenhaftigkeit nötig. Diese lassen sich nur durch intensives und gründliches Studium und durch den immer gegenwärtigen Gedanken erreichen, daß es sich dabei in jedem Fall um einen *Menschen* handelt, um eine Seele, die in den allermeisten Fällen nur wenig Halt und Kraft besitzt, um solche Erkenntnisse oder Diagnosen zu ertragen. Außerdem ist es auch gefährlich, überhaupt solche Diagnosen und Gutachten in Anwesenheit dritter Personen zu geben, da dieses leicht mißbraucht werden kann. Diskretion ist hier genauso vonnöten wie beim Arzt.

Es folgt nun der praktische Teil. Ich weise nochmals darauf hin, daß auch dieser sehr genau, langsam und gründlich, Abschnitt für Abschnitt, erarbeitet werden muß, um ein vollständiges Wissen auf diesem Gebiet zu gewährleisten.

Zweiter Teil

Handformenlehre
– Chirognomie –

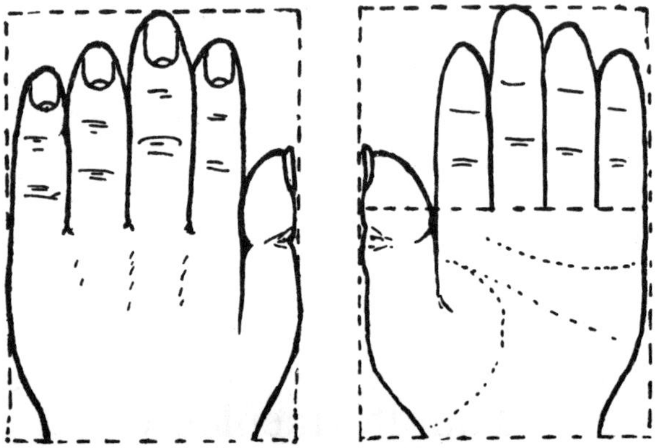

Zu Bild 5 aus dem Bildteil (Seite 330)
Extrem elementare Form:
fast quadratisch, nur materiell

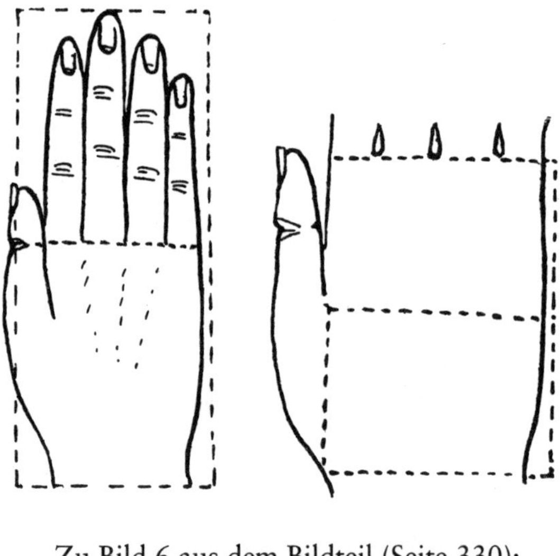

Zu Bild 6 aus dem Bildteil (Seite 330):
Extrem geistige Form:
hohes Rechteck, nur geistig

1. Entwicklungsgeschichte und Allgemeines zu Proportion und Form der Hand

Bild 5 zeigt die elementare, Bild 6 die geistige Hand, extrem dargestellt. Während die eine Hand in der Form nahezu ein Quadrat bildet, formt die andere ein langes Rechteck. Aus diesem gesetzmäßigen Maß der Form und Proportion erkennt man schon, wann eine Hand als höhere und wann als niedere Form erkannt und betrachtet werden muß und zu welcher Seite die Zwischenstufen von Handformen mehr neigen. Dieser Punkt ist bei der Beurteilung aus der Innenfläche immer in Betracht zu ziehen, denn bei jedem Ereignis werden die Dispositionen und Begleitumstände bei beiden Formen verschieden sein, obgleich das Ereignis das gleiche sein kann oder ist. Ein geistiger Mensch wird immer anders erleben als eine Durchschnittsnatur. Für die höhere sensible Bedeutung der Hand bestimmt die Größe des menschlichen Gesichts, in dem die höchsten Sinnesorgane zum feinsten Ausdruck zusammenwirken, das »Normalmaß« der Hände. Beide Handflächen bedecken die volle Breite des Gesichts. Die Länge (Wurzel bis Spitze) des Mittel-(Saturn-)Fingers soll die Länge der Stirnhöhe haben und eine Hand mit angelegtem Daumen die Wange (Nase bis Ohr) bedecken.

Die Frauenhand ist meist im Verhältnis kleiner, schmaler und zarter, in den Fingern rundlicher, schmiegsamer gebaut, auch meist mit zarterer Haut bedeckt als die Männerhand, die stets breiter, kräftiger, auch größer, mit rauherer Haut und oft mit Haaren versehen ist (siehe Bilder 16/333, 17/333, 18/333).

Ist die Handfläche größer, das heißt breiter und länger als die Finger, so ist der Charakter mehr materiell, doch kann ihr Eigner trotzdem ein energischer und »Weiß, was er will« – Mensch sein.

Die Bilder 7/331 bis 10/331 zeigen einige *Affenhände* und die primitive oder elementare Hand eines Trinkers. Man sieht sofort an dem tiefangesetzten Daumen des Pavians, um wieviel der gegenüber dem Schimpansen »geistig unentwickelter« ist. Bei beiden fällt auf, daß die Finger *viel* kürzer sind als der Handteller. Dies gilt auch bei der Hand des Orang-Utan. Bei dem Pavian sind keine Linien in der Innenhand. Anfänge von Linien zeigen sich bei Schimpanse und Orang-Utan, ebenso bei dem Gorilla.

Die Anthropoiden (Menschenaffen) haben unterschiedliche Handformen. Hier meine ich nicht die Unterschiede in den Handtypen-Formen, sondern eher in der Art des Baues, des Formniveaus, ähnlich wie es bei den Handformenunterschieden der verschiedenen Menschenrassen ist.

Die Hände der Neger, im allgemeinen der niederen Stämme, haben eine gewisse Ähnlichkeit mit den Händen des Gorilla, die Hände der Mongolen mit den Händen des Orang-Utan und die Hände der weißen Rasse – wenn auch weit entfernter – mit den Händen des Schimpansen.

Besonders gut beobachten kann man diese Ähnlichkeiten zwischen Orang-Utan-Händen und denen von mongoloiden Idioten. Aber die Hände von jugendlichen mongoloiden Idioten sind sehr bezeichnend und sehr verschieden von den langen, mageren, flachen und eher schimpansenartigen Händen von Personen, die an jugendlichem Irresein leiden. Die Beugefläche der Hand ist bei jenen mehr viereckig und plump und, wenigstens in den ersten Monaten des Lebens, mit an der Handfläche befindlichen vorgewölbten bläulichen Polstern versehen, die den Handflächenpolstern junger Affen gleichen. Die Daumen sind kurz, zumeist auch tiefer angesetzt (geistige Minderwertigkeit), die Fingerenden stumpf (keine Einfühlung, kein inneres Erleben), die Zeigefinger mehr oder minder unausgebildet (Mangel an Selbstbewußtsein und Persönlichkeit), der kleine Finger kurz und krumm (Mangel an normalgesunder Denkart, Intelligenz und normalem Geschlechtsempfinden).

Gleiche Handformationen findet man bei reinrassigen Mongolen (siehe auch Sir Will. Lawrence: *Lectures on Comparative Anatomy*, 9. Auflage, London, Seite 279, und weiter W.H.B. Stoddart: *Mind and its Disorder*, 3. Auflage 1919,

Seiten 312–313). Diese Hände gleichen also, wenn auch verkürzt, den Händen eines jungen Orang-Utan. Schimpansenhände gleichen eher den langen Händen des Ägypters oder Bengalen (Inders); die massige, an der Basis der Finger mit schwimmhautähnlichen Gebilden versehene Gorillahand in vielem derjenigen eines Negers niederer Art. (Siehe hierüber auch die Forschungen des englischen Gelehrten F. G. Crookshank: *Der Mongole in unserer Mitte*, wo er eine allgemeine Fingerformel mongoloider Idioten im Vergleich zu der gelben Rasse mit 3 4 2 5 2 aufstellt.)

Der englische Gelehrte Dr. Reginald Langdon-Down beschreibt in *British Medical Journal*, 1909, II. 665, eine Hauptlinienkonstellation der Innenhand: Eine lange, quer über die Handfläche verlaufende Herzlinie, die in den Anfang der Lebenslinie mündet, bei fehlender Kopflinie, wird bei den meisten Händen von mongoloiden Idioten und auch oft bei mongoloiden Personen gefunden; diese Hauptlinienkonstellation weist auf eine bestimmte geistige Entwicklung und einen bestimmten Gehirnbau hin. Er nennt diese extrem lange Herzlinie auch »mongolische« Linie, die zuweilen auch beim Orang-Utan gefunden wird, nicht jedoch bei anderen Affen.

Diese Linienkonstellation, mit Kopflinie, bedeutet immer, daß gewaltsamer Tod und Lähmung in der Familie waren. Diese Bedeutung scheint dem genannten Gelehrten aber unbekannt zu sein. Es mag die Möglichkeit bestehen, daß Personen wie mongoloide Idioten oder auch solche mit mongoloidem Rasseneinschlag aus noch nicht bekannten Gründen, die sich aber eventuell erklären ließen, mehr Dispositionen für gewaltsamen Tod haben. Aber der Schluß des Gelehrten in seiner Abhandlung, daß alle jene Menschen, die solche Linienformation in ihren Händen aufweisen, einen mongoloiden Rasseneinschlag besitzen, ist falsch. Sehr interessant dagegen sind die Feststellungen, die die beiden genannten Gelehrten in bezug auf sonstige Ähnlichkeiten der Körper- und Organbeschaffenheiten zwischen Neger und Gorilla, Mongolen und Orang-Utan, der weißen Rasse (?) und Schimpansen machten. Nähere Ausführungen darüber würden aber hier von meinem Thema wegführen.

In allen diesen Fällen, wie überhaupt im Tierreich, schlummert das geistige Bewußtsein noch. Eine Pflanze empfindet nichts, wenn sie abgeschnitten wird, sagen *wir*. Mangel an Nachdenklichkeit! (Siehe hierzu Bose: *Pflanzenschrift und ihre Offenbarungen.*) Wenn ein Tier ein Messer sieht, weiß es auch nichts über seine Wirkung, fühlt aber schon den Schmerz, wenn es ihm genähert wird. Der Mensch braucht nur ein Messer zu sehen, dann weiß er sofort, wozu es da ist, und kennt die Eventualitäten. Hier haben wir zuerst ein geistiges Bewußtsein, ein Denkvermögen. Das Tier hat dafür einen Instinkt, ein Vorfühlen, um geleitet zu sein. Das Tier empfindet schon vor dem Schlachthaus, was bevorsteht. Im Schlachthaus bemerkt man bei ihm Angstausdrücke, die sehr deutlich sprechen.

Bei uns Menschen ist der gute Instinkt zum größten Teil verlorengegangen, zum Teil ausgetrieben worden durch die Verhältnisse, durch unnatürliche Lebensart, durch verkehrte Erziehung, vor allem aber durch die Schulung des rein intellektuellen Denkens. Besser wäre es sicherlich, wenn wir den Instinkt wieder entwickelten, denn er nutzt jedem im täglichen Leben in vieler Hinsicht und bei allen Gelegenheiten.

Eine sehr schmale und sehr zarte Hand bezeichnet ein kraftloses, weiches Wesen; mit laschem Temperament, wenn sie weich ist. Die Phantasie ist sehr mangelhaft (kleiner, flacher Mondberg), das Denken schlaff und mühsam. Mangel an Kraft, Ausdruck und Zähigkeit. Der Verstand ist fein wie die Art der Hand, jedoch nicht groß und tief.

In den Händen gelangen auch die Altersgrade zum Ausdruck, ein Beweis dafür, daß die Veränderung (Entwicklung) der Hand mit der geistigen und körperlichen Entwicklung übereinstimmt. Im allgemeinen sehen wir dies sofort, wenn wir die Hände von Menschen verschiedener Altersstufen – den biologischen Siebenjahres-Rhythmen des menschlichen Körpers – nebeneinander betrachten.

Der Grundtyp bleibt der gleiche, ob Kind oder Greis. Im Alter und bei langer Krankheit (langem Ruhen) verändern sich die Hände ein wenig im Ausdruck (nicht im Typ). Alter läßt das Gehirn (Gedankenkraft) einschrumpfen, so auch die Hände im allgemeinen (Bild 19/334). Man ist weniger unternehmungslustig, weniger biegsam und anpassungsfähig, weniger romantisch und poetisch usw. und mehr den prosaischen, materiellen, irdischen Dingen zugeneigt. Es kommt die sogenannte »Philosophie des Realen« mehr zum Ausdruck. Krankheit und Ruhe machen eine feste Hand weicher, weil weniger Willen und Kraft angewandt wird für Tätigkeit, Bewegung, wodurch wiederum der Körper geschwächt wird und sich Phantasie – bewußt oder unbewußt – mehr entwickelt. Mit aus diesem Grunde sind Kranke beeinflußbar durch Suggestion jeder Art. Die geistige und seelische Tätigkeit beeinflußt und gestaltet das Physische in Form und Wesen. Die Hand ist auch ein Gradmesser der physischen Widerstandskraft, der Charakterfestigkeit und des sinnlichen Genußlebens. Sie ist – als ein Nervensammelzentrum – ein kleiner Reflexspiegel des Lebens im Blut- und Nervenkreislauf.

Manche krankhaften Zustände des Körpers lassen sich durch Temperaturwechsel und Änderung der Merkmale der Hände wahrnehmen, zum Beispiel bei Fieber heiß, trocken und schweißig, bei Lungenleiden feucht und heiß, bei Ohnmacht kalt und klamm.

2. Die Handtypen

In der Chirognomie unterscheidet man sieben Handtypen:

1. die elementare oder primitive Hand,
2. die Spatelhand oder praktische Hand,
3. die eckige oder nützliche Hand,
4. die knotige oder philosophische Hand,
5. die konische oder künstlerische Hand,
6. die psychische, ideale oder mediale Hand,
7. die gemischte Hand.

Eine *Veränderung der Handform* von einem Typ zum andern ist ausgeschlossen. Man mag durch Massage in der Hinsicht erreichen, daß die Finger ein schlankeres Aussehen erhalten – für kurze Zeit. Sie werden aber immer wieder in die frühere Form zurückkommen.

Durch intensives geistiges Schaffen an sich selbst, also durch strenge Selbstdisziplin und Selbstveredelung im geistigen Sinn, kann man die Kopfform etwas ändern und die Nasen- und Mundform verbessern sowie den Augenausdruck veredeln. Nur auf diese Art des geistigen Schaffens in noch stärkerem Maße ist es möglich, auch auf die Handform ein wenig einzuwirken: Der Ausdruck der Hand wird sich verfeinern, aber die Handform wird sich nicht grundlegend verändern. Der Zeitraum, in dem dieses geschehen kann, beträgt nach meiner persönlichen Erfahrung etwa fünfzehn Jahre.

Noch einmal sei betont: Nie wird eine »eckige« zur »Spatelhand«; nie eine »eckige« zur »konischen« oder umgekehrt; nie eine »gemischte« zur »philosophischen« Hand. Gegenteilige Behauptungen sind falsch und beweisen absolute Unkenntnis in dieser Hinsicht.

Die natürliche Entwicklung geht vom primitiven über den intellektuellen zum spirituellen Typ, nie umgekehrt.

Um für die Praxis einen klareren Begriff von verschiedenen Mischungen zu erhalten, habe ich mehrere Abbildungen beigefügt (Bilder 70/393 bis 79/399) mit der Bezeichnung der Mischung. Mit einigem Unterscheidungsvermögen wird jeder sehr bald die Unterschiede auf den Bildern und dann auch in der Wirklichkeit erfassen, wenigstens soweit sie die Handform betreffen.

Die Unterschiede im Hinblick auf die verschiedenen oder einzelnen Finger zu erkennen, gelingt anschließend ebenfalls in kurzer Zeit. Selbstverständlich muß man für die Beurteilung der Hand- und Fingerform die *Außen*hand benutzen, weil in der Innenhand die Rundungen und Wölbungen irritieren, wenn die Form nicht gerade sehr gut markiert ist.

Man arbeite dies Buch von Anfang an langsam und sicher durch, dann wird alles verständlich. Ich warne vor Sprüngen. Alles muß gelesen und beachtet werden, denn ich habe nichts Nebensächliches oder Nutzloses beschrieben. Nur wer mit Geduld langsam vorgeht, wird die Lehre der Chirologie ganz in sich aufnehmen und verstehen, deshalb auch praktisch anwenden können. Man studiere nur soviel, wie man mit einem Male erfaßt. Zuerst muß unbedingt die Handformenkunde durchdacht und verstanden sein; danach folgt die Handlinienkunde, weil Teilwissen die richtige Auswertung verhindert. Bei den beigefügten Handabdrücken der Innenhand wolle man weniger auf die Formumrisse geben, denn sie werden sehr selten genau sein können. Man erkennt sie nur an Handfotografien oder Handmodellen (Gips) genau.

Die elementare, primitive Hand
(Bild 11/332)

Große Handfläche, dick, hart; Finger kurz, steif, dick, Daumen kurz, formlos, klobig, gerade und abstehend. Phlegmatisch, primitiv, tierisch in Art, Wesen und Instinkt. Unentwickelte Nerven, brutal in Kraft und Verlangen.

Personen mit solchen Händen haben besondere Vorliebe für Feldbau und ähnliche grobe Arbeit, für welche physische Kraft und wenig Geist genügen. Diese primitiven Menschen sind nicht überflüssig, sondern zum Fortschritt der Kultur notwendig. Sie sind schwerfällig und träge im Geiste, gleichgültig und apathisch, aber körperlich zäh, stabil und meist stark abergläubisch. In ihrer Anspruchslosigkeit begnügen sie sich mit dem Allernotwendigsten und stellen keine großen Anforderungen an die Welt. Rein findet man diesen Handtyp nur bei Eskimos, Tataren und anderen, auf niedriger Kulturstufe lebenden Völkern.

Die praktische Spatelhand
(Bild 12/332)

Mittelgroß bis groß; Knöchel entwickelt oder nicht. Fingerspitzen breiter als das erste Glied (Ballen-, Froschfinger-Form). Daumen meist mittel bis groß.

Energisch, zäh, rastlos, aktiv, beweglich, spekulierend, imitierend und erfinderisch; fleißig, strebsam, resolut und selbstvertrauend. *Weniger* konventionell und romantisch, *mehr* praktisch und materiell; eventuell etwas tyrannisch. Ist die Hand weich, wird vieles von diesen Eigenschaften abgeschwächt und durch Sinnlichkeit, Genußliebe ersetzt. Personen mit diesen Handformen sind immer unternehmungslustig und für Neues zu gewinnen. Sie versuchen alles materiell zu nutzen und praktisch zu verwerten, eignen sich sehr gut für feine, akkurate Arbeit, Feinmechanik, Instrumentalmusik usw., aber auch für große Unternehmungen, Kolossalbauten, Landwirtschaft, Schiffahrt, Jagd, Handel, Pionierarbeit für Kultur. Sie haben eine gewisse natürliche Intelligenz (siehe den entwickelten, geistigen Teil der Finger). Ihnen imponiert das Massenhafte, Große, Kolossale; mehr das Gewichtige, Wuchtige in der Ausdehnung, nicht die Zierlichkeit und Feinheit. Spatelhände haben viel Sinn für das Regelmäßige, Symmetrische und ziehen lieber Land-, Bezirks-, Provinz- und Staatengrenzen mit dem Lineal, weil es praktischer und einfacher ist.

Sie haben jedoch nur wenig übrig für Philosophie, Poesie und Metaphysik; sie sind zu materiell denkend, aber gute, praktische Lebenskünstler, die besten Kulturpioniere für unerschlossene Länder, Menschen, die sich in allen Lebenslagen zu helfen wissen. Am meisten findet man diesen Typ in Nordamerika.

Spatelhandeigner neigen mehr zum Protestantismus; dies wegen Mangel an Romantik, die mehr dem Katholizismus entspricht (konische oder spitze Hände). Darum ist es auch schwer, den Katholizismus nach Norden zu bringen, wo der Spateltyp viel mehr vertreten ist. Unter allen großen Sportlern und jenen Menschen, die mit aktivem Wettstreit oder auch angewandten Wissenschaften zu tun haben, finden wir Spatelhände, die Tat, Energie, Bewegung, Zähigkeit und Zielstrebigkeit zur Charakteristik haben.

Diese Handform mit Knoten in den oberen Fingergliedern beziehungsweise Beugegelenken finden wir mit mehr Logik begabt. Solche Menschen lieben Unabhängigkeit im Regieren und im aktiven Verfolgen der eigenen Pläne. Sie sind sehr skeptisch betreffs Zärtlichkeiten und Zuneigung, bis sie ihnen bewiesen werden. Sie sind intolerant betreffs Fanatismus und allen phantasiereichen Vorstellungen und allem Exzentrischen abgewandt. Sie lieben politische Freiheit der Massen und haben Geist für den Zusammenschluß. Mit Knoten in den Beugegelenken aller Finger werden diese Menschen ihre physische Tätigkeit, exakte Wissenschaft, praktisches Studium, kombinieren, denn sie sind allen mechanischen, konstruktiven Künsten und Wissenschaften, wie Navigation, Geometrie oder Architektur, ergeben.

Beachte:

Jupiterfinger sehr lang: Große Vorliebe für das Mysteriöse, Neigung zu Irrtum und Fanatismus.

Saturnfinger sehr lang: Aktivierte Einbildungskraft, aufgeschlossen für Literatur über Okkultismus und Wissenschaft; Tendenz zu Depressionen. Zu lang: Neigung zu großer Melancholie.

Apollofinger sehr lang: Talent für Imitation, Darstellung von Personen; Gedanken, Gefühl; fordert sich bei Hindernissen.

Merkurfinger sehr lang: Innige Beredsamkeit, wenn auch nicht immer kluge Handlungsweise; als Redner: kraftvolle Ausdrucksart. Neigung zu Mechanik, Elektrizität.

Ist einer dieser Finger *sehr kurz*, so besagt dies: Mangel an den betreffenden Eigenschaften oder Qualitäten.

Die eckige, intellektuelle, »nützliche« Hand (Bild 13/332)

Mittelgroß bis groß; zum Teil entwickelte Knöchel und eckige Fingerspitzen (Bild 36/339). Weniger gefühlvoll und mitempfindend, zäh, eigensinnig und kleinlich im Denken und Tun. Ruhig, strebsam, gewissenhaft, pflichttreu. Mehr Verstandesmensch mit gewisser Selbstbeherrschung. Er liebt Ordnung, Methode, System, Symmetrie und Pedanterie (Bürokraten, Lehrer usw.). Der Daumen ist meist groß, mit ebensolcher Wurzel (Venusberg), die Handfläche derb und fest.

Personen mit diesen Händen haben Vorliebe für die moralischen, politischen und sozialen Wissenschaften, Erziehung, Lehrtätigkeit, Geometrie, Sprache, Sinn für das Traditionelle, für Autoritäten, für das Praktische und Solide. Die Besitzer dieses Handtyps geben gute, aber auch leider zu pedantische Beamte und Bürokraten, strenge Lehrer ab. Sie lieben das Herrschen. Sie ziehen meist das Reale dem vielleicht Unrealen, praktische Talente den Fähigkeiten, die der Phantasie entspringen, vor. Eigner dieser Hände hegen die Anschauung, daß das Gute besser als das Schöne, das Nützliche jedoch das Allerbeste sei. Sie arten meist aus in Pedanterie und wollen zäh an Regeln oder engen Begriffen festhalten, sei es in der Kunst, im Wissen, fast in jeder Hinsicht. Daher kleben sie meist an Form, Manier, Wort und Althergebrachtem, sind pünktlich wie eine Uhr und Gegner aller Freiheit und Großzügigkeit. Sie haben viele gute Eigenschaften, hindern sich selbst aber in der Entwicklung zum Höheren, da zu kleinlich. Man findet diesen Typ überall, vorwiegend jedoch in Nordeuropa.

Eckige Hände mit Knoten besitzen jene Menschen, die vorsichtig sind, durchhaltend und ordnungsliebend. Sie sind ausgeglichen in ihrer Art. Sie haben Disposition zum Organisieren, Arrangieren, Klassifizieren und zur Formation. Sie bejahen die Dinge, die man beschreiben und erklären kann. Sie gehen immer von dem Grundsatz aus: »Es muß alles passend sein.« Sie finden leicht Unterschiede außen und innen; sind romantisch, wenn es vernünftig ist. Sie sind treu in der Liebe, aber nicht wegen der Tiefe der Gefühle, sondern weil es sich so gehört und damit der gute Ruf nicht geschädigt wird: »Die Leute könnten darüber reden«; »Was sagen die Leute?« Sie arrangieren die Bücher nach dem Titel, nicht nach dem Format oder Aussehen in der Farbe, wie es jene Menschen mit konischen Fingern tun, obgleich diese gern gleiches Format hätten. Sie sind immer gebürstet und adrett und wahren »Etikette«. Sie haben Disziplin. Alles ist vorbedacht und vorbereitet. Auch haben sie Gesicht und Lachen in Gewalt, ebenso Sprache und Blicke. Sie sind sehr unangenehm berührt, wenn das Wetter sich ändert oder wenn Wohnungswechsel kommt. Sie sind komplette Meister für Intrigen, mißtrauisch und schlau im Geheimen. Sie haben wenig Freude, weil sie sich diese nicht gönnen und zu sehr im Realbewußtsein verstrickt sind. Sie lieben den langsamen Fortschritt und sind im allgemeinen allen Neuerungen plötzlicher Art abgeneigt. Wenn die Knoten an allen Fingern stark ausgeprägt sind, so ist dieser Typ aufgeschlossener. Sie haben Vorliebe für elegante Wissenschaften wie Botanik, Archäologie, Psychologie, Rechtswissenschaften, Sprachen, Geschichte und Politik, weniger für Metaphysik. Etwas Unaufrichtigkeit läßt sich bei ihnen finden.

Beachte:

Jupiterfinger sehr lang: Wahrheitsliebe, Stolz.

Saturnfinger sehr lang: Sehr ernst und nachdenklich.

Apollofinger sehr lang: Vorliebe für Studien und Nachdenken in der Kunst.

Merkurfinger sehr lang: Vorliebe für wissenschaftliche Studien und gute Darstellungskraft.

Wenn einzelne *Finger zu kurz* sind, ergibt dies eine etwas impulsive Natur, voll Ungeduld in Begründung und Argumenten.

Die knotige, philosophische Hand
(Bild 16/333)

Der charakteristische Ausdruck dieser Hand kann nicht verwechselt werden. Sie ist mittelgroß oder kleiner: Fingerspitzen oval-keulenförmig (der Länge nach). Es ist der Gegentyp zur konischen oder künstlerischen Hand (welche jedoch mit Kunst nicht viel gemein hat), auch in den Eigenschaften.

Hier müssen wir zwei Arten unterscheiden: erstens den Menschen, der seine Ideen von außen und äußeren Einflüssen empfängt und bei dem die unteren Knoten stärker ausgeprägt sind; zweitens den anderen Typ, bei dem die Ideen von innen, vom seelisch-geistigen Bewußtsein gelenkt werden. Bei kleineren Händen ist Herzdenken vorhanden, bei großen Herz- und Gehirndenken. Beide haben aber die gleichen Resultate. Bei beiden Typen finden wir als Haupteigenschaft Synthese und Analyse. Persönlichkeiten mit diesem Handtyp überhaupt propagieren gern soziale und religiöse Freiheit, sie sind die besten Religionslehrer (hier ist die große Verschiedenheit gegenüber den eckigen Typen).

Der Daumen ist meist groß und stark. Menschen mit diesen Handformen lieben Unabhängigkeit im Tun und Denken, Begründung, Logik und Beweis, Ergründen von Ursache und Wirkung, Wahrheit, Gerechtigkeit, das Ideale. Sie bevorzugen die Wahrheit dem Schönen gegenüber, sind Moralisten, Ethiker und meist sehr philosophisch, gerecht denkend, gute, tiefe Menschen. Die Vernunft ist der Leitstern für sie; sie läßt sie rück- und vorwärtsblicken und erwägen, berechnen und betrachten; sie macht sie unabhängig von dem Gegenwärtigen und der Meinung anderer. Was ein solcher Mensch tut, tut er mit Selbstbewußtsein und Begründung. In der ihm eigenen Gründlichkeit denkt er über alle Möglichkeiten, Folgen und Zwecke nach. Die Regel wird ebenso studiert wie die Ausnahme. Das Interesse für den einzelnen ist ebenso groß wie das für die Familie, Nation, Rasse, Menschheit. Er läßt sich nie vom bloßen Glauben oder von verkehrter Liebe und Mitleid beherrschen, sondern vom Wissen und Erkennen, von der Vernunft; deshalb die Vorliebe für das Ethische und Ästhetische. Anschauung und Gewohnheit gelten nicht, sondern nur tieferes Erkennen des Wahren und Wirklichen. Auf religiösem und sozialem Gebiete kämpft er für Unabhängigkeit und Höherentwicklung, für die Vervollkommnung.

Vermöge des großen Ordnungssinnes und der Fähigkeit, das Wesen (den inneren Wert) der Dinge zu erkennen, klassifiziert er mehr der Natur entsprechend, nicht nach Form, Größe, Eigenschaften und äußerem Anschein.

Man trifft diesen Handtyp überall, doch nicht oft; in der alten Welt jedoch mehr als in der neuen, wo der reine und wahre Idealismus noch seltener geworden ist. (Seit etwa 1955 fällt dem Fachmann auf, daß der knotige Handtyp und der knotige Einschlag weit häufiger als früher auftreten. *Rita I.-H.*) In kleinerer, reinerer und feinerer Form findet man diesen Handtyp öfter in Indien, besonders bei den Yogis. In dieser Hand wird das Intellektuelle und Spirituelle in Harmonie zur wahren (das heißt göttlichen) Vernunft vereinigt. Ich sage: »wird«; ob das »wird« ein »ist« ist, muß von Fall zu Fall erkannt werden.

Die konische, künstlerische Hand
(Bild 14/332)

Schöne symmetrische und angenehme Form. Konisch (schmaler werdend) verlaufend mit konischen (zugespitzten) Fingern (Bilder 78/399 und 89/409). Hier drei Unterarten:

a) Geschmeidige kleine Hand, schmaler Daumen, bezeichnet Vorliebe für Schönheit, speziell in Form. Der Handeigner geht an jede Sache mit Begeisterung. Zu Daumen: Bild 15/333.
b) Große Hand, kurz, dick mit großem Daumen, verrät großes Verlangen nach Reichtum und Pracht. Der Handeigner sucht seine Pläne mit Schlauheit auszuführen (Bild 70/393).
c) Weiche oder wenig feste, große Hand mit sehr entwickelter Innenhand (Berge), die Neigung zu Sinnengenuß gibt.

Der Handeigner sucht sein Ziel mit Selbstzufriedenheit zu erlangen.

Alle drei sind wertlos für mechanische und physische Arbeit, da alle drei von Inspiration oder Stimmungen regiert und geleitet werden. Sie sind je nachdem weniger oder mehr Gefühlsmenschen, sentimental, instinktiv, impulsiv, eindrucksfähig, nervös, launisch, romantisch, poetisch, träumerisch, lebensfreudig und begeistert, bescheiden und empfindlich, besonders gegen Lächerlichkeit; eher ideal eingestellt, daher keine sogenannten »Geschäftsleute«.

Man findet diesen Handtyp viel bei Künstlern, doch muß ein Künstler nicht unbedingt solche Hände haben. Das Gefühls- und Empfindungsleben ist hier viel stärker als die Verstandestätigkeit. Solche Menschen hängen gern an Äußerlichkeiten und versuchen auch fälschlicherweise, danach zu beurteilen. Personen dieses Handtyps sind große Anhänger von Freiheitsideen, lieben die Abwechslung in bezug auf alles, Aufenthalt, Personen, Beschäftigung und auch in der Liebe. Sie sind sehr von Stimmungen abhängig: begeistert, exzentrisch, lustig bis zum Überschäumen, dann wieder traurig, launisch, melancholisch, gereizt. Deshalb wird man auch verstehen können, daß diesen Menschen Einschränkungen und geregeltes Leben weniger gut liegen. Sie sind Bohémiens. Da sie (als Künstler) außerdem noch oberflächlich und leicht veranlagt sind und (mit weichen Händen) noch viel Sinnlichkeit und Flatterhaftigkeit dazukommt, kann man treue, tiefe Liebe nicht gut erwarten, weshalb die Ehen solcher Menschen selten von langer Dauer und innigem, wirklich festem Glück sind. Eine feste Hand verbessert die Eigenschaften und macht fester im Charakter und Wesen, doch bestimmt vieles der Daumen. Sehr weich (schwammig) ist der Typ des »Nur-Genuß«-Menschen, weshalb man in solchem Falle von einer »Vergnügungshand« spricht (Bilder 14/332, 78/399).

Die weichen Hände verraten immer eine große Portion Sinnlichkeit, Hang zum Schwelgen und Genießen, Trägheit, Beschaulichkeit, Vergnügungssucht und Mangel an höherer

Verstandeskraft. Auch oft Neigung zu Lüge und Heuchelei. Menschen, welche zu faul und sinnlich sind, um ernst und physisch zu arbeiten, hängen sich oft an die Kunst.

Die erste Art tut alle Dinge mit Begeisterung, die zweitgenannte Form tut alles mit Schlauheit, der letztgenannte Typ mit Selbstsucht und Eigennutz. Die erste Art liebt das Schöne mehr als das Praktisch-Nützliche, doch haben diese Personen Angst, sich lächerlich zu machen. Sie sind begeistert und äußerlich bescheiden, impulsiv. Sie haben wenig Gewalt oder Zähigkeit in der Durchführung von Plänen, auch wenig Entschlossenheit. Sie sind unfähig zu befehlen, besitzen aber viel Ergebenheit. Diese Personen mögen gern gezogen werden, aber nicht getrieben. Wandelbar in Liebesangelegenheiten; wenn kühl, dann nur nach außen. Wenn diese Hände noch mehr entwickelt sind, der Handteller größer, die Finger feiner und zarter, so ist solch ein Mensch noch mehr Sklave der Leidenschaft und hat weniger Selbstzucht oder Kraft. Sie machen gern Schulden und verschwenden mit Freunden, sind sehr empfindlich gegen Verdächtigungen und Blamagen, andererseits aber sehr gerührt bei Güte und Freundschaft. Die Naturen dieser Typen neigen zu Sinnlichkeit, Faulheit, Egoismus, zu Raffiniertheit, Falschheit, Übertreibungen und Mangel an Konzentration, können leicht exzentrisch und zynisch sein. Sie sind keiner geistigen Liebe fähig.

Beachte:

Bei *psychischen Händen*, konisch oder ideal, ist die Charakteristik in beiden Handtypen ähnlich, nur ist sie bei dem idealen Typ überbetont.

Jupiterfinger sehr lang: Große Vorliebe für Religion mit dem Verlangen, führend darin zu wirken.

Wenn ebensolang wie Saturnfinger: Das Leben wird durch Ehrgeiz regiert.

Saturnfinger sehr lang (selten): Streiche und Frivolitäten. (Das Gegenteil von einem kräftigen, eckigen oder Spatel-Saturnfinger.)

Apollofinger sehr lang: Starke Intuition in Kunst und Inspiration in bezug auf Personen. Wenn jedoch das 3. Glied das längste ist: Ausnutzung der Kunst usw. zu materiellen Zwecken.

Merkurfinger sehr lang: Intuition in bezug auf Okkultismus, Mystik, Medizin. Ebenso Beredsamkeit.

Wenn einer dieser Finger *sehr kurz* ist, deutet dies auf Egoismus, Impulsivität, die durch Unbesonnenheit zu Unglück führen kann.

Die psychische oder ideale (mediale) Hand
(Bilder 15/333 und 72/395)

Auffallend schön in der Form; schlank, zart und zugespitzt, ist sie die verfeinerte, veredelte Form der konischen Hand, wie man sie auf den Heiligenbildern sieht. Da die geistige Anschauung dieser Menschen nicht irdisch materiell ausgerichtet ist, sind auch ihre Hände für jede physische Betätigung ungeeignet. Sie sind nicht praktisch genug für materielle Aufgaben. Sie werden regiert von Herz und Seele, sind sehr feinnervig und medial, lieben alles Große, Schöne, Hohe, Reine, Ideale, Sittliche und Göttliche. Sie sind schwärmerisch, reich an Phantasie, sind Spiritualisten und Mystiker. Dies ist der schönste Typ der Menschenhand, durchgeistigt, im Volksmund »Hände mit Spinnenfingern« genannt. Diese Handform ist an keine Gegend gebunden, man findet sie überall, jedoch recht selten – leider.

Alle minderwertigen Eigenschaften der konischen Hand sind hier harmonisch vereint und veredelt, zu Tugenden geworden. Meist sind die Finger ohne Knoten und glatt (Bild 72/395). Sind Knoten und ein entwickelter Daumen vorhanden, so fügen sich Geisteskraft und Kombinationsvermögen dazu, doch auf Kosten von Milde und Weichheit. Je feiner, zarter diese Hand ist, desto zarter ist die physische Kraft des Besitzers. Ideale Hände deuten darauf hin, daß bei dieser Persönlichkeit in jeder Beziehung die seelische Ebene die materielle weit überragt. Der ideale Handeigner fühlt sich im Reich der Phantasie, des Idealen, des Jenseitigen wohler und mehr zu Hause als im Diesseitigen. Er verabscheut alles Gemeine,

Niedrige, Selbstsüchtige, Unschöne, Ungerechte, Ehrgeizige, Materielle und besitzt meist einen festen und zähen Willen, der ihm die Kraft gibt für edle, ideale Zwecke und Ziele einzutreten, wie es die vielen Märtyrer taten. Ihr Drang nach Wahrheit und Vernunft (nicht nach menschlichen Begriffen, sondern nach der höchsten, reinsten, göttlichen Vernunft und Wahrheit) ist seine größte Stärke. Da diese Menschen weniger für das Materielle und das Alltagsleben geschaffen sind, werden sie oft von anderen Menschen ausgenutzt und betrogen; aus diesem Grund ist es notwendig, daß Personen mit diesem Handtyp gute treue Freunde zur Seite haben, damit sie in unserer egoistischen Zeit nicht untergehen.

Dieser Handtyp ist nicht das ausschließliche Erbe edler Geburt. Seele ist diesen Menschen alles. Man sollte das würdigen, obwohl sie selten verstanden werden, und dankbar dafür sein, daß so feine hohe Einflüsse der reinen Intuition dieses Typs zwischen uns leben.

Bei oberen Knoten ist der Handeigner weniger wechselvoll im Charakter und zuverlässiger. Knoten an allen Fingern weisen auf Durchblick und Vernunft. Ideale Männerhände mit Knoten entwickeln positive kreative Gedanken, aber ein anderer Handtyp (eckig oder Spatelform) muß die Ausführung übernehmen. Ohne großen Daumen zeigen diese Hände an: Neigung zu Unzufriedenheit, Zweifel, Furcht, Niedergeschlagenheit wegen des eigenen Unvermögens. Bei Menschen mit »idealer Handform«, in welcher sich nur die drei Hauptlinien und keine Ereignislinien noch Zeichen befinden, sei man sehr vorsichtig. Meistens sind sie falsch, intrigant, lügnerisch.

Viel seltener als diesen idealen Handtyp (mit spitzen oder konischen Fingern) findet man die ideale eckige Hand. Sie ist die wirklich schönste aller Hände in Gestalt, Harmonie, in allem; leider aber auch ebensowenig für das praktische Alltagsleben geeignet wie die ideale Hand. Was dieser Handtyp mit dem ideal-konischen (siehe dort) gemeinsam hat, aber doch noch in verstärktem Maße, ist Inspiration, die anderen, Künstlern, Schriftstellern, wirklichen Wissenschaftlern, in hohem Maße nützen kann.

Die gemischte Hand
(Bilder 17/333 und 84/404)

Die gemischte Hand enthält Kombinationen der verschiedenen Hand- und Fingerformen und deshalb auch gemischte Charakteristik und Vielseitigkeit. Sie wird am häufigsten angetroffen; doch ist nicht jede Hand, die etwas vom reinen Typ abweicht, eine gemischte. Man muß schon sehr viel Erfahrung haben, um nicht zum Beispiel eine etwas konische Elementarhand oder eine knotige konische Hand mit einer gemischten Hand zu verwechseln. Bei der Beurteilung ist hierauf sehr zu achten.

Bei den Eigenschaften der gemischten Hand muß in Betracht gezogen werden, aus welchen Typen die Mischung hervorging. Hiernach hat man zu kombinieren. Meist wird ein bestimmter Grundtyp zu erkennen sein, wovon dann auch die Charakteristik am stärksten vertreten ist. In der Hauptsache haben alle gemischten Hände zu eigen: Vielseitig in Kenntnissen und Können, große Anpassungsfähigkeit in jeder Beziehung, Sinn für praktische und nützliche Verwertung. Sie sind besitzliebend, schlau, hart, eigensinnig. Oft ist jeder Finger verschieden, so daß man jeden erst einzeln und dann mit der Hand im Zusammenhang kombinieren muß.

Die Intelligenz, die durch diesen Handtyp repräsentiert wird, ist eine gemischte und setzt sich aus *den* Geistesrichtungen zusammen, welche die einzelnen verschiedenen Finger darstellen. Ohne diese vielfältige gemischte Intelligenz (ohne die »gemischte Hand«), die gewissermaßen eine säureartige und geistige Schärfe enthält, würde sich die sogenannte »Gesellschaft« nur mit Hemmungen, Kampf und in Sprüngen entwickeln. Zu der gemischten Hand gehört die Intelligenz für gemischte Arbeiten und sich damit verbindende Ideen, also für Wissenschaften, die nicht ausschließlich abstrakt sind, wie Administration, Handel und Verkehr; für Künste, die nicht das Resultat der Phantasie sind, und für alles Schöne, das aus der relativen Wirklichkeit der Industrie stammt. Es sind die Hände, die den weltlichen und geistigen Fortschritt vorantreiben und ihn mehr oder weniger bestimmen.

Falls konisch-elementare Form, weicher und etwas kleiner als die Elementarhand, Finger dick und glatt, Daumen konisch und groß, dann sind als Charakteristik Egoismus und Geiz vorherrschend. Solche Personen sind wenig geeignet für Handwerk und Industrie; sie leben sich in Verhandlungen, Plänen und Selbstlob aus.

Personen, deren Hände einen bestimmten reinen Typ repräsentieren, verfügen über einen Intellekt, der kraftvoller in eine bestimmte Richtung zielt. Der Intellekt der gemischten Hand ist anpassungsfähiger und praktischer. Dieser Handtyp ist vorwiegend unter den Autodidakten zu finden, die ja meistens Bestes leisteten, wie die vielen Erfindungen und Entdeckungen bewiesen haben und noch beweisen. Personen mit einem bestimmten reinen Handtyp arbeiten intensiver in *einer* Richtung, aber darum auch einseitiger, beengter.

Der Spatelhandeigner genießt aus praktischen Gründen die raffinierten Speisefeinheiten, in denen die konischen Handeigner mit Leichtsinn schwelgen und die sich Menschen mit eckigen Händen aus Geiz nicht leisten, wohl aber zu schätzen wissen, wenn sie nichts kosten.

Der Mensch mit eckigen Händen kauft quantitativ vorsichtig ein, immer nur soviel, wie er ganz sicher verantworten kann; jener mit konischen Händen kauft die doppelte Quantität (und Schein-Qualität), weil er leichtsinniger, großzügiger und auch leichter zu beeinflussen ist. Aber der Spatelhandeigner kauft das Dreifache, weil er schon zur Zeit des Einkaufs instinktmäßig weiß, wo und wann er alles mit Nutzen wieder absetzen kann.

Menschen mit konischen Händen sind begeistert für eine Sache; der Spatelhandeigner nutzt sie, und jene mit eckigen Händen wehren ängstlich ab, weil sie immer Bedenken haben.

Besitzer konischer Hände haben eine Vorliebe für Dinge, die schön oder elegant aussehen. Sie kaufen auch eher auf Abzahlung, ohne viel darüber nachzudenken, ob die Qualität dem Kaufpreis entspricht und sie die Abzahlungsraten einhalten können. Menschen mit eckigen Händen machen nicht gern Schulden und sind daher viel schwerer zu einem Kauf zu überreden, außer es müßte ein billiger Gelegenheitskauf, dauerhafte und praktische Ware sein, während der Spatelhandeigner dem Wert entsprechend kauft, was praktisch und haltbar ist und was er zu gegebener Zeit selbst wieder vorteilhaft weiter abgeben kann. Der Besitzer gemischter Hände würde sich durch Prospekte oder Preislisten eher »auf dem laufenden« halten, um überall mitreden zu können, bei guter Gelegenheit auch praktische Dinge zu erwerben, um dann aber daran herumzumäkeln, damit der Preis noch etwas herabgesetzt wird, da er gern wieder bei Weitergabe etwas verdienen will.

Frauen mit knotigen oder idealen Handformen gehen nicht gern aus einem Geschäft heraus, ohne etwas gekauft zu haben, weil sie sich »genieren« und auch durch ihre Sensitivität die Gedanken des Geschäftsmannes unangenehm und belastend empfinden. Bei erhaltenen Geschenken werden sie sich oft wundern, wie jemand etwas verschenken kann, was gar nicht zu dem Beschenkten paßt. Das würde ihnen selbst weniger oder gar nicht passieren.

Um die Unterscheidung der Handtypen zu erleichtern, betrachte man Bild 123/433. Hier ist außen der Spatelfinger, schraffiert der eckige und innen der konische Finger übereinandergelegt sehr leicht zu erkennen. Es ist leicht zu unterscheiden, was an dem einen Typ fehlt, um den anderen darzustellen.

Gleichzeitig zeigt das Bild die Dreiteilung Geist, Seele, Körper in der Zoneneinteilung an Kopf, Gesicht und Finger, als Sphäre der Entsprechung, was bei der Analysierung des Charakters und Wesens zu berücksichtigen ist.

Beachte:
Die meisten Hände sind gemischte. Reine Typen findet man selten, außer die eckige Hand oder eckige Finger (am häufigsten in Nordeuropa). Auch unter den Frauenhänden finden sich vielfach gemischte Handformen, obwohl sehr viele den reinen konischen Typ besitzen, der für sie natürlicher ist. Der Spateltyp ist besonders bei Frauen seltener zu finden. Der ideale Typ kommt hin und wieder vor; viel seltener aber ist der knotige Typ.

Häufig trifft man die Mischung in der Kombination von Jupiter- und Merkurfinger, die konisch oder spitz sind, beide konisch oder beide spitz oder kombiniert, der eine konisch, der andere spitz, ebenso die Kombination von Saturn- und Apollofinger, die eckig oder spatel sind, beide eckig oder beide spatel oder der eine eckig und der andere spatel.

»Konisch« und »spitz« ist nicht das gleiche. Man achte auf diesen Unterschied.

Jupiter- und Merkurfinger spitz, Saturn und Apollofinger konisch (Analyse: 1., 4., 2., 3. Finger). In *guter* Hand: Hohes Streben, Liebe zur Wissenschaft um ihrer selbst willen; gesunde Religiosität; edle Auffassung der Kunst. In *schlechter* Hand: Krankhafter Stolz; viel unehrliches Planen; Aberglauben; künstlerische Betätigung unangebracht.

Jupiter- und Merkurfinger spitz, Saturn- und Apollofinger eckig. In *guter* Hand: Hohes Streben, sehr gute Beredsamkeit; kluge Vorsicht; wahrhaftig in künstlerischen Bemühungen. In *schlechter* Hand: Krankhafter Stolz; Meisterschaft in Diplomatie; Menschenhaß; Gebrauch der Kunst zu schlechten Zwecken.

Jupiter- und Merkurfinger konisch, Saturn- und Apollofinger eckig. In *guter* Hand: Vorliebe für wertvolle Romane; Fähigkeiten für Wissenschaft und Erfindung; Vorliebe und kluges Gespür für Landwirtschaft; starke Neigung zu Kunst, Musik, Literatur. In *schlechter* Hand: Eitelkeit, Nichtigkeit; kaufmännisch unehrlich, nicht reell; fehlgeleitete Ideen über Religion; Praktizieren der Kunst aus Gewinnsucht.

Jupiter- und Merkurfinger konisch, Saturn- und Apollofinger spatel. In *guter* Hand: Vorliebe für Reisebeschreibungen; Spekulationen in entfernten Ländern; an dauernde Aktivität, Tätigkeitsdrang; Malerei und Literatur sowie Historie. In *schlechter* Hand: Großsprecher, Prahler; Finanz-Napoleon; Irr-Religion; Realismus in Kunst.

3. Etwas über Frauenhände

Es ist selbstverständlich, daß man bei der Beurteilung einer Frauenhand den Unterschied der weiblichen Konstitution von der männlichen in Betracht ziehen muß. Gerade in den Unterschieden der Konstitution der beiden Geschlechter liegt der Grund der Verhältnismäßigkeit, in der die Geschlechter zueinander stehen. Ohne diese Differenzierung des männlichen und weiblichen Wesens kann weder eine gute Kombination noch eine richtige Analyse erstellt werden. Die physische Energie des Mannes erfordert die passive Einstellung und den instinktiven Takt der Frau, um ihm die Verwendung und Anwendung zu zeigen. Die Frau hat oft eine Idee, die der Mann in die Wirklichkeit umsetzt. Die Idee des Mannes hingegen ist oft ungereimt, grob und derb. Geht sie aber durch das Gehirn der Frau, dann wird sie klarer und differenzierter. Ein Mann kann sich niemals den Takt einer Frau voll aneignen, auch nicht die instinktive Intelligenz, ohne einen Teil seiner Verstandeskräfte aufzugeben. Viele Mißerfolge der Männer haben ihre Ursache darin, daß sie sich nicht genügend nach dem Instinkt der gesunden Frau richten. Die Idee der Frau kann ungezielt, unpraktisch und verworren sein, doch sind die Grundprinzipien ihrer Ideen genau und richtig. Die größten Männer aller Zeiten hatten immer kluge Frauen. Den besten Beweis für die obige Tatsache finden wir im Orient, wo die Frau gar nicht befragt wird, sondern mehr als »Haustier« oder »Lieblingstier« betrachtet wird. Das Resultat ist, daß jene Nationen zum großen Teil an Gewicht verlieren. Der Mann regiert und bestimmt, die Frau verwaltet und erwartet. Diese Tatsachen sind bei dem Lesen von Frauenhänden in Erwägung zu ziehen.

Die Charakteristik der spatelförmigen und der eckigen Frauenhand wird immer etwas weniger markant entwickelt sein als beim Mann. Das Resultat ist weniger Kombinationsfähigkeit und Kalkulationsgabe. Der Mann ist tätig, die Frau entwickelt und bewahrt. Männer machen Gesetze, aber die Frauen bestimmen die Moral. Ein altes Wort sagt, daß der Mann der Geist der Frau ist und die Frau die Seele des Mannes. Käme dieses treffliche Wort nur mehr zur Anwendung! Die Frau denkt mit dem Herzen, der Mann mit dem Gehirn. Die Sinne des Mannes sind gröber; die Frau ist sensitiver. Ihre Empfindungen und ihr Instinkt sind treffsicherer als die vorsichtige Logik des Mannes, weil sie das Sinnen und die Begriffe des Mannes mit Intuition und in wacher Analyse aufnimmt. Frauen ohne Fingerknoten arbeiten mehr mit Instinkt und Diplomatie, weniger mit Wissen, mehr mit der Schnelligkeit des Kleinhirns (Unbewußtsein) als mit geistigem Bewußtsein, mehr mit Phantasie und Vorstellungskraft als mit konkreter Beurteilungsfähigkeit. Eine Frau mit knotigen Fingern ist weniger zu beeindrucken und beeinflußbar. Sie hat Geschmack, Phantasie und Vernunft. Hat eine Frau einen großen Daumen, ist sie mehr intellektuell-intelligent als intuitiv; hat sie einen kleinen Daumen, ist sie voreilig in der Ausführung, weniger ihres Tuns bewußt. Der große Daumen zeigt mehr Vorliebe für Historik, der kleine für Romantik. Mit einem langen Daumen ist eine Frau feinfühlig und vorsichtig in Herzensangelegenheiten, denn Liebe ist ein göttlicher Zustand, weniger Leidenschaft. Sie wird daher die Ehe nach genauer Auswahl und Überlegung eingehen (was bei einer Frau mit kleinem Daumen viel seltener geschieht). Sie ist nicht leicht zu gewinnen, auch sonst unnahbar; ein Mittelding gibt es bei ihr nicht, weil sie nicht zur Koketterie oder Eifersucht herabsteigt.

Eine Frau mit kleinem Daumen ist mehr kapriziös, kokett, leicht geneigt zur Eifersucht, vielleicht auch mehr faszinierend und verführerisch. Bei ihr ist die Liebe Leidenschaft, ein kraftvolles und heißes Gefühl. Sie verlangt ungeteilte Aufmerksamkeit, Heiterkeit, Freude und eine sentimentale, romantische Form von Anbetung in der Liebe.

Die elementare Hand ist selten unter Frauenhänden zu finden. Ihre natürliche Intelligenz, die Fürsorge der Mutterschaft und die komplizierte physische Konstitution der Frau erfordern einen höheren Instinkt, eine größere intuitive Intelligenz, als es für den weniger komplizierten männlichen Körperbau erforderlich ist. Die Folge davon ist, daß, wenn in einem Gebiet beispielsweise der elementare Handtyp bei den Männern vorherrscht, die Frauen die Oberhand haben und die Angelegenheiten ihrer Männer dirigieren.

Frauen, die vergleichsweise ein zielloses Schmetterlingsleben der Freude, Liebe und Verschwendung leben, haben zumeist kleinere, konische Hände, die mehr weich und füllig sind. Frauen mit Spatelfingern und kleinem Daumen sind wahre Freunde, herzlich, tätig, etwas impulsiv, weniger reserviert. Sie lieben Bewegung, den Sport, Wettkämpfe und Tiere. Ihre Handarbeiten sind wohl brauchbar und komplett gefertigt, jedoch weniger künstlerisch und ausdrucksvoll gestaltet. Sie arrangieren gern Spiele für die eigenen und auch für andere Kinder.

Bei eckigen Frauenhänden, wenn der Daumen klein ist, zeigt sich Pünktlichkeit, Ordnung bis zur Kleinlichkeit und Pedanterie, passende Zusammenstellung und Anordnung im Haushalt. Ist der Daumen an derselben Hand groß, zeigt sich der »Haustyrann«, der ewig zu nörgeln weiß, ungeduldig wird bei Kontrolle und dadurch seine eigenen Kräfte verschwendet.

Frauen mit eckigen Händen bedürfen der Höflichkeit, Ordnung und Sicherheit in Herzensangelegenheiten. Sie lieben Männer von Bildung, doch dürfen diese nicht exzentrisch sein. Sie sollten geistvoll, aber nicht weitschweifig sein, ruhig, selbstbewußt, aber unberührt von Eifersucht und Unzuverlässigkeit. Sie sind sehr vorsichtig, extrem vorsichtig in der Beachtung »gut bürgerlicher« Sitten und Gebräuche. Sie meiden das Außergewöhnliche, mehr noch das Vulgäre.

Eine kleine rosige, elastische, zarte Hand, dünn, aber nicht knochig, mit sehr fein entwickelten Knoten, läßt eine redegewandte, sprühende Weiblichkeit erkennen. Um sie zu gewinnen, muß man heiter, klug, belebend und voll plötzlicher Einfälle sein. In der »grande passion« sollte man schnell und sprühend sein, weniger sentimental oder romantisch als bei konischen Fingern. Bei diesen jedoch muß der Mann innig, zurückhaltend, ergeben, selbstbewußt, erklärend, nachgiebig und gerecht sein. Konische Handeigner sind indolent, phantasievoll und meist sinnlich.

Eine Frau mit schmalen, zarten spitzen Fingern, einem kleinen Daumen und schmaler Handfläche liebt höchste Romantik und Idealismus im Weltlichen. Ihr Liebesleben gilt zu ihrer Freude mehr dem Herzen und der Seele als den körperlichen Gefühlen und Empfindungen. Bei diesem Typ sind Indolenz und Innigkeit kombiniert. Konventionen sind ihr verhaßt, ebenso alle realen Seiten des Lebens. Sie neigt etwas zu Aberglauben, mehr zur Pietät als zu wirklicher Ergebenheit (Gottverbundenheit). »Genius« steckt in ihr weit mehr als Alltagsverstand. Von der Höhe ihres idealen Standpunktes schaut sie auf alles Schöne mit vergeistigenden Gedanken, daher sieht sie weit mehr Schönes als andere Handtypen.

Die Darlegungen dieses Kapitels und die Tatsache, daß Charakter und Denkart von Mann und Frau grundsätzlich von Natur aus verschieden sind, lassen klar erkennen, daß es keine übereinstimmende Psychologie für beide Geschlechter geben kann, soll sie ernsthaft und von Wert sein. Die Psychologie der Frau ist eine andere und muß daher auch anders verstanden und gewertet werden. Demzufolge ist eine Handanalyse von Frauenhänden entsprechend zu erarbeiten (im Unterschied zu Männerhänden). Dessen sollte man sich bewußt sein.

4. Die Bewegungssprache der Hand – Chiromimik –

Oft hört man das Wort Chiromimik, gesprochen von Personen, die wohl kaum wissen, was es bedeutet, auch wenn sich mancher »Chirologe« nennt. Chiromimik ist das Wissen von der Bewegungssprache der Hand: wie man die Hand im ganzen, wie man die einzelnen Finger hält, bewegt, oder wie man mit ihnen »spricht«, um der Sprache weiteren Ausdruck zu verschaffen, oder wie man mit den Fingern spricht, wenn man sich ohne Worte verständlich machen will, wie es bei der Zeichensprache und bei Stummen geschieht. Diese Bewegungsarten lassen immer ganz bestimmte Schlüsse auf Charakter und Wesen des Betreffenden zu. Alles zusammengenommen: *das* ist Chiromimik.

Literatur hierüber gibt es sehr wenig. Ausschnitte dieser Wissenschaft findet man gelegentlich, aber sehr selten etwas wirklich Brauchbares. Vor Jahren wurde mir aus zuverlässiger Quelle berichtet, daß ein Richter in England ein Meister dieses Wissens sei und Angeschuldigte aufgrund dieses Systems ergründete und überführte. Ohne Zweifel ist dieses Wissen wertvoll, und es wäre wünschenswert, wenn man darüber mehr erfahren könnte. Wenn jemand über sehr viel Zeit und eine sehr gute Beobachtungsgabe verfügt, so kann er sicher manches aus dieser Lehre gewinnen. Gelegenheit zu solchen Studien gibt es im täglichen Leben genug. Leider scheint es aber wenig Persönlichkeiten mit obigen Fähigkeiten und der hierzu erforderlichen Ausdauer zu geben.

Nun einiges über die »Sprache der Hand«:

Beweglichkeit des Daumens: Es ist auffallend, daß sich mancher Daumen von den Fingern um 90° entfernen kann, andere nur um 30° oder noch weniger. Je weiter sich der Daumen abwinkeln läßt (ohne Anstrengung), um so mehr ist vorhanden: Unabhängigkeitsliebe und freiere Betätigung des eigenen Willens, leichtes Erledigen eigener Angelegenheiten und Hilfeleistung bei anderen. Personen, die ihren Daumen nicht oder schwer über 45° spreizen können, zeigen Mangel an freier Betätigung des eigenen Willens und sind deshalb mehr Sklaven ihrer Umgebung. (Selbstverständlich kommt das nicht für Gichthände in Betracht.)

Verstecken des Daumens unter den anderen Fingern: Verstecken oder Ausschalten des Verstandes finden wir bei Kleinkindern, deren Intellekt noch schläft, unentwickelt ist; bei Idioten häufig, weil der Intellekt ausgeschaltet ist; bei teilweiser Paralyse und veraltetem Rheuma, weshalb man also auf krankhafte Zustände achten muß. Auch beim Sterbenden finden wir oft, daß er den Daumen verbirgt; er zieht sich in sich zurück, der Verstand schwindet. Bei einem gesunden Menschen darf es nicht vorkommen; es bedeutet immer ein Verstecken der Gedanken, des Verstandes, aber auch Feigheit. Der Betreffende wird nur mangelhaft seine Angelegenheiten dirigieren können.

Ständig weit abstehender Daumen in steifer Haltung zeugt von einer Person, die ihr Ich zu sehr betont und aus dem Grunde dreist, frech, unverfroren ist, unter Umständen gewalttätig und brutal sein kann (Bild 95/415).

Lässig und schlaff herunterhängende Hände beweisen gleichgültiges Benehmen, Schlendrian, augenblickliche Schlaffheit des Geistes und eine gewisse Willenlosigkeit.

Geschlossene Hände zeugen von Verschlossenheit des Gedankenlebens, auch von großer Vorsicht, Wachsamkeit. Letztes mehr, wenn die Daumen seitlich der geschlossenen Hände liegen.

Das Verbergen der Hände auf dem Rücken (bekannte Haltung Napoleons) oder unter dem Jackett zeugt davon, daß der Betreffende seine derzeitigen Gedanken vor anderen zu verbergen sucht. Spricht jemand mit erhobenen Händen, so will er mehr Eindruck erreichen. Manche versuchen, durch den Schlag mit der Faust auf den Tisch noch mehr zu erwirken.

Je nachdem, wie frei und weit sich das Ellenbogengelenk vom Körper entfernt (bis zum geraden Strecken), soviel Mut oder Ängstlichkeit ist bei dem Sprechenden im Augenblick vorhanden.

Ebenso ist es bei dem Händedruck. Je freier und gelöster die Hand ausgestreckt wird, umso ehrlicher ist die Meinung. Nur zwei oder drei Finger zu geben, das deutet auf Verstecktheiten, Unaufrichtigkeiten, eventuell Hinterlist.

Auch die Handhaltung beim Geben und Entgegennehmen spricht sowohl bei dem Gebenden als auch bei dem Nehmenden.

Man achte auf die Haltung und Lage der Finger, wenn die Hand ruhig und flach aufliegt. Sind hierbei der Daumen und der Zeigefinger geschlossen, ebenso die drei anderen Finger, so deutet es auf Unabhängigkeit im Denken. Liegen Kleiner und Ringfinger für sich zusammen, deutet das auf Unabhängigkeitsdrang, Selbstentscheidung im Tun. Die Haltung der Hand auf Bild 95/415 weist neben Unabhängigkeitsliebe auf eigene Art des Denkens und des Handelns hin, ebenso auf ein nicht berechenbares Wesen.

Das Abspreizen nur des Kleinen Fingers, wie man es öfter beobachten kann, bedeutet momentane Bereitschaft der Gedanken, gemischt mit ein wenig Verstellung. Der Betreffende ist in solchen Augenblicken nicht ganz natürlich in seinem Wesen oder Sichgeben, etwas gekünstelt.

Das Nichtbieten oder -geben der Hand bei einem Gruß hat verschiedene Gründe. Es kann sein, daß der Betreffende nicht mit der Aura des anderen in Berührung kommen will, um die Gedanken eines anderen Menschen nicht aufzunehmen, wie zum Beispiel Rabindranath Tagore; oder es kann Reserve sein, die den Betreffenden dazu veranlaßt. Jedenfalls bedeutet es nicht immer Unhöflichkeit. Das können nur jene behaupten, die für die feineren Schwingungen im Kosmos keinen Sinn und deshalb auch kein Verständnis haben.

Am Druck und der Festigkeit der Hand erkennt man die Verläßlichkeit des Menschen. Ein schlaffer Händedruck, der eher ein Vorbeiwischen ist, als daß er die Bezeichnung Händedruck verdient, zeugt von laschen, gleichgültigen, oft auch von haltlosen Personen; auf jeden Fall von unzuverlässigen.

Der Händedruck bester Bedeutung ist: ein sanftes, doch

festes Zufassen, leiser, fester Druck für einen Moment und ein sanftes Lösen. Er schließt alles Gute in sich, besonders wenn sich beide Parteien dabei offen und gerade in die Augen schauen.

Mit einiger Beobachtung und Einfühlung kann man die Nuancierungen dieser Sprache sehr bald verstehen lernen.

5. Die Haut und die Hautfarbe

Die Haut gehört in der Beurteilung zu den Nebenmerkmalen und gibt bei sehr genauer Beobachtung Aufschluß über das augenblickliche Befinden und das Temperament.

Feine, zarte und glatte Haut ist immer ein Zeichen für große Empfänglichkeit, bedingt durch seelische Einflüsse, große Empfindsamkeit, Zartgefühl und lange Jugendlichkeit, sowohl körperlich als auch im Temperament. Ist die Haut von Natur aus spröde und grob, so ist wenig Feinempfinden, wenn sie derb und stark ist, dann ist mehr oder weniger »Dickfelligkeit« vorhanden.

Die Farbe der gesunden Haut ist ein helles Rosa mit einem schwachen Ton ins Hellbraune. Starkes Rosa bedeutet sanguinisch und hoffnungsvoll, ein freudiges Wesen.

Rot: robust in Gesundheit und Gemüt; leidenschaftlich, heftig, eventuell brutal, wenn sehr dunkel. (Vollblütige Menschen sind immer kraftvoll und heftig.)

Gelbliche Färbung ist ein Zeichen von Gallen- oder Leberstörung. Solche Menschen sind melancholisch und auch schwermütig, neidisch, gereizter Stimmung. Die Seelenschwingung ist dann stark gehemmt, und wenn die Haut sehr starkes oder dunkleres Gelb zeigt (durch Gallenstörung), dann kommen gereiztes Wesen in verstärktem Maße, Heftigkeit und Zank (galliges Wesen) zum Ausdruck.

Bläuliche Färbung ist ein Mangel an guter Blutzirkulation.

Grünliches Weiß: Böses Temperament und Rachsucht. Diese Farbe findet man meist nur bei stark brünetten oder schwarzhaarigen Personen.

Natürliches Blaß besagt: Weiches, weibliches Wesen; geistiges und körperliches Phlegma.

Wenn die Innenhandflächen blaß oder weiß sind, so kommen Egoismus und unsympathisches Wesen in Betracht.

Ist der Handrücken behaart, so ist ein zu kraftvolles Temperament vorhanden und infolgedessen Unbeständigkeit in den Gefühlen. (Hierzu muß man auch die Innenhand und den Daumen beurteilen, um zu ersehen, wie weit Selbstzucht geübt werden kann.)

Wenig Haare auf männlichem Handrücken: Klug, vorsichtig, Liebe für Luxus.

Haare an allen Fingergliedern: Reizbares, cholerisches Temperament.

Haare an den dritten (unteren) Fingergliedern: Warmherzigkeit.

Haarige Frauenhand bedeutet allemal Grausamkeit; vergleiche Daumen.

Starke Behaarung ist immer ein Zeichen für andersrassigen Einschlag.

6. Die Fingernägel

Aus den Fingernägeln läßt sich in bezug auf Charakteristik wissenschaftlich weniger Ausführliches sagen. Hauptsächlich bieten die Nägel Krankheitsmerkmale. Folgendes dürfte aber als sichere Richtschnur dienen:

Kurze Nägel sind immer ein Zeichen dafür, daß die betreffenden Persönlichkeiten ein gereiztes, nörgelndes, kritisierendes, skeptisches und analysierendes, oft auch zänkisches Wesen haben. Sie sind schnell erregbar und rasch im Temperament, haben aber auch ein schnelles Begriffsvermögen. Diese Eigenschaften haben alle ihre physiologischen Ursachen, die leicht zu erkennen sind, wenn man alles das in Betracht zieht, was über Krankheitsdiagnosen aus den Nägeln gesagt ist. Kurze Nägel sind natürlich nicht kurzgeschnittene, sondern kurzgewachsene, das heißt solche Nägel, bei denen die angewachsene Fläche breiter als lang ist.

Lange Nägel sind länger als breit in der angewachsenen Fläche. Personen mit langen Nägeln sind immer umgänglicher, weniger kritisch, aber eindrucksfähiger, ruhiger in den Gedankengängen, reservierter und idealer eingestellt.

Harte Nägel sind ein Zeichen dafür, daß auch die Knochen sehr stabil sind, was zu einer guten Körperbeschaffenheit und zum Erfolg gehört. Materielle Denkart.

Weiche oder *dünne* Nägel besagen, daß die Knochen ebenfalls nicht stark sind und deswegen auch die Körperbeschaffenheit eine schwächere ist. Keine Kampfnaturen.

Klauenartig gebogene Nägel sind ein Zeichen von Habsucht und Geiz, Unduldsamkeit, Intoleranz.

Weiteres über die Charakteristisk der Fingernägel möchte ich hier nicht ausführen, um den Anfänger in dieser Wissenschaft nicht zu verwirren. Es ist durchaus nicht so leicht, den charakteristischen Teil von der Krankheitsdiagnostik zu trennen, denn eines ist vom andern abhängig, beides geht ineinander über. Durch Übung und Beobachtung kommt jeder zu dieser Erkenntnis und wird dann auch das Richtige finden.

7. Die Konsistenz der Hand

Um die Konsistenz (Gehalt, Festigkeit) der Hand zu erkennen, preßt man die Finger in die Innenfläche des Handtellers und fühlt mit dem Daumen auf den Handrücken. Man wird dann finden, ob die Hand weich, schwammig, fest, hart, zart, dünn, klamm oder spannungslos ist.

Die *weiche* Hand besagt Neigung zu künstlerischen Dingen, Eindrucksfähigkeit, Naschhaftigkeit, Sinnlichkeit und Abneigung gegen schwere Arbeit.

Ist die Hand *schwammig*, speziell wenn sie weiß ist und einen großen Venusberg hat, besagt dies: Faulheit, Liebe zu Genuß und Schwelgerei.

Bei einer *festen* Hand sind auch die Muskeln fest, aber die Haut ist weich. Dies zeigt Energie und Liebe zur Beweglichkeit, Intelligenz; eine Person, die Kinder- und Tierfreund ist. In Summa: Meist gutherzige Menschen, speziell wenn die Farbe der Haut rot (nicht dunkel) oder fleischfarbig ist und nicht weiß.

Die *harte* Hand mit gutem Venusberg und guter Herzlinie, mit langem, dritten Fingerglied des Saturn-(Mittel-)Fingers, zeigt große Vorliebe für Sport im Freien und Außenarbeit. Dieser Handeigner hat häufig philosophischen Sinn, ist gerade und offen in Rede und Wesen.

Ist die Hand *sehr hart* und sind die Finger sehr krumm nach der Innenseite gebogen (einwärts), so besagt dies Brutalität, Aberglaube, Geiz und Mangel an Intellekt.

Sind die Hände außen sehr zart und *linienreich*: Feinfühligkeit und Wohlwollen. Sind sie innen sehr linienreich, so muß auch hier die Konsistenz in Betracht gezogen werden.

In einer weichen Hand besagt dies: Eindrucksfähigkeit.

In einer harten Hand jedoch: Reizbarkeit, Streitlust. (Beachte Daumen und Nägel.)

Bei zusätzlich kurzen und zerbissenen Nägeln ist der Mensch launenhaft und hochnervös.

Wenn sich die Hände gut und weit öffnen, sich die Finger separieren: Herzlichkeit, Generosität und Natürlichkeit im Wesen.

Wenn sich die Finger nach innen biegen: Unnatürlichkeit im Wesen und Geiz.

Rückbiegen der Fingerspitzen: Große Feinfühligkeit und tiefes Empfinden, Neugierde (oder Wissensdrang).

8. Die allgemeine Beschaffenheit der Hand

Kleine Hände: Neigung für große Pläne und Ideen, für alle großen Dinge.

Kleine, breite Hände und knotige Finger: Routinierte, schlaue, polemisierende Menschen.

Mittelgroße Hände: Anpassung und Sinn für Kalkulation, Kombination und das Detail in den Dingen.

Große Hände: Vorliebe und Neigung für kleinste und feine Arbeit, Genauigkeit (Feinmechanik, Juwelierkunst, Uhrmacherhandwerk und ähnliches).

Grad der Härte: Grad der Charakterfestigkeit und physischen Widerstandskraft.

Krumme Hände und Finger (gedreht, entstellt von Natur aus): ebensolche Charaktere.

Dünn und hohl, lederne und flache Hände und Finger: Sehr beschränkter Intellekt, schwaches Denken, Mangel an Gemüts- und Charaktertiefe, Energie und moralischer Kraft.

Kurvenartig zurückgebogene Hände und Finger: Anpassend und angenehm, sympathisch und flexibel im Umgang mit anderen und in der Gesellschaft, doch meist neugierig und extravagant im Wesen.

Hohle Hände (Gruben): tiefe Höhlungen bedeuten ungünstige Verhältnisse (durch äußere Einflüsse, die nicht zu umgehen sind). Schwierigkeiten als Prüfung, »Unglück« wie Hindernisse, Misere, Verlust an materiellen Werten. Gefahr für Gelingen und Erfolglosigkeit sind im guten Sinne Bewußtseinsschulung. Beachte die Lage: Um Lebenslinie: Mißerfolge in häuslichen Angelegenheiten. Um Saturn-(Schicksals-)Linie und Marsfeld: Mißerfolge durch derzeitige Verhältnisse und Umstände, durch äußere stärkere oder astrale Einflüsse.

Durchsichtige (transparente) Hände und glatt im Ausdruck: Indiskretion, Klatscherei, oft auch Falschheit.

Die *»gute Hand«* ist fest, ohne hart zu sein, elastisch, ohne schwammig und weich zu sein.

Beachte:

a) Im Alter werden Hände härter und fester, so auch das Gemüt (Bild 19/334: 100jährige Greisenhand). Man wird ruhiger, ernster und philosophischer, mehr logisch, weniger romantisch.

b) Während Krankheit und langer Ruhe können Hände in diesem Zeitraum weicher werden. Solche Zeit macht Menschen weicher, eindrucksfähiger und nervöser, auch phantasievoller und Suggestionen zugänglicher.

Besitzer weicher Hände können zärtlicher, inniger und diplomatischer (das heißt auch heuchlerischer) sein als treu und fest in der Liebe. Harte Hände können fester und treu sein in der Liebe, aber weniger zärtlich in Ausdruck und Tat, da ihre Natur ernster, gerader, fester und aufrichtiger ist.

Echter Treue geht die Treue zu sich selbst voraus. Daher sollten die Motive für Treue und Untreue genau ergründet werden.

9. Der Daumen

(Bilder 20 bis 34, 38)

Die Individualität ist der göttliche Kern der inneren Persönlichkeit. Das Äußere ist der Ausdruck des Inneren. Art und Ausdruck des Inneren, des »Ich«, zeigen sich konzentriert im Daumen.

Der Daumen ist als Ausdruck und Darstellung der betreffenden Persönlichkeit zu betrachten, als Ausdruck des »Ich-Selbst«, alles andere der Hand als das Material der Begleitumstände der Verkörperung und somit des Schicksals. Das erste Nagelglied bezieht sich auf das Maß und die Kraft des Willens; das zweite Glied auf den Verstand oder die Vernunft, je nach Handtyp; das dritte Glied, welches zugleich den Venusberg darstellt, auf das Maß des Trieblebens im Menschen.

Wir ersehen daraus, daß das dritte Glied im Verhältnis zu den anderen beiden reichlich bemessen ist. Wir wissen aber auch, daß das Triebleben im Menschen eine recht große Rolle spielt und sehr oft, sogar zu oft, die festen Entschlüsse zum Wanken bringt. Beispiele hierfür anzuführen erübrigt sich, da solche von jedermann täglich beobachtet werden können, wenn ein wenig Sinn dafür vorhanden ist. Man beobachtet Menschen mit wenig oder schwachem Willen und mehr Vernunft und Trieb (Impuls) (Bild 25/336), solche mit nur Trieb (Impuls, Sinnlichkeit), andere wieder mit verstandesmäßig vorherrschender Vernunft, ohne genügenden Willen sich durchzusetzen, bei weiteren Personen besteht ein harmonischer Ausgleich zwischen Wille und Vernunft (Bild 20/334); endlich jene ohne Vernunft und Logik (Bilder 22 /335; 24/335), wo der Wille in brutaler Form in Erscheinung tritt. Diese Formationen ergeben in ihrer mannigfaltigen Verteilung die vielen Unterschiede der Persönlichkeit in ihrer Charakteranlage. Einzubeziehen ist das Beugegelenk zwischen dem ersten und zweiten Daumenglied mit mehr oder weniger ausgeprägten »Knoten der Unabhängigkeit« (Bild 25/336). Knoten im zweiten Daumengelenk: Sinn für Symmetrie, Musik, als auch Takt.

Der Daumenausdruck ist bei jeder Betrachtung und Beurteilung wesentlich und genau zu berücksichtigen, denn der Wille des Menschen vermag sehr viel; mehr noch, wenn er richtig entwickelt ist. Ein Mensch mit starkem und großem Willen kann alles anders gestalten und ausführen, also auch erfolgreicher sein als jemand mit schwachem oder unentwickeltem Willen. Ebenso können schlechte Eigenschaften zurücktreten, wenn der starke Wille mit der nötigen Zähigkeit zum »Nichtaufkommenlassen« vorhanden ist und er von guter Vernunft geleitet wird. Verliert jemand einen Daumen, wird er auch an Willenskraft verlieren; diese Tatsache ist von alters her bekannt.

Merkmale und zugehörige Eigenschaften des Daumens und der Daumenglieder:

Steif: Starrer, eigenwilliger Mensch. Der Grad der Steife läßt das Maß des Eigensinnes im guten wie im bösen Sinne erkennen. (Bild 39/340)

An Zeigefinger in leichter Drehung angelegt: Extreme Vorsicht, Argwohn, Reserviertheit; hiermit ist gleichzeitig eine Anlage für Feigheit gegeben. (Bild 102/421)

Auswärts gebogen: Anpassungsfähigkeit, je nach Grad, bis zur Laschheit oder Hörigkeit, das heißt bis zur Aufgabe der eigenen Wesensart, der Persönlichkeit; großzügig. (Bilder 7/331; 61/383)

Auswärts gebogene Daumenspitze: Etwas Anpassung, aber zähes Wollen (Bild 69/392) und eine Anlage, sich in Dinge hineinzudenken, falls der Daumen spitz ist. (Bild 21/334)

Kurz und dick: Schnelle Erregbarkeit, egoistisch und sinnlich. (Bild 69/392)

Breit, stark: Starker Eigensinn, Zähigkeit im Wollen, eventuell auch grausame Neigungen. (Bilder 30/338; 31/338)

Lang, stark: Selbstbewußtsein, zielbewußt und energisch. Stabiler Charakter. (Bild 68/391)

Sehr klein: Mangel an Willen und Selbstbeherrschung, unsicher und zaghaft. (Bilder 47 bis 50/354f; 107/423)

Keulendaumen, erstes Glied dick, breit keulig (ähnlich wie beim Frosch) oder auch gleichmäßig stark, aber sehr dick und breit (kleine Banane): Brutal, herrschsüchtig, sehr leicht erregbar, impulsiv, zänkisch, jähzornig, wütend bis zur Tobsucht (Bild 24/335). »Männer, die man nicht heiraten soll.« Bei Frauen kommt dieser Typ sehr selten vor; aber wenn, dann Vorsicht. (Bild 29/338 und Bild 71/394)

Zweites Daumenglied schmaler als das erste (wespentaillenartig): Eigensinn, eventuell selbst unter Außerachtlassung der besseren Einsicht. Auch Verstellungskunst (Diplomatie). (Bilder 34/339, 104/422)

Erstes und zweites Glied gleichlang: Harmonischer Ausgleich; zuverlässig, verträglich. (Bilder 20/334, 104/422)

Erstes Glied kurz, zweites lang: Überlegung und Vernunft, aber nicht die Kraft zur Ausführung (da das dritte Glied, die Venus-Triebe, stark entwickelt ist und den geringen Willen noch hemmt). Läßt sich leiten. Anlehnung. (Bilder 25/336, 102/421, 120/431)

Erstes Glied lang, zweites kurz: Rechthaberisch, unüberlegt, unvernünftig, zielstrebig. Will um jeden Preis Erfolg haben und gelten. (Bilder 26/336, 27/337)

Ein schmaler, fester und gerader Daumen hat die Eigenschaft, Temperament durch den Willen zügeln zu können. (Bild 100/420)

Ein *stark ausgebildetes erstes Daumengelenk* bedeutet Intelligenz und starke Unabhängigkeitsliebe sowie große Zähigkeit in der Ausführung von Plänen. Hartköpfig, unberechenbar, rechthaberisch. (Bilder 22/335, 26/336, 84/404)

Kleiner Daumen bei verschiedenen Handtypen

Auf Bild 38/339 sind die Längenmaße für den Daumen gezeigt. Die normale Länge reicht bis zur Hälfte des unteren Gliedes des Zeigefingers, wie der Pfeil andeutet. Es gibt kürzere und auch längere Daumen, je nachdem, welches Maß von Willen und Durchsetzungskraft veranlagt ist.

Elementarhand: Schwäche der ohnehin kleinen intellektuellen Kraft. Deshalb werden diese Naturen vorwiegend durch ihre tierischen Instinkte beherrscht. Daher wenig Selbstbeherrschung.

Spatelhand: Unzuverlässig. Diese Personen werden viel anfangen und nichts zu Ende führen.

Eckige Hand: Vorliebe für Ordnung, Formalitäten, Zeremonien und Genauigkeit, doch fehlt die Kraft zur Durchführung dieser Dinge.

Konische Hand: Verstärkte Impulsivität. Diese Personen sind sehr verliebt in ihre Arbeit und verlieren dadurch an praktischer Lebensbetätigung, Verstehen und Übersicht. (Ein großer Daumen würde hier mehr praktischen Sinn hineinbringen und extravagante Ideen abschwächen.)

Philosophische Hand: Abschwächung der Verstandeskräfte und Logik.

Eine Frau mit großem Daumen wird auch in der Liebe viel Verstand zeigen und vorsichtig sein; mit kleinem Daumen wird sie impulsiv und leichter erringbar sein. Ist der Daumen sehr biegsam, so wird auch sie selbst sich biegsam und anschmiegend zeigen, aber auch beeinflußbar sein. Ist der Daumen klein, das erste Daumenglied kurz und biegsam, so wird eine solche Frau jedem starken Ansturm erliegen und nicht die Kraft zum Widerstand aufbringen, weil sie diese nicht besitzt. (Aus dem Grunde wird von den Eltern grundverkehrt verfahren, wenn die »besiegte und gefallene«Tochter dazu noch getadelt wird.) Die Liebe einer Frau mit geradem, festem und langem Daumen wird, wenn sie sehr tief ist, zu einer großen Leidenschaft; diese Frau wird treu sein aus tiefer Liebe und Charakter.

10. Die vier Finger

Die Finger stehen in Beziehung zur Bewußtseinsentwicklung des Menschen. Die einzelnen Finger sind von alters her Planeten zugeordnet, deren uralte astrologische Bedeutung und Symbolik auch als charakteristisch für diese einzelnen Finger gilt. Das Schema dieser Zuordnung stellt sich so dar:

Zeigefinger – Jupiter – Streben – Ausweitung
Mittelfinger – Saturn – Konzentrieren – Zusammenziehung
Ringfinger – Apollo – Empfinden – Aufnahme
Kleiner Finger – Merkur – Denken – Durchdringung

Länge, Form und Konsistenz der Finger
(Bilder 35/339, 36/339, 37/339)

Bei der normalen Hand ist die Länge der Finger in der Regel wie folgt: Der längste ist der Mittelfinger, zweitlängster der Zeigefinger, drittlängster der Ringfinger, kürzester der Kleine Finger. Eine Änderung dieser Reihenfolge bedeutet auch eine entsprechende Veränderung der Dominanz der Finger und damit der Charakteristik des Handeigners. Im einzelnen gilt dazu folgendes:

Jupiter-(Zeige-)Finger ebenso lang wie Saturn-(Mittel-)Finger: Überwiegen des herrschenden Prinzips, Neigung zum Dominieren.

Apollo-(Ring-)Finger ebenso lang wie Saturnfinger: Überwiegen des Prinzips, alles zu materiellen Zwecken auszunutzen.

Apollofinger ebenso lang wie Jupiterfinger: Ideales und Materielles gleich stark.

Merkur-(Kleiner)Finger fast so lang wie Apollofinger: Große Beredsamkeit und Routine, Übersicht, große geistige Anpassung und schnelles Begreifen.

Knotige Finger allgemein: starke Logik und Sinn für Ordnung (Bild 117/429);
bei konischem ersten Glied: praktischer Sinn für Kunst;
bei eckigem ersten Glied: Neigung zur Genauigkeit bis zum Fanatismus; bei spatelförmigem ersten Glied: Berechnung, aktiv energisch (stets mehr oder weniger berechnend);

Glatte Finger allgemein: weniger Ordnung und wenig Gedankentiefe;
bei konischem ersten Glied: Idealität, Begeisterung, Sinn für Schönheit (Bild 37/339);
bei eckigem ersten Glied: schnelle Ausführung der Gedanken in Wort und Schrift (Bild 36/339);
bei spatelförmigem ersten Glied: Neigung für Nützliches und Praktisches aus materiellen Gründen; Sinnlichkeit. Stets mehr oder weniger lasch. (Bild 35/339)

Harte Finger: Ökonomisch und zähe Natur.

Weiche Finger: Impulsiv, wechselnde Stimmungen, empfindliche, sinnliche Natur. (Bilder 78/399, 114/428, 120/431)

Ballen an der Innenseite der Fingerspitzen: Feinfühligkeit des physischen Körpers und Empfindungsfähigkeit des seelischen, feinstofflichen Körpers. Diese Ballen nennt man auch die Augen der Blinden, weil Blinde mit diesen feinnervigsten Stellen der Finger die Blindenschrift fühlend lesen können und Unbekanntes abtastend zu erkennen versuchen. Sehr feinnervige Personen fühlen mit diesem zarten Ballen durch leichtes Abtasten Qualitäten von Stoffen, Papieren, die Figuren auf Spielkarten und ähnliches heraus und können solche ungesehen genau bestimmen. Diese feinen Ballen der Fingerspitzen sind nicht an bestimmte Handtypen gebunden. (Bilder 119/430 und 120/431)

Besondere Merkmale der einzelnen Finger hinsichtlich ihrer Form sind:

*Jupiter*finger

Spitz: Neigung zu Schönheiten in Natur, Kunst, Religion.

Zu lang: Übergroßer Stolz und Hochmut, Anmaßung, befehlende Art.

Eckig: Forschen nach Wahrheit in Natur und Dingen.

Spatelform (selten): Extreme Neigungen zu Mystik, Religion, Phantasie und unter Umständen Ausnutzen des erlangten Wissens zu materiellen Zwecken.

*Saturn*finger

Spitz (selten): Weniger melancholisch; frivol, oft hartherzig.

Breit und schwer: melancholisch, schwermütig, tiefsinnig.

Eckig: Melancholisch, praktisch, resigniert.

*Apollo*finger

Spitz oder konisch: Künstlerisch, mehr seelischer Art; notwendig für Sänger.

Eckig: Schaffende Kunst, auch Theorie (Unterricht).

Spatelform: Praktische, materielle Kunst, Bildhauer, Rednertalent, Schauspieler, Dramatiker, Kraft für Sensation.

*Merkur*finger:

Spitz: Neigung zu Mystik und Okkultismus.

Eckig: Forschen nach Ursache und Wirkung, Wissenschaft, Handel und Organisationsgabe.

Spatelform: Studien, die sich mit dem Veränderlichen befassen, besonders Handel, Gewerbe, Spekulation.

Ebenso lang wie Apollofinger: Kraft und Einfluß in Sprache und Unterhaltung, philosophischer Sinn, große Gaben.

Beachte: Weiteren Aufschluß über diese Neigungen und Anlagen gibt die Innenhand!

Normal ist, daß die drei Fingerglieder eines Fingers eine gleiche Länge aufweisen. Eine Abweichung von dieser Regel bringt eine veränderte Charakteristik dieses Fingers. Das bedeutet im einzelnen:

Jupiterfinger

Erstes Fingerglied am längsten an

Spatelhand: Neigung zu Rastlosigkeit, Vorliebe für Mystik;

eckiger Hand: Interesse an sozialen Dingen, soweit Formalitäten und Zeremonien in Betracht kommen;

konischer Hand: Nachdenklichkeit durch religiöse und spirituelle Einflüsse.

Zweites Fingerglied am längsten an

Spatelhand: Großer Ehrgeiz und zugleich die Kraft, ihn zu realisieren;

eckiger Hand: Ehrgeiz, aber nicht die nötige Verwirklichungskraft, weil Fortschritt gehindert wird durch übermäßige Ordnung, Genauigkeit, Kleinlichkeit;

konischer Hand: Ehrgeiz, jedoch macht er sich mehr geltend im Verlangen und Wünschen nach Verwirklichung der Ideale.

Drittes Fingerglied am längsten an

Spatelhand oder auch eckiger Hand: Ehrgeiz und Verlangen nach Herrschen über andere, Scheinehre, Hängen am Materiellen, Irdischen;

konischer oder idealer Hand: Möchte gern die durch Intuition empfangenen Ideen und Gedanken im täglichen Dasein verwirklichen. Neigung zu Bequemlichkeit und Genuß.

Saturnfinger

Erstes Fingerglied am längsten an

Spatelhand: Neigung zu Grübelei, Schwermut. Immer nur das Traurige und Schmerzvolle sehen wollen und damit die Umgebung vergiften. Neigung zu Lebensüberdruß, eventuell Selbstmord;

eckiger Hand: Das Denken ist mehr auf das Reale gerichtet, nüchtern, ernst und fest;

konischer oder idealer Hand (selten): Oberflächlichkeit, Schein und Frivolität.

Zweites Fingerglied am längsten an

Spatelhand: Nutzung der Talente und Fähigkeiten für mechanische Tätigkeit, Sport und Außenarbeit;

eckiger Hand: Spekulatives und abstraktes Sinnen in bezug auf Wissenschaft oder Mechanik.

konischer oder idealer Hand: Tieferes Fühlen und Empfinden mit etwas Leichtigkeit und Frivolität.

Drittes Fingerglied am längsten an Spatelhand: Ausnutzen der Talente und Fähigkeiten für egoistische Zwecke.

Apollofinger

Erstes Fingerglied am längsten an

Spatelhand: Vorliebe zur Realisierung, zur Wiedergabe in Kunst und dramatischer Darstellung;

eckiger Hand: Wahrheitsliebe im Ausdruck bei Kunst und Literatur. Gesunde Kritik;

konischer oder idealer Hand: Intuition und Fähigkeit, mit gutem Verständnis geschmackvolle Dinge auszuwählen.

Zweites Fingerglied am längsten an

Spatelhand: Schaffensfreude um des Erfolges willen;

eckiger Hand: Nachdenklichkeit in künstlerischen und literarischen Dingen;

konischer Hand: Weniger Intuition, mehr Nachsinnen und Empfinden.

Drittes Fingerglied am längsten an einer dieser Typen: Künstlerische oder literarische Betätigung wird nur wegen materieller Erfolge bezweckt.

Merkurfinger

Erstes Fingerglied am längsten an

Spatelhand: Tatkraft in Wissenschaft, erfinderisch und sehr praktisch, sowie kraftvolle Ausdrucksart in Sprache und Schrift;

eckiger Hand: Vorliebe für Studien und Forschungen wissenschaftlicher Art, mehr theoretisch;
konischer Hand: Das gleiche, mit Intuition und um der Sache selbst willen, mehr empfindend.
Zweites Fingerglied am längsten an
Spatelhand: Gute Ausführung geschäftlicher Angelegenheiten;
eckiger Hand: Ähnlich, nur weniger aktiv (wegen der Hemmungen zum Fortschritt durch Kleinlichkeit);
konischer Hand: Gutes Sprachtalent.
Zweites Fingerglied zu klein: Fordert nichts für sich, wagt für sich nichts zu nehmen in geschäftlicher Hinsicht.
Drittes Fingerglied am längsten bei einer dieser Typen: Neigung zu Schlauheit und Unwahrheit.
Zweites und drittes Glied gleich lang: Gleiches Maß von Können für Wissenschaft, Geschäft und Handel.
Drittes dickes Glied an *konischen* Händen: Bequemlichkeit vorhanden. Bei fleischigen, mehr noch bei weichen Händen geht die Bequemlichkeit in Faulheit, Genuß und Sinnlichkeit über. Solche Personen sind deshalb unzuverlässig und zu nichts gut verwendbar. Sie gehen von einem Vergnügen ins andere, um an den Lebensgenüssen möglichst ausgiebig teilzuhaben.

Die Fingerknoten

Die Gelenke der Finger bezeichnet man als »Fingerknoten«, wenn sie von Natur aus über eine gerade Seitenlinie der Finger hinausragen, also dort den Finger verdicken. Nicht gemeint sind rheumatische Verdickungen der Gelenke und Gichtknoten.

Die Knoten an den ersten Fingergliedern (Fingerspitze) sind die geistigen Knoten, die zwischen zweitem und drittem Glied die physischen. (Bilder 77/398, 83/403, 105/422.) Knoten sind Sammler, »Siebe« für die feingeistigen Ströme aus dem Kosmos. Das Sammeln und Sieben wird veranlaßt durch das Gehirndenken. Durch dieses allein werden diese Knoten entwickelt, daher auch die Bezeichnung »philosophische« Knoten. Bei dem knotigen oder philosophischen Handtyp finden wir sie sehr stark ausgeprägt. Sie sind ein Merkmal für Bedachtsamkeit, Ordnung in Gedanken. Die physischen Knoten konzentrieren das Denken auch in materieller Hinsicht (Materie, Sache) und bedeuten Sinn für Ordnung in materiellen Dingen. Nichtknotige Finger können durch geistige Arbeit sehr wohl zu knotigen entwickelt werden, nicht aber zum knotigen Handtyp. Nie werden knotige Finger zu glatten werden, denn die Natur arbeitet nie rückwärts.

Bei der philosophischen Hand sind die Knoten selbstverständlich von Natur aus vorhanden. Ohne sie wäre dies kein knotiger Typ. Hier geben die Knoten das angeborene Verlangen, allen Dingen durch Nachdenklichkeit und Intuition auf den Grund zu gehen (erstes Glied). Diese Erkenntnisse werden übertragen und verarbeitet für die intellektuelle und physische Sphäre (zweites und drittes Glied); daher die Bezeichnung »philosophisch«. (Bilder 16/333, 86/406, 87/407)

Entwickelte Knoten an verschiedenen Handtypen

Spatelhand: Unruhe in den Gedanken. Ein Schwanken zwischen Erkenntnis und ihrer Ausführung einerseits und Verwendung zur praktischen Seite des Lebens andererseits. Wenn Spatelhand weich: Liebe zur Bequemlichkeit. Die Weichheit nimmt viel von der Aktivität. Deshalb viele Pläne, aber weniger praktisch und wenig Energie zur Verwirklichung. (Bilder 12/332, 31/338, 117/429)

Eckige Hand: Zuverlässigkeit, Vorliebe und Verlangen nach Gerechtigkeit unter allen Umständen. Alles Für und Gegen wird mit großer Bedachtsamkeit erwogen. (Bilder 13/332, 33/339, 64/386)

Konische Hand: Nachdenklichkeit, wo sonst Impulsivität wäre, in Verbindung mit unpraktischer Phantasie. In bezug auf Religion und Liebe ein Kampf zwischen Glauben und Frage nach Begründungen. (Bilder 14/332, 18/333, 101/420, 109/424)

Ideale Hand: Exzentrisch und gleichzeitig gehemmt, jedoch

durch Empfindung und Intuition sowie Inspiration richtig geleitet, kehren solche Menschen stets zu tiefen Empfindungen zurück. (angedeutet: Bilder 15/333, 72/395, 100/420)

Ein erster Knoten (geistig) sowie ein zweiter Knoten (materiell) zusammen an einem Finger entwickelt und an einer idealen Hand verändern die Inspiration und Intuition zu einer Mischung mit intellektuellem Denken. Das gibt wohl Begabung für Erfindungen und gute Pläne, jedoch fehlt die Kraft zur praktischen Ausführung. Weil dieser Handeigner nicht zum praktischen Typ zählt, ist er auch nicht für die praktische Arbeit prädestiniert.

11. Die sieben Handberge

(Bild 39/340)

In der Hand findet man unter jedem Finger und am Handrand entlang hervortretende und meist klar umzeichnete Erhöhungen, die »Handberge« genannt werden. Auf Bild 4/329 habe ich diese punktiert und in Bild 39/340 die astrologischen Zeichen derjenigen Planeten, die ihnen entsprechen, eingezeichnet.

Unter dem (Zeige-)Jupiterfinger findet sich der Jupiterberg; unter dem (Mittel-)Saturnfinger der Saturnberg; unter dem (Ring-)Sonnen- oder Apollofinger der Apolloberg; unter dem (Kleinen Finger) Merkurfinger der Merkurberg; darunter, am Handrand entlang, zwischen Herz- und Kopflinie, der Marsberg; darunter, bis zur Handwurzel, der Mondberg; auf der anderen Seite der Handballen ist der Venusberg.

Ihre verschiedenen Eigenschaften und Einflüsse sind in den entsprechenden, die einzelnen Berge behandelnden Abschnitten angegeben. Es sei auch auf Bild 40/341 hingewiesen, wo die einzelnen Eigenschaften zur leichteren und schnelleren Übersicht symbolisch eingezeichnet sind.

Manche Berge sind entwickelt, manchmal sogar extrem. In anderen Fällen wieder sind sie flach oder eingesunken; öfter findet man sie verschoben, so daß ein Berg von den Eigenschaften des andern annimmt und beide verschmelzen. Ist ein Berg groß, so sind auch die betreffenden Eigenschaften in verstärktem Maße vertreten; ist er eingesunken, so verliert er nicht nur seine guten Eigenschaften, sondern verschlechtert noch die verbliebenen minderwertigen. Man nehme als Beispiel zur besseren Erklärung ein weites Feld, auf dem Berge von verschiedenen Größen sind. Das Bild sagt uns auf den ersten Blick, daß der größte und an Masse wuchtigste Berg die größte Kraft und Macht in sich birgt, während der kleine Berg dagegen schwächlich wirkt und es auch ist. So auch in der Hand. Andererseits sind die Berge Akkumulatoren, Sammler von astralen Energieströmen, welche den Strom an die Linien abgeben, und jede Linie, die einen Berg berührt, wird auch von ihm beeinflußt.

Man kann weder Berge noch Linien in eine Hand hineinarbeiten oder durch Arbeit entwickeln, sondern nur Schwielen bekommen. Diese haben aber mit Bergen nichts gemeinsam und werden bei der Deutung auch nicht als Berge betrachtet.

Die Eigenschaften desjenigen Berges, welcher am meisten entwickelt ist, sind auch im Handeigner dominant und beeinflussend. Bei Spatelfingern wird stets die Neigung zu den materiellen Auswirkungen der Qualitäten bestehen. Bei eckigen Fingern werden die kräftigen Einwirkungen der Berge mehr durch Verstandestätigkeiten verarbeitet. Bei konischen und idealen Fingern wird die Charakteristik mehr dem Intuitiven und Phantasievollen zuneigen.

Gefestigter ist eine Charakteristik bei dem Betreffenden, wenn die Bergeshöhe unten liegt (nach der Handfläche zu). Mehr im Werden begriffen ist die Festigkeit, wenn die Bergeshöhe dicht unter den Fingern liegt, daher ist der Handeigner auch mehr beeinflußbar. Wenn alle Berge gleich gut entwickelt sind, ergibt das Harmonie in der Kombination der Charakteristik. Hier sind wieder weniger Reibungsflächen für den Charakter vorhanden. Daher wirkt selbst alles Negative ruhevoller, gleichmäßiger und zeugt von Gleichmut.

Die Bereiche der Berge auf Bild 39/340 habe ich klar begrenzt und durch scharf markierte Felder angezeigt. Man präge sich diese Grenzen genau ein. Wenn auch die meisten Hände »verschobene Berge« aufweisen, das heißt Berge, deren Wölbung oder Plastik sich nach links oder rechts hinüberneigt, so bleiben doch die genauen Grenzen für den Stand oder die Bestimmung eines sich darauf befindlichen Zeichens oder einer Linie maßgebend. Anders gesagt: Die Wölbung oder Plastik eines Berges kann sich verschieben, die Grenze jedoch nie. In diesem Bild 39/340 habe ich auch nochmals die Benennung der Fingerglieder mit I., II., III. angegeben, wie dies im Text oft vorkommt.

Bei den »verschobenen Bergen« gilt das Gesetz »Das Starke zieht das Schwächere an«.

Eigenschaften der Handberge beziehungsweise der entsprechenden Planeten und ihre Organbeziehungen

Venusberg (Liebe, Triebe)
Liebe, Sinnlichkeit, Leidenschaft, Geschlechtsleben und was damit zusammenhängt, auch Verirrungen im Geschlechtsleben, Perversität; Gefühl, Harmonie, Frohsinn; Sinn für Rhythmus, Ton und Farbe. Häusliche Angelegenheiten. (Leidenschaftliches Temperament.) Alles, was sich in der Hand zeigt, wiederholt sich auf dem Venusberg in irgendeinem Ausdruck oder Zeichen, weil fast alles seinen Grund in den Sexualmysterien hat.

Positive Eigenschaften: Lebenskraft, Sinnlichkeit, Lebensgenuß, Herzensgüte, Zärtlichkeit, Mitgefühl, Heimliebe, Aufopferung, Milde, Leidenschaftlichkeit, Harmlosigkeit, Sinn für Kunst, sexuelle Eigenart, Rhythmus, Lebensbejahung.

Negative Eigenschaften: Ausschweifung, Blasiertheit, Verschwendung, Hartherzigkeit, Kaltherzigkeit, Herbheit, Bohéme, Berechnung, Gefühlsroheit, Gefühlskälte, Egoismus, Interesselosigkeit, Perversität, Laschheit, Koketterie.

Organbeziehung: Genitalsystem (Sexualleben, Degeneration).

Jupiterberg (Erkennen, Führung, Macht)
Geist, Streben, Ehrgeiz, Protektion, Ehren, Stolz, Erfolg (im weltlichen Sinn). Sanguinisches Temperament.

Positive Eigenschaften: Streben, Religion, Gerechtigkeitsliebe, Güte, Gleichmut, Lebensfreude, Genußliebe, Kameradschaft, Freundschaft, Protektion, Naturliebe.

Negative Eigenschaften: Gleichgültigkeit, Scheinheiligkeit, Anmaßung, Herrschsucht, Niedertracht, Heftigkeit, Jähzorn, Geltungsdrang, Schwelgerei, Prahlerei, Phantasterei, Diktatur, Ehrgeiz.

Organbeziehung: Kopf, Lunge, Blase, Blut, Haarausfall.

Saturnberg (Konzentration, Verdichtung, Erde)
Gutes oder böses Schicksal (das erzieherische Prinzip), tiefe

Gedanken, Grübelei, Schwermut, Religion, Mystik; Gefahren, Unfälle, Körperverletzung. Melancholisches Temperament.

Positive Eigenschaften: Festigkeit, Nachdenklichkeit, Konzentration, Selbstzucht, Gewissenhaftigkeit, Erkenntnis, Beobachtung, Vorsicht, Zurückgezogenheit, Besinnlichkeit, Zähigkeit, Ausdauer, Konservatismus, materielle Interessen, materielle Erfolge.

Negative Eigenschaften: Ängstlichkeit, Mißtrauen, Argwohn, Berechnung, Hinterlist, Selbstsucht, Haß, Rachsucht, Einsamkeit, Grübelei, Depression, Habsucht, Geiz, Frivolität, Mißerfolg, Mißgeschick, Unfälle (als schicksalhafte Erziehung), Leid.

Organbeziehung: Knochen, Zähne, Krampf, Verkrüppelungen, Lähmung, Irrsinn, chronische Leiden, Epilepsie, Krebs.

Apolloberg (Erleben, Sonne)
Seele, Schönheit, Feingefühl. Schönheitssinn, inneres geistiges Erleben, Toleranz, künstlerisches Fühlen, Sinn für Veredelung und Gerechtigkeit; Ehren, Wohlstand; materielle Gewinne. Sonniges Temperament.

Positive Eigenschaften: Ethik, Ästhetik, Ideale, Toleranz, Aufrichtigkeit, Hoffnung, Begeisterung, Freiheitsliebe, Großzügigkeit, inneres Erleben, Weistum, Natürlichkeit, Selbstbewußtsein, Erfolg (Ruhm).

Negative Eigenschaften: Verkommenheit, Ideale aus Berechnung, Intoleranz (rechthaberisch), Überschwenglichkeit, Komplimente, Enttäuschungen (= Selbsttäuschung), Fanatismus, Philister (»gut bürgerlich«), Verschwendung, Hohlheit, Torheit, Narrheit, Etikettesucht, Überheblichkeit, Gewinnsucht.

Organbeziehung: Augen, Herz, Sonnengeflecht, Nieren, Beine.

Merkurberg (verstandesmäßiges Denken, Luft)
Intellekt, Schlauheit, Falschheit, Routine, Handel, Gewerbe; Okkultismus, Wissenschaft, Erwerbstrieb. Nervöses Temperament.

Positive Eigenschaften: Wissenschaft, Handel, Erwerb, Spekulation, Klugheit, Umsicht, Intelligenz, Urteilsfähigkeit, Erfindung, Beredsamkeit, Einsicht.

Negative Eigenschaften: Ausbeutung, Wucher, Dieberei, Betrug, Verschlagenheit, Routine, Schlauheit, Kritizismus, Nachahmung, selbstsüchtige Suggestion, Verstellung, Diplomatie, Falschheit.

Organbeziehung: Nerven, Schultern, Arme, Sexualorgane, Hände.

Marsberg (Impuls, Antrieb, Feuer, Hitze)
Mut, Jähzorn, Selbstkontrolle, Geistesgegenwart; Durchführungskraft. Galliges, cholerisches Temperament.

Positive Eigenschaften: Mut, Tatendrang, Disziplin, Kampfsinn, Aufbau, Zielsicherheit, Aufopferungsfähigkeit als Idealist (Kämpfer).

Negative Eigenschaften: Feigheit, unbeherrschte Leidenschaft, Laschheit, Jähzorn, Tobsucht, Zerstörung, Grausamkeit, Herrschsucht, Sadismus.

Organbeziehung: Magen, Infektionen.

Mondberg (Empfinden, Wasser, Säfte)
Gefühl, Stimmungen, Laune, Phantasie, Sensitivität, Intuition, Medialität, Mystik, Musik; Veränderungen, Reisen, Abenteuer, Extravaganzen sowohl äußerlich als auch im Gefühlsleben (Perversität). Phlegmatisches, lymphatisches Temperament.

Positive Eigenschaften: Gemüt, Phantasie, Gemütsruhe, Träumerei, Versonnenheit, Medialität, Romantik, Reiselust, Okkultismus (Metaphysik), Ideale.

Negative Eigenschaften: Schwärmerei, Lügenhaftigkeit, Unruhe, Faulheit, Verstiegenheit, krankhafte Zustände (Besessenheit, Wahn), Hysterie, Mondsucht, Abenteuerlust, Mystizismus, Irrtum, Täuschungen.

Organbeziehung: Säfte, Milz, Fall, Gemütsleiden, Einbildung, Wahn, Rheuma.

Plastik der Handberge

Der Grad der Plastik der Handberge wird als eingefallen, normal oder übergroß bezeichnet. Eingefallen heißt, wenn die Fläche an der Stelle flach oder vertieft ist; normal, wenn eine fleischige Erhöhung vorhanden ist; übergroß, wenn diese fleischige Stelle im Vergleich mit anderen Bergen zu stark hervorragt. Bei Vergleich mehrerer Hände wird man diese drei Unterschiede sehr bald erkennen. Natürlich muß man immer eine Harmonie der Plastik der ganzen Hand beachten.

Weitere Ausführungen über die Beschaffenheit und den Entwicklungsgrad der sieben Handberge im einzelnen zusammen mit den dort auftretenden Linien und Zeichen sind im Kapitel »Handlinienlehre« (siehe Seite 165) nachzuschlagen.

Kombinierte Handberge

In der Einführung wies ich bereits darauf hin, daß der stärkste Berg die ausdrucksvollste und dominierende Charaktereigenschaft erkennen läßt. Es kommt oft vor, daß mehrere Berge groß und entwickelt sind. In solchen Fällen verbinden sich die Eigenschaften der größeren Berge miteinander, um eine ganz besonders individuelle Mischung zum Ausdruck zu bringen.

Innenhand flach, nur *Venusberg*, der meist stärker entwickelt ist, weil das Triebleben in unserem Evolutionsstadium noch immer eine Hauptrolle spielt, stark ausgeprägt, so tritt das Trieb- und Sinnengenußleben am stärksten hervor. Das Motiv in diesem Fall ist, sich materielle und sinnliche Genüsse zu verschaffen. Der Mittelpunkt im Liebesleben ist hier die Erotik.

Gleich hier sei eingeschaltet, daß »Sinnlichkeit« durchaus keine böse oder zu verdammende Eigenschaft ist. Es kommt immer darauf an, *wie* sie gelebt und gewertet wird. Es gibt keine große Warmherzigkeit, keinen Familiensinn, keine Heimliebe ohne Sinnlichkeit. Es gibt keine Kunst, kein künstlerisches Empfinden und Schaffen ohne Sinnlichkeit, Erotik. Ist eine Frau nicht sinnlich, hat sie an Weiblichkeit verloren, weil Sinnlichkeit ein großer und bedeutender Teil der Natur und des Wesens der Frau ist.

Venus- und *Mondberg* stark entwickelt, ergibt starke Sinnlichkeit mit viel Phantasie, Abenteuerlust und Unzuverlässigkeit in bezug auf Treue. Stimmungen und Befürchtungen mit den Gedanken »Was sein könnte, wenn ...«, dazu die Phantasie mit Schmieden von Plänen, die meist unerreichbar sind, ergeben ein Schwanken und deshalb Unzuverlässigkeit im Charakter. Andererseits lassen sich Rhythmus und Phantasie, wenn gut geschult, in der Ausübung der Tanzkunst verwerten, wenn die Finger nicht zu kurz sind.

Venus- und *Marsberg* sehr stark entwickelt, dazu ein dicker Daumen, ergeben ein Wesen, das brutal in der Liebe ist, mit Neigung zu Sadismus. Ist der Daumen fest, schlank, harmonisch, so ist der Betreffende heftig in der Liebe, aber auch fest und treu, verläßlich. Auf jeden Fall wird sich dieser Daumen eigner beim Umwerben nicht leicht abweisen lassen, sondern mit Mut und Zähigkeit sein Ziel zu erreichen suchen.

Venus- und *Merkurberg* entwickelt, läßt erkennen, daß der Betreffende in allen Liebessachen die Berechnung und das verstandesmäßige Denken nicht vergißt. Alles wird vom Nützlichkeitsstandpunkt aus betrachtet, auch wenn es sich nicht gleich um eine Ehe handelt. Die Herzensgüte wird deshalb betätigt, weil sie »etwas einbringen« soll; sie ist also in dem Falle keine echte Herzensgüte. Der Handeigner ist Idealist aus Berechnung, denn er betrachtet alles aus kaufmännischer Sicht. Er wird zum Beispiel den Wert eines schönen Bildes erkennen und auch verstehen, aber er wird es verkaufen. Man findet diesen Typ unter den Heiratsvermittlern.

Venus- und *Apolloberg* entwickelt, gibt Aufrichtigkeit und natürliches Wesen, wahres künstlerisches Gefühl und Erleben, Schauen und Schaffen. In der Liebe wird alles veredelt und vom ästhetischen Standpunkt aus betrachtet. Es sind Menschen mit idealer Richtung und Tiefe in der Liebe. Wieweit das Ideale entwickelt werden kann, ist aus anderen Merkmalen, den Fingern, Linien und Zeichen erkennbar.

Venus- und *Saturnberg* entwickelt, ergibt ein Liebesleben aus einer Mischung von Egoismus, starker Sinnlichkeit, Eifersucht und Melancholie mit mehr oder weniger Berechnung. Es kommt auch hier auf den Typ der Hand und die Entwicklung der anderen Eigenschaften an, also darauf, ob das Erleben und die Auswirkung auf höherer oder niederer Bewußtseinsebene erfolgt.

Venus- und *Jupiterberg* entwickelt, ergibt die Liebe, die aus Freundschaft und wahrer Kameradschaft besteht, Eigenschaften, die eine glückliche, zufriedene Ehe, Harmonie und Freude gewährleisten. Es sind Menschen mit aufrichtiger und anständiger Gesinnung.

Saturn- und *Mondberg* entwickelt, ergibt in primitiver Hand Träumerei, Schwermut, Aberglauben; in einer guten eckigen oder knotigen Hand einen guten Pastor oder Okkultisten. Tritt dazu der Jupiterberg stark hervor und ist der Venusberg klein, zeigt sich eine natürliche Anlage zum Mönch. Hinsichtlich der Berge ist es ein Beispiel dafür, daß drei oder auch mehrere Berge gleichzeitig betrachtet werden müssen.

Saturn-, Merkur- und *Marsberg* entwickelt, ergibt in einer schlechten Hand die negativen Eigenschaften kombiniert. Saturn: Egoismus, Habsucht, Geiz; Merkur: Erwerbstrieb, Routine (Verschlagenheit, Falschheit) und Gewandtheit; Mars: Mut, Kraft, Zorn; zusammengenommen Eigenschaften, wie sie Räuber und Einbrecher haben (niederer Typ). Der »bessere« und etwas weiter entwickelte Typ wäre der Schieber und Hochstapler. Die positiven Eigenschaften bewußt veredelt – Wissen, Erkenntnis, bewußte Hilfsbereitschaft, geschultes, verstandesmäßiges und intuitives

Denken, dazu Mut, Kraft und Selbstbeherrschung – ergeben in der Kombination den besten Typ eines Geistlichen und Wissenschaftlers.

Man muß immer die *ganze* Handqualität in Betracht ziehen, dann findet man auch das Richtige. Nicht gefühlsmäßig, sondern nur mit vorhandenen Tatsachen arbeiten, dann ist Irrtum ausgeschlossen.

In den Händen des Lustmörders (Bild 71/394) sind folgende Berge sehr stark ausgeprägt: Venus-, Mond-, Mars-, Merkur- und Saturnberg. Der Typ dieser Hände ist gemischt aus primitiver, spatelförmiger und eckiger Form. Der Daumen ist groß, dick, bananenartig, die Kopflinie gut, gerade und sehr lang, dazu gegabelt, wie die Kopflinienform, welche auf Irrsinn deutet. Die Kombination ergibt entscheidend folgendes Bild: gute Intelligenz und Gedankenkraft mit Routine, Schlauheit und Verschlagenheit, große Vorsicht. Irrsinnsanlagen ererbt von der mütterlichen Linie. Sehr stark entwickelte Phantasie und perverse Anlagen, großer Erwerbstrieb und Habsucht mit Geiz sowie Berechnung und Kaltblütigkeit, Geschicklichkeit und Genauigkeit; Ordnungssinn. Starke physische Widerstandskraft. Heftigkeit und Brutalität mit Anlagen zur Tobsucht. Was ist von einem ungereiften, alten Menschen mit diesen stark entwickelten Eigenschaften und ererbten Anlagen anderes zu erwarten?

Verschobene Handberge

Es ist selten, daß die Berge *alle* genau unter den Fingern liegen. Die Verschiebung eines Berges oder mehrerer Berge ist häufig. Dem entsprechend ist auch die Charakteristik. Man muß sich nur vor dem Fehler hüten, ein Zeichen zu der Bergerhöhung zu rechnen, anstatt zu dem Platz des Berges, auf dem es steht. Erneut sei darauf hingewiesen, daß die Grenzen der Berge genau zwischen den Fingern liegen; sie sind durch die senkrechten Linien auf Bild 39/340 angezeigt.

Wenn der *Jupiterberg* in den *Saturnberg* hineinreicht – er als das stärkere Prinzip das schwächere an sich zieht –, ist abzuleiten, daß in diesem Fall die Strebsamkeit (Jupiterberg) auf das häusliche Leben, auf die Nachdenklichkeit und das Sinnenhafte (Saturn) übergeleitet und von der Charakteristik des Saturnbergs mit aufgenommen wird.

Wird jedoch der *Saturnberg* in den *Jupiterberg* hinübergeschoben, werden die Saturneigenschaften auf das Jupiterprinzip übertragen. Die Strebsamkeit wird also stark mit Bedachtsamkeit, vielleicht auch stark mit Melancholie durchsetzt sein.

Verbindet sich der *Saturnberg* mit dem *Apolloberg*, finden sich Selbstbeherrschung, Beständigkeit, Triebbeherrschung und Treue, Konzentration auf das Wesentliche.

Der *Apolloberg* bildet häufig mit dem *Merkurberg* ein Ganzes. Wenn der Apolloberg den Merkurberg aufgenommen hat – man erkennt das daran, daß der Merkurberg flacher erscheint und eine sanfte Erhöhung gegen den Apolloberg anzeigt –, so werden die Empfindungen, das innere Erleben stark durch das verstandesmäßige Denken beeinflußt.

Umgekehrt, wenn der Apolloberg von dem Merkurberg angezogen und mit ihm vereint ist, wird das verstandesmäßige Denken, das Nützlichkeitsprinzip – wenn verdorben, auch die Unehrlichkeit – durch das Einfühlen und Empfindungsleben gesteigert bis zur Raffinesse. So nennt man die Eigenschaft, die verstandesmäßiges Denken, Instinkt und Schlauheit kombiniert. Für einen schaffenden Wissenschaftler und Künstler ist ersteres (Merkurberg vom Apolloberg angezogen) günstiger; für einen Kaufmann ist es umgekehrt (Apolloberg vom Merkurberg angezogen).

Zwischen dem *Merkur-* und *Marsberg* beginnt die Herzlinie. Hier wird von der Natur eine Stromgrenze gezogen, die das weitere Verschmelzen der Berge nicht zuläßt. Jedoch kann diese Grenze vom Merkurberg leicht angehoben sein. In diesem Fall kombinieren sich die Kräfte von Merkur und Mars. Dies ist günstig für Strategie, für Fechtkunst, für politische Kampfnaturen und Journalisten, die sich schriftstellerisch betätigen.

Marsberg und *Mondberg* werden immer etwas ineinander

verlaufen. Die Grenze findet man durch Abschätzung: Man teilt die Fläche zwischen der Wurzel des Merkurfingers und dem Handgelenk in vier Teile. Der erste Teil liegt zwischen Merkurfinger und Herzlinie: der Merkurberg. Der zweite Teil ist zwischen Herz- und Kopflinie: der Marsberg. Der dritte Teil bildet den oberen und der vierte Teil den unteren Mondberg.

Wenn sich die Kopflinie ganz leicht nach abwärts neigt, also nicht genau gerade verläuft, zeigt sie die Grenze zwischen Mars- und Mondberg. Verbindungen zwischen Mars- und Mondberg geben eine kraftvolle Phantasie, auch etwas gesteigerte Gestaltungskraft. Sie wird aber immer vom Verlauf der Kopflinie in den Mondberg angezeigt, das heißt eine Kombination von Phantasie und verstandesmäßigem Denken sein.

Der *Venusberg* steht und strahlt für sich – scheinbar. Der obere Venusberg ist der kleine, positive Marsberg, der oft vom Venusberg durch eine tiefe Furche (nicht Linie) getrennt ist. In anderen Fällen sehen wir aber auch beide verbunden. Venus und Mars sind zwei Faktoren der Sexualliebe und -triebe. Venus ist das weibliche, Mars das männliche Prinzip.

Auf diese bisher beschriebenen Lehren baut sich die Chirognomie oder Handformenkunde auf, woraus die Hauptcharakteristik eines Menschen zu erkennen ist. Besondere Zeichen auf einzelnen Bergen, besonders Planetenzeichen, können verstärken oder abschwächen. Um die Art eines Menschen zu erkennen, genügen die Handform und die Berge, die ja auch zur Form gehören. Die Linien und Zeichen geben den weiteren Aufschluß über Neigungen, Lebensrichtung, Denkart und Ereignisse. Da aber alles ineinandergreift, läßt sich eine ganz genaue Differenzierung nicht vornehmen. Die Bedeutung eines Berges kann sich einschneidend verändern, wenn ein oder mehrere Zeichen auf ihm vorhanden sind.

Die Handformenkunde kann von der Handlinienlehre nicht getrennt werden, wenn gute und treffsichere Aussagen erzielt werden sollen.

Anschließend erfolgt eine Anleitung für die Kombination der Handberge mit den Fingern, die unbedingt in der Praxis zu berücksichtigen ist.

12. Kombinationen von Fingerformen und Handbergen

Jupiterberg

Fingerformen	Normale Berge	Große Berge	Eingefallene Berge
spitz	religiöse Ideale	Aberglauben	Mangel an Verehrung
konisch	feiner Stolz	Schein, eitel, extravagant	Respektlosigkeit
eckig	alltäglicher Stolz	dummstolz, selbstherrlich, rechthaberisch	Mangel an Selbstachtung
spatelförmig	große Unternehmungslust	Übertreibung	Niedrigkeit, Gemeinheit

Saturnberg

Fingerformen	Normale Berge	Große Berge	Eingefallene Berge
spitz	poetisch, melancholisch	Schwermut und Lebensüberdruß	Mangel an Sinn für Übersinnliches, keine besonderen Ereignisse, Unschlüssigkeit
konisch	sorgenvoll grübelnd, empfindsam	Kunst-Pessimist, melancholisch, unschlüssig	Künstler rein materieller Art
eckig	gedankenvoll einsamkeitsliebend, ernsthaft, genau	Menschenhaß, kleinlich, geht eigenen Weg	absolute Gleichgültigkeit, ödes Leben
spatelförmig	Sinn für alle solide Arbeit, bedachtsam	tätlicher Haß gegen andere	liebt harte Arbeit und keine Geselligkeit

Apolloberg

Fingerformen	Normale Berge	Große Berge	Eingefallene Berge
spitz	Schwärmer und ausgesuchter Träumer, liebt Eleganz	Genius, grenzt an Wahn, unzuverlässig	keinen Sinn für Kunst, wenig Ethik
konisch	idealer Künstler, Schriftsteller usw.; liebenswürdig, heiter	überschätzt sein Talent, Ruhmsucht	klug, aber wenig talentiert
eckig	feiner Künstler, aber praktisch; Güte	Verliebtheit zerstört vorhandene Talente	materielles Denken, keinen Sinn für geistige Freuden
spatelförmig	liebt Aufregung und Geräusche als Anregung	Prahler ohne Talent, dauernd auf der Suche, übertriebener Schein	Feind aller Kunst und Herzkultur

Merkurberg

Fingerformen	Normale Berge	Große Berge	Eingefallene Berge
spitz	intuitives Erfassen von Wissenschaften	Träumer für neue Religion, aber schlau, veränderlich	gute Gedanken für üble Zwecke mißbrauchend, unehrlich
konisch	göttliche Beredsamkeit, Witz, liebt Diskussion, Abwechslung	Erfinder für praktische Dinge, Habsucht	Beredsamkeit, gestört durch körperliche Fehler, unbegabt
eckig	großer Erfinder, liebt Ausnutzung	gefährlicher Planmacher, Falschheit, Intrigen	weder Talent für Handel noch für Wissenschaft, Mangel an Intellekt
spatelförmig	großer Entdecker, Tatendrang, Anpassung	Abenteurer, der über Leichen gehen würde, List, Schlauheit, Anpassung	aktiv in minderwertigen, evtl. niederen Dingen, Betrug

Marsberg

Fingerformen	Normale Berge	Große Berge	Eingefallene Berge
spitz	Mut zum Märtyrer, passive Resistenz	Heftigkeit eines religiösen Verfolgers	Feigling in seiner Religion
konisch	Mut zum Patrioten, mehr passiv	Heftigkeit einer verletzten Eitelkeit	Feigling in der Öffentlichkeit
eckig	Bestimmtheit, Energie, Mut eines Kriegers, angriffslustig	Grobheit, Tyrannei, Heftigkeit eines enttäuschten Planmachers	Feigling im Alltäglichen
spatelförmig	Mut eines Entdekkers oder Spions, resolut, Führer, Geistesgegenwart	Heftigkeit eines Wüterichs oder Mörders, unbeherrscht quälerische Natur, Härte	Feigling im Krieg, ungeeignet zum Führen

Mondberg

Fingerformen	Normale Berge	Große Berge	Eingefallene Berge
spitz	Vorliebe für Mystik, Mitleid, gutes Vorstellungsvermögen	launenhaft, Gereiztheit Unsinnigkeit	Mangel an Einbildung und Poesie
konisch	begabter Künstler, sentimental, Träumer	närrischer Stolz, Eitelkeit, fanatisch	Imitation in Kunst, Schauspieler
eckig	gesunder Sinn für Poesie usw., Phantasie	Mangel an Durchschnittsverstand	nutzlose Existenz, sehr prosaische Natur
spatelförmig	Naturliebe, Intuition, romantische Natur	unberechenbares Denken (Anfälle), Vorliebe für Gram und Schmerz	Mangel an Übersicht und Höherstreben, innere Hemmungen

Venusberg

Fingerformen	Normale Berge	Große Berge	Eingefallene Berge
spitz	ideale Liebe, liebt Vergnügen	verdorbene Phantasie, unbeständig, verdorbener Geschmack	ohne Sinn für Liebe, Gefühlskälte, geschmacklos
konisch	materielle Liebe mit poesievollem Charakter, verträglich	wechselhaft, Genießer und Schwelger	Künstler mit seiner Kunst verheiratet, geizig
eckig	aufrichtige Familienliebe, Geselligkeit	Sinnlichkeit Langlebigkeit	gleichgültig geg. das andere Geschlecht, wenig Lebenskraft
spatelförmig	wünscht in seiner Ehehälfte einen geschäftstüchtigen Kameraden	Neigung zu Flirt bei jeder Gelegenheit	findet im anderen Geschlecht nur Hemmungen im Fortschritt, Egoist

Kleiner Marsberg (oberer Venusberg)

Fingerformen	Normale Berge	Große Berge	Eingefallene Berge
spitz	Entsagung	ungesunde Selbstquälerei	sensitive Seele, ängstlich
konisch	Standhaftigkeit	Hartherzigkeit	leicht beleidigt, feige
eckig	Geduld, resolut, unternehmungslustig	passive Quälerei (seelisch quälen)	sehr empfindlich gegen körperl. und seelischen Schmerz
spatelförmig	Schmerzen nicht berücksichtigend	aktive Quälerei, grob	Feigling, prahlt in der Ferne

13. Die geistige Einteilung der Innenhand

(Bild 41/342)

(Nach ur-arischer, kabbalistischer Herkunft)

Das Äußere ist der Ausdruck des Inneren. Alles hat seinen geistigen Hintergrund und seine Ursache, zum Beispiel physische Krankheitsanlagen – durch gestörte seelische Einflüsse bewirkt – auf der geistigen Ursache der Nichterkenntnis. Dem entsprechend muß hinter den geistigen Ursachen ein inneres Energiefeld vorhanden sein, das geistige Kräfte und Ströme bewegt, was sich außen in Form und Materie niederschlägt. Aus ihrer Wirkung läßt sich folgern und beurteilen. Zum besseren Verständnis dafür dient Bild 41/342. Es zeigt eine genaue Einteilung der Hand durch eine waagrechte und eine senkrechte Linie, die den Handteller in vier Abschnitte teilt.

Als Grundeinteilung der Anlagen von oben nach unten gesehen, gilt bei der Innenhand, wie überall, die kosmische Dreiteilung. Die Finger: der geistige Teil; die Fläche vom Fingeransatz bis zur Kopflinie: der seelische Teil; die Fläche unterhalb der Kopflinie bis zur Handwurzel: der physische Teil.

Die Finger in ihrer Länge, ihre Proportion zur Handlänge und -breite lassen die geistigen Anlagen und deren Stärke erkennen. Die Formen der Finger lassen erkennen, welcher Art diese Kräfte sind und wie sie genutzt werden können. Die Finger haben, jeder für sich, eine verschiedene Art der Bedeutung und werden nochmals dreifach gegliedert: geistig, seelisch, physisch.

Der Daumen stellt die Persönlichkeit, das »Ich-Selbst« dar; das erste Glied: das Maß und den Ausdruck des Willens; das zweite Glied: das Maß und den Ausdruck der Vernunft und Überlegung. Das Knotengelenk zwischen diesen beiden Gliedern läßt in seinem Ausdruck das Maß der Zähigkeit und Durchführungskraft erkennen. Das dritte Glied ist als drittes Daumenglied Ausdruck des Trieblebens und Maß der Triebkraft auf der physischen Ebene und gleichzeitig, als vierter Teil des Handtellers, das Maß der produktiven Schöpfungskraft.

Wie der Daumenausdruck, so die Persönlichkeit. Die Haltung des Daumens zeigt die persönliche Haltung des Handeigners. Hält jemand den Daumen frei immer gespreizt, wird der Betreffende alles selbständig entscheiden wollen, über viel Mut, Tatkraft und Unabhängigkeitsliebe verfügen. Ob er es kann, hängt von dem Ausdruck (Form und Plastik) des Daumens ab.

Daß eine allgemeine Harmonie der Form zu beachten ist, braucht nicht erst erwähnt zu werden; dies ist natürlich und selbstverständlich. Man darf nicht von dem Gedanken ausgehen, daß eine Eigenschaft intensiver wirkt, wenn der betreffende Finger stärker und fülliger ist. Ausschlaggebend bleibt die Länge der Fingerglieder, kombiniert mit der Stärke und Fülle (Form und Plastik).

Wenn etwas unharmonisch auf der äußeren Ebene verteilt ist, das heißt, im Hinblick auf die Formproportion der Hand, sind auch die entsprechenden inneren Charaktereigenschaften disharmonisch.

Hat zum Beispiel jemand eine mittelgroße, massive, gut entwickelte Hand von mittlerer Breite, der Jupiterfinger im Verhältnis zu den anderen Fingern dünn und spitz, der Jupiterberg flach, so ist in dem Eigner dieser Hand nicht viel Ehrgeiz und Strebsamkeit, noch weniger aber die Kraft, sie in kurzer Zeit zu erlangen. Dieser Mensch ist kaum in der Lage, andere zu führen oder zu beaufsichtigen, weil ihm die Qualitäten dazu fehlen; dies um so mehr, wenn der Daumen klein und schmal ist. Der spitze Finger mag ihm eine gewisse intuitive Erkenntnis geben, die er jedoch für sich selbst geistig wenig, körperlich gar nicht verwerten kann.

Wie sich die Proportionen (Form und Plastik) eines Fingergliedes zu einem anderen, dieses zu dem ganzen Finger, und wie sich die Proportion eines Fingergliedes zu allen anderen Fingergliedern verhält, danach hat man die Anlagen und wie sie kombiniert sind zu beurteilen: zum Beispiel muß für Außenarbeit und Sport das dritte Glied des Saturnfingers lang und gut entwickelt sein.

Für Skulptur (Bildhauerkunst) muß das dritte Glied des Apollofingers lang und gut entwickelt sein; dazu das erste Glied des Apollofingers eckig oder spatelförmig.

Rednertalent ist vorhanden, wenn der Merkurfinger über das erste Beugegelenk (zwischen dem ersten und zweiten Glied) des Apollofingers hinausragt. Die Form der Spitze dieses Fingers entscheidet die Art und den Ausdruck des Talentes. Die Rednergabe bei eckiger Merkurfingerspitze wird mehr oder weniger massiv zum Ausdruck gebracht, während Menschen mit konischer oder spitzer Merkurfingerspitze eine tiefsinnige, von mehr Findigkeit und Routine (Gewandtheit und Raffinesse) bezeugende Ausdrucksart besitzen. Organisationstalent erfordert eckige Merkurfinger.

Spitze Finger deuten auf Intuition. Die hohe Kunst des Gesanges erfordert Intuition, ein sich Einfühlen der Seele, die Voraussetzung für jede wahre Kunst, aber auch Gestaltungskraft (Dramatik), Streben zur höchsten Vollendung sowie Nervenkraft, um unter Umständen einen Fehler zu überbrücken. Für die Gesangeskunst können alle Fingerspitzen verschieden sein, jedoch der Apollofinger immer konisch oder spitz, der Daumen gerade, harmonisch, Spitze etwas nach außen gebogen. Gute Leistungen benötigen gute Voraussetzungen (Talent, Begabung).

Hinsichtlich der Gesangeskunst sei erwähnt, daß eine Reflexwirkung zwischen Stimme und Sexualorganen besteht. Ein Erkennender wird am Gesang einer Frau hören, ob sie Jungfrau ist oder nicht. Eine Jungfrau hat keinen Schmelz, keine Sinnlichkeit in der Stimme; es »fehlt die Wärme«, das Erotische.

Wie bereits erwähnt, wird der Handteller durch die Kopflinie in einen oberen und unteren Abschnitt geteilt.Diese beiden Flächen werden durch eine senkrechte Linie (Saturnlinie) nochmals geteilt, so daß vier Flächen vorhanden sind, vier Kraftfelder. Unter dem Jupiter- und dem Saturnfinger: das Feld der geistigen Kraft; unter dem Apollo- und Merkurfinger: das Feld der seelischen Kraft. Darunter: der Mondberg als Feld der physischen Widerstandsfähigkeit, und dem gegenüber der Venusberg, das Feld der physischen Schöpfungskraft.

Die Kraft der geistigen Tätigkeit hängt von der Beschaffenheit des Blutes und Gehirns ab. Zeichen für mögliche Störungen sind auf diesem Jupiter-/Saturn-Feld zu finden. Die Ausdruckskraft der Seele ist von der Stärke der Nerven abhängig, die auf diesem Sonnen-/Merkur-Kraftfeld zu erkennen ist.

Die persönliche Strahlkraft (persönlicher Magnetismus) oder der »Sexappeal« ist abhängig von der Stärke der Venuseigenschaften, also von der Sinnlichkeit, ebenso auch die künstlerische Begabung. Es gibt keine lebendige und wirkliche Kunst ohne Sinnlichkeit; andernfalls ist sie keine Kunst. Darum gilt es bei einer Begutachtung diese Eigenschaften herauszufinden.

Eine gute Widerstandsfähigkeit des Körpers setzt gesunde Verdauungsorgane und geregelte Drüsentätigkeit voraus. Auf dem Mondberg ist es zu erkennen. Die sexuelle Schöpfungskraft hängt mit dem Triebleben und der Sinnlichkeit zusammen. Es ist auf dem Venusberg zu ersehen.

Obgleich diese Hinweise bereits den medizinischen Teil der Chiromantie betreffen, sind sie für die »Handformenkunde« sehr wertvoll und notwendig. Es ist nicht einfach, die medizinische Seite von der seelisch-geistigen zu trennen, da alles miteinander verbunden ist, wie Temperament und Krankheit, Charakter, Neigungen und Talente.

Dritter Teil

Handlinienlehre
– Chiromantie –

Wo ein Eindruck, ein Zeichen, eine Linie ist,
muß eine Kraft tätig sein,
durch welche jene hervorgerufen werden.
Hat das Zeichen aber eine bestimmte Form, einen
bestimmten Ausdruck, so arbeitet diese Kraft bewußt
und ist vom göttlichen Geist beseelt.

Kann man Zyklen, Entfernungen und Ereignisse
im Weltraum messen,
dann kann man es auch in der Hand.

1. Einführung und Übersicht

(Bild 42/344)

Die Linien der Hand sind als Fluß- oder Strombetten der ein- und durchfließenden astralen Kräfte zu betrachten. Alle kleinen und kleinsten Abzweigungen von den Hauptlinien sind Nebenflüsse. Man vergleiche mit der Natur: Jede Flußabzweigung, und sei sie noch so klein, nimmt dem Hauptstrom einen Teil seiner Kraft als Ganzes, gibt ihm aber zu gleicher Zeit ein größeres Wirkungs- oder Aktionsfeld, je nachdem, durch und über welchen Boden er seinen Verlauf nimmt. Zum Beispiel: Fließt eine Abzweigung über ein Feld, das durch Dünger und Gifte belastet ist, wird das Wasser Elemente von der verunreinigten Erde in sich aufnehmen. Das gleiche finden wir in den Händen. Jede Teilung einer Linie teilt und vervielfältigt ihre Eigenschaft, wenn sie einen Handberg durchquert oder berührt. Sie beeinflußt andere Linien, die von ihr berührt, gekreuzt oder geschnitten werden. Die Natur bietet unzählige Beispiele. Sie zu sehen, hängt von unserem Bewußtsein ab.

Die Hauptlinien werden in ihrer Charakteristik (astrale Bedeutung) an den entsprechenden Stellen hervorgehoben. Es ist günstig, wenn der Student der Chirologie auch gleichzeitig die bildliche Darstellung der astralen Bedeutung der Berge damit vergleicht und in Zusammenhang bringt (siehe Bild 40/341).

Beachte: Eine Linie soll klar, gut gezeichnet, von guter Länge und Farbe sein. Sie soll nicht kettig oder knotig sein, nicht Punkte, Flecken, Insel, Ring, Kreuz oder Stern enthalten. Auch soll sie nicht zu sehr gegabelt, mißformt, gedreht sein, weder Bruch noch dicke Querlinien enthalten. Jedes Zeichen muß erst für sich und dann in Kombination beurteilt werden. Je mehr Linien vorhanden sind, desto tiefere Empfindungskraft der Seele ist vorhanden, obgleich manchmal nur latent.

Eine »zerrissene Seele« bedingt zerrissene Linien. Man vergesse dabei nie die Farbe der Linie.

Bei dem Verlauf der Hauptlinien fällt auf, daß die Kopflinie in entgegengesetzter Richtung zur Herzlinie verläuft; ebenso die Lebenslinie entgegengesetzt zur Saturnlinie. Das ist gesetzmäßig. Es ist ein scheinbarer Widerstreit der Kräfte, der jedoch für die bewußte Persönlichkeitsentwicklung erforderlich ist. Nur durch Arbeit an sich selbst gelangt der Mensch zur Klarheit, erfährt er seinen geistigen Aufstieg.

Hauptlinien

Lebenslinie beginnt zwischen Daumen und Zeigefinger und verläuft um den Daumenballen. Sie gibt Auskunft über den Strom der Lebenskraft, Zufuhr, Umwandlung, Verwertung derselben, sowie über den Verlauf des Lebens, Körper- und Blutbeschaffenheit, über den Zeitpunkt der Ereignisse und die Lebensdauer.

Kopflinie beginnt nahe am Anfang der Lebenslinie und verläuft quer über die Handfläche nach dem Mars- oder Mondberg. Sie gibt Auskunft über das Gehirn und alles, was damit in Verbindung steht, Denken, Gedanken*richtung*, Pläne, Krankheiten des Gehirns und der Augen.

Herzlinie beginnt am Handrand unter dem Kleinen Finger und verläuft in waagerechter (aber der Kopflinie entgegengesetzter) Richtung zum Saturn- oder Jupiterberg. Sie gibt Aufschluß über alles, was mit dem Herzen zusammenhängt: Krankheiten, Herzgefühle, Liebessachen und Ethik.

Nebenlinien

Magen- oder *Gesundheitslinie* beginnt nahe dem Handgelenk und verläuft in Richtung zum Kleinen Finger. Aus dieser Linie sind zu ersehen: der Gesamtnervenzustand, die Drüsentätigkeit, Störungen der Verdauungsorgane, vegetative Labilität, Stimmungen, Geschäftssinn.

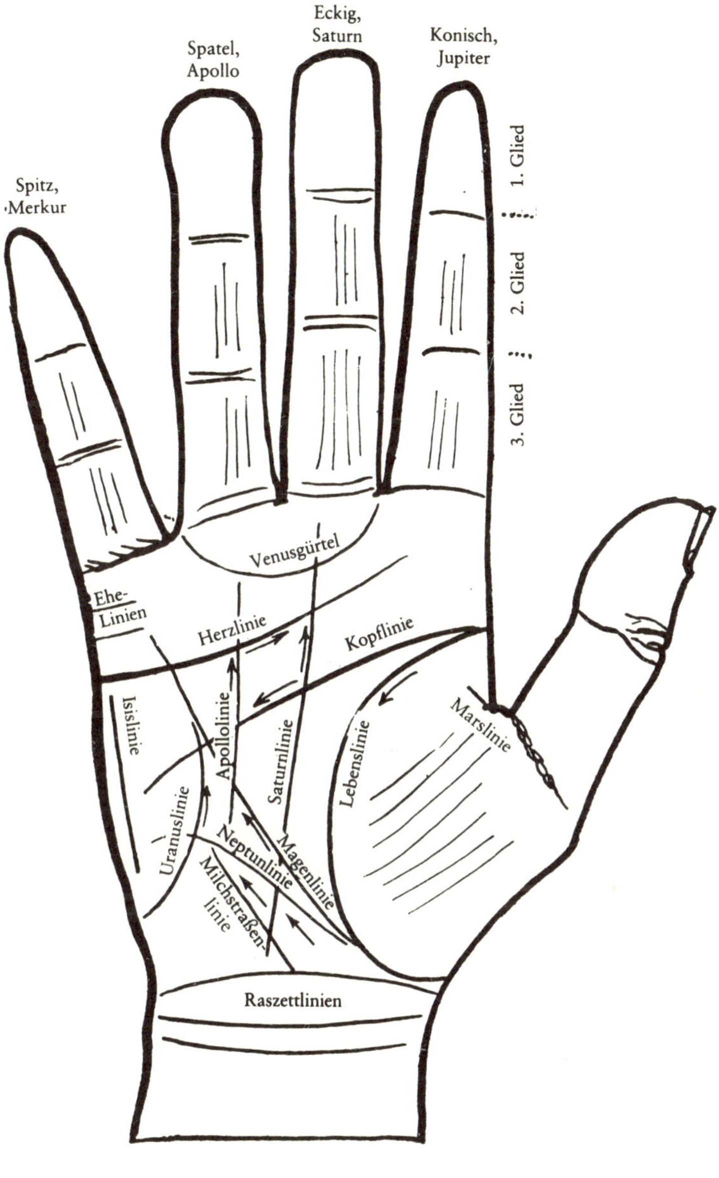
Spitz, Merkur
Spatel, Apollo
Eckig, Saturn
Konisch, Jupiter
1. Glied
2. Glied
3. Glied
Venusgürtel
Ehe-Linien
Herzlinie
Kopflinie
Isislinie
Apollolinie
Saturnlinie
Lebenslinie
Marslinie
Uranuslinie
Neptunlinie
Magenlinie
Milchstraßen-linie
Raszettlinien

Saturn- oder *Schicksalslinie* beginnt nahe der Handwurzel und verläuft zum Saturn- oder Jupiterberg. Diese Linie bedeutet mehr ein Barometer für den Lebensweg, Ablauf des Lebens in bezug auf Tätigkeit, Beruf und Störungen darin sowie Veränderungen und Bewußtseinsentwicklung.

Apollo- oder *Sonnenlinie* beginnt nahe der Handwurzel oder Handmitte und verläuft zum Apolloberg. Sie läuft fast immer parallel mit der Saturnlinie und gibt der Sonnenlinie eine Stabilisierung. Aus ihr erkennt man die seelische Empfindungsfähigkeit, das innere Erleben durch das Sonnengeflecht. (Nur in dieser Beziehung hat der Name »Kunstlinie« eine Bedeutung.) Ob jemand musikalisch ist oder wirklich über Musik- und Farbensinn verfügt, läßt sich aus der Hand nicht ersehen, auch nicht materieller Wohlstand des Handeigners.

Venusgürtel ist eine Linie, die, wenn vorhanden, zwischen Jupiter- und Saturnfinger beginnt und halbkreisartig zwischen Apollo- und Merkurfinger verläuft. Diese Linie zeigt die Konstitution der Sexualnerven des Rückenmarks an; somit Feinnervigkeit, Neurasthenie und Hysterie.

Uranus- oder *Intuitionslinie*, wenn vorhanden, beginnt im unteren Bereich des Mondberges. Sie verläuft im Bogen in die Magenlinie und bedeutet Intuition, Einfühlung, eventuell Hellsinnigkeit.

Neptun- oder *Giftlinie*, wenn vorhanden, beginnt im unteren Venusberg oder in der Handmitte und verläuft zum mittleren oder oberen Mondberg. Bedeutung: Vorhandensein von Medizinalgiften im Körper sowie Leid in der Liebe durch Irrtum, Enttäuschungen.

Isislinie (selten), verläuft senkrecht am Handrand, auf dem Mondberg bis zum Herzlinienanfang; Lebensernst, Enthaltsamkeitsneigungen. (Die Neptun-, die Uranus- und die Isislinie wurden erstmalig von mir benannt und gewürdigt. Sie fehlten in der bisherigen Literatur. Plutolinie ist unsinnig.)

Raszette oder *Armband* verläuft, unter dem Venusberg beginnend, über das Armgelenk (wie ein Armband) in ein bis drei, seltener vier Linien. Sie bedeutet das Maß der ererbten Lebenskraft, eventuell eine zarte Lebenslinie verstärkend, ergänzend.

Ehelinien befinden sich auf dem Handrand des rechten Merkurbergs und zeigen an, in welchen Lebensjahren (der eigenen Entwicklung nach) eine Verbindung mit dem anderen Geschlecht für längere Zeit günstig oder ungünstig ist.

Marslinie (sehr selten) findet sich, wenn vorhanden, auf dem kleinen Marsberg, der zum Venusberg gehört und nimmt Bezug auf Willensstärke und Kraft der Gesundheit.

Milchstraßenlinie: Diese ist noch seltener als die Marslinie. Sie entspringt in oder nahe der Raszette; bezieht sich auf die seelische Verfassung.

2. Die Linien in der Hand

Lebenslinie
(Bild 42/344)

Besondere Identitäten der Lebenslinie sind körperliche Angelegenheiten, Gesundheit, Krankheiten, Unfälle, Gefahren, Liebe, Vorfahren, Erbmasse, materielle Erfolge und Mißerfolge, Alter, Krisen, Lebensdauer.

Fast jedes größere Ereignis registriert sich (mit den anderen Linien korrespondierend) auch auf der Lebenslinie.

Lebenslinie *blaß* und *breit*: Kränklichkeit, Neid, böse Neigungen.

Dick und *rot*: Gewalttätige, robuste Natur, siehe auch Daumen.

Kettig: Zarte Gesundheit, siehe Nägel.

Verschiedene Stärke: Wechselnde Stärke der Gesundheit, launisches Wesen.

Je länger die Linie, um so länger die Lebensdauer. Dies besagt aber *nicht*, daß eine lange Lebenslinie ein langes Leben bedeutet, wie überwiegend angenommen wird, denn eine kurze Kopf- oder Herzlinie kann das Leben verkürzen, ebenso zum Beispiel gebrochene Kopflinien. Man muß gerade hierzu noch mehrere Aspekte und Zeichen in Betracht ziehen, die oft schwer sichtbar sind.

Die Lebensdauer findet man, falls keine anderen Anzeichen vorhanden sind, wenn sich in beiden Händen deutlicheLinien bildeten, durch Ausmessen scharfer Querschnitte auf der Lebenslinie (Bilder 51/48, 49, 57 und Bilder 59/62, 63, 64). Diese kleinen Querschnitte zeigen das Alter an, das die Vorfahren (mütterliche Vorfahren in der linken, väterliche in der rechten Hand) erreichten. Da die Lebensdauer schon bei Beginn der Lebensbahn durch die Körperkonstitution festgelegt ist (durch die Kraft und Konstitution des väterlichen Samens, nicht etwa durch das mütterliche Ei), die väterliche Konstitution und deren Rhythmus also von ausschlaggebender Bedeutung ist, so ist auch die Lebenslinie in der rechten Hand die Stelle, die eine am schärfsten oder am tiefsten geschnittene Querlinie die Lebensdauer des Handeigners bestimmen läßt. Arbeitet ein Mensch bewußter an sich, wird er auf seine Linien Einfluß nehmen, so daß sie sich verändern. Geistige Gedankenkräfte lösen Barrieren.

Eine solche scharfe Querlinie kann einen plötzlichen Tod bedeuten. Anders ist es, wenn sich das Ende der Lebenslinie dünner, fadenartig verliert. Nur ein sehr geübtes Auge und eine lange Erfahrung sind geeignet, sich mit Ausmessen zu befassen.

Erforderlich ist immer, weitere Merkmale ergänzend mit einzubeziehen. Ernsthaft warne ich davor, »aus Spaß« oder »zur Unterhaltung« die Lebensdauer eines anderen feststellen zu wollen.

Eine *doppelte Lebenslinie* verstärkt die Gesundheitsverhältnisse. Zum Abmessen benutzt man immer die äußere, größere Linie, welche in neunzig Einheiten (meist Millimeter) zu teilen ist; siehe Meßkarte Bild 55/369.

Zeichen für *Tod* in der Lebenslinie müssen korrespondierend in beiden Händen zu sehen sein.

Bruch in der Lebenslinie deutet auf Krankheit und Lebensgefahr, sofern nicht die Bruchstelle durch eine feine Linie verbunden oder ein Viereck als Umrahmung der Bruchstelle vorhanden ist (Bilder 48/356 und 50/360).

Aufhören der Lebenslinie mit kurzem Querstrich (in beiden Händen): Plötzlicher Tod (Bild 50/360).

Aufhören der Lebenslinie *allmählich*: Langsames Ende des Lebens (Bild 50.50/360).

Oft gekreuzt von kleinen Linien: Viele Störungen verschiedener Art (Bild 48/356).

Doppelte Lebenslinie: Wirkt erhaltend und stärkend (Bild 49/358).

Linien aus *Venusberg* durch die Lebenslinie verlaufend: Sorgen, Befürchtungen, Ereignisse.

Lebenslinie, *aus dem kleinen Marsberg kommend* (kleiner Marsberg = Teil des oberen Venusberges): Hitziges Gemüt, heftiges Temperament.

Lebenslinie, *beginnend am Jupiterberg*: Strebsamkeit und Wohlstand; Störungen und Hindernisse hierfür siehe Venusberg, Saturnlinie und Apollolinie (Bilder 49.22/358, 49.26/358 und 49.35/358).

Lebenslinie *mit Kopflinie verbunden* (eine zehn Millimeter lange Verbindung beider Linien am Anfang ist normal): Je länger beide verbunden sind, um so langsamer ist die Entschlußkraft (Bilder 47/354 und 48/356). Je weiter beide voneinander am Anfang entfernt liegen, um so schneller und unbedachter handelt der Betreffende (Bild 47/354).

Lebenslinie mit Kopf- und *Herzlinie* verbunden: Karmisch bestimmter, nicht natürlicher Tod. (Falls nur in der linken, nicht in der rechten Hand, ist anzunehmen, daß der Betreffende einen Teil seines Karmas auflöste und verbesserte; die Gefahr bleibt, aber nicht immer die Auswirkung.) Man studiere genau die weiteren Linien (Bild 47.24/354). Selbstmord bei Vorfahren.

Lebenslinie *zu nahe beim Daumen*: Ergibt zu kleinen Venusberg, Kaltherzigkeit und eventuell Unfruchtbarkeit (Bild 46 rechts/36) .

Ende einwärts gebogen: Gefahr durch Ersticken.

Ende aufwärts gebogen gegen Saturnberg: Gefahr durch Gift und Ansteckung.

Plötzlich abbrechend: Tödliche Krankheit oder Tod, Schlaganfall (Bild 48/356).

Langsam verschwindend: Schleichende, zehrende Krankheit (Bild 50.50/360).

Linie *von Lebens- bis Marslinie*: Gefahr durch Zank und Wut (Bild 52.6/364).

Linie *von Lebenslinie in den Jupiterberg*: Ehrgeiz und Pläne (günstig) (Bilder 52/364 und 51.3/362).

Linie *aus Venusberg bis Lebenslinie*: Betrifft Sinnlichkeit (Bild 51.40/362).

Linie *aus Venusberg bis Kopflinie*: Betrifft Kopf und Denken (Bild 52.16/364)

Linie *aus Venusberg bis Herzlinie*: Betrifft das feinere Empfinden (Bild 52.1.4.10/364).

Aufsteigende Linien von der Lebenslinie: Materielle Erfolge (Bilder 52.9.18/364 und Bilder 51.16.17/362).

Absteigende Linien von der Lebenslinie: Materielle Mißerfolge und Verlust (Bilder 51.36/362, 45/350 und Bild 52.21/364).

(*Zeichen* auf der Lebenslinie siehe »Die Zeichen in der Hand«, Seite 205f.) Für die Markierungen der Ereignislinien, die die Lebenslinien schneiden, ist folgendes zu beachten:

Auf Bild 51/362 sind Linien für seelische Erschütterungen (zum Beispiel durch Todesfall, Gram in Liebesangelegenheiten) durch die Zeichen 10 und 19 angegeben. Diese Linien entspringen auf dem Venusberg und enden in der Herzlinie oder nahe bei dieser. Auf Bild 51/362 sind sie für das fünfzehnte und das dreißigste Lebensjahr angezeigt.

Es kann vorkommen, daß sich eine Ereignislinie in etwa an der Stelle befindet, die auf Bild 51 mit 1 numeriert wurde. Das würde ein Ereignis im zweiten bis vierten Jahr vor der Geburt sein; das heißt, daß ein Blutsverwandter (linke Hand = mütterlicher, rechter Hand = väterlicher Generation) zwei bis vier Jahre vor der Geburt des Handeigners gestorben ist.

Abgesehen davon, daß diese Zeichen die Tatsachen der Ereignisse beweisen, die schon Jahre vor unserer Geburt stattgefunden haben und,, obwohl wir unsere Vorfahren nicht kannten, eine geistige Verbindung zu ihnen besteht. Angenommen, der Verwandte starb im 63. Lebensjahr, dann wird man auf der Lebenslinie dort, wo man das 63. Lebensjahr durch Abmessen erkennt, finden, daß hier ein Strich quer durch die Lebenslinie läuft, wie zum Beispiel auf Bild 51 mit Bezeichnung 57 und 48 angegeben ist. Es ist für den Handeigner ein Zeichen, daß an dieser Stelle (nach obigem Beispiel, also im 31. Jahr) eine kritische Lage für seine Gesundheit und sein Leben angezeigt ist.

Nachprüfungen haben ergeben, daß die betreffenden Jahre auf der Lebenslinie, die mit Bedeutung »kritischer Zeitpunkt für Gesundheit« in Verbindung stehen, zu denen auch Linien und Zeitpunkte gerechnet werden, die eine schwere Verletzung (auch Operation wie Linie 28 auf Bild 51) anzeigen, Todesjahre von Blutsverwandten sind. Für die Lebensdauer ist die tiefste Querlinie (auch stark markierter Stern, Punkt) auf der Lebenslinie in der rechten Hand in Betracht zu ziehen. Hierfür ist die Erbmasse und der Blutrhythmus der väterlichen Generation maßgebend.

Wenn ein Großvater, Onkel, eine Großmutter oder Tante stirbt, erkrankt sehr oft zur selben Zeit eine Nichte oder ein Neffe. Es beweist, daß jeder Mensch bei seiner Geburt einen ganz bestimmten Rhythmus für sein Leben und die entsprechenden Ereignisse mitbringt. Die Ereignisse unterstehen der Gesetzmäßigkeit.

Jeder trägt von Geburt her sein »Schicksal« in sich.

Des öfteren habe ich beobachtet, daß, wenn zwei junge Menschen heiraten, im selben Jahr einer von den vier Elternteilen stirbt.

Mit welchem Großvater oder Onkel oder welcher Großmutter oder Tante ein Neffe oder eine Nichte dem Rhythmus entspricht, ist schwierig zu finden.

Kopflinie
(Bilder 42/344 und 45.9.14/350)

Die Kopflinie teilt die Hand in einen oberen, geistigen, und einen unteren, materiellen Teil. Für die Beurteilung von Außen- und Innenhand gilt es, das Verhältnis zwischen oberem und unterem Teil zu erfassen, da die Bedeutung des Handtyps sich dadurch verändert.

Bei einer eckigen und spatelförmigen Hand verläuft die Kopflinie naturgemäß der Charakteristik entsprechend gerade in den Marsberg. Sie kennzeichnet die materielle bzw. intellektuelle Denkweise und den Mangel an Gestaltungskraft.

Verläuft sie in diesen Händen tiefer herab in den oberen oder unteren Mondberg, verändert sie bei dem Betreffenden die materielle Denkweise in eine mehr oder weniger idealistische oder phantasievolle. Es liegt nicht in der Art dessen mit eckiger Hand, melancholisch oder reich an Phantasie zu sein, sondern real und materiell zu denken, entsprechend der dem Marsberg zustrebenden Kopflinie.

Reicht die Kopflinie aber – ich nehme hier zum leichteren Verständnis das Extreme an – tief in den Mondberg, so wird der sonst nur materiell Denkende eine große Neigung zum Grübeln, Träumen und Phantasieren haben, wird eventuell sogar (was er sonst nicht tun würde) intuitiv denken und, was wieder bezeichnend ist, das auf solche Art Gewonnene praktisch und materiell verwerten.

Aus diesem Grunde wird ein Musiker, der komponieren will, stets eine Kopflinie haben müssen, die in den Mondberg hineinreicht, wenn er Empfindung und Seele in das zu Gestaltende legen will. Bei Malern verhält es sich ebenso.

Der Künstler mit eckiger Hand, Kopflinie in Richtung Marsberg, wird mehr geneigt sein, Stilleben, Landschaften, Blumen in schönem aber unbeseeltem Ausdruck zu schaffen, während der andere (mit der Kopflinie in Richtung Mondberg) den Bildern mehr einen mystischen, übersinnlichen oder »phantasiereichen« Inhalt und Ausdruck geben wird. Konische oder ideale, zum Teil auch schmale, knotige Handtypen, haben naturgemäß eine Kopflinie, die in den Mondberg verläuft. Bei diesen Händen würde eine gerade, dem Marsberg zustrebende Kopflinie einen Einfluß von Materialismus und Berechnung haben, was diesen Naturen jedoch widerstrebt.

Die Formation der Kopflinie ist für eine genaue und wissenschaftliche Handanalyse Voraussetzung. Gerade diese Linie läßt die Denkrichtung des Menschen erkennen. Die Denkweise beeinflußt aber die Handlungen, und ein Ereignis kann verschiedenartigen Ausgang nehmen, je nachdem, wie man an eine Sache herantritt und sie handhabt.

Besondere Identitäten der Kopflinie sind: Gedankenkraft und Denkrichtung, Wille, Pläne, Krankheit und Unfälle des Kopfes, der Augen, Gehirn- und Kopfnerven, Melancholie, Delirium, Irrsinn, Phantasie.

Doppelte Kopflinie: Vielseitiger Intellekt, materielle Erfolge und Doppelnatur. Mehr oder weniger rätselhafte Personen

(Bild 49.6.7/358 und Bild 95/415). Alkoholismus bei Vorfahren.

Lange, klare Linie: Guter Intellekt, besonders wenn Venusgürtel und feste Hand vorhanden (Bild 45.9.14/350).

Extrem lang, von Rand zu Rand: Starkes Denkvermögen, zuviel Logik und Wortfechterei, Egoismus, neigt meist zu Geiz und Selbstüberschätzung; Rechthaberei, materielle Ausnutzung.

Kurze Kopflinie: Eventuell kurzes Leben; dazu kurze Lebenslinie: plötzlicher Tod.

Kopflinie, Anfang im Jupiterberg: Positive Lebenseinstellung, Heiterkeit im Gemüt.

Anfang im kleinen Marsberg: Unbeständig, unzuverlässig, hitzig, zänkisch, Nörgler (Bild 48.1/356).

Anfang getrennt von Lebenslinie: Schnelle Entschlußfähigkeit, Wagemut (Bild 47/354 und Bild 67/390); voreilig, zu offen.

Anfang zu lang verbunden mit Lebenslinie: Mangel an Entschlußkraft, überlegt zu lange (Bilder 48.24/356 46/36). Verschlossenheit.

Anschluß von Kopf- und Lebenslinie bis unter Mitte des Jupiterberges (gilt als normaler Anschluß): Gute Entschlußfähigkeit.

Bruch in der Kopflinie: Meist Kopfverletzung (Bilder 43.3/345, 27/337).

Ende unter Saturnberg: Warnt vor Überanstrengung des Kopfes, eventuell Tod in jungen Jahren (Bilder 48.1–3/356). Egoismus.

Ende im oberen Mondberg: Neigung zu Idealismus, Träumerei, Mystik, Poesie, Literatur (Bild 47.13/354). Gestaltungskraft.

Ende im mittleren Mondberg: Natur-, Tier- und Kinderliebe.

Ende mit Stern im unteren Mondberg: Neigung zu Wahn; wenn mit Insel: vererbt (vergleiche: Stern im Venusberg, Saturnberg und Bilder 46.40/352, 47.23/354).

Insel am Anfang oder Ende der Kopflinie ist ein Zeichen von erblicher Belastung; in linker Hand: von der Generation der Mutter; rechts: von der Generation des Vaters. Augenschwäche (Bild 47/354).

Ende in einem Berg: Starker Einfluß von diesem Berg.

Ende knotig in der Herzlinie: Böses Geschick in Herzensangelegenheiten.

Zurückgebogen nach dem Daumen: Großer Egoismus und dadurch Unglück. Belastung.

Ende unter Mondberg: Gefahr durch Wasser, Ertrinken (Bild 46.40/352, Bild 59/377 und Bild 66/389). Wahnideen bei Vorfahren.

Ende im Marsberg: Fester Wille, Berechnung, Neigung zum Ausnutzen anderer (Bild 45.14/350).

Endet ein Ast im Mars- und ein Ast im Mondberg: Mehr inneren als äußeren Einflüssen zugänglich. Gehirnschwäche.

Knotige Kopflinie: Neigung zu Verbrechen, eventuell Mord. (In guter Hand harmonisch, bleibt trotzdem eine Warnung). Krankhafte Veranlagung.

Herzlinie
(Bilder 42/344, 45/350)

Die Herzlinie beginnt am Handrand unter dem Kleinen Finger und verläuft als oberste waagrechte Linie quer über die Hand in Richtung zum Zeigefinger. Selbstverständlich ist der Verlauf dieser Linie in allen Händen verschieden. Schon mancher hat sich darüber gewundert, weshalb die Herzlinie über der Kopflinie liegt, da sich beim menschlichen Körper der Kopf über dem Herzen befindet. Das ist phrenologisch leicht zu begründen. Wir haben oben in der Mitte des Kopfes, am Scheitelpunkt, den Sitz der Sinne für Moral und Ethik, Angelegenheiten des Herzens; ebenso auch den Sinn für Religion. Erst weiter unten an der oberen Stirn befinden sich die Zentren für den Intellekt und für den Verstand. Schließlich ist ja auch im Leben das Herzdenken das bessere, denn wir werden oft finden, daß der Intellekt durchaus nicht immer das Richtige trifft und daß sogar logische Schlüsse falsch sein können.

Was der Mensch aber mit dem Herzen und zugleich mit dem Sonnengeflecht empfindet, ist immer das Richtige. Besonders die Frau ist nicht von Natur aus dafür geschaffen, Verstandeskräfte einseitig nach männlichem Intellekt zu trainieren; es entspricht ihr auch nicht physiologisch. Das spirituelle Zentrum wird bei ihr in dem Grade erweckt sein können, wie sie schöpferisch kreativ tätig sein kann (persönlich emotional ausgeglichen).

Auch auf dem Gebiet der Musik und der Malerei hat die Frau in der heutigen Gesellschaftsform ihre Entwicklungsmöglichkeit. Wir finden immer wieder, daß zum Beispiel bei Erfindungen intellektuelle Arbeit oder rein verstandesmäßiges Denken wohl die Vorarbeit tätigen, das Herzdenken aber und die Intuition die letzte Lösung bringen.

Daher ist auch Herzdenken und Gehirndenken zusammen dasjenige, was wir mit Vernunft bezeichnen. Natürlich ist es nicht in dem Sinne zu verstehen, daß jemand bei einer Herzensangelegenheit nur den Verstand sprechen lassen soll. Es gibt auch solche Personen, die mit dem Verstand lieben; das ist aber keine Liebe, sondern Gehirnakrobatik. Liebe ist reine Herzenssache, die man durch den Verstand weder ein- noch ausschalten kann. Das kann man nur mit der Sinnlichkeit, die zum Teil zur Liebe gehört, aber nicht die Liebe selbst darstellt.

Natürlich ist die heute in manchen Menschen verkrampfte Anschauung, daß der Asketismus das Höchste sei, mehr als eine Krankheit aufzufassen, denn man wird bemerken können, daß diese Menschen dementsprechende Gesichtszüge tragen, schmale Lippen bekommen und überreizte Sexualnerven haben.

Was durch Jahrhunderte bei unseren Vorfahren in natürlichem Maße gebräuchlich war, läßt sich nicht so leicht plötzlich abbrechen oder zu stark verringern. Daß bei sinnlichen Erregungen das Herz ebenfalls eine Rolle spielt und dadurch auch stark in Mitleidenschaft gezogen werden kann, ist allbekannt.

Wir sehen an einer sehr breiten Herzlinie einerseits eine stark veranlagte Sinnlichkeit, die zumeist auch in bezug auf dieses Zeichen konform geht mit einer Erweiterung des Herzens oder der Venen. Andererseits steht aber auch das Herz mit dem Gehirn in enger Verbindung, wie der Umstand beweist, daß Herzklopfen eintritt, wenn jemand Unrechtes gedacht hat. Die Wechselwirkung ergibt, daß durch das Gefühl des Herzens und die Erkenntnis dieses Unrechts der Betreffende im Gesicht errötet. Allerdings ist diese Eigenschaft des Schamgefühls und des Errötens nur dem Nordländer eigen. Allgemein ist sein Herzdenken markanter, weshalb er auch viel ernsthafter liebt als der Südländer oder der Andersrassige, bei dem sich wohl schneller Aufwallungen der Sinnlichkeit wie Strohfeuer bemerkbar machen können.

Wenn einige englische Autoren den Anfang der Herzlinie unter den Jupiterberg verlegen, ist und bleibt das ein Irrtum. Wer sich die Herzlinie genau betrachtet, wird immer finden, daß der breitere Anfang unter dem Kleinen Finger liegt und die Endung im Jupiterberg, die meistens zart aufläuft. Wir können in der Natur einen Baum auch nicht auf den Kopf stellen, um dann zu sagen, er beginne mit den Zweigen an der Erde, und das dicke Ende sei oben.

Je länger die Herzlinie ist, das heißt möglichst bis in den Jupiterberg hineinreichend, um so größer ist auch das herzliche Empfinden oder die Herzlichkeit. Selbstverständlich gilt auch hier wieder, wie überall: Extreme sind krankhaft. (Veranlagung zu Nymphomanie beziehungsweise Satyrismus.)

Die gute normale Herzlinie soll möglichst bis in die Mitte des Jupiterberges reichen und dort aufhören. Geht sie weiter bis an den jenseitigen Rand, also quer hinüber von Rand zu Rand, so ist das nicht mehr normal und bedeutet in dem Fall, daß bei den Vorfahren Lähmungserscheinungen vorgekommen sind; auch hier muß wieder beachtet werden: linke Hand mütterliche Generation, rechte Hand väterliche.

Man darf auch nie vergessen, stets beide Hände zu betrachten, denn die linke Hand zeigt gewissermaßen Jugend oder erste Hälfte des Lebens an, die rechte Hand die zweite Hälfte. Der Übergang von der linken zur rechten Hand in dieser Betrachtungsweise liegt zwischen dem 28. und 30. Lebensjahr.

Wenn zum Beispiel die Herzlinie in der linken Hand von Rand zu Rand verläuft und noch mit der Kopf- und Lebenslinie verbunden ist, so bedeutet das, daß die Gefahr für gewaltsamen Tod für den Betreffenden nur bis zum 30. Lebensjahr gilt, vorausgesetzt, daß diese Linienkonstellation in der rechten Hand nicht vorhanden ist. Ist diese Linienführung wie beschrieben nur in der rechten Hand vorhanden, besagt sie wieder, daß die Gefahr für den gewaltsamen Tod bis zum 28. Lebensjahr nicht vorliegt, sondern erst später, außerdem, daß die Lähmungserscheinungen in der väterlichen Generation vorhanden waren. Diese Linienkonstellation als Merkmal für »Mongolismus« zu kennzeichnen, ist Phantasie.

Die Verbindung von Herz-, Kopf- und Lebenslinie ist in jedem Falle ungünstig, da die verschieden ausgerichteten Ströme zu irgendeiner Zeit eine Art Kurzschluß auslösen müssen. Wenn die Herzlinie aber von den anderen Linien getrennt ist, kommt ein heftiger Tod nicht in Betracht. Es muß einem ja schließlich auffallen, daß der Verlauf der Richtung der Herz- und Kopflinie ein entgegengesetzter ist, wie zumeist auch im täglichen Leben das Herz- und Kopfdenken ebenfalls gegensätzlich ist. Wenn die Herzlinie zwischen dem ersten und zweiten Finger endet, bedeutet das, daß der Betreffende in seinen Liebesangelegenheiten, wozu auch die Ehe gehört, Bitternisse erleben kann. Auch in diesem Fall vergesse man nicht zu beachten, ob die Endung in der linken und rechten Hand vorhanden ist.

Da Herz-, Kopf- und Lebenslinie die drei Haupt- oder auch karmischen Linien sind, kann man vermuten, daß die Gründe oder Ursachen dieser Traurigkeiten aus einem früheren Leben herrühren. Als Beweis hierfür ließe sich anführen, daß sich die Formationen der Hauptlinien niemals ändern und daß sie schon lange vor der Geburt genau festgelegt sind (Hände des Fötus vor der Geburt). Außerdem verlaufen zumeist die Linien bei den Eltern anders als bei den Kindern; deshalb kann von Vererbung keine Rede sein.

Die Gründe der Traurigkeit können zweierlei sein, nämlich Nichtverstandenwerden, also Entfremdung, oder aber früheres Ableben des Ehepartners. Um festzustellen, was hier zutrifft und wie es sich möglicherweise auswirkt, muß man natürlich das Übrige der Hand genau betrachten.

Man darf auch nicht vergessen, daß Egoismus oft eine Rolle spielt, weil die Herzlinie zu nahe am Saturn (Prinzip für Egoismus oder Ichsucht) endet. Da, wo eine Linie endet, nimmt sie die Kraft und die Einflüsse des betreffenden Umfeldes auf. Meist gehen ja Liebesverhältnisse durch den Egoismus des einen oder des anderen in die Brüche. Der Grund hierfür dürfte darin liegen, daß viele Menschen keinen richtigen Begriff von der wahren Liebe haben. Hingabe, Aufopferung, das Leben im Du, für den anderen, das ist wahrhafte Liebe. Man sollte darauf achten, daß der eine Partner nicht den anderen durch Egoismus ausnutzt.

Es gibt wohl mehr Frauen, die wahrhaft lieben *können* als Männer. Sie beweisen es dadurch, daß sie in der Liebe ganz aufgehen, nicht für sich denken, sondern auch für den Mann und in ihm leben. Hierdurch sind diese Frauen auch sehr leicht in die Lage versetzt, ihre Feinfühligkeit zu nutzen und für den anderen alles zu erfassen, was ihn angeht.

Der Mann andererseits hat sich im allgemeinen zu sehr auf den Kampf des Lebens einzustellen, soll für das materielle Dasein sorgen und seine fünf Sinne in dieser Richtung beisammen haben. Hieraus folgt schon, daß er überwiegend mit dem Verstand arbeitet, ihn oft zuviel nutzt und dadurch vom Empfindungsleben des Herzens abkommt. Es ist wohl jedem verständlich, daß demnach die Zahl der Männer, die »an ihrer Liebe sterben« können, nicht so groß ist. Dennoch, es gibt auch solche.

Je egoistischer ein Mensch denkt, um so engherziger ist er auch. Die Bezeichnung »Engherzigkeit« sagt es schon: kleines Herz. In der Herzlinie bemerken wir keine Breite, sondern eben nur eine fadenartige Linie ohne irgendwelche kleinen Seitenäste. Bei diesen Menschen wird man nicht besonders viel Warmherzigkeit finden. Auch nicht das, was man allgemein als Verliebtheit bezeichnet, was ich übersetze mit »recht lange ein junges Herz behalten«. Die Fähigkeit für Verliebtheit oder Herzensjugend erkennt man sehr leicht daran, daß vom Anfang der Herzlinie an nach der Mitte zu hinaus, rechts und links, kleine Linien rückwärts abgehen, Widerhaken ähnlich. Da auch die Herzlinie in einer mittelmäßig großen Hand mit 1 mm pro Jahr gemessen wird, läßt sich sehr leicht feststellen, wie viele Jahrzehnte solche Herzensjugend bei dem Betreffenden vorhanden ist. Mit dem Aufhören dieser kleinen rücklaufenden Häkchen beginnt bei ihm das Realbewußtsein und daher die Abschwächung der Warmherzigkeit.

Findet sich ein Bruch in der Herzlinie, die ja eine karmische Linie ist, so ist auch eine organische Störung vorhanden, die aber nicht gefährlich sein muß. In bezug auf Liebesangelegenheiten bedeutet dies, daß sich einmal im Leben eine besondere Traurigkeit in Herzensangelegenheiten einstellen wird, die schicksalsnotwendig ist, wie alles andere. Diese Herzenstraurigkeit hat selbstverständlich auch ihre besonderen Gründe und Begleitumstände. So wird sie zusammenhängen mit Selbstüberheblichkeit und Fahrlässigkeit, wenn sich der Bruch in der Herzlinie unter dem Sonnenfinger befindet; mit Egoismus, Berechnung usw., wenn der Bruch unter dem Saturnfinger vorhanden ist.

In einigen alten Büchern wird die Herzlinie oft Gedärmlinie genannt, auch Drüsenlinie, da in ihr Zeichen vorkommen für Gallen-, Nieren-, Blasensteine und Unterleibsleiden. Man muß hier auf die Färbung der Linie achten. Gelbliche Färbung bedeutet immer, daß Galle und Leber nicht gut arbeiten; kleine Pünktchen oder Vertiefungen, ähnlich wie Nadelstiche, sind die Zeichen für Steine oder Gries. Blasensteine: Vertiefungen unter dem Kleinen Finger; Nierengries: Vertiefungen unter dem Sonnenfinger; Gallensteine: wenn die Vertiefungen gelblich oder bräunlich sind. Die gleichen Punkte unter dem Mittelfinger in der Herzlinie bedeuten schadhafte Zähne.

Alle in der Linie befindlichen Inseln sind Anzeichen dafür, daß hier Vererbungen von Herzstörungen vorhanden sind. Eine Ausnahme bildet nur die Insel am Ende der Herzlinie, die aber jedesmal unter dem Jupiterberg oder Jupiter- und Saturnberg liegt. Sie bedeutet, daß in der Familie Lungentuberkulose vorhanden war. Es ist aber nicht gesagt, daß der Betreffende, bei dem sich dieses Zeichen findet, dasselbe Leiden bekommen muß.

Größere absteigende Äste der Herzlinie nach der Kopflinie zu kann man in vielen Händen beobachten; sie haben mehrfache Bedeutung. Einmal ist die Stelle, wo solche Astlinie die Hauptlinie verläßt, als ein günstiger Zeitpunkt dafür anzusehen, daß sich Herzensbekanntschaften zeigen oder genutzt werden könnten. Sind die Äste aber verbunden mit der Kopflinie, so bedeuten sie noch dazu günstige Jahre für Freundschaften und Bekanntschaften (nicht nur für Herzensangelegenheiten, sondern auch für Teilhaberschaft und ähnliches).

Diese Zeitpunkte werden aber nicht an der Herz- und Kopflinie abgemessen, sondern auf der Schicksalslinie, die von diesen Linien durchkreuzt wird. Gehen die Linien, die als Ereignislinien zu bezeichnen sind, weiter herüber nach der Lebenslinie und schneiden diese, so haben dieselben Linien, deren Zeitpunkt man bei der Lebenslinie abmißt, zur Bedeutung: Kummer, Trauer und Depressionen, mit einem Wort: seelische Erschütterungen, worunter auch gerade und besonders Todesfälle in der Familie zu rechnen sind.

Besondere Identitäten der Herzlinie sind Herzensgüte, Flirt, Herzensaffären und Enttäuschungen, Kummer, Eifersucht, Freundschaft; die idealere Seite der Liebe (zum Unterschied von der sinnlichen, die durch den Venusberg dargestellt wird) Blut und Zirkulation, Störungen im Kreislauf, Steinleiden, Herzkrankheiten.

Anfang der Herzlinie ist am Handrand (zwischen Merkur- und Marsberg), nicht im oder am Jupiterberg.

Die Größe der Herzlichkeit entspricht der Länge und Stärke der Linie.

Extrem lang, von Rand zu Rand: Übermaß an Liebe, Eifersucht, Laune, *zuviel* Herz (Bild 47.24/354 und Bild 67/390). Nymphomanie.

Herzlinie mit Kopflinie verbunden: Kombination von Herz und Verstand, als gegenseitige Ergänzung oder auch in Dissonanz.

Dünne, rote, fadenartige Linie: Böse Neigungen, triebhafte Art.

Dünne, blasse, fadenartige Linien bei Frauen: Verstandesbetonte Liebe; nur materiell.

Dünne, blasse, fadenartige Linie bei Männern: Blasiertheit, Lebemann; schwacher Körper.

Kettig: Neigung zu Herzkrankheiten (Bild 46.20/352).

Sehr kettig und astig: An Illusionen und Enttäuschungen reiches Leben (Bild 50/360 und Bild 48.37/356).

Kettig, breit und blaß: Kaltherzig und blasiert; schwacher Körper.

Breit und rot: Heftige Neigungen, gewalttätig in der Erotik.

Gelblich: Leberleiden; Depressionen.

Kleine, blasse Punkte in der Linie: Akute Konstitutionsschwäche des Organs, das dem Finger in der Höhe der Punkte entspricht.

Herzlinie nahe der Kopflinie: Neigung zu Geiz, Heuchelei. Diese Formation erzeugt ein schmales Rechteck. Betreffend Asthma (Intoleranz, Engherzigkeit) beachte man auch die Nägel.

Hohe Lage, nahe den Fingerwurzeln: Sonniges, glückliches Naturell (Bild 47/354).

Plötzlich endend: Tod durch Herzschlag (Bild 45.13/350).

Ende unter Saturnberg: Materielle Art in Herzensangelegenheiten (Bild 45.13/350).

Ende zwischen Jupiter- und Saturnberg: Glück bei dem anderen Geschlecht ist sehr beschränkt (Bild 46.21/352). Immer werden sich hier Enttäuschungen im Liebesleben zeigen, früher oder später. Man darf ihnen aber deshalb nicht ausweichen. Sie sind karmisch bedingt.

Ende in zwei Ästen im Jupiterberg: Sehr günstig, Wohlstand, aufrichtiges und anständiges Wesen (Bild 50/360 links). Fingerlinien verstärken die Bedeutung, wenn senkrecht.

Ein Ast im Jupiter-, ein anderer im Saturnberg: Ungünstig für Partnerschaftsbeziehungen (Bild 50/360 rechts).

Ende direkt unter Saturnberg: Hat Herz, gibt aber nicht alles von sich her.

Ende als ein Ast, den Saturnberg berührend: Mißerfolg, wenn nicht eine gute Sonnenlinie vorhanden ist.

Keine Herzlinie: Selten. Heuchelei, wenn nicht sehr gute Magenlinie vorhanden ist. Gottlos, herzlos.

Brüche in der Linie: Herzleiden, schwere Geburten, eventuell Unfruchtbarkeit; angeboren (Bild 47/354 und Bild 49/358).

Kreuzende kurze Linien: Herzleiden, bei Frauen schwere Geburten; erworben (Bild 49.31/358).

Kopf- und Herzlinie verbunden: Lähmungen von Empfinden

und Denken, daher unbeweglich, weiß sich nicht immer richtig zu verhalten.

Viele senkrechte, kurze Linien: Herzleiden durch Herz- und Leberschwäche.

Herzlinie mit Kopf- und Lebenslinie zusammenlaufend (Bild 46.49/352): gewaltsamer Tod; außerdem: große Leiden in der Liebe und Neigung zu Genuß und Eifersucht; sind die Hände hart, so wird der Betreffende zur Erlangung seiner Wünsche in der Liebe Hindernisse zu überwinden wissen.

Ende unter Jupiter- oder Saturnberg astig wirr: Für Frauen große Geburtsschmerzen (Bild 48.13/356).

Am Anfang eine Linie in den Mondberg gehend: Neigung zu Verbrechen (Bild 46.8/352).

Linie vom Stern in Venusberg nach Herzlinie: Trauer um eine nahestehende Person (Bild 52.7/364).

Insel in der Herzlinie und diese kettig: Neigung zu Herzleiden, ererbt; Liebesenttäuschungen.

Große Verästelung der Linie: Viele und tiefe Herzensenttäuschungen (Bild 48.37/356).

Sehr breite Herzlinie: Venenschwellung; großes Herz (Bild 48.11/356).

Saturn- oder Schicksalslinie
(Bilder 42/344, 45.1–5.11.12/350)

Die Formation und der Verlauf der Saturnlinie sind Schwerpunkte bei der Beurteilung. Daraus erkennt man die Stellung oder das Verhältnis zur Umwelt, den Lebensweg und den betreffenden Zeitpunkt, Erfolge oder Mißerfolge, zum Teil auch Berufsrichtungen. Sie wurde auch Kulturlinie genannt, und im weiteren geistigen Sinne kann sie als Bewußtseinslinie bezeichnet werden.

Dabei ist zu bedenken, daß zum Beispiel Neger, Mongolen, Indianer, teilweise auch Inder, kaum eine Saturnlinie besitzen oder nur kleine Teile davon. Es ist daher notwendig, die Rassenzugehörigkeit des Handeigners immer in Betracht zu ziehen, wenn Beurteilungen vorgenommen werden.

Die Saturn- oder Schicksalslinie zeigt in ihrem Verlauf »unser Barometer für den Lebensweg«, unseren Weg oder auch unser »Auf und Ab«, außerdem Wechselfälle, die wirklich solche sind und nicht nur so genannt werden.

Wenn alle Leute menschlicher wären, würden sie nicht so großen Wert auf allerlei lächerliche Nebensächlichkeiten des Alltagslebens legen. Der Chirologe wird gefragt, ob man einen Stellenwechsel im Beruf ersehen könne; ob man einen »neuen Artikel aufnehmen« soll im Geschäft, um es dadurch zu »heben«; ob man »die größere Reise antreten soll« (von Berlin nach Hamburg), oder ob es »einem gut gehen wird«, oder: »Bessert sich nicht bald meine Lebenslage?«

Wenn man diese Fragen immer wieder hört, dann möchte man sich irgendwo an einen schönen waldigen Ort oder ans Meer flüchten, wo keine solchen Leute sind, die das Leben und seinen Sinn weder erkannt noch begriffen haben, die weder Religion, Gottvertrauen, noch Selbstvertrauen haben und sich ängstlich an eingebildete Ereignisse klammern, die in Wirklichkeit nur Schein und Nebensachen sind.

Dazu ist die Chirologie (die Astrologie) nicht da!

Man sollte mehr die geistige Bedeutung der Ereignisse werten und danach handeln. Was macht es denn aus, ob ich heute oder in einem Monat eine Stellung wechsle? Ich für meine Person meine: so oft wie irgend möglich, damit man mehr Überblick erhält und mehr und Neues lernt.

Die lebenden »Klebemarken«, die so gern ein Leben lang auf einer Stelle, einem Posten, bei einer Tätigkeit hocken, wollen natürlich nichts davon wissen, weil sie an der Materie kleben und an geistigen Dingen keinen Anteil nehmen, sondern nur so tun. Diese Leute werden immer Automaten bleiben. Bei ihnen bedeutet Höherentwicklung: »Aufstieg in Stellung und Beruf«. Weltliche »Erfolge« aber sind keine, sondern nur solche, die Ewigkeitswerte in sich tragen und deshalb nicht verlorengehen können. Das sollte bedacht werden.

Aber für den, der keine Religion (ich meine nicht Konfession!) besitzt, der die Wiedergeburts-Gesetzmäßigkeit nicht bedacht und begriffen hat, ist jede Beratung unnütz. Solche Leute sollen erst Mensch werden und die göttlichen Eigenschaften in sich entfalten, damit sie den Zweck des Lebens erfassen. Dann erst werden sie Nutzen von diesen Wissenschaften haben. Unter dem Begriff »bessere Zeiten« verstehen diese Leute Zeiten, in denen sie mehr Geldmittel zur Verfügung haben.

Es ist Schwindel und Betrug, wenn jemand nach der Hand eine Auskunft gibt wie diese: Sie kommen zu Wohlstand, oder Sie werden reich. In keiner Hand steht ein Zeichen dafür, ob der Betreffende bald drei Mark oder sechshundert Mark oder Tausende erhalten wird. Ist eine Linie für Erbschaft (aus der Lebenslinie kommend, in die Apollolinie mündend) vorhanden, so steht nicht dabei geschrieben, ob es Geld sein wird und wieviel, oder ob es ein alter Großvaterstuhl, sonstige Möbel oder Wertgegenstände sein werden. Man muß die Frechheit bewundern, mit der es manche wagen, dem Ratsuchenden solchen Schwindel einzureden. (Kann man sich da über Feinde der Handlesekunst wundern?)

Außerdem können solche günstigen Zeiten angezeigt sein, aber der Betreffende vernachlässigt die Gelegenheiten, was dann? Er hätte die Zeit nutzen und zu Gewinn kommen können, aber er unterließ es. Diese Ereignisse *müssen* nicht eintreten, wenn man sie nicht beachtet, aber sie *können* eintreten und sollten genutzt werden.

Wir haben Wahlfreiheit, aber keine Willensfreiheit. Wir sollen unsere von Gott erhaltene und unsere bewußt entwickelte Vernunft anwenden. *Das* vergessen die meisten Leute: »Nur nicht denken.«

Wo keine Schicksalslinie vorhanden ist, werden im Leben des Betreffenden keine großen Ereignisse besonderer Art auftreten. Sein Leben ist ziemlich gleichmäßig, öde oder auch leer. Ist die Linie aber gut gezeichnet, das heißt gerade oder gebogen (nicht gewunden), dazu von normaler Breite, 1½ mm, von guter Farbe, zart gerötet, wird auch der Lebensweg gut, gerade sein, das heißt wenig markante negative Störungen aufweisen.

Querlinien beeinflussen diesen Weg selbstverständlich mehr oder weniger; dies ist einer besonderen Betrachtung zu unterziehen. Außerdem müssen bei Unternehmungen und dergleichen noch Zeichen an der Lebenslinie (auf- oder absteigende Äste) genau berücksichtigt werden.

Beginnt die Saturnlinie im Handgelenk, so nimmt sie viel Kraft aus der ererbten Lebenskraft (Bereich der Raszette). Aus diesem Grunde werden sich immer Selbständigkeitsdrang und Selbstwertgefühl bemerkbar machen.

Liegt der Anfang aber in der Lebenslinie, so wird der Betreffende zumeist erst später auf eigenen Füßen stehen oder doch mindestens Hemmungen von seiten der Eltern oder Verwandten aufzuweisen haben. (Einfluß der Lebenslinie zusammen mit negativen Einflüssen des Venusbergs.)

Entspringt die Saturnlinie im Venusberg, so erhält sie auch hieraus ihre Kraftströme, wie jeder Baum seine Hauptkräfte aus dem Bereich zieht, in dem sich seine Wurzeln befinden. In dem Fall ist der Einfluß des anderen Geschlechts sehr fördernd, daher auch: Aufstieg durch positive Mithilfe des anderen Geschlechts. Auswirkung bei einem Mann: Er wird Frauen finden, die ihm durch Geld oder andere Mittel tatkräftige Unterstützung zuteil werden lassen, damit er seine Pläne verwirklichen kann. Es muß nicht mit »Ehe« zusammenhängen, kann aber. Bei einer Frau: Männer werden sich bemühen, ihr den Weg des Aufstiegs zu erleichtern (siehe die Filmschauspielerin Geraldine Farrar).

Der Zeitpunkt läßt sich nicht genau bestimmen. Jeder Mensch sollte geduldig warten lernen. Die Auswirkung kommt immer dann, wenn es schicksalsmäßig paßt und für die eigene Entwicklung am günstigsten ist, nicht vom kleinlich-egoistischen Standpunkt aus betrachtet, sondern von hoher kosmischer Warte aus gesehen. Auf die geistige Führung eines jeden Menschen kann man sich sicher verlassen; man erkennt oft erst viel später die Gesetzmäßigkeit.

Beginnt die Saturnlinie im Mondberg, so sind die Einflüsse wieder andere: Aufstieg durch indirekte Mithilfe des anderen Geschlechts; das heißt Verbindungen und Beziehungen sowie Bekanntschaften sind günstig zur Förderung im Aufstieg. Das andere Geschlecht wird sich immer irgendwie darin bemerkbar machen (Mond); vorhanden sind aber auch undefinierbare Einflüsse, so der Wechsel der Dinge, »Laune des Schicksals«, Mode und Konjunktur, Reisen, Ausland, Ausländer, und was sonst noch unter den Begriff »Zufälligkeiten« (die es in Wirklichkeit nicht gibt) fällt. Alles Mondeinflüsse: das Mysteriöse, Wechselartige, Stimmungs- und Launenhafte, Unvorhergesehene.

Eine gute lange Linie, aus dem Mondberg kommend, zum Saturn- oder noch besser zum Jupiterberg gehend, ist günstig für Reisen und Aufenthalt in Übersee und läßt auf eine Neigung zu Naturwissenschaften schließen. Verläuft diese Saturnlinie aber nur in der rechten Hand – wie beschrieben – und hat sie in der linken Hand andere Formation, so bedeutet dies, daß die günstige Zeit für Ebengenanntes erst mit dem 28. Lebensjahr beginnt.

Man darf aber nicht eine Saturnlinie, die im Mondberg beginnt, als ein ungünstiges Zeichen auffassen. Ich persönlich schätze sie als eine der besten Konstellationen, wenn auch die Auswirkung nicht immer angenehm ist. Doch das macht wenig aus. Man lernt durch diese »undefinierbaren« Einflüsse und »Zufälligkeiten«, sich besser auf das Leben und seine Vielseitigkeiten einzustellen.

Die Bezeichnungen »gutgehen« und »schlechtgehen« sind nur Einbildung. Es *geht*. Wie? Das kommt auf die Auffassung des Betreffenden an und auf das Maß seiner erworbenen Lebenskunst. Hat man es zu einer kosmischen Weltanschauung gebracht, hat man die Angst überwunden. Nichts kann überraschen, weil man auf Unerwartetes eingestellt ist. Wer weiter mit Sorgen und Ärger reagiert, befindet sich auf dem Weg zum seelischen Selbstmord.

Sich dem Schicksal stellen und die sich bietenden Gelegenheiten für die Bewußtseinsentwicklung nutzen, das ist Lebenskunst. Sich *gegen* das Schicksal auflehnen, das ist Dummheit und schadet nur.

Eine Saturnlinie aus dem Marsberg kommend, gibt Lebenskampf, gibt aber auch das Maß von Mut, sich durch seelische Kraft oder passive Widerstandskraft durchzusetzen. Diese Konstellation findet sich zum Beispiel in den Händen der ehemaligen Opernsängerin Claire Dux. Sie war in ihrer Jugend

Kontoristin und brachte es durch Fleiß und Aufbietung aller Kräfte zur Kammersängerin.

Meist endet die Schicksalslinie im Saturnberg, denn bei den meisten hängen das Leben und der Lebensweg doch stark mit der Materie oder dem Materiellen (das heißt dem Irdischen und Vergänglichen – Saturnprinzip) zusammen; daher auch mit Erde, Grund und Boden, Haus, Heim, Landwirtschaft; Verdichtungsprinzip, das Solide.

Endet die Saturnlinie im Jupiterberg, so wird sich in der Auswirkung folgendes zeigen: Entweder wird der Betreffende sich um eine Staatsstellung, Beamtentätigkeit bemühen, oder, falls es ihm nicht gerade »gut« geht und er scheinbar in Not gerät, findet sich immer unvorhergesehen eine »rettende Hand« (Prinzip für Protektion, Schutz, Fürsprache).

Endet die Saturnlinie aber in der Anfangslinie des Venusgürtels, so ist das ein bedenkliches Zeichen. Zeigt es sich in den Händen eines jungen Mädchens, so mag sie gut auf der Hut sein vor Entführung, Verschleppung oder Mädchenhandel. Ich fand dieses Zeichen oft mit der Bestätigung, daß derartige Versuche tatsächlich vorgekommen sind. Gerade die letzte Bedeutung zeigt wohl zur Genüge, wie sehr die Benennung dieser Linie berechtigt ist. Nur Unwissende haben dafür ein Lächeln, um ihre eigene Unwissenheit zu verbergen. Sie werden aber durch die harte Schule der Erfahrung klug werden. Widerstände sind notwendig für die Entwicklung des Menschen.

Das Enden der Saturnlinie im Apolloberg weist auf einen Lebensweg mit künstlerischer Richtung. Hierbei muß aber die Apollolinie selbst in Betracht gezogen werden als »Berufsbahn des Künstlers«.

Entspringt die Schicksalslinie innerhalb des »Großen Dreiecks«, dann berührt sie weder Lebenslinie noch Magenlinie, das heißt, der Träger dieses Zeichens hat einen härteren Lebenskampf zu erwarten. Dazu benötigt man Mut und Ausdauer (siehe Daumen). Ist aber genügend Heiterkeit des Herzens vorhanden, dann ist der Lebenskampf bedeutend erleichtert und wirkt nicht deprimierend oder verbitternd. Es liegt immer an der persönlichen Einstellung zu den Dingen und Verhältnissen. Einer nennt etwas gut oder Glück, was dem anderen Unglück oder Böses bedeuten würde. Alles nur Begriffe, denn es gibt weder Glück noch Unglück, weder Gut noch Böse in der Hinsicht. Alles ist nur Ereignis. Wie man es ansieht, liegt in der eigenen Einstellung.

Besondere Identitäten der Saturnlinie sind: das sich Verdichtende, das Stabile, das Solide, die Konzentration.

Fehlende Linie: Nicht notwendig negativ. Ein Lebensweg, der eher inhaltsleer und instabil ist; der Handeigner will sich nicht seiner Umwelt anpassen, sondern wird oft versuchen, sich ihr zu widersetzen.

Doppelt und gut: Günstiges Schicksal; kann mehrere Berufe nebeneinander haben, wenn gute Kopflinie vorhanden. Eine zweite Saturnlinie, vom Mondberg kommend, gibt Neigung zu Erfindungen durch Intuition (Bild 45.4/350).

Schicksalslinie vom kleinen Marsberg, = oberer Teil Venusberg entspringend: Lebenskraft wird durch Mut freigesetzt oder auch durch großen Einsatz abgerufen.

Doppelt und gewunden: Unannehmlichkeiten, Neigung zum übermäßigen Schwelgen und dadurch Krankheiten (Bild 47.9/354).

Eine Linie *gebrochen und wellenartig*: Störungen in der Gesundheit, Neigung zu Fieber und Zank; viel Wechsel im Leben (Bild 47.9/354).

Beginn in Lebenslinie: In der Entfaltung durch Verwandte gehindert, Erfolg erst später, da Abhängigkeit nachwirkend ist (Bild 45.2/350).

Beginn in Raszette: Selbständigkeitsdrang, guter Erfolg durch sich selbst; wird oft eine Persönlichkeit; kommt auf den einzelnen Menschen an (Bild 86/406 und Bild 45.3/350).

Beginn im Venusberg: links: verliebte Natur; wenn auch *rechts*: Bedient sich seiner Macht über das andere Geschlecht (Bilder 45.1/350 und 89/409). Aufstieg durch das andere Geschlecht.

Anfang im Mondberg: Erfolg hängt stark von anderen Menschen, eventuell vom anderen Geschlecht ab. Auch indirekte Erfolge durch das andere Geschlecht (Bild 45.4/350). Reisen, Wechsel.

Anfang unterer Mondberg, klar bis Saturnberg: Mediale Anlagen, Psychometrie (Bild 82/402). Erfolg in Übersee.

Anfang im Marsfeld: Leben und Streben mit viel Kampf (Bild 46.11/352).

Beginn im Marsberg: Durchsetzung und Verwirklichung durch eigene Kraft und Mut (Bild 45.5/350).

Beginn im Mondberg und mit der Herzlinie verknotet, Ende im Jupiterberg: Reiche, gute Heirat.

Anfang durch die Raszette gehend: Viel Sorgen, Ärger und Elend.

Anfang nahe Raszette, Ende in Herzlinie: Unglück durch Herzensaffären, Hemmungen (Bild 48.29/356).

Anfang nahe Raszette, Ende in Kopflinie: Irrtum und falsche Einschätzung verhindern Erfolge (Bild 48.8/356).

Beginn an der Kopflinie: Erfolg spät im Leben, viel Arbeit und Sorgen, auch gefährdete Gesundheit.

Beginn an der Herzlinie (aufwärts): Ruhigere Zeiten erst nach dem vierzigsten Lebensjahr; außerdem: der Lebensweg wird vom anderen Geschlecht in späteren Jahren fordernd beeinflußt (Bild 45.12/350).

Beginn in Magenlinie: Gute gesundheitliche Verfassung, wirkt sich förderlich auf den Lebensweg aus.

Beginn im Handtisch: Sorgen, Unglück, eventuell Gefängnis, wenn nicht kleines Viereck auf Saturnberg (Bild 47/354).

Ende im Jupiterberg: Viel Erfolg, Protektion, Ehrgeiz, Wohlstand (Bild 45.11/350).

Ende im Saturnberg: Erfolg in Dingen, die mit Erde zusammenhängen, Landwirtschaft, Obst, Blumen, Metall, Minen, Stein, Forst, Häuser, aber auch in bezug auf Religion (Bild 49.10/358).

Ende im zweiten Glied des Saturnfingers: Große Erfolge zum Guten oder Bösen, sehr launisches Glück.

Ende im dritten Glied des Saturnfingers: Trauriges, böses Geschick, Gefahr für Mord, Gefängnis (Bild 46.52/352).

Ende im Apolloberg: Erfolg in Kunst, Spekulation, Wohlstand (selten).

Ende im Merkurberg: Erfolg in Handel, Industrie, Wissenschaft und Reden (selten).

Ende in der Kopflinie: Verhältnisse werden durch Unklugheit und Irrtum nicht genutzt.

Ende in der Herzlinie: Günstige Verhältnisse werden durch Herzensaffären und Leidenschaften verscherzt (Bild 48.29/356).

Ende im Schwung verlaufend im Venusgürtel (Teil zwischen Jupiter- und Saturnfinger): Warnt vor Verschleppung (Opfer des Mädchenhandels usw.), eventuell Adoption.

Magenlinie
oder Leber-, Merkur- oder Gesundheitslinie
(Bilder 42/344, 48.6/356, 45.25/350)

Die Magen- oder Leberlinie entspringt entweder in der Lebenslinie, im Venusberg, in der Handwurzel oder auf dem unteren Teil des Mondbergs und läuft in der Richtung zum Merkurberg.

Die meisten Bedeutungen der Magenlinie sind gesundheitliche, weshalb ich sie im besonderen in meinem Werk *Medizinische Hand- und Nageldiagnostik* beschreibe.

Zu einer »erfolgreichen« Hand gehört eine gute Magenlinie, das heißt eine Linie, die in ihrem Verlauf gut gezeichnet ist und auch eine gute Farbe hat. (Der »Erfolg« des Menschen hängt mehr als man glaubt von guter Stimmung und gesunden Nerven ab. Wenn keine gute Funktion der Drüsen und keine gute Beschaffenheit der Nerven vorhanden ist, *kann* auch keine heitere Stimmung aufkommen, weil die Basis hierfür fehlt.)

Zähigkeit der körperlichen Widerstandskraft setzt ebenfalls gesunde Nerven und eine gute Drüsentätigkeit sowie gutes Arbeiten der Verdauungsorgane voraus. Hier wie überall ist logisches Nachdenken Voraussetzung, um die Basis zu finden, die anzeigt, worauf alles beruht.

Aus dem Gesamtbild dieser Linie, ihrer Beschaffenheit, ihrem Verlauf und ihrer Farbe lassen sich sehr gute Schlüsse auf den allgemeinen Zustand der Nerven, der Verdauungsorgane und Drüsentätigkeit ziehen. Die Linie soll entweder ganz und gut oder gar nicht vorhanden sein.

Gut geprägte Magenlinie verbessert die Bedeutung einer schlechten Saturnlinie (Bild 65/388).

Guter Zweig in den Saturnberg: Sehr günstig für Berufe, verbunden mit Erde.

Guter Zweig von Magenlinie nach Apolloberg: Sehr günstig für die Ausübung der Heilkunde durch Naturmittel, Magnetismus und Verwandtes (Bild 65/388).

Guter Zweig in den Merkurberg: Sehr günstig für die Ausübung der Medizinalkunde, Chemie, Pharmazie.

Guter Zweig in den Marsberg: Ist günstig zur Ausübung eines Berufes, der mit Metallen verbunden ist; außerdem läßt dieses Zeichen folgern, daß der Betreffende mutig und heftig ist (Bild 49.8/358).

Entspringt die Magenlinie zu weit auf dem Mondberg, ist die Milz beeinflußt – was nicht immer krankhaft sein muß. Dies gibt Neigung zu eigenartigen Gedanken, was sich mehr oder weniger im Handeln zeigt. Man spricht von Menschen, die einen »Spleen« haben. Spleen ist aber der (englische) Name für Milz (Bild 45.25/350).

Klare, bis tief in den Merkurberg hineinreichende Magenlinie ergibt gute Begabung für fremde Sprachen (Bild 48/356). Warum? Eine Linie von derartiger Beschaffenheit zeugt von guter Verdauungstätigkeit, guter Beschaffenheit der Drüsen sowie der Gesamtnerven; außerdem ist sie ein Zeichen von großer Lebenszähigkeit. Wer diese physischen Qualitäten aufweisen kann, der hat auch die Grundlage für das Sprachenstudium.

Appollo- oder Sonnenlinie
(Bilder 42/344, 45.10/350)

Eine gute Sonnenlinie ist notwendig, um eine »glückliche Hand« zu haben; sie stärkt eine schlechte Saturnlinie und beeinflußt alles in günstiger Weise.

Besondere Identitäten der Sonnenlinie sind Ruf, Ehren, Erfolg, Geld, Kunstbegabung, Wohlstand, Erbschaft, Gunst.

Anfang in der Lebenslinie: Erfolg selbst erarbeitet.

Anfang nahe der Raszette, im ersten Fingerglied endend: Intuition: Ahnendes Erkennen. Genie, weltberühmt. Solche Sonnenlinie hatten Lord Roberts, Goethe, Napoleon I.

Lange Apollolinie gibt Bekanntwerden. Verstärkt wird dies durch Sonne auf Apolloberg (Bild 88/408). Eine lange, gute Apollolinie besagt auch, daß die Vorfahren wohlhabende, begüterte Personen waren. In der rechten Hand: väterliche, in der linken: mütterliche Generation.

Anfang im Mondberg: Erfolg durch äußere Umstände, von der Laune des Schicksals; Erfolg durch andere Menschen, sowohl direkt als auch indirekt (Bild 50.35/360 und Bild 88/408). Phantasievolle Intuition.

Anfang im Venusberg: Erfolg durch das andere Geschlecht (Bild 89/409) durch direkte Hilfe. Schöpferische Intuition.

Anfang im Marsfeld: Erfolg kostet sehr viel Streben und Mühe, Ärger (Bild 46.9/352).

Anfang im Marsberg: Erfolg durch viel Fleiß und Energie; eventuell wird auch Rücksichtslosigkeit und viel Egoismus angewandt, um das ersehnte Ziel zu erreichen, was aus der ganzen Hand erkannt werden muß (Bild 49.7/358).

Anfang in Magenlinie: Zähigkeit, Ruhe und Gelassenheit bei Ausübung künstlerischer Tätigkeit.

Anfang in Kopflinie: Will mit dem Verstand konstruieren, es fehlt an künstlerischer Gestaltungskraft.

Gebrochen innerhalb des Handtisches: Mißerfolge, die dennoch gut enden (Bild 47.20/354).

Kurze Sonnenlinie: Wenig Erfolge, und wenn, erst später (Bild 50.26/360).

Mehrere kurze Parallelen: Vielseitig und exzentrisch (Bild 46.47/352). Sinn für Musik und Zeichnen.

Querlinien, die vom Saturnberg kommen: Hindernisse, Neid oder Belastungen durch arme Verwandte, eigene häusliche Hindernisse (Bild 46/352).

Querlinien, die vom Merkurberg kommen: durch Intrigen und Neid verdorbene Pläne und Unternehmen.

Sonnenlinie, vom Venusgürtel geschnitten, bedeutet immer: Hindernisse im allgemeinen, welche sehr schwer zu überbrücken sind (Bild 47/354).

Sonnenlinie, vom Venusgürtel geschnitten, bedeutet immer: Hindernisse im allgemeinen, welche sehr schwer zu überbrücken sind (Bild 47/354).

Wenn der Venusgürtel von der Sonnenlinie geschnitten wird und an derselben Stelle plötzlich aufhört, so ist Gefahr vorhanden, daß der Betreffende, zu Leichtsinn und Genußsucht neigend, dadurch seinen Wohlstand verliert. Leichten Sinn im guten oder schlechten Sinne.

Eine Linie, die vom Venusberg kommt und in die Sonnenlinie mündet: Geldzufluß, eventuell Erbschaft. Am Anfang dieser Linie im Venusberg ein Stern, bedeutet: Geld- oder Wertzuwachs durch Erbschaft und Tod eines nahestehenden Menschen (Bild 52/364). Schneidet dieselbe Linie aber die Sonnenlinie und geht über sie hinaus, so warnt sie vor materiellem Verlust.

Krumme Finger und hohle Hände sind selbst für die beste Sonnenlinie große Hindernisse und besagen oft, daß sich Gedanken und Pläne in schlechten Bahnen befinden.

Venusgürtel
(Bilder 42/344, 46.48/352, 48.16/356)

Der Venusgürtel gibt passive Kraft und Neigung zu Poesie und Literatur. Feinnervigkeit der Sexualorgane. Es ist zu beachten, ob die Hand gut oder schlecht, hart oder weich ist.

In guter Hand: Intelligenz und Feinfühligkeit.

In schlechter Hand: Liebe zu Genuß; mehr noch, wenn doppelt oder gebrochen (Bild 46.48/352).

In harter Hand: Energie und Rastlosigkeit; mehr noch, wenn gebrochen.

In weicher Hand, die auch sehr dick und weiß ist (ohne die Farbe bei Hitze oder Kälte zu wechseln), rosa Nägel, dazu einen großen Venusberg sowie auf dem Merkurberg eine Intrigenlinie aufweist, wirkt der Einfluß des Venusgürtels übel, das heißt nervenzerrüttend, schwächend.

Venusgürtel *zerrissen,* Mond- und Venusberg stark entwickelt, eventuell dazu noch eine Uranuslinie: starke Neigung zu Hysterie.

Ende auf Merkurberg: In schlechter Hand: Neigung zu Unaufrichtigkeiten.

Ende in einer Ehelinie: Der andere Eheteil wird der Führende sein (Bild 48.16/356). Schwaches Rückgrat.

Nur der Anfang vorhanden, vor der Saturnlinie endend sowie die Stellen freihaltend, die von Saturn- und die Sonnenlinie durchzogen werden (Bild 49.16/358): nicht ungünstig. Unterdrückte Sexualität.

Geschnitten durch Ende der Apollolinie: Verluste durch Leichtsinn.

Geschnitten durch senkrechte Linien: Nervenleiden.

Wenn ein halber Venusgürtel, Nähe Jupiterberg, in einem Schwung in die Saturnlinie läuft: Warnung vor Entführung (Mädchenhandel), Adoption.

Uranus- oder Intuitionslinie
(Bild 42/344)

Diese Linie entspringt im unteren Mondberg und verläuft bogenartig zum Merkurberg oder als gerade Linie parallel zur Magenlinie, was aber selten ist. Sie darf mit einer doppelten Magenlinie nicht verwechselt werden.

Man findet sie in den Händen mehr oder weniger sensitiver Personen (nach Kriegen bedeutend öfter), sie besagt: passive Kraft, Intelligenz, gute Intuition und mediale Fähigkeiten, Anlage für Gedankenlesen und Empfinden, Psychometrie, Symboldeuten, Graphologie, Astrologie, Chiromantie, Psychoanalyse. (Obgleich Intuition für die Wissenschaften *nicht erforderlich* ist, leistet sie doch in der *Ausübung* gute Dienste.)

Uranuslinie, die zum Apolloberg strebt, ist sehr günstig für eigene Erkenntnisse (Forschungen, Erfindungen).

Insel am Anfang der Linie: Anlage zum Hellsehen oder Hellhören.

Offene Insel am Anfang der Linie: Neigung zu Launen; übertriebene Phantasie und eventuell Leichtsinn.

Insel am Ende der Linie: Neigung zu Schlafwandeln und gefährlichem Somnambulismus.

Stern auf der Linie: Warnt vor Verlusten, besonders wenn gebrochene Saturnlinie.

Stern nahe der Linie auf Mondberg: Warnt vor Gefahr durch Schiffbruch.

Neptun- oder Giftlinie (Bilder 42/344 und 51.57/362)

Sie entspringt aus der Lebenslinie oder im Venusberg (was ungünstiger ist) und strebt dem Mondberg zu. Sie gibt Neigung zu Genüssen schädlicher Art, Hang zu narkotischen und berauschenden Dingen (Tabak, Haschisch, Opium, Morphium, Kokain, Parfüm). Am Ausdruck der Linie erkennt man, wieviel von solchen Giften im Organismus enthalten ist. Das gleiche Bild zeigt sich, wenn Impfgift den Organismus schädigte oder andere Arzneigifte im Körper lagern und ihn schädigen. (Auch in der Iris gut erkennbar.) Besondere Identität der Neptunlinie: übersteigerte Sensibilität.

Von Lebenslinie bis hoch in den Mondberg: Frühes Altern durch Gifte (Vergiftung des Organismus; Bild 51.57/362).

Aus Venusberg kommend: Arznei- oder Impfgift tiefer in den Organismus eingedrungen.

Waagrecht vom Venusberg in den Mondberg, sehr starke Linie, die waagrecht vom Venusberg in den Mondberg reicht: Giftstoffe wurden durch die Erbmasse übernommen oder durch Spritzen bei der Entbindung übertragen (Bild 48.22/356); schwache Nerven.

Insel in dieser Linie: Tiefes Leid in der Liebe.

Isis- oder Temperenzlinie (Bilder 42/344, 48.20/356)

Diese Linie ist eine senkrechte, gerade Linie, die (wenn auch selten) auf dem Handrand zu finden ist. Sie gibt Lebensernst und Anlage zur Enthaltsamkeit (Temperenz), Disziplin.

Das habe ich in bezug auf diese Linie beobachtet. Sie fehlt in der ganzen Literatur und wird nur sehr selten und ohne nähere Erklärungen erwähnt.

Raszette oder Armband
(Bild 42/344)

So werden die Linien genannt, die um die Handwurzel liegen und die Grenze zwischen Hand und Arm bilden. Nach der Zahl dieser Ringe das Lebensalter bestimmen zu wollen, ist unzuverlässig; man kann lediglich ihre Anzahl und Güte für die Lebenskraft bei der Beurteilung der physischen Kraft und Zähigkeit in Betracht ziehen. Besondere Identitäten: Sorgen, Arbeit, Maß der physischen Kraft, Stammbaum (Herkunft).

Drei Ringe (nicht zerrissen): Stärken eine schwache Lebenslinie (Bild 46/352).

Erster Ring kettenartig: Arbeitsreiches Leben (Bild 45.23/350).

Schlecht geformte Linien: Sorgen, Neigung zu Extravaganzen.

Schlecht, dünn und schwach: Kränkliche Körperkonstitution (Bild 49/358), darum wenig Durchsetzungsvermögen und Verwirklichung.

Sehr blaß und breit: Schwäche, Kränklichkeit und Melancholie.

Aus der Raszette eine Linie nach dem Mondberg: Lange Reisen (Milchstraßenlinie).

Aus der Raszette nahe dem Handrand eine oder zwei Linien, die zum Mondberg führen: Warnung vor falschen Freunden (Bild 47.5/354).

Linie *in den Venusberg*: Günstige Ehe (Bild 47.4/354). Freunde.

Linie *zum Merkurberg*: Wohlstand durch Handel, Wissenschaft.

Linie *zum Saturnberg*: Wohlstand durch Dinge, die mit der Erde in Zusammenhang stehen (Landwirtschaft, Archäologie, Ölraffinerien, Bergbau, Kohle, Erze, Edelsteine).

Endet solche Linie in einem Stern, so ist immer Gefahr mit diesen Dingen verbunden.

Linie, *die Magenlinie schneidend*: Leid, Lebensüberdruß und Schwermut.

Punkt in der Raszette: Mißerfolg und Sorgen.

Erste Raszettelinie nach der Handmitte hochgewölbt: Ein Zeichen für schmerzhafte, schwere Geburten (Bild 48.29/356).

Ehelinien

Die Ehelinien zeigen hauptsächlich an, wann der Mensch seiner Entwicklung entsprechend und daher schicksalsmäßig die günstigste Zeit zur Wahl eines Ehepartners hat. Diese Linien befinden sich am Handrand auf dem Merkurberg.

Natürlich steht in der Hand nicht, ob oder daß man zum Standesamt geht. Schließlich ist davon eine Ehe auch nicht abhängig. Immer sind diese Linien jedoch Angaben von Ehemöglichkeiten; ob eine Ehe- oder Herzensverbindung wahrgenommen wird, bleibt die freie Entscheidung.

Für die Zeitbestimmung teilt man ein: Herzlinie zehn Jahre; Fingerbeuge des Merkurfingers: sechzig Jahre; eine Linie auf der Mitte des Merkurbergs: dreißig Jahre. Eine Linie, die von der Ehelinie zur Lebenslinie reicht, bedeutet Traurigkeit. Der Zeitpunkt ist an der Lebenslinienkreuzung abzumessen.

Diese Beziehungslinien (Ehelinien) müssen mehr in geistiger Bedeutung gewertet werden. Eine wahre Ehe ist immer eine Herzens- und bei vielen eine Wirtschaftsgemeinschaft. Die Dauer ist nicht ausschlaggebend. Das tägliche und praktische Leben beweist uns, daß eine Ehe einen Tag, ein Jahr, dreißig Jahre oder länger dauern kann. Das Prinzip ist und bleibt in jedem Fall das gleiche.

Zu berücksichtigen sind auch Inseln in der Saturnlinie, ferner der Venusberg, unter Umständen auch der Jupiterberg. Außerdem: Linien, die aus dem Mondberg zur Saturnlinie hinführen, die Herzlinie (»Flirtzeichen«), und Linien, die von der Herzlinie zu einem der oberen Berge, außerdem zum Venusberg oder zur Kopflinie reichen.

Zeichen, die auf den Beziehungslinien stehen oder sich direkt in ihnen abzeichnen, werden im Abschnitt »Zeichen auf den Linien und Handbergen« bei »Merkurberg« erläutert.

Marslinie
(Bild 42/344)

Hier ist zu unterscheiden, ob die Marslinie (eine gut markierte Linie, die aus dem Daumenwinkel oder dem kleinen Marsberg entspringt, kurz oder lang) oder ob eine Mars-*Einfluß*linie vorliegt.

Erstere gibt in einer schlechten Hand, das heißt einer Hand, die aus der Form und der Konstellation der Linien böse oder niedere Eigenschaften des Betreffenden erkennen läßt, hitziges, gewalttätiges Temperament und Wesen, besonders wenn die Lebenslinie dick und rot ist.

In einer guten Hand gibt sie Willensstärke, verstärkt die Kraft der Lebenslinie und Gesundheit.

Andere dünne und feine Marslinien sind Einflüsse des anderen Geschlechts oder aber Bestärkung von Freunden, was allerdings seltener ist.

Eine ganz lange, dünne Linie, die den Anschein erweckt, eine doppelte Lebenslinie zu sein, gibt Liebe zu Luxus und Extravaganzen.

Milchstraßen- oder Weisheitslinie
(Bild 42/344)

Diese Linie ist nicht sehr oft anzutreffen. Sie entspringt in oder nahe der Raszette und verläuft in paralleler Richtung mit der Magenlinie. Gewöhnlich ist sie nur kurz, einige Zentimeter, selten vier bis sechs Zentimeter lang.

Gut und gerade verlaufend, gibt sie Neigung zu Beschaulichkeit und Innigkeit, ebenso angeborene Lebensklugheit und, wie die alte Literatur sich ausdrückt: Personen, die »mit Hilfe der Frauen und der Pfaffen vieles vollbringen können«.

Linie gedreht und zerrissen: zeigt eine innerlich sich selbst quälende Natur an; eine unglückliche »zerrissene« Seele, voll Unzufriedenheit, die am Schmerz hängt.

Sehr lange Linie, die bis an den Mars- oder Merkurberg reicht: Glück in fernen überseeischen Ländern.

Stern in dieser langen Linie: Gefahren in fernen Ländern.

Zerrissen in viele kleine Linien und Parallelen: Nervosität oder Hysterie infolge gewaltsam unterdrückter oder absonderlicher Leidenschaft.

Dreiecke

Das »Große Dreieck« wird gebildet durch die Lebens-, Kopf- und Magenlinie. Es wird auch Marsfeld genannt (Bild 45/350: A–B–C).

Ist das »Große Dreieck« recht groß in der Fläche und sind alle drei Hauptlinien gut und klar gezeichnet, die drei Winkel ebenfalls klar, so sind gute Gesundheitsverhältnisse gegeben, auch gutes Gedächtnis (wenn der Blinddarm noch vorhanden ist).

Sind die Linien aber unklar, wellenartig, undeutlich oder überhaupt schlecht gezeichnet, so hat der Betreffende niedrige Eigenschaften und ist niedriger Handlungen fähig.

Wenn anstelle der Magenlinie die Sonnenlinie den Abschluß bildet: Große Individualität mit seelischer Stärke und geistigem Bewußtsein.

Zu beachten sind die verschiedenen Winkel A, B, C.

Winkel A, zwischen *Lebens- und Kopflinie*:

spitz, klar, gleichmäßig: Kultivierte Gedanken, Feinsinnigkeit und Klarheit des Geistes, klug.

stumpf: stumpfsinniger Selbstverständlichkeitssinn, kein Takt, materiell.

stumpf und weit: Ungeduldiges, hastiges Wesen.

Winkel B, zwischen *Kopf- und Magenlinie:*

klar und gut: Gute Gesundheit, schnelles Begreifen.

sehr scharf: Zarte Gesundheit, nervöse Art.
sehr stumpf: Stumpfsinn, Arbeiten ohne Interesse.
Winkel C, zwischen *Lebens- und Magenlinie:*
sehr scharf: Schwache Gesundheit, Neigung zu Geiz.
stumpf: Starke Natur, großzügiges Denken.
(Man vergleiche und kombiniere mit den entsprechenden Stellen der Hände.)

Das »Kleine Dreieck« wird gebildet durch die Magen-, Kopf- und Saturnlinie (anstelle der Saturnlinie kann auch die Sonnenlinie den Abschluß bilden), Bild 45/350: D–B–E.

Ein geistiger Arbeiter sollte ein gutes »Kleines Dreieck« haben, um Studien aufnehmen zu können, die tiefdringende Geisteskraft erfordern. Es wäre gut, dies bei der Bildung und Erziehung von Kindern zu beachten.

Das »Hohe Dreieck« wird gebildet von Herz-, Sonnen- und Magenlinie (Bild 48.47/356). Es zeigt gute Befähigung zum Studium der Geisteswissenschaften.

Großes Viereck
(Bild 45/350: B–D–F–G)

Das »Große Viereck«, auch »Handtisch« genannt, wird gebildet von Herz-, Kopf-, Magen- sowie der Saturnlinie oder der Sonnenlinie. Es repräsentiert die Disposition gegenüber den Mitmenschen.

Gut und gleichmäßig: Ausgewogenes Denken und Klugheit (Bild 45.15/350).
Zu schmal: Sorge um den guten Ruf (Bild 48/356). Asthma.
Zu weit unter Merkurberg gelegen: Großzügigkeit ändert und steigert sich zu großer Ökonomie.
Schlecht gezeichnet: Sorge, Unglück, schlechte Neigungen.
Sehr schmal in der Form: Mangel an Toleranz; rechthaberisches Wesen, Asthmadisposition.
Viele kleine Haarlinien enthaltend: Geschwächte Kopfnerven (Ursache: Magen).
Viele kleine Kreuze: Warnt vor Brandschaden und Verletzung dadurch (Bild 49.12/358).

Großer Stern: Materielle Güter zu erwerben ist sehr schwer; dagegen sind Bekanntschaften mit dem anderen Geschlecht leichter und von Vorteil (Bild 49/358).

3. Die Zeichen in der Hand

Allen Zeichen und allen Linienformationen ist genaueste Beachtung zu schenken. Um sich von ihnen keine falschen und unklaren Vorstellungen zu machen, füge ich klare Abbildungen bei (Bild 44/347). Manche Zeichen können durch Linien geformt sein, sie müssen es aber nicht; auch brauchen sie durchaus nicht allein zu stehen. Beides kommt aber oft vor. Es ist nicht ein Zeichen allein zu beachten, sondern auch, mit welchen Linien und Bergen es in Verbindung steht.

Aus der Form der einzelnen Zeichen ersehen wir schon eine ganz bestimmte Gesetzmäßigkeit, und wer tiefer über die Entstehung nachdenkt, wird auch die Ursache erkennen. Es ist selbstverständlich, daß diese ganz bestimmten Zeichenarten nicht zufällig und zwecklos an den bestimmten Stellen stehen. Ein Kreuz besteht immer aus zwei kleinen Linien. Linien sind, wie ich schon sagte, Flüsse astraler Energien. Wenn eine solche kleine Linie auf einer Stelle erkennbar wird, muß an dieser Stelle auch etwas ganz Bestimmtes einer Ursache vorhanden sein. Wieviel mehr noch, wenn sich zwei Linien in einem Kreuz oder einem Stern schneiden!

Ein Ring ist wieder ein anderes Zeichen und muß dementsprechend auch wieder eine andere bestimmte Bedeutung haben. Physiologisch ist die Ringlinie – die ja nicht allein auf der Haut liegt, sondern viel tiefer greift – eine Begrenzung, ein Abschließen von einem kleinen Feld von vielen kleinen Zellen, die naturgemäß auch eine Anzahl Nervenenden enthalten.

Ein Gitter ist ein Zusammenschluß sehr vieler Kreuze. Siehe hierzu das eingeklammerte Bild 44.5/347. Es gibt viel mehr Zeichen, als man allgemein annimmt. Man muß sich verdeutlichen, daß alle Zeichen Symbole, Zeichensprache des Kosmos sind. Wunschgemäß sind diese verschiedenen Zeichen auf Bild 44/347 ersichtlich.

Wenn wir uns klarmachen, wie ein Zeichen entsteht, was es ist und wie es konstruiert ist, ist eine Erklärung naheliegend. Als Beispiel nehmen wir eine gegebene Linie. Durch eine bestimmte Kraft oder einen Kräfteeinfluß bildet sich eine zu dieser senkrecht verlaufende Linie. Es entsteht ein Schnittpunkt und damit ein Kreuz. Schneidet nun noch eine weitere Linie dieses Kreuz im Schnittpunkt, so entsteht ein Stern; das Kreuz besteht also aus zwei Kräften, der Stern aus drei. Damit wird bewiesen, daß der Stern in seiner Wirkung stärker ist.

Ein Kreuz oder ein Stern brauchen jedoch nicht an einer Linie zu hängen, sie können auch selbständig stehen. Diese alleinstehenden Sterne und Zeichen haben stärkere Wirkungen, als wenn sie mit Linien verbunden sind.

Betrachten wir die Genauigkeit und Symmetrie bei Stern, Dreieck, Viereck, Buchstaben, Rune, Symbol, so muß man unbedingt zu der Überzeugung kommen, daß hier bewußte Kräfte und Gesetzmäßigkeiten arbeiten.

Es ist *nicht* gleichgültig, an welcher Stelle der Hand ein solches Zeichen erscheint, denn da auch jede Stelle wieder mit einem bestimmten Organ verbunden ist und dieses wieder durch Gedankenkräfte mehr oder weniger beeinflußt wird (Denkart, daher Anschauung, Charakter), so ergibt sich von selbst die Erkenntnis, daß Krankheit, Charakter und Lebensanschauung in Wechselwirkung stehen, voneinander abhängig sind und sich gegenseitig beeinflussen. Verkehrtes Denken ergibt Krankheit, und Krankheit ist verkehrtes Denken.

Ein roter Punkt zum Beispiel zeigt eine allerfeinste Ansammlung von Blut, eine Verletzung im kleinsten Sinne. Weil die Stelle, an der der rote Punkt erscheint, mit einem bestimmten Organ in Verbindung steht, aber auch mit einer bestimmten Stelle des Gehirns, so ergibt sich hieraus, daß in dem betreffenden Organ eine wenn auch sehr kleine Veränderung eingetreten ist; ebenso auch, daß die entsprechende Stelle im Gehirn – wenn auch nur sehr minimal – eine Beeinflussung erlitten hat. So wirkt sich der rote Punkt zum einen organisch (als Leiden oder Krankheit) aus, zum anderen durch das Gehirn, im Denken oder Handeln.

Mit dem blauen und braunen Punkt ist es ebenso, nur daß sie nicht mit einer Verletzung, sondern mit den Nerven, mit Fieber oder auch mit Krampf zusammenhängen.

Ein Ring ist eine Abgrenzung eines bestimmten Teiles der Oberfläche der Innenhand, muß also auch eine Abgrenzung innerlich haben. Da Inseln in den Hauptlinien schon bei der Geburt mitgebracht werden, sind sie Zeichen der Vererbung. Inseln sind ebenso wie Kreise, aber in verstärktem Maße, Abgrenzungen, jedoch hier in den feinstofflichen (astralen) Flußströmen (Hauptlinien) und wirken deshalb zumeist das ganze Leben hindurch auf den Körper ein. Wenn Ringe auch wieder gelegentlich verschwinden: Inseln verschwinden, wenn sie in den Hauptlinien vorhanden sind, selten oder nie. In kleinen Linien dagegen können sie verschwinden und tun es oft. Stehen sie allein, das heißt unabhängig von Linien, so sind sie Zeichen für körperlichen Eingriff (Verletzungen, Operationen).

Was symmetrisch und scharfkantig ist (Dreieck und Viereck), wirkt positiv, was rund, weich ist, wirkt mehr negativ. Deshalb zeigt auch die viereckige Insel in der Kopflinie eine stärkere Kraft in der Auswirkung als die runde.

Punkte können verschiedene Farben haben. Rote Punkte sind ein Zeichen für Verwundungen oder Verletzungen; dunkle für Krankheiten der Nerven, Fieber, auch für Krampf. Ein Punkt ist so groß wie eine mit einer Stecknadel gestochene Stelle; ungefähr ein Viertel so groß wie der Kopf dieser Nadel, also etwa 0,5 mm.

Flecke dürfen nicht mit Punkten verwechselt werden. Sie sind größer, drei, vier, auch fünf Millimeter. Sie haben wieder eine ganz andere Bedeutung. Die Farben sind auch hier verschieden: rot, blau, braun.

Ringe sind immer ungünstig, mit Ausnahme auf dem Jupiterberg.

Kreuze haben verschiedene Bedeutung, sind aber überwiegend ungünstig.

Sterne sind meist bösartig zu werten, mit Ausnahme auf Apollo- und Jupiterberg. Bild 44.5.6/347 zeigt, wie Sterne entstehen.

Halbsterne, manchmal am Ende einer Linie zu finden, sind ungünstig (Augen).

Inseln in Linien sind stets Zeichen von Leiden oder Schwächen vererbter Art. Alleinstehend zeigen sie Verletzungen durch Operation an.

Dreiecke sind mit einer Ausnahme in jedem Falle ein sehr günstiges Zeichen und deuten auf geistiges Wissen hin.

Quadrate sind immer ein gutes Zeichen und bedeuten Schutz. Hoch- und alleinstehend mit gekreuzten Ecken ist das Quadrat ungünstig (Mondberg) – Nieren.

Gitter sind auch immer ungünstig. Bild 44.5.10/347 zeigt, wie ein Gitter entsteht.

Verschiedene andere Zeichen und Symbole, darunter auch Buchstaben – besonders Druckschrift-Großbuchstaben – sowie Ziffern und Runen sind ebenso in der Hand zu erkennen, auch verdreht und in verbogener Darstellung. Einige Gruppen habe ich auf Bild 44.11–44.19/347 zusammenfassend dargestellt.

Eine Wertung und Ausdeutung ist in diesen Fällen nur esoterisch und intuitiv möglich und abhängig sowohl von der Stelle, an der solch ein Zeichen steht, als auch von der Umgebung anderer Zeichen und Linien. Aus dieser Vielfalt heraus kann ich hier nicht näher darauf eingehen. Man kann solche Ausdeutung nicht als wissenschaftlich bezeichnen, weshalb sie von der Objektivität des vorliegenden Werkes abweicht. So haben zum Beispiel die Symbole in Bild 44.14/347 eine mehr geistige Bedeutung; entsprechend sind sie auch zu werten.

Ein Hakenkreuz bedeutet nicht etwa »Antisemit«. Das Hakenkreuz (aus dem Sanskrit: Swastika) hat mit der jüdischen Frage ursprünglich nichts zu tun, sondern ist eine uralte Heilsrune und hat vielmehr eine tiefreligiöse Bedeutung. Ein Mißbrauch solcher Heilsrunen kann für die Bedeutung im wahren Sinne nie verantwortlich gemacht werden. Ebensowenig hat der Sechsstern mit den Juden zu tun; er ist ein Symbol tiefgeistiger Bedeutung, selbstverständlich im ethischen Sinne.

Buchstaben zwischen oder an den Linien oder auf den Bergen sind keine Seltenheit. Besonders oft sind sie auf dem

Apolloberg zu finden und klar erkennbar. Sie sind ebensowenig wie andere Zeichen zufällig, sondern haben ihre eigene Bedeutung. Meistens sind es Anfangsbuchstaben von Vornamen (selten von Geschlechtsnamen, denn im Namen steckt Gesetz) von Menschen, mit denen man in engere Berührung kam oder noch kommen wird. Mag mancher dies auch als Spielerei betrachten: Tatsachen lassen sich nicht leugnen. Sie werden immer wieder bestätigt. Ob Buchstaben günstig stehen, erkennt man daran, ob sie nach oben (nach den Fingern zu) offen sind. Umgekehrt sind sie und die damit repräsentierten Personen ungünstig. Liegend bedeuten sie Hemmungen durch die bezeichneten Personen. Manchmal erkennt man vollständige Namen. Auch Zahlen kommen in der gleichen Weise vor.

Bild 44.19a/347 zeigt die Symbole der Planeten-Genien. Sie wirken mit ähnlichen Eigenschaften wie die ihnen zugehörenden Planeten. Sie kommen in der Hand verhältnismäßig selten vor; ihre Wirkung konnte deshalb noch nicht genügend erforscht werden.

Die Symbole Bild 44.19b/347 zeigen die ebenfalls planetenbezogenen »göttlichen Siegel«, Bild 44.19c/347 die dämonischen Siegel« (nach Paracelsus und Agrippa von Nettesheim).

Besondere Identität einzelner Zeichen

Ring

Ringe (Größe 3 bis 5 mm) haben insbesondere in den Linien immer eine ungünstige Bedeutung; ihre Einflüsse sind nicht gut zu umgehen. Einzeln stehend kommen sie seltener vor, und die Bedeutung ist dann verschieden, zumeist aber ungünstig. Dieses Zeichen ist mehr für medizinische Diagnostik zu werten; es zeigt an verschiedenen Plazierungen Augenschaden an.

Auf dem *Apolloberg* (nahe dem Beugegelenk des Apollofingers), auf der *Kopflinie*, auf der *Lebenslinie*, auf der

Magenlinie bedeuten sie Augenschaden (Bilder 46.16.25/352, 50.10/360).

Auf der *Herzlinie*: Warnungszeichen für Gifte (Bild 47/354 rechts).

Kreuz

Kreuze (Größe 2 bis 10 mm) *auf Bergen und in Linien* haben verschiedene Bedeutung, sind aber vorwiegend ungünstig.

Wenn alte Chiromanten Kreuze für »Ruhm«, »Ehre« usw. deuteten, so sind das Fabeln. Ruhm und Ehre sind leere Begriffe, Schein, und werden durch Kreuze *nicht* angezeigt.

Jupiterberg (günstig): Günstige Bekanntschaft in dem Lebensjahr, das durch den Schnittpunkt angezeigt ist (Bild 48.15/356).

Andreaskreuz (Bild 44.4.6/347) ist sehr ungünstig, besonders auf dem Jupiterberg.

Saturnberg: Warnungszeichen für Körperverletzung durch Stein, Erde, Ziegel, Baugerüst, Einsturz, Eisenbahn, Straßenbahn, Auto, Gefährt, Zusammenstoß (Bild 50.28/360).

Apolloberg (günstig): Günstige Zeiten (zu messen ist der Kreuzpunkt) für Bekanntschaften mit Personen von freigeistigen Berufen: Künstlern, Wissenschaftlern (Bild 45.26/350).

Merkurberg: Günstig, wenn keine schlechte Handform oder negative Zeichen vorhanden sind, für Literatur und Unternehmen im Handel. In schlechter Hand: Niederes Denken und Handeln (Bild 48.16/356).

Marsberg: Streit und eventuell dadurch Körperverletzung, Anrempelung, Überfall (Bild 49.2/358).

Mondberg, oben: Melancholische Anwandlungen (Bild 50/360). Unten, nahe Raszette: Geschenke, Zuwendung im späteren Alter (Bild 48/356 links); neben der Saturnlinie: Warnung vor Verlust durch Diebstahl und Spekulation (Bild 48/356 rechts).

Venusberg: Liebesangelegenheiten, die Ungünstiges in sich bergen (Bild 48/356).

Lebenslinie: Gefahr durch Krankheit oder für das Leben, je nach Stärke der Markierung (Bild 48.25/356).
Kopflinie: Kopf- oder Augenverletzung (Bild 50.8/360).
Dicht neben der Herzlinie: Verlust einer nahestehenden Person (Bild 50.23/360).
Magenlinie: Kränklichkeit (Bild 47/354 rechts).
Dicht an der Lebenslinie (außen): Streitigkeiten, Prozesse (Bild 46.3/352).
Im Marsfeld: Streit (Bild 48/356).
Dicht über der Kopflinie, unter Apolloberg: Warnt vor Beinverletzung (Bild 50/360); unter Merkurberg: Warnt vor Armverletzung (Bild 50/360 rechts).
In den Fingern: Meist ungünstig, Behinderungen.
In der Raszette: Sorge, Verlust, Ärger (Bild 49/358).

Stern

Sterne (Größe 5 bis 10 mm) verstärken die Bedeutung der Kreuze.
Am Handrand nahe Jupiterberg: Gefahr für Brandschaden (Bild 50/360 rechts).
Im Handtisch: Gunst beim anderen Geschlecht (Bild 49.12/358).
Viele kleine Sterne oder Kreuze im Handtisch: Gefahr für Körperverletzung durch Feuer, Dampf, Verbrennen oder Verbrühen (Bild 49.12/358).
Auf der Saturnlinie, mehr nach dem Anfang zu: Finanzielle Verluste in der Jugend des Betreffenden (Bild 48.7/356).
In der Lebenslinie: Starkes Ereignis, wie schwere Krankheit; wenn sehr tief markiert und bei weiteren Bestätigungszeichen eventuell Tod in dem Jahr, das durch den Schnittpunkt angezeigt ist, falls in beiden Händen. Immer ist die rechte Hand ausschlaggebend (Bild 48.25/356).
Nahe Lebenslinie (innen): Gram durch Verlust einer nahestehenden Person. Außen: Streitigkeiten, Prozesse (Bild 48/356).
In der Kopflinie: Augenschaden durch Verletzung oder Ope-

ration (das gleiche Zeichen gilt für beides); wenn am Ende der Kopflinie: Augenschaden durch Entzündung (Bild 50.8/360).

In einer Reiselinie (= Saturnlinie aus Mondberg aufsteigend oder kleine Linie aus Raszette zum Mondberg weisend): Gefahr für Körperverletzung auf Reisen (Bild 46/352 links).

In einer Ehelinie: Ungünstig.

In den Fingern: Zumeist ungünstig.

Inseln

Eine Insel (Größe von 5 bis 30 mm und mehr) kann man mit einem zusammengedrückten Kreis oder Ring vergleichen. Die Bedeutung ist immer ungünstig.

In einer Ereignislinie bedeutet eine Insel: Enttäuschung (Bild 52.52/364, in Linie 19; Bild 51.38/362, 52.41/364)

In einer Hauptlinie: Immer Vererbung von Krankheitsdispositionen. Ob und wann sich diese Leiden auslösen, bemerkbar machen, ist eine Frage der Zeit. Manchmal kann man sie ausmessen, manchmal nicht (noch unsicher).

Inseln alleinstehend sind Zeichen von Verletzung des Körpers durch Operation und nicht auszumessen.

In einer *Operationslinie* (Linie von der Lebenslinie oder aus dem Venusberg zum Marsberg, quer über die Hand laufend) lassen sie sich aufs Jahr genau ausmessen (Bild 52.19/364).

Auch dieses Zeichen ist rein medizinisch zu werten, doch will ich die *Vererbungszeichen* hier erklären, um dem Interessenten auch in diesen besonders wertvollen Wissenszweig einen Einblick zu geben (Bild 53/367).

Insel 1: Körperliche Erbmasse; sie bedeutet in der Kindheit eine Schwäche des Körpers.

Insel 2: Vererbung von Dispositionen für Schwäche im mittleren Alter.

Insel 3: Vererbung von Krebskonstitution, die ein Vorfahr hatte; muß bei dem Handeigner nicht akut werden.

Inseln 3 und 18: Vorfahr hatte Magenkrebs.

Inseln 3 und 19: Vorfahr hatte Hals- oder Brustkrebs.
Inseln 3 und 20: Vorfahr hatte Leber- oder Darmkrebs.
Inseln 3 und 21: Vorfahr hatte Blasen- oder Unterleibskrebs.
Insel 4: Vorfahr hatte Brustkrankheit.
Insel 5: Vererbung von Disposition für Augenschwäche.
Insel 6: Vererbung von Disposition für Gehörschwäche.
Insel 7: Vererbung von Disposition für Migräne; bei allen, die diese Insel haben, werden sich früher oder später Kopfschmerzen bemerkbar machen.
Insel 8: Vorfahr hatte Verkalkung.
Insel 9: Vererbung von Disposition für Herzleiden (nervlich bedingt; Bild 65/388).
Insel 10: Vererbung von Disposition für Herzleiden (durch Infektion, Entzündung).
Insel 11: Vererbung von Disposition für Lungentuberkulose (Bild 67/390 links).
Insel 12: Vererbung von Disposition für Leberleiden.
Insel 13: Vererbung von Disposition für Nierenleiden (Bild 59/377).
Insel 14: Vererbung von Disposition für Gallenleiden (Bild 65/388).
Insel 15: Vererbung von Disposition für Magenleiden (Bild 65/388).
Insel 16: Vererbung von Disposition für gesteigerte Feinnervigkeit.
Insel 17: Vererbung für Störungen im Solar plexus (Sonnengeflecht), vorgeburtlicher Einfluß durch die Mutter: Scheu, Lampenfieber.
Insel 22: Vererbung von Disposition für natürliche Medialität, Wahrträume.
Insel 23: Vererbung von Disposition für Hysterie.
Insel 24: Vererbung von Disposition für Bauchraumschwäche.
Insel 25: in Uranuslinie: Vererbung von Disposition für übergroße Feinnervigkeit und für Hellsinnigkeit.
Insel 25: in Apollolinie unter Herzlinie: Vererbung von Disposition für allgemeine Schüchternheit, Erröten (seelische Belastung von seiten der Mutter in der Zeit der Schwangerschaft durch Leid).

Insel 25: in Magenlinie unter Merkurfinger: Vererbung von Disposition für Gehirnnervenschwäche.

Dreieck

Dreiecke (Größe 5 bis 10 mm) sind immer Zeichen, die mit Wissen in Verbindung stehen. Sie müssen nicht allein stehen, doch ist ihre Kraft dann größer. Bei einem Dreieck in Verbindung mit einer Linie kombinieren sich die Eigenschaften.
Bedeutung der Dreiecke:

Jupiterberg: Neigung zu Politik, soweit diese nicht mit Lügen zusammenhängt oder mit Verschleierung (Bild 49.18/358). Bei minderwertigem Handtyp wird beides verbunden.

Saturnberg: Gibt Neigung zu Religionsphilosophie, Radiästhesie und Mesmerismus, wenn die Hand gut ist. Bei einer negativen Hand besteht die Tendenz, diese Wissenszweige zum Schaden anderer zu mißbrauchen (Bild 49.29/358).

Apolloberg: Ethik und Ästhetik als Neigung oder Interesse (Bild 49/358).

Merkurberg: Klugheit, Routine in geschäftlichen Angelegenheiten oder Auswerten von wissenschaftlichen Gedanken und Dingen, auch Diplomatie (Bild 49.37/358).

Marsberg: Sinn für Strategie; auch sich aus Affären ziehen können, also Strategie im kleinen (Bild 49.33/358).

Mondberg: Sinn für Studien metaphysischer oder okkultistischer Art; auch, daß solche Kenntnisse praktisch oder wissenschaftlich ausgewertet werden; Symboldeutung (Bild 50/360).

An der Magenlinie: Verstärkt magnetische Kräfte; pharmazeutische Begabung (Bild 49/358 links).

An der Uranus- oder Intuitionslinie: Gute okkulte Fähigkeiten (Bild 48/356 rechts).

Am Ende der Kopflinie: Telepathie (Gedankenübertragung) (Bild 45/350). Dieses Dreieck entsteht durch Kombination von Kopflinie (Verstand), Magenlinie (Nervenkraft im allgemeinen und gute Drüsentätigkeit), Apollolinie (Vibration des Sonnengeflechts).

Nahe Anfang der Herzlinie: Sinn für Elektro-Biologie und Magie (Bild 48.47/356). Dieses Dreieck entsteht durch Kombination der Herzlinie (Herzkraft, Mut), Magenlinie (siehe oben) und Sonnenlinie (siehe oben).

In oder an der Raszette: Ruhiges Alter (Bild 48.14/356).

Aufrechtstehendes Dreieck (mit der Spitze nach den Fingern zu), Tendenz zur Betätigung des Wissens.

Auf der Spitze stehendes Dreieck: Neigung, über das Wissen nachzudenken, zu meditieren, zu sinnen.

Beides zusammen kombiniert: beides günstig.

Ein Doppeldreieck, eines im anderen (Bild 46.10/352), sehr selten, nach meiner Beobachtung nur im Marsfeld: Anlage zu Gewalttätigkeiten.

Viereck oder Quadrat

Vierecke (Größe 5 bis 10 mm) sind immer günstig und bedeuten Schutz für alles, was mit ihnen in Verbindung oder in ihrer Nähe steht.

Ungünstig ist das Zeichen nur, wenn es auf dem Venusberg an der Lebenslinie erscheint. Hier bedeutet es: Abgeschiedenheit, Isolation, Asyl, Internat, Gefangenschaft. Ungünstig ist auch ein auf der Spitze stehendes Viereck mit gekreuzten Ecken auf dem Mondberg (Bild 47.6/354); es bedeutet Nierenstörungen.

Gitter

Gitter sind Gebilde aus senkrechten und waagrechten Linien von 5 bis 20 mm Länge. Die Größe kann man nicht genau festlegen.

Sind senkrechte Linien als Längsströme gut, so sind alle waagerechten Linien als Querströmungen Hemmnisse; sie stören und verderben.

Es gibt genaue Gitterformationen, die wie mit dem Lineal gezogen erscheinen. Diese sind dann von oben erwähnter

Größe. Auch kann ein Gitter, wie es bei allen Zeichen der Fall ist, selbständig stehen oder durch andere Linien in Kombination konstruiert sein.

Ersteres hat mehr Kraft in der Auswirkung, da es eine aktive Krafterscheinung ist. Wo immer sie erscheinen, verderben sie die Stelle und deren Einfluß. Man kann sagen: Ein Gitter besteht aus sehr vielen Kreuzen (siehe Bild 44.10.5/347). Denken wir uns zwei Linien waagerecht und zwei senkrecht, die ersten durchschneidend, dazu eine Umrandung, dann haben wir dreimal drei kleine Felder: das Quadrat des Saturn (Bild 44.10.6/347). Nebenbei bemerkt sei, daß dieses Zeichen in der Gaunersprache Gefängnis bedeutet.

Ein Gitter besonderer Art gibt es noch, das manchmal auf dem Apolloberg erscheint. Diese Linienformation ist mehr auf die Spitze gestellt (Bild 44.10.4/347) und bedeutet Disposition zu Besessenheit. Sie ist eine rein astrale, sehr selten eine diesseitige Angelegenheit. Personen, die niederen Spiritismus treiben, können von solchen Einflüssen angegriffen werden. Diese Art Einflüsse lassen sich nicht leugnen.

4. Linien und Zeichen auf den einzelnen Fingern

Bei besonders linienreichen Händen oder solchen mit sehr zarter Haut findet man auf den Fingerflächen der Innenhand viele verschiedene Zeichen wie Querlinien, Kreuze, Sterne, Gitter, Haken, Quadrate und anderesnehr, die selbstverständlich auch ihre besonderen Bedeutungen haben.

In meinen Studien habe ich diese Zeichen auf den Fingerinnenflächen noch nicht genügend ausgewertet. Vergleiche alter Literatur mit meinen Beobachtungen waren nicht befriedigend.

Der Vollständigkeit halber sollen jedoch auch über die Fingerinnenflächen in diesem Werk Ausführungen erscheinen. Die folgenden Deutungen basieren weitgehend auf den überlieferten Aussagen eines der besten früheren Chirosophen, des Comte de Saint-Germain (1710 bis 1784). Die Nachprüfungen dieser Angaben sind noch nicht abgeschlossen; die Ausdeutungen stehen daher unter Vorbehalt.

An allen Fingern

Zarte kleine Ballen an den ersten Gliedern: Große körperliche Feinfühligkeit und Empfindlichkeit.

An allen ersten Fingergliedern: Senkrechte oder/und diffuse Linien: Energieverlust der Lebenskraft, Überforderung des gesamten Menschen, mangelnde Widerstandsfähigkeit.

Kleine kurze senkrechte Linien über alle Fingergelenke: Plötzlicher Tod. (Hierzu muß man auch noch andere Zeichen beobachten!)

Lange durchgehende Linien von der Spitze bis in das dritte Glied: Strenger Sinn für Ehre und Ehrenhaftigkeit.

Viele kleine Querlinien an allen Finger*spitzen*: Geschwächte Gesundheit (Bild 46.32/352).

Falls diese kleinen Querlinien wellenartig sind: Gefahr durch Wasser (Bilder 46.33.55/352).
Dreiecke an allen *zweiten Gliedern*: Neigung zu körperlicher Schwäche und Krankheit.

Daumen

Erstes Glied

Seitliche Längslinien: Die Willenskraft ist klarer und markanter. Wenn zu viele Linien vorhanden sind, wird die Willenskraft durch Zersplitterung verringerte Resultate ergeben. Sind die Längslinien durch Querlinien gestört, bedeutet dies, daß sich Hindernisse im Verlauf des Erfolges zeigen werden.
Kreuz an der Innenseite des ersten Daumengliedes, dazu viele Linien auf dem Venusberg: Untugenden im Sexualleben.
Zwei Kreuze: Liebe für Luxus.
Stern an derselben Stelle, dazu viele Linien auf dem Venusberg: Wie bei einem Kreuz, aber verstärkt. Sexuelle Untugenden.
Zwei Sterne (in der Nähe des Nagels): Dauernörgler.
Dreieck: Die Willenskraft und Aufmerksamkeit ist konzentriert im wissenschaftlichen und geistigen Denken.
Ring: Gute Erfolge durch einen sich gleichbleibenden, ruhigen Willen.
Quadrat: Die Willenskraft ist in einer bestimmten Richtung konzentriert; oft auch Disposition zu Tyrannei.
Gitter in der Nähe des Nagels: Gefahr für schwere Körperschäden oder Tod durch den eigenen Lebenskameraden .

Zweites Glied

Längslinien bedeuten klare, gesunde Logik.
Querlinien: Falsche Logik, wenig Realbewußtsein.
Gabellinie: Hemmungen in der Durchführung.
Kreuz: Eine leicht zu beeinflussende Natur.
Sterne: Eine Natur, die leicht auf falsche Wege geführt werden kann, aber sonst eine liebenswürdige Art besitzt.

Dreieck: Anlagen für tieferes und philosophisches Denken.
Quadrat: Eine nicht leicht zu erschütternde Logik; wenn aber negative Zeichen oder Querlinien vorhanden sind: Hartköpfigkeit bis zur Dummheit.
Kreis: Scharfes Denken und beste Logik.
Gitter: Mangel an Sinn für Moral und Nachdenken. Ehrlichkeit.
Eine lange Linie aus dem zweiten Daumenglied bis zur Lebenslinie: Unannehmlichkeiten im Eheleben.

Zeigefinger

Erstes Glied
Längslinien: Religiöser Fanatismus.
Querlinien auf dem ersten Glied: Religiöser Wahn.
Kreuz auf dem ersten Glied: Gefährlicher Wahn durch Visionen; oft auch Zeichen für plötzlichen Tod.
Dreieck: Neigung für Religionsstudien, alte Magie und Okkultismus.
Kreis (Ring): Der Glaube übertrifft die Logik.
Gitter: Abgeschiedenheit wie Gefängnis, Kloster; ein Zeichen für ausführenden (aktiven) Fanatismus (Bild 50.55/360).

Zweites Glied
Längslinien: Edle Bestrebungen des Betreffenden finden gute Resonanz.
Krumme Linien: Bestrebungen sind von minderwertigem Charakter.
Querlinien auf dem zweiten und dritten Glied: Neidische und betrügerische Instinkte (Bild 46.26.27/352).
Gabellinie im zweiten Glied: Mißerfolge.
Kreuz auf dem Beugegelenk zwischen erstem und zweitem Glied: Erfolg in Literatur.
Ein Kreuz oder zwei Kreuze auf dem zweiten Glied: Protektion durch Höhergestellte (Bild 46.53/352).
Stern mit einer senkrechten Linie zu beiden Seiten: Keuschheit.
Stern neben Mond: Unbescheidenheit; Unverschämtheit.

Dreieck: Politik.
Quadrat: Zähigkeit in der Zielverfolgung.
Ring: Erfolgreiche Bestrebungen.
Gitter: Treulos und verräterisch.

Drittes Glied
Gerade Längslinie: Sichere Kontrolle über andere.
Krumme Linien: Abhängigkeit vom Genuß.
Senkrechte Linien und Äste, aus der Lebenslinie aufsteigend: Reichtum.
Querlinien: Hindernisse bei Unternehmungen; kleine Rente; schlechte Verdauung.
Gabellinie: Unternehmungen haben Mißerfolg.
Stern: Üble Angewohnheiten und schlechte Instinkte.
Gitter: Verkommene Natur; oft auch Gefängnis.
Linie, die aus dem Venusberg kommt und das dritte Beugegelenk schneidet: Heftiger Tod; andere Zeichen müssen mit einbezogen werden.

Mittelfinger

Lang durchgehende senkrechte Wellenlinien, dazu Querlinien auf dem Saturnberg: Anhäufung von fatalen Ereignissen.

Erstes Glied
Längslinien: Selbstmord (?)
Querlinien: Selbstmordgedanken
Schwarzer Punkt oder Fleck: Chronische Malaria.
Kreuz: Krankhafte Einbildungen, die oft zum Wahnsinn führen; manchmal auch Neigungen zu Verbrechen oder Selbstmord (Bild 46.31/352).
Stern: Eine außergewöhnliche Position für Gut oder Böse. Wenn in beiden Händen: Gefahr, ermordet zu werden. Wenn aber seitlich stehend: Tod im gerechten Sinne des Schicksals (Bild 46.30/352).
Stern, dazu ein Dreieck auf Saturnberg: Verdorbenheit.
Stern je im ersten und zweiten Glied: Tod durch Hinrichtung.

Zweites Glied

Eine Längslinie, die das erste und zweite Beugegelenk schneidet: Dummheit und Narrheit.

Querlinien: Unwissenheit und Hartköpfigkeit (Bild 46.56.58/352).

Dicke Querlinie: Tod durch Gift (Bild 46.57/352).

Kreuz: Gefährliche Zufälle.

Stern: Für gewöhnlich unvermeidliche Katastrophe, eventuell Verbrechen (Bild 46.29/352).

Quadrat: Ein weiteres Zeichen für unvermeidliches Unglück.

Dreieck: Neigung zu okkulten Studien.

Gitter: Unglück; oft Leiden des Skeletts, Ohren oder Nerven.

Drittes Glied

Eine oder zwei Längslinien vom zweiten ins dritte Glied: Weisheit.

Einzelne starke Längslinie im dritten Glied: Erfolg beim Militär.

Falls diese Linie schräg verläuft: Tod im Krieg.

Viele kleine Längslinien: Erfolg durch Minenarbeit, Bergwerk.

Viele Querlinien: Ein unglückliches Leben in Einsamkeit, von Freunden verlassen (Bild 47.34/354).

Ein glattes erstes Glied dazu ausnahmsweise positiv: Erbschaft.

Gabellinie: Eine unglückliche Natur, die unbeliebt ist und die Gesellschaft anderer Personen haßt.

Kreuz (in Frauenhand): Unfruchtbarkeit. Ein Kreuz mit je einer waagerechten Linie darüber und darunter: Diebische Neigungen.

Stern: In guter Hand zeigt er die Tendenz des Ermordetwerdens. In einer schlechten Hand mit anderen negativen Zeichen bedeutet er, daß der Handeigner selbst der Mörder ist (Bild 46.28/352).

Ring: Großer Fortschritt im Studium der Naturphilosophie.

Dreieck: Eine negative Natur, die vom Unglück verfolgt ist, um daraus zu lernen.

Quadrat: Unbarmherziges und geiziges Wesen.

Gitter: Typischer Wahnsinn der Geizigen (Bild 47.34/354).

Erstes Glied

Längslinie: Künstlerische Talente führen zu falschen Vorstellungen bis zum Wahnsinn.

Querlinien: Hindernisse in der künstlerischen Laufbahn verursachen Wahnsinn (Bild 50.54/361).

Kreuz: Außergewöhnliche Keuschheit. Der Betreffende geht in seiner künstlerischen Arbeit ganz auf. Manchmal Wahnsinn durch übergroße Anstrengungen in bezug auf künstlerischen Ehrgeiz.

Stern: Ist das vorher Gesagte nicht vorhanden, brechen die Talente durch zu Pracht und Glanz.

Dreieck: Wissenschaft des Schönen.

Ring: Erfolg.

Gitter: Wahnsinn übelster Art.

Zweites Glied

Eine starke Längslinie, die durch das zweite ins dritte Glied führt: Große Berühmtheit.

Querlinien: Mangel an Talent, Eifersucht (Bild 46.59/352).

Gabellinie: Bestrebungen geteilter Art, nichtssagend, öde.

Liegendes Kreuz: Der giftige Neid des unvermögenden hinterlistigen Wettbewerbers.

Stern: Außergewöhnliche Talente.

Dreieck: Das Wissen und Erkennen der wahren Kunst reicht bis zu den göttlichen Mysterien.

Quadrat: Ein auf ein bestimmtes Feld beschränktes Talent.

Ring: Großer Erfolg.

Gitter: Größte Disposition zu Neid.

Drittes Glied

Viele Längslinien, die auch das zweite Beugegelenk schneiden: Ungehöriges Benehmen gegen das andere Geschlecht.

Tiefe Längslinie, ohne die Beugegelenke zu berühren: Glücksgefühl.

Querlinien: Anhaltendes Unglück und beständige Armut.

Schwierigkeiten, weil Hemmungen in der Empfindungswelt vorliegen.
Gabellinie: Vergebliche Versuche für Berühmtheit und Reichtum.
Halbmond: Unglück.
Kreuz: Beruf oder Geschäft gestört.
Stern: Außergewöhnliches Verlangen nach Lob, aus diesem Grunde Gefahr für Wahn (Größenwahn).
Dreieck: Klug und routiniert, sich ins rechte Licht zu bringen.
Ring: Berühmtheit und Glück.
Gitter: Armut; neidische Tendenz; verdient Erniedrigung (Bild 46.60/352).

Kleiner Finger

Erstes Glied
Längslinien: Mischt sich in alle Angelegenheiten. In einer sehr guten Hand: Beredsamkeit und Gewandtheit.
Querlinien: Ein leerer Sprecher, oft auch Lügner und Dieb.
Gabellinie: Wenig Erfolg in Geschäften.
Kreuz, in guter Hand: Medialität; in schlechter Hand: Diebstahl, der dem Dieb zu schaffen macht.
Stern: Erfolg als Redner, Mißerfolg in Geschäften.
Dreieck: Neigung zu okkulten Wissenschaften, zu Beschwörungen.
Quadrat: Ein kaufmännisches Genie.
Gitter: Stotterer; schwarze Magie, diebische Neigungen und sonstige schlechte Merkureigenschaften (Bild 46.62/352).

Zweites Glied
Krumme Längslinien: Betrügerische Neigungen.
Gabellinie: Mangelhafte Ordnung verhindert jeden möglichen Erfolg.
Querlinien: Eine buntfarbene Lebensbahn.
Kreuz: Große Schwierigkeiten; oft Gefängnis.
Stern: Bekanntwerden durch Anwendung der negativen Merkureigenschaften.

Dreieck: Erfolg im praktischen Okkultismus.
Quadrat: Hemmungen in der sonst guten Rednergabe; oft Gefängnis.
Gitter: Gefängnis; Dummheit in eigenen Angelegenheiten.

Drittes Glied
Krumme senkrechte Linien: Diebische Neigungen.
Dicke Linie, Querlinien oder Kreuz: Ebenfalls diebische Neigungen.
Stern: Gewandtheit und Witz.
Zwei Sterne: Unehrenhafter Tod als Folge von Diebstahl.
Quadrat: Schlechtes Betragen.
Gitter: Dieb mit großer Dummheit (Bild 46.61/352).
Kurze kleine schrägverlaufende Linien an den mittleren und unteren Gelenken: Nervenüberreizung.
Am mittleren Gelenk: Vorwiegend innere Unruhe.
Am unteren Gelenk: Mehr äußere Nervosität.
Querverlaufende kleine Linien am unteren Glied beziehen sich auf Störungen der Sexualorgane.

5. Linien und Zeichen auf den Handbergen

Venusberg

Beachte: Ein gut gewölbter Venusberg mildert negative Einflüsse in der Hand.

Schwach entwickelt: Mangel an Seelengröße, dennoch Talent für Kunst, Energie, Herzlichkeit. Kann selbstsüchtig und gemütskalt sein.
Normal: Sympathische Natur mit Anmut, Sinn für Schönheit, Farbe und Ton; auch Liebesbedürfnis und etwas Eitelkeit.
Extrem stark und rot: Leichtsinn und Koketterie, zügellos (und eventuell grausam und wild) in Sinnlichkeit, infolgedessen treulos.
Fein gefurcht: Lebhaft und leidenschaftlich, in der Liebe nicht ohne Raffinesse (Bild 45/350).
Stark gefurcht: Starkes sinnliches Verlangen, heftige Leidenschaft, gemütstief.
Voll und weich: Mildtätig, hilfsbereit, zart und kinderlieb, Zärtlichkeitsdrang.
Glatt, ohne Linien: Wenig Liebestrieb, leidenschaftslos, kühl bis kalt.
Gut entwickelt, mit weichen Fingern: Frohsinn, sonnig, leichtsinnig, zart und herzlich. Sinn für Genüsse des Lebens, Talent für Musik, Malerei, Poesie (ob Talente entwickelt oder nicht). Liebt Heiterkeit, Schönes, Tanz und Vergnügen.
Viele feine Linien: Sinnlichkeit verfeinerter Art (Bild 51.41/362).
Starke, tiefe Linien: Kompensierte Energien; in disharmonischer Hand: sehr sinnlich (Bild 51.55/362).
Querlinien (zu den Sinnlichkeitslinien): Hindernisse in der

Liebe durch äußere Einflüsse oder aus ethischer Überzeugung (Bild 45.21/350).

Zeichen auf Venusberg

 Dunkel: Neigung zu Gehörstörung; rechte Hand: rechtes Ohr (Bild 51.56/362); linke Hand: linkes Ohr.

 Verletzung: Vorsicht in geschlechtlicher Beziehung (Bild 51.22/362).

 Vorteilhafte Heirat verpaßt (Bild 51.14/362).

 Nahe der Lebenslinie: Skandalaffäre (Bild 51.13/362).

 Nahe der Lebenslinie: Zank mit Verwandten (Bild 46.2/352).

 Nahe der Mitte: Meist eine unglückliche Liebe, wenn nicht Kreuz auf Jupiterberg (Bild 48/356).

 Laune, Ausschweifung und zu starke, eventuell verdorbene Sinnlichkeit (Bild 51.54/362).

 Einfluß des anderen Geschlechts: Gefahr oder Erfolg (Bilder 47.2/354 und 51.23/362).

 An Linie bis Lebenslinie: Verlust eines lieben Menschen (Bild 51.24/362).

 An der Basis des zweiten Daumenglieds: Unglückliche Ehe mit viel Leid (Bild 48.23/356).

 Ruhe und Berechnung in der Liebe; Kraft zur Enthaltsamkeit (Bild 46.5.35/352).

 Selbstverschuldete Gefahren durch und in Liebesangelegenheiten (Bild 48/356).

Nahe der Lebenslinie, berührend: Gefahr für Abgeschlossenheit (Bild 51.32/362). Internierung, Klausur, Gefängnis.

Speziell zum Venusberg habe ich zahlreiche Linien und Zeichen im Detail auf Bild 51/362 dargestellt.

Der Venusberg ist wesentlich für den Umgang mit schöpferischen Kräften. Um dem Anfänger dieses Kraftfeld mit seinen vielen Wirkungen zu verdeutlichen, folgende Darstellung:

Betrachten wir den Venusberg als einen großen Hügel, auf dessen höchstem Punkt wir unser Haus (Heim) bauen. Die Lebenslinie, welche den Berg abgrenzt, sei die Grenze, der Zaun um unser Grundstück. Die dazwischen liegenden vielen kleinen und größeren Linien (Sinnlichkeitslinien) betrachten wir als die Wege in unserem Garten. Gehen wir einen dieser Wege entlang, so kommen wir, wenn er nicht an den Zaun (Lebenslinie) heranreicht, auch nicht an ihn heran, bleiben ungestört in unserer Ruhe. Führt aber einer dieser Wege bis an den Zaun (nahe der Straße), so bedeutet das (mit Bezug auf die Ströme und Kräfte, die außen vorbeilaufen): eine Bekanntschaft. Wir stehen am Zaun und plaudern mit jemandem auf der anderen Seite (Bild 51.40/362). Ein solches Zeichen kann überall am Zaun erscheinen, je nachdem, in welchem Alter das Ereignis stattfindet.

Führt solch ein Weg aber über den Zaun hinaus und endet in der Marsebene, die Einfluß, Heftigkeit und Hitzigkeit hat, so bedeutet dieses Zeichen (Bild 51.26/362) Streit mit der Bekanntschaft.

Querlinien zu den Gartenwegen bedeuten Hemmungen im Liebesleben (Bild 51.42/362). Diese Hemmungen können selbst gesetzt sein aus ethischen oder moralischen Gründen; sie können aber auch durch äußere Umstände bedingt sein.

Winkellinien (Bild 51.15/362) teilen etwas ab von den allgemeinen Kräften, deshalb: Gefahr für Körperverletzung. Auswirkung erfolgt immer in dem Lebensjahr, in dem die Ereignislinie die Lebenslinie berührt.

Können wir auf einer Ereignislinie bis in die Kopflinie weitergehen, so hat das mit Eigenschaften des Kopfes, Gehirns (Verstandes oder Unverständnis) zu tun.

Sterne an solchen Linien verstärken den Einfluß bedeutend.

Es ist immer entscheidend, *woher* die Linie kommt, wo sie entspringt. Vergleichen wir hier die Linien mit einer Pflanze, deren Wurzel mit einer bestimmten Stelle verbunden ist, oder mit einer elektrischen Verbindungsschnur, die zum Kontakt eingeschaltet wird.

Der obere Teil des Venusberges, der »Kleine Marsberg«, hat hitzige Einflüsse. Deshalb ist die kleine Linie 6 (am Anfang der Lebenslinie) auch mit dieser hitzigen (fiebrigen) Kraft geladen. Sie wirkt sich aber nicht zeitgebunden aus. Die kleine Linie 2 führt bis in die Lebenslinie (an den Zaun) heran oder hinein. Jetzt wird eine Auswirkung akut durch eine fiebrige Krankheit im entsprechend angezeigten Alter: Ganz jung, in diesem Fall zu Anfang des Lebens. Wir kennen diese Krankheiten zum Beispiel als Masern, Influenza, Scharlach, Diphterie, Rippenfellentzündung, Lungenentzündung, Thyphus.

Beginnt diese Linie mit einem Stern an dieser Stelle der Hand, sind noch stärkere Energien mit beteiligt. Linie 8 zeigt sie mit Stern in die Kopflinie gehend und besagt, daß in diesem Jahr Gefahr für Kopfverletzung besteht. Dieses Zeichen fand ich oft bei Menschen, die sich zu erschießen versuchten oder starke Verletzungen durch Unfall erfuhren.

Bei Linie 9 ist es ähnlich: Verletzung des Kopfes, speziell des Auges (linker Hand = linkes Auge).

Bei Linie 12 finden wir im Verlauf einen dunklen Punkt in der Kopflinie, was mit Kopfnervenfieber zusammenhängt. Wie es sich auswirkt, läßt sich an der Stärke des Punktes erkennen.

Linie 13 enthält eine Insel, welche die Lebenslinie berührt oder überschreitet. Dieses Zeichen hängt mit körperlichen Belastungen zusammen, bei Frauen mit Geburten, bei Männern mit Leistenbruch.

Zeichen wie 20, 21, 22 oder Gitter 54: Mißbrauch der Sinnlichkeit, Ausschweifung.

Eine lange, quer durchlaufende Linie (wie 46) bedeutet Lebensgefahr durch eine feindlich gesinnte Person.

Aus Kombinationen querlaufender und schräglaufender Linien ergeben sich auch Zeichen und Dreiecke (55).

Ein kleines Viereck an der Lebenslinie (32) bedeutet

Abgeschiedenheit und anderes: Kloster, Klausur, Internat, Asyl, Gefängnis, Gefangenschaft.

Erklärungen und Bedeutung der einzelnen Zeichen des Bildes 51 (siehe auch Seite 362) nach den dortigen Ziffern:

1. Krankheiten im Säuglingsalter.
2. Krankheiten in früher Jugend mit fiebrigem Einschlag.
3. Protektion in ganz frühen Jahren.
4. Krankheiten des Kopfes oder Kopfverletzung durch heftige Einwirkungen.
5. Blutarmut.
6. Eine latent gebliebene Krankheit; Beispiel: unterdrückte Grippe.
7. Chronische Krankheit, da diese Linie im Bogen vom oberen Marsberg zum Saturnberg verläuft.
8. Unfall mit leichter Verletzung des Kopfes. Die Ursachen sind heftiger Art, da sich am Anfang der Linie ein Stern befindet (siehe auch Nr. 9).
9. Durch heftige Einwirkung schwere Verletzung des Kopfes oder des Auges. Bei Nr. 8 ist Heftigkeit verursachend, bei Nr. 9 zeigt sich Heftigkeit in der Auswirkung, wie der Stern an der Kopflinie anzeigt.
10. Diese Linie verläuft vom oberen Marsberg über die Lebenslinie, die Kopflinie und die Schicksalslinie in die Herzlinie. Diese Linie hat mehrfache Bedeutungen und zeigt mehrere Ereignisse an. Sie sind entsprechend der Kreuzungspunkte mit anderen Linien an anderen Stellen auszumessen. Sie zeigt vom Beginn bis zur Kreuzung der Lebenslinie eine Krankheit an, von der Kreuzung der Lebenslinie bis zum Ende in die Herzlinie zum selben Zeitpunkt Gram oder Trauer wegen eines Todesfalls in der Blutsverwandtschaft oder auch Gram aus anderem Anlaß. Zum selben Zeitpunkt (Kreuzung mit der Lebenslinie) wird an dieser Stelle mit einem später aufsteigenden Ast (Nr. 16) ein kleines Dreieck geformt. Die obere Linie ist identisch mit derselben Zeit, in der die Krankheit und der Todesfall oder Gram angezeigt

wurden. Das kombinierte Dreieck stellt eine positive Liebesbeziehung dar. Sie ist als günstig zu werten, weil die obere Linie waagrecht oder schräg nach oben verläuft. Führe sie schräg abwärts, so wäre die Liebesbeziehung ungünstig. Der Kreuzpunkt dieser Linie mit der Kopflinie wird auf der Kopflinie ausgemessen. Der Kreuzpunkt läßt auf günstige Vorhaben (Konstruktionen, Pläne) in dem angezeigten Jahr schließen. Bei dem Kreuzpunkt der Schicksalslinie deutet sie auf ein anderes Lebensjahr, auszumessen auf der Herzlinie, das günstig für Freundschaft oder Begegnung ist. Sie endet in die Herzlinie und wird nochmals als Ast als abzweigende Linie ausgemessen. Dieser Schnittpunkt spricht ebenfalls für eine günstige Herzensverbindung.
Aus der Lage all dieser Linien ergibt sich folgendes: Je früher die Ereignislinie die Lebenslinie kreuzt, um so später wird sich das Ereignisjahr in der Herzlinie darstellen. Je später eine Ereignislinie die Lebenslinie kreuzt, um so früher ist das Ereignisjahr in der Herzlinie gekennzeichnet.
Für die bessere Übersicht der Ereignislinien betrachte man sie einzeln in ihren Abschnitten und dann in der ganzen Konstellation. Das Ausmessen von Ereignissen wird bei einer Handanalyse abschließend erstellt. Auszumessen sind die Kreuzpunkte auf der Lebenslinie, um die Zeiten für Ereignisse, Krankheit, Liebesbeziehung und Todesfall herauszufinden. Das Ausmessen der Schicksalslinie zwischen Kopf- und Herzlinie (ihrem zweiten Teil) richtet sich nach dem Schnittpunkt der Ereignislinien, auf Lebensjahre zu übertragen. Hier werden Zeiten für schicksalhafte Begegnungen und Freundschaften ersichtlich. Wird die Herzlinie ausgemessen, benötigt man den Schnittpunkt einer Ereignislinie auf der Herzlinie und das Beachten ihres Verlaufs bis zur Kopflinie.

11. Eine Marslinie. Sie verstärkt als Parallellinie der Lebenslinie die Lebenskraft, soweit sie mit dieser parallel verläuft.

12. Ähnlich zu werten wie Nr. 9, nur daß hier ein Punkt in der Kopflinie zu beachten ist: rot = Kopf- oder Augenverletzung, blau = Kopfnervenfieber, Kopfgrippe usw.
13. Eine Krankheit, die sich nicht immer genau definieren läßt, oft aber eine Geburt oder eine Operation anzeigt.
14. Eine verpaßte, gute Ehegelegenheit.
15. Diese Linie zeigt zumeist einen kleinen Unfall an.
16. und 17. Aufsteigende Linien, die materiellen Erfolg anzeigen. Nr. 16 ist eine frei endende Linie, wo der Erfolg genutzt werden kann. Linie 17 endet in der Kopflinie, die für die aufsteigende Linie eine Querlinie ist, so daß der Aufstieg (durch verkehrtes Denken) gehemmt wird. Günstiger ist, wenn diese Linie kurz vor der Kopflinie stehen bleibt oder, wie bei Nr. 16, darüber hinausginge.
18. Liegt unterhalb des Bereichs der feurigen (fiebrigen) Einflüsse des Marsberges. Sie befindet sich mit Kreuz auf dem Venusberg, deshalb bedeutet die Linie in diesem Fall eine Bekanntschaft mit Streitigkeiten, also ungünstig.
19. Hat die gleiche Bedeutung wie Nr. 10. In diesem Fall bildet diese Ereignislinie mit der aufsteigenden Linie Nr. 27 ein Dreieck und weist auf eine Liebesbeziehung in diesem Jahr, unter Umständen auch auf mehrere, da es sich hier nicht nur um ein Ereignis, sondern um einen günstigen Zeitraum handelt.
20. 21. und 22. Sehr üble Zeichen; sie bedeuten verdorbene Sinnlichkeit und mit entsprechend anderen Merkmalen: Perversität. Nr. 21 und 22 sind die negativsten Zeichen.
23. Ein Stern im Venusberg: Traurigkeiten in Liebesangelegenheiten. Die Zeit hierfür kann man nur abschätzen nach der Einteilung des Berges von oben bis unten.
24. Ein Kreuz an der Innenseite der Lebenslinie: Gram.
25. Wie Nr. 19 zu werten, aber hier deutet ein Stern in der Kopflinie auf eine Kopf- oder Augenverletzung für dasselbe Jahr wie bei Nr. 9, aber auch eine günstige Zeit für Liebesbeziehungen.
26. Streitigkeiten mit Bekannten, weil diese Linie im Marsfeld endet; im selben Jahr Liebesbeziehungen durch das Dreieck anzeigt.

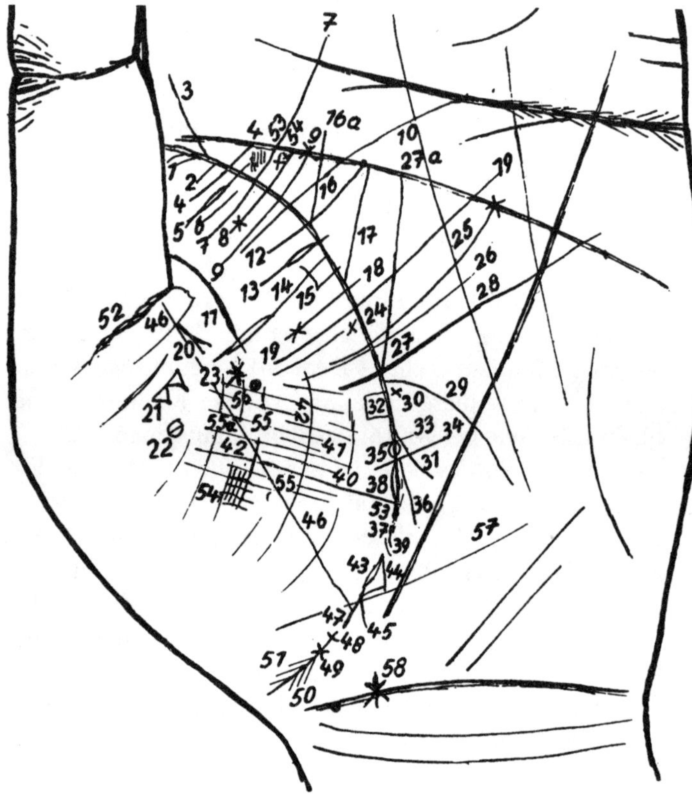

27. wie Nr. 17.
28. Eine starke Linie mit Richtung auf den Marsberg: Körperverletzung durch Unfall oder Streit. Ein gefährliches Jahr für die Gesundheit.
29. Eine Bogenlinie abwärts zum Mondberg zeigt Lebensüberdruß, eventuell Selbstmordversuch.
30. Ein Kreuz außerhalb der Lebenslinie: Streitigkeiten oder Prozeß.
31. Günstige Zeiten für große Reisen (wie Nr. 36).
32. Ein Quadrat an der Innenseite der Lebenslinie: Gefahr für Isolierung durch Gefängnis, Internierung oder Krankenhaus.

33. und 34. Krisen für Gesundheit, deren Zeitpunkt gleichzeitig die Lebensdauer von zwei Blutsverwandten aus der betreffenden Generation angibt. Diese scharfen Linien zeigen auch an, daß jene *plötzlich* starben. Es ist aber nicht festzustellen, ob es Vater, Mutter, Onkel, Tante oder Großeltern waren.
35. Ein Ring in der Lebenslinie bedeutet Gefahr für das Augenlicht der entsprechenden Seite: linke/rechte Hand.
36. Günstige Zeiten für große Reisen (wie Nr. 31).
37. Kettiger Verlauf der Lebenslinie zeigt stark geschwächte Gesundheit und Ruin der Konstitution an. Falls die Lebenslinie wie auf der Zeichnung Nr. 51 endet, wäre eine Krankheit von tödlichem Ausgang. In solchem Fall gelten die weiteren Zeichen auf der Lebenslinie nicht mehr.
38. Eine Insel zeigt geschwächte Konstitution: sie ist meßbar nach ihrer Länge.
39. Auslaufen der Lebenslinie in dünnen Fasern bedeutet Siechtum.
40. Stark erotische Liebesbeziehung.
41. Die vielen dünnen Längslinien besagen Temperament und Leidenschaftlichkeit in der Erotik.
42. Querlinien zu den vorhergenannten bedeuten Hemmungen in der Erotik. Viele Querlinien zeigen ein Übermaß von Hemmungen an, wirken auf den Ehepartner ablehnend. Diese Hemmungen sind, wenn die Linien sehr dünn sind, mehr eingebildeter Art; sind die Linien sehr stark, beruhen die Hemmungen auf falschen Vorstellungen.
43. Eine Insel an dieser Stelle oder ein Dreieck (Nr. 44) zeigt stets an, daß bei den Vorfahren Zelldegeneration (Krebs) vorkam.
45. Keine Reiselinie, weil sie nicht zum Mondberg, sondern abwärts zur Handwurzel zeigt. Sie bedeutet ungünstige Zeiten zum Beginn von Geschäftsunternehmen, außerdem leichte Anzeichen für Körperschwäche (Herznerven).
46. Eine Linie quer durch den Venusberg zum zweiten Daumenbeugegelenk: Verfolgungswahn (astral oder hormonell bedingt).

47. Plötzliches Aufhören der Lebenslinie: plötzlicher Tod.
48. und 49. Querlinien: Ebenfalls plötzlicher Tod; zeigen auch die Lebensdauer der Vorfahren an.
50. Zerfall der Kräfte.
51. Erbstreitigkeiten.
52. Eine Inselkette zwischen dem zweiten Beugegelenk des Daumens und dem Venusberg, deren Bedeutung von einem Fakir stammt, sei vorbehaltlich weitergegeben, da sie nicht objektiv zu kontrollieren ist: Die abzählbaren Kettenglieder bezeugen, wie oft sich der Betreffende in seiner jetzigen Rasse inkarnierte.
53. Ein blauer Punkt in der Lebenslinie (neben Nr. 39) bedeutet eine Krankheit, ein roter eine Verletzung.
54. Ein Gitter auf dem Venusberg weist auf verdorbene Sinnlichkeit.
55. Ein Dreieck: Bedachtsamkeit oder auch Berechnung in Liebesverbindungen.
55a. Sehr kleine Punkte in den Kreuzungen der Längs- und Querlinien von rötlicher Farbe zeigen Störungen im Unterleibsbereich an (manchmal durch Onanie).
56. Ein brauner Fleck: Gehörschaden.
57. Eine Giftlinie; sie gibt *erworbene* Medizinalgifte (auch Impfgift) zu erkennen.
58. Ein Stern in der Raszette, jedoch seitlich stehend: Mißerfolge im späteren Alter. Noch weiter seitlich: Körperverletzung durch Unfall. Ein Leberfleck an dieser Stelle warnt vor Verstümmelung des Armes.

Fehlt oder flach: Egoismus, Faulheit, Berechnung, Interesselosigkeit, Gemütskälte, Mangel an Achtung.
Normal: Gesunder Ehrgeiz, Strebsamkeit, Ehrgefühl, Liebe zu Natur und Frohsinn.
Stark: Zuviel Ehrgeiz, Einbildung, Dummstolz, Hochmut, Genußsucht im Essen und Trinken, Lebensgenuß, Neigung zu Haarverlust.
Extrem stark: Selbstüberhebung, Größenwahn beziehungsweise Geltungsdrang.
Glatt, ohne Linien: Ruhiges Leben mit geringen Erfolgen.
Gefurcht mit starken Linien: Bewegtes Leben und Erfolge.

Zeichen auf Jupiterberg

• Abstieg in Position, Stellung; Ärger im Beruf (Bild 47/354).

○ Freude und Ehre (Bild 47/354).

+ Eine Liebesangelegenheit, Gelegenheit zur Ehe; unten früher, oben später (Bild 48/356).

✱ Erfolgreicher Ehrgeiz, günstig für Unternehmungen aller Art (Bild 45.27/350).

✡ An der Seite auf Handrand: Vorsicht bei Umgang mit Feuer (Bild 46.50/352).

△ Diplomatische und politische Fähigkeiten (Bild 49.18/358).

□ Innere Kraft und Zähigkeit, Schutz vor zuviel Streben (Bild 50/360).

Fremder, erfolgverderbender Einfluß, äußere Gewalt (Bild 47.8/354).
Kein Erfolg bei Prozessen, als Grund dafür Neigung zu Selbstsucht.

 Vom Saturnberg: Leid, Betrübnis und Gefahr (Bild 47/354).

 Glück im Handel (Bild 48.15/356).

 Störungen im Erfolg (Bild 46.22/352).

 Zwischen Jupiter- und Saturnfinger: Rheumatismus, mit kleinen Linien auf Berg (Bilder 48.35/356 und 50.29/360).

 Zwischen Finger und Berg: Neigung zu Leberleiden durch Gram, Sorge (Bilder 47.30/354 und 49/358) und Befürchtungen.

 Von Berg bis über die erste Falte des Beugegelenks: Warnt vor Kopfverletzung (Bild 50/360).

 Über den Berg nach außen laufend: bei Frauen: warnt vor Abtreibung des keimenden Lebens, Fehlgeburten und Unterleibsoperationen (Bild 46.22/352); bei Männern: Blasenleiden, Prostatabeschwerden.

♃ Jupiterzeichen: sehr günstig für jede Lebenslage, besonders für Protektion (Bild 49/358).

♀ Venuszeichen (selten): sehr günstig für Herzensangelegenheiten (Bild 49.28/358).

♄ Saturnzeichen: Erfolg in okkultistischen Studien (Bild 45/350).

☽ Mond: Kranke Phantasie zerstört Strebsamkeit (Bild 48/356).

Fehlt oder flach: Bei schlechter Saturnlinie: Freudloses, ödes, melancholisches Dasein. Eine gut geprägte Saturnlinie verbessert viel.

Glatt, ohne Linien: Wenig Freude, wenig Leid.

Normal und gut entwickelt: Tiefes Denken, liebt Unabhängigkeit, Einsamkeit, ist beständig und treu.

Stark entwickelt: Sparsamkeit bis zum Geiz, Hartnäckigkeit (siehe Daumen).

Extrem stark: Traurigkeit, Verschlossenheit, innere Unruhe, häufig Schwermut bis zum Lebensüberdruß und Selbstmord.

Gefurcht mit mehreren senkrechten Linien: Viel Lebenskampf und Erfolg, besonders, wenn oben offene Gabel.

Querlinien, eventuell bis oder durch den Venusgürtel: Hindernisse äußerer Art, wenig Erfolg, saturnbeeinflußten Menschen wachsam begegnen (Bild 46.12.13/352).

Saturnring (Halbkreis, den Berg einschließend): Hindernisse in jeder Beziehung in verstärktem Maße.

Zeichen auf Saturnberg

• Rot und langes erstes Fingerglied: Neigung zu schlechten Zähnen (Bild 46/352).

• Dunkel: Ungünstiges, böses Ereignis.

○ Gewinn durch Mineralien und Erz (Bild 46/352).

Von Lebenslinie oder Venusberg aufsteigend: Liebesangelegenheiten, Verführung (Bild 48/356).

\+ Große Gefahr durch Unachtsamkeit, Straßenbahn, Auto, Pferde, auch Unfälle und Hindernisse (Bild 88/408).

✱ Böses, unruhiges Geschick, Gefahr durch Körperverletzung, Mord (Bild 46.15/352).

 Auf drittem Fingerglied: Warnt vor Gefahr durch Mord und Unfälle (Bild 46.28/352).

 Auf zweitem Fingerglied in weiblicher Hand: Unfruchtbarkeit (Bild 46.29/352).

 Neigung zu okkulten und religiösen Studien, Magnetismus (Bild 49.29/358).

 Schutz vor und in Gefahren (Bild 47/354).

 Unglück, starke Melancholie (Bild 47.17/354).

 Guter Erfolg, Wohlstand im späteren Leben (Bild 49.30/358).

 Zwischen Berg und Finger: Neigung zu Epilepsie (Bild 50/360).

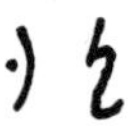 Verstärkte Schwermut, unruhiges Alter (Bild 45/350).

 Im ersten Fingerglied: Lebensunmut, eventuell Selbstmordgedanken, wenn gleiche Zeichen auf erstem Daumenglied (Bild 47/354).

 Linie mit Stern bis ins dritte Fingerglied: Gefahr für Mord, Gefängnis (Bild 46.52/352), besonders, wenn an Saturnlinie.

 Senkrechte, gute Parallelen: Günstig (Bild 50.28/360), Stabilisierung des Lebensweges im Alter.

 Intuitives Erfassen in Mystik und Philosophie.

 Schwermut bis zum Irrsinn (Bild 47/354).

Apolloberg

Fehlt oder schwach: Prosaische Natur, materiell, ohne Sinn für Ideales.

Normal: Durchschnittliche Interessen für Musisches.

Stark: Prahlerei, Leichtfertigkeit, Verschwendung.

Extrem stark: Habgierig, ruhmsüchtig, großmäulig, frivol, verschwenderisch.

Glatt, ohne Linien: Zufriedenheit bei bescheidenem Leben.

Querlinien, vom Saturnberg: Hindernisse aus eigenem Hause durch Verwandte (Bild 46/352).

Querlinien, vom Merkurberg: Heimliche Neider und Feinde (Bild 49/358).

Senkrechte Linien, nach unten sich zersplitternd: Vielseitige Anlagen werden unwirksam durch Zersplitterungen (Bild 47.20/354).

Senkrechte Linie, kurz: Erfolge später; lang: gutes Talent, Erfolge früher (Bild 50.26/360).

Mehrere senkrechte Linien: Vielseitigkeit im Können, Neigung zu Zersplitterung (Bild 46.47/352).

Zeichen auf Apolloberg

☽ Im ersten Glied des Apollofingers: Not, wechselnde Verhältnisse.

• Rot sowie Ende der Kopflinie zweigartig: Augenkrankheit (Bild 50/360).

• Dunkel: Unannehmlichkeiten und Ärger.

O Durch gefahrvolle Erfolge zum Wohlstand (Bild 50/360).

 Ungünstige Verhältnisse, Wechsel in Geschäften, Skandal (Bild 50/360).

+ Ohne Sonnenlinie: Enttäuschungen.

+	Mit gutgeprägter Sonnenlinie: Erfolg durch andere, mehr indirekter Art.
✡	Erfolg und Gelingen, oft ohne Freude (wenn ohne Sonnenlinie).
✡	Mit guter Sonnenlinie: Wohlstand.
△	Pietät, praktisch in Kunst, innere Ruhe, Sinn für Literatur (Bild 49/358).
□	Schutz vor Verlust.
	Verlangen nach Ruhm und Erfolg mißlingt, verhindert gutes Gelingen.
	Warnt vor Nervenleiden und Gehirnstörungen (Bild 47/354).
	Ruhm und Ruf (Bild 88/408).
	Sehr günstig für Spekulation und Unternehmen (Bild 48.38/356).
	Materiell gute Ehe.
☿	Merkurzeichen: Außergewöhnliches Händlertalent.
☽	Gefahr für krankhafte Phantasie in Ausübung von Kunst (Bild 48/356).
♀	Venuszeichen: Idealisierung bester Art in künstlerischen Berufen.

Fehlt oder schwach: Mangel an Fähigkeiten für Handel und Wissenschaft.

Gut entwickelt: Handelstalent, Neigung zum Studium; Witz, Schlagfertigkeit, Rednertalent (wenn Merkurfinger lang), Routine, Sinn für Mystik, Literatur und geistiges Schaffen.

Extrem stark: Heuchelei, List, Lügen, Unverschämtheit und Dreistigkeit, große Routine, eventuell auch mit anderen Zeichen: Dieberei.

Man muß das Niveau der Hand im ganzen betrachten, denn in einer guten Hand können minderwertige Eigenschaften zum größten Teil oder ganz verbessert, veredelt werden.

Zeichen auf Merkurberg

≡	Im ersten Glied des Merkurfingers: Schwäche der Gesundheit (Bild 46.32/352).
•	Auf Berg: Mißerfolg in Geschäften infolge Irrtums und Krankheit.
o	Nervenleiden, eventuell nervöser Zusammenbruch (Bild 46/352).
+	Erfolg in Geschäften, Diplomatie und Literatur; in schlechter Hand: Neigung zu Unehrlichkeiten (Bild 46/352).
+	Merkurberg im unteren Teil: Wechsel in Geschäften, Vorsicht geboten (Bild 50/360).
✱	In guter Hand: Erfolge in Wissenschaft und Handel, Literatur (Bild 46.18/352).
✱	In schlechter Hand: Unehrlichkeit und Dieberei.

 Im dritten Glied des Merkurfingers: Somnambule Fähigkeiten (Bild 48.41/356).

Δ Innere Ruhe, sehr günstig für Wissenschaft, Politik, Handel (Bild 49/358).

□ Schutz vor Verlusten, vermindert außerdem die Rastlosigkeit des Merkurtemperaments (Bild 46/352).

 Mangel an Prinzipien und Verläßlichkeit, Lügen und Stehlen (Bild 47.15/354).

 Warnt zur Vorsicht auf Reisen (Bild 46/352).

 Zuviel Zersplitterung in Streben und Studien (Bild 47.31/354).

 Talente für Handel, Studium, Drogen- und Heilkunde (Bild 49.15/358).

 Störungen und Intrigen durch andere (Bild 50/360).

 Durch das zweite und dritte Fingerglied: Talente für Medizin, Krankenpflege (Bild 50/360).

 Erfolge als Arzt oder Chemiker.

♂ Marszeichen: Zu großer Erwerbstrieb, auch mit Gewalt.

Ehelinien und ihre Zeichen auf Merkurberg

 Kleine, kurze Herzaffären, schnell gelöst (Bild 48.17/356).

 Ein Merkmal für größere Herzensneigung, Ehegelegenheit (Bild 45.7/350).

 Eine Herzensbeziehung dicht vor der Ehe.

 Viele verschiedene Liebesaffären, meist in Händen mit Flirtzeichen auf der Herzlinie (Bild 50.20/360).

Streit in der Ehe, wenn die senkrechten Linien sehr fein sind.

Plötzlicher Tod des Partners, Witwenschaft, Kummer. (Roter Punkt in der Linie.)

Zank und Enttäuschungen in der Ehe, meist durch eigene Schuld (Bild 45.17/350).

Plötzliche Trennung der Ehe (Bild 45.18/350).

Trennung durch Auseinanderleben, Verlieren der Empfindungen zueinander (Bild 45.16/350).

Partner sehr ungleich im Alter (Bild 45.19/350).

Ehe verläuft in Gram; wenn die Linie in die Herzenslinie einmündet und wenn sie dort einen winzigen Punkt zeigt, stirbt der Partner plötzlich (Bild 45.6/350).

Opposition gegen die Verbindung. Gabel seitlich der Innenhand liegend: von den Verwandten der eigenen Seite; Gabel nach dem Handrücken zu liegend: von Verwandten der anderen Seite.

Kinder: a) Knabe (starke Linie), b) Tochter (dünne Linie).

a) schwach in der Kindheit, b) schwach später, in mittleren Jahren (Bild 48.39/356).

a) immer kränklich, b) Krüppel an Gesundheit (Bild 48/356). Zeichengebung für Kinder ist nur als Möglichkeit zu werten.

Fehlgeburten oder Entfernung durch Operation (siehe auch Bilder 46.51/362 und 48.33.34/356).

Krankheit wird mit in die Ehe gebracht.

Flach: Mangel an Mut und Energie.
Stark: Mut, Energie, Eigensinn, gute Metallarbeiter und Sportler.
Extrem stark: Zänkisch, leicht wütend und eventuell brutal.
Linien am Handrand des Marsbergs: Feinde oder feindlich gesinnte Personen.
Linie von Lebenslinie oder Venusberg bis in Marsberg: Operation oder andere Verletzung des Körpers durch Metalle (Bild 52.17.19/364).
Linie von Kopflinie bis Marsberg: Verletzung oder Operation am Kopf (Bild 52.30/364).
Linie mit Stern in Venus- oder Marsberg: Verletzung oder Operation ist mit großen Gefahren verbunden (Bild 52.33/364).

Zeichen auf Marsberg

•	Dunkel: Warnt vor Darmkrankheit (Bild 47/354)
•	Rot: Warnt vor Verwundung und Wundfieber als Folge.
+	Zänkisch, halsstarrig; wenn dazu Kreuz in Marsfeld: Gefahr für Körperverletzung oder Mord durch Streit (Bild 46/352).
✡	Gefahr für Mord und schwere Körperverletzung (Bild 46.44/352).
△	Große Ruhe, Selbstbeherrschung, Geistesgegenwart, Strategie, sich aus Affären ziehen können (Bild 49.33/358).
□	Schutz in Gefahr durch Feinde und Waffen.
▦	Heftiger Tod und schwere Schicksalsprüfungen (Bild 47.28/354).

Kleiner Marsberg oder »Oberer Venusberg«

Wenn gut und stark entwickelt: Gattenliebe; eine weitere (zweite) kleine Erhöhung ganz nahe dem Anfang der Lebenslinie: Kinderliebe.

Aus der Entwicklung dieser beiden Erhöhungen ist auch das Maß der aktiven Kraft zu ersehen und mit den korrespondierenden Zeichen hierfür zu vergleichen.

Dünne Linien aus dem Kleinen Marsberg kommend: Einflüsse des anderen Geschlechtes (siehe Herzlinie, Ehelinien, Mondberg).

Zeichen auf Kleinem Marsberg

Bösartiger Streit; nahe Lebenslinie: Prozeßsache (Bild 48/356).

Schutz in Feuersgefahr, wenn weiter unten liegend; Schutz bei Fieber, wenn weiter oben liegend (Bild 48/356).

Eine Marslinie endet im Winkel in der Lebenslinie: Streit mit Verwandten (Bild 51.15/362), eventuell Körperverletzung.

Mondberg

Für Kunst jeder Art, Musik, Malerei, Skulptur, Theater, Literatur sowie Mystik, Religion, Okkultismus ist ein gut entwickelter Mondberg erforderlich, das heißt die Eigenschaften des Mondbergs müssen vorhanden sein.

Fehlt oder flach: Mangel an Phantasie und Schönheitssinn, materielle, kalte Natur.

Wenig entwickelt: Ziemlich reale und materielle Geistesrichtung.

Normal: Normale Phantasie mit Sinn für Schönheit und Kunst.

Stark: Gute Phantasie, Talent für Kunst, Literatur, Harmonie und mehr oder weniger Intuition (entwicklungsfähig), Neigung für praktischen Okkultismus, Religionsstudien und Mystik.

Extrem stark: Starke Einbildungskraft, Neigung zu Träumerei, Poesie und Launen, auch Neigung zu verdorbenen Säften, Stoffwechselstauungen und Rheumatismus.

Unten stark, oben schwach entwickelt: Ausnutzung der Empfindungen und Gaben zu materiellen Zwecken.

Gute, senkrechte Linien verstärken Intuition und okkulte Fähigkeiten.

Kleine, abgerissene Linien: Sehr sensitiv, Neigung zu Rheuma, Gicht (Bild 50.19/360).

Linien, die vom Mondberg kommen und zur Handmitte laufen, bedeuten immer fremde Einflüsse und müssen entsprechend in Betracht gezogen werden.

Wird die Saturnlinie von solcher Linie berührt, betrifft es den Beruf und den Lebensweg.

Wurde die Kopflinie von solcher Linie berührt, betrifft es Gedankenwelt und Gestaltung von Plänen.

Wird die Herzlinie von solcher Linie berührt, betrifft es Herzensangelegenheiten.

Wird die Lebenslinie von solcher Linie berührt, betrifft es den Körper und seine Zustände.

Wird die Gesundheitslinie von solcher Linie berührt, betrifft es die Gesundheit, Blut und Säfte.

Solche Linie *nach Jupiterberg* betrifft Position und Wohlstand durch Reise oder durch das andere Geschlecht.

Solche Linie *nach Saturnberg* betrifft Unglück und Verlust auf Reisen.

Solche Linie *nach Apolloberg* betrifft Wohlstand durch Reisen und das andere Geschlecht.

Solche Linie *nach Marsberg*, ungünstig, betrifft Streit, eventuell Mord.

Wird die *Saturnlinie* von solcher Linie berührt, betrifft es erfolgbringende Reisen.

Solche Linie, *neben Saturnlinie* laufend, Finden von Freund oder Gatten auf Reisen und Nutzen dadurch.

Solche Linie *in die Kopflinie* laufend: Lebhaftes Wesen, beunruhigende fremde Einflüsse.

Wirre und zerrissene Mondlinien: Eine tief im Innersten unruhige und unglückliche (weil zu empfindsame) Persönlichkeit.

Man sollte beobachten, *woher* eine Linie kommt, was sie *streift*, wo sie eventuell *ausweicht*, und in Betracht ziehen, *wohin* sie geht, welche Linie, welchen Berg sie *berührt*, *schneidet* oder *verletzt*. Hier gilt es zu kombinieren. Ruhiges, sachliches und geistiges Denken fördern das Üben und lassen Zusammenhänge klar verstehen. Phantasie ist dazu nicht erforderlich, denn diese Beurteilungen basieren auf nachprüfbaren Lehren.

Was einer aus der Hand liest, muß auch ein anderer vermögen, und was heute gelesen wird, muß auch nach einem Monat zu finden sein. Kleine Änderungen sind frühestens nach vier Wochen sichtbar.

Zeichen auf Mondberg

• Dunkel: Warnt vor Krankheit der Säfte und Verdauungsorgane (Bild 48/356).

 Rote, kleine Flecke: Irregeleitete, krankhafte Phantasie, perverse Neigungen, die im verborgenen bleiben.

 Warnt vor Gefahr auf Wasser und durch das andere Geschlecht (Bild 48/356).

 Warnt vor Gefahr auf Wasser; dieses sowie vorhergehendes Zeichen geben Neigungen zu okkulten Studien (Bild 48/356).

 An Uranuslinie: Anlage zum Hellsehen (Bild 48/356).

\+ Melancholie (Bild 50/356).

+ Nahe Raszette: Legat oder Geld spät im Leben (Bild 46/352).

+ An Kopflinie oder Zweig derselben im Mondberg Gefahr für Kopf- oder Gehirnnervenkrankheit, Unfall auf Reisen (Bild 47/354).

 Tiefe Melancholie, Gefahr für Irrtumer und zu große Phantasie bei großem Mondberg; dadurch entstehende Neigungen zu Heuchelei, Lügen (Bild 48/356).

 Am Ende der Kopflinie im Mondberg: Gehirnnervenkrankheit (Irrsinn), oft mit Selbstmord (durch Ertränken) verbunden (Bild 47.26/354).

 Unten auf Mondberg: Fallsucht (Epilepsie), wenn mit anderen Zeichen verbunden (Bild 47.26/354).

△ Wissenschaftliche Methodik in phantasievollen Ideen und große Neigung zu Mystik und Okkultismus, Magie (Bild 46.7/352).

□ Schutz vor Übermaß in Phantasie und Unfällen auf Reisen (Bild 48/356).

 Übersensitiv, verdorbene Phantasie, Launen, krankhafte Neigungen; wenn dazu noch Venusgürtel vorhanden: Hysterie; besonders stark: wenn Venusgürtel zerrissen oder gebrochen und kettige Kopflinie (Bild 47.27/354).

 Reise längerer Art (Bild 46/352).

 Reise mit Wechsel.

 Reise unterbrochen oder plötzlich endend, eventuell mit Erlebnis.

 Reise mit Gefahr für Tod auf Wasser.

 Reise mit Rückreise.

 Reise mit Ärger und Verlust, Enttäuschung.

 Reise sehr günstig, Bereicherung durch Wissen, oft okkulter Art.

 Warnt zur Vorsicht auf Reisen zu Wasser (Mondberg).

 Schutz vor Gefahr auf Reisen.

 Sehr sensitiv: Zeichen für Rheumatismus und Leberleiden; wenn sehr weit unten, nahe Handwurzel: auch Milzleiden (Bild 46/352).

♄ Saturnzeichen: Neigung zu religiösen Wahnideen (Bild 46/352).

♃ Jupiterzeichen: Neigung zu Wahrträumen (Bild 50/360).

☿ Merkurzeichen: Neigung zu krankhaften Spekulationen.

♂ Marszeichen: Neigung zu Jähzorn (Bild 50/360).

Verschiedene Zeichen

Es gibt eine Reihe verschiedener Zeichen, die sich nicht in eine bestimmte Rubrik einordnen lassen. Sie wurden in den Bildern 45 bis 52 eingezeichnet und erläutert.

Vierter Teil

Praxis der Chirologie

In die Hände des Menschen setzt ER Zeichen,
auf daß ein jeder
Seine Werke erkennen sollte. Hiob 37,7

1. Handabdrücke

Handabdrücke stellt man am besten auf folgende Weise her: Mit einem nicht zu trockenen schwarzen Stempelkissen streiche man über die Innenhandfläche und die Finger, bis alles ganz gleichmäßig geschwärzt und feucht ist. Besser noch, weil leichter abwaschbar, ist die Verwendung von »Japan Aqua Schwarz«. Dieser Farbstoff ist in Tuben in Geschäften für Künstlerbedarf vorrätig. Es wird etwas davon aus der Tube gedrückt und auf den Innenhandflächen und Fingern gleichmäßig, aber nicht zu reichlich, verrieben. Dann spreize man die Finger ein wenig und drücke fest auf ein Blatt tintenfähiges, weißes Papier, das man vorher auf eine gute Unterlage (etwa fünf einmal zusammengefaltete Zeitungen) gelegt hat. Damit nun auch die unter Umständen hohle Stelle der Innenhand abgedruckt wird, senke man den Ellenbogen bis zur waagrechten Lage mit der Hand. Dann drücke man mit der freien Hand die geschwärzte Hand auf das Blatt und rolle sie, die Finger zuerst in die Höhe hebend, nach hinten über das Handgelenk ab. Mit einiger Übung werden die Abdrücke klar und genau sein.

Wer die Absicht hat, viele Handabdrücke herzustellen, dem sei empfohlen, das Japan Aqua Schwarz in kleiner Menge auf eine dicke Glasplatte zu geben, es mit einer Gummiwalze dünn auszuwalzen und es dann mit der Walze von der Handwurzel her abrollend zu den Fingern hin auf die Innenhand zu bringen. Hierdurch wird der Farbstoff gleichmäßig aufgetragen, und der Abdruck ist deutlich.

Außerdem sind für jede Analyse gute, das heißt scharfe, möglichst farbige Fotos der Handformen erforderlich, sowohl von den Innenhänden als auch von den Außenhänden. Zusammen mit den Abdrücken bilden diese die Grundlagen der Handanalyse. Ohne die Auswertung der Handformen bleibt jede Handanalyse ungenau und daher unzuverlässig.

Für eine Sammlung oder Einsendung zur Begutachtung und Analyse müssen die Abdrücke ebenso gut in der Ausführung sein wie das hier beigefügte Bild 96/416, damit man die einzelnen Linien und Zeichen auch wirklich erkennen kann.

Es ist immer wertvoll, lehrreich und auch interessant, solche Handabdrücke von einer ganzen Familie oder von allen Personen eines Stammbaums zu haben. Dann kann man sehr gut herausfinden, von wem die einzelnen Krankheiten vererbt sind und deshalb auch einzelne Charakterrichtungen erkennen. Ich beschrieb schon: Krankheit und Charakter stehen immer in Wechselwirkung, sind Polaritäten im menschlichen Leben, deshalb auch im Schicksal der Familie und des einzelnen.

Man sollte eine Sammlung der Handabdrücke noch vervollständigen, indem man Geburtsdatum (möglichst mit genauer Stundenangabe), Kopffotografie und Autogramm beifügt. Eine solche Sammlung nützt jedem einzelnen Menschen im moralischen und ethischen Sinn, denn er erkennt seine Kombination, sein Material und die Grenzen des Erreichbaren aufgrund dieser höheren Physiologie.

Beispiele von Handanalysen nach fotografischer Vorlage sind die Bilder 58/374 und 59/377 mit ausführlichen Erklärungen bei den Bildern im sechsten Teil. Zur Erleichterung sind auch die Planetensymbole für die Hauptlinien eingezeichnet.

Bild 58 weist wenige Linien auf und ist für den Anfänger gedacht. Der an Linien und Zeichen reichere Abdruck von Bild 59 möge dem bereits Fortgeschrittenen dienen.

Mit diesen beiden Erklärungen von fotografischen Vorlagen will ich zeigen, wie die einzelnen Zeichen in der Natur aussehen, weil es oft schwerfällt, sich anhand der Zeichnungen diese vorzustellen. Es dürfte zu erkennen sein, daß die Zeichen auf meinen Zeichnungen der Natur entsprechen.

2. Ausmessen der Ereignisdaten und Erstellen von Handanalysen

Die Ereignisjahre lassen sich leicht mit der Meßkarte an der Lebenslinie abmessen. Ereignisse und Analyse der Handform werden miteinander kombiniert. Die Art des Erlebens der Ereignisse ist von Charakter, geistigem Niveau und Lebenskunst abhängig und wesentlich für ein vollkommenes Resultat.

Bild 54/368 vermittelt einen Gesamtüberblick der Maßeinteilung, wie sie gehandhabt werden sollte.

Man findet in der alten Literatur, daß die Lebenslinie bis 90 Grad = 90 Lebensjahre gemessen werden kann und die einzelnen Dezennien unterschiedliche Längen haben. Da eine solche Messung keine Genauigkeit ergeben kann, korrigierte ich die Maße so, wie sie auf den beigefügten Meßkarten (Bild 55/369) dargestellt sind.

Um Ereignisse zu messen, muß eine Ereignislinie an dem Anfang der Lebenslinie gefunden werden. Nehmen wir an: Im 15. Lebensjahr war ein Trauerfall oder eine andere seelische Erschütterung, der/die sich als eine Linie anzeigt; nicht weit vom Anfang der Lebenslinie führt diese zur Herzlinie (weil Herzensempfindungen in Betracht kommen). Auf den Schnittpunkt dieser Ereignislinie auf der Lebenslinie legen wir die Zahl 15 der Meßkarte (Lebenslinienmaß) und lesen dann die anderen Schnittpunkte der weiteren Ereignislinien auf der Lebenslinie ab.

Sind Erfolgslinien vorhanden, das sind von der Lebenslinie nach den Bergen aufsteigende Linien, wird der Schnittpunkt auf der Lebenslinie und somit das in Betracht kommende Jahr festgestellt.

Um »günstige Zeiten für Beruf und Geschäft« zu erkennen, mißt man die eben beschriebene Erfolgslinie und kontrolliert mit dem »Barometer des Lebenswegs«, der Saturnlinie. Steigt zum Beispiel die Erfolgslinie aus der Lebenslinie mit dem

35. Lebensjahr auf, wird auf der Saturnlinie das 35. Jahr gesucht. Es ist der Punkt, der auf dem Dreiviertel der Länge der Saturnlinie, zwischen den Schnittpunkten der Herz- und Saturnlinie und der Kopf- und Saturnlinie liegt. Ist die Saturnlinie in diesem Bereich auch gut in der Farbe markiert, so spricht das für eine günstige Zeit, verstärkt durch eine weitere aufsteigende Gabellinie.

Anderes abzumessen, zum Beispiel günstige Zeiten für Bekanntschaften und Freundschaften, wird durch eine Saturnlinie ermöglicht. Zur Verdeutlichung nehme man die Abbildung 43/345 zur Hand. Es wird der Reihe nach erklärt.

Die Konstellation »A« zeigt eine senkrechte Linie, die hier als Teil der Saturnlinie anzunehmen ist und zwischen dem 20. und 40. Lebensjahr liegt, also zwischen den beiden Schnittpunkten der Herz- und Kopflinie.

1 zeigt hier eine aufsteigende Gabellinie, ein Zeichen dafür, daß günstige Zeiten für Beruf oder Geschäft vorhanden sind. Der Anfang dieser Zeit wäre das 36. bis 37. Lebensjahr.

2 zeigt einen waagrechten Strich, eine Querlinie. Alles, was quer liegt, hemmt, ist ein Hindernis. Die Stärke des Hindernisses ist an der Formation der Querlinie zu erkennen. Ist diese Linie sehr fein, so ist das Hemmnis nur leicht und wird bald überwunden; ist die Linie sehr kräftig (13), ist das Hemmnis stark und von nachwirkender Dauer. Gleicht die Linie aber der mit 5 oder 14 bezeichneten, die von der Herz- bis zur Kopflinie führt, so ist die Formation einer Gabel ähnlich und bringt Gutes mit sich. Diese Linie besagt auch, daß diese Zeit – hier zum Beispiel das 26. Lebensjahr – günstig für Freundschaften, eventuell Herzensbekanntschaften, ist. 3 und 4 zeigen kleine Ereignisse an, die erst im Werden begriffen sind.

Die Konstellation »B« zeigt wieder die aufsteigenden Gabellinien in starker und schwacher Form (8). 7 deutet auf eine sich eventuell bildende günstige Zeit. Noch ist sie es nicht.

Bei »C« zeigt 9 eine unten offene Gabellinie. Beginnt die Linie 9 an der Lebenslinie, so ist sie eine aufsteigende Linie, die die Saturnlinie im 25. Lebensjahr trifft. Sie weist für diesen Zeitpunkt auf einen guten Einfluß hin, ebenso Linie 10, wenn sie aus dem Mondberg aufsteigt. Beide zeigen Geschäfts- oder Berufserfolge an. Schneiden sie aber die Saturnlinie, so ist der Einfluß weniger günstig.

Bei »D« sehen wir bogenartige Querlinien. Diese sind immer Zeichen nachwirkender Hemmnisse, genau wie im Großen gesehen der Venusgürtel ein Hemmnis darstellt, wenn er die Saturn- und Sonnenlinie schneidet und die Zirkulation der Kräfte hemmt.

»F« zeigt eine Saturnlinie, die mehrere Male gebrochen ist, aber daneben in ungeschwächter Stärke weiterreicht. 15 zeigt Veränderungen in Beruf oder Schicksal. 16 ebenso, doch nicht ganz so drastisch, da die Bruchstücke verbunden sind. 17 zeigt eine Lücke (Unterbrechung), Linie 18 einen Einfluß oder ein Ereignis, das sich noch nicht manifestierte.

Linie »G« ist eine schöne starke Linie. 19 zeigt eine Einflußlinie, die vom Mondberg kommt und sich in eine starke Parallele verwandelt. Davon abzuleiten ist eine Stabilisierung des Lebensweges, die durch Begegnung auf Reisen oder durch eine Person des anderen Geschlechts gefördert wird. Diese Konstellationen gelten ausschließlich für die Schicksals- und Apollolinie.

Für die Magen- und Lebenslinie gelten andere Regeln. Sie stehen in Verbindung mit physiologischen Merkmalen. Jede Linie, jeder Berg hat seine eigene typische Bedeutung.

Ein Bruch in der Saturnlinie deutet auf eine Zeit für Leerlauf, unter Umständen auch eine Veränderung der Verhältnisse; in der Lebenslinie kann der gleiche Bruch Todesgefahr anzeigen, in der Kopflinie Kopfverletzung.

Lebens- und Saturnlinie sind für die einschneidenden Daten entscheidend, dafür nutzt man die entsprechende Meßkarte. Die Fläche auf der Saturnlinie, die zwischen den Kreuzpunkten der Kopflinie (20. Lebensjahr) und der Herzlinie (40. Lebensjahr) liegt, ist in vielfältigen Händen unterschiedlich in der Millimeterzahl, zwischen 15, 20 oder 25 mm. Der Abstand bezieht sich jedoch immer auf 20 Jahre. Die Zeit nach dem 40. Lebensjahr wird von der Herzlinie aufwärts weitergemessen. Die Millimeterzahl von der Handwurzel bis zur Kopflinie ist unterschiedlich lang durch verschiedene Handgrößen. Das Maß von der Handwurzel bis zur Kopflinie entspricht immer 20 Lebensjahren.

Bei der Lebenslinie entspricht jeder Grad einer Meßeinheit. Voraussetzung ist, den Nullpunkt *genau* festzustellen. Man kann ihn finden, indem man eine gedachte senkrechte Linie von der Spitze des Jupiterfingers bis zur Lebenslinie zieht. Der Schnittpunkt auf der Lebenslinie ist hiermit als Nullpunkt zu erkennen. Um ihn genau zu korrigieren, finde man in diesem Abschnitt ein Ereignis.

Bei den meisten Menschen ist in den ersten Lebensjahren ein Todesfall eingezeichnet. Es mag sein vom Großvater, von der Großmutter, vom Onkel, von einer Tante, seltener von Geschwistern oder Eltern. Wenn auch das Kind die »seelische Erschütterung« dieses Ereignisses nicht bewußt durchlebt, so ist die Linie (von der Lebenslinie bis zur Herzlinie hinführend) doch eingezeichnet. Warum? Weil wir gerade mit den sechs angeführten Personen in einer magnetischen und blutsrhythmischen Verbindung stehen. Daß es sich so verhält, wird nachfolgend erklärt: Beobachten wir bei Bekannten oder Verwandten, daß ein Onkel oder eine Tante stirbt, werden wir oft finden, daß in vielen Fällen zur gleichen Zeit ein Neffe oder eine Nichte der oder des Verstorbenen erkrankt. Es können auch Tage oder Wochen dazwischen liegen. In der Hand erkennen wir dieses Doppelereignis daran, daß wir auf der Lebenslinie in dem betreffenden Jahr die Trauerlinie finden (zwischen Lebenslinie und Herzlinie), aber auch, daß von dem Schnittpunkt in der Lebenslinie desselben Jahres dieselbe Linie eine Verlängerung in den oberen Venusberg, den Kleinen Marsberg, aufweist. Einflüsse dieses Marsbergs sind (hitzige) Krankheiten fiebriger Art. Es sind oft Kinderkrankheiten.

Weiter unten an der Lebenslinie treffen wir auf andere Doppelereignisse: eine Trauerlinie, die sich mit einer kleinen senkrechten, aus der Lebenslinie aufsteigenden Linie trifft (und darüber hinausgeht) und ein kleines Dreieck formt. In diesem Jahr treffen zusammen: ein Todesfall, eine Herzensbekanntschaft (oder Gelegenheit für Ehe) und, wenn die Trauerlinie noch die Saturnlinie schneidet, ein Jahr für günstige Bekanntschaften, das aber oft ein anderes Jahr ist und auf der Saturnlinie abgemessen wird. Das sind drei Ereignisse, dargestellt und angezeigt durch *dieselbe* Linie. Ein viertes Ereignis ist, wenn die Trauerlinie in die Herzlinie mündet. Dort wird nun der Punkt an der Herzlinie gemessen. Es ergibt sich eine günstige Zeit oder ein Ereignis, das mit Liebesbeziehungen in Verbindung steht. So spart die Natur und zeigt mit *einer* Linie drei, vier oder, wie in diesem Fall, fünf Ereignisse an: zwei negative (Tod eines anderen und Krankheit) und zwei bis drei positive, günstige Ereignisse. Und da jammern die »Leute« über den »Verlust einer Person«, wenn ihnen auf der anderen Seite doppelte oder dreifache Vergütung zuteil wird! Welche Undankbarkeit gegen das Schicksal, gegen Gott, weil sie die Aufgabe des Lebens nicht erkennen wollen.

Die Kopf- und auch die Herzlinie mißt man mit derselben Maßeinteilung, die bei der Lebenslinie Anwendung findet. Diese Maße (Bild 55/369) sind für eine mittelgroße Hand bestimmt. Für größere oder für Kinderhände sind es die auf Bild 56/371 befindlichen Maße.

Die mit L.L. bezeichneten Bogenlinien werden an der Lebenslinie so angelegt, daß der Innenteil des Bogens den Venusberg (Daumenballen) bedeckt. Auf diese Weise erspart man sich das Anheben des Maßes und kann sofort die Schnittpunkte der Ereignislinien auf der Lebenslinie erkennen, ihren Linienverlauf verfolgen. Es ist genau darauf zu achten, daß die Abstände der Dezennien (von zehn zu zehn Jahren) immer gleich groß sind für die Einteilung der Jahre.

Mißt man an anderen Händen Ereignisse aus und erkundigt sich dabei nach einem Ereignis (um einen Anhaltspunkt für den Nullpunkt zu erhalten), so kann es sein, daß der Handeigner sich augenblicklich nicht erinnern kann.

Übung läßt bald zu, daß man den Nullpunkt an der Lebenslinie schätzen lernt. Wenn dann zum Beispiel im fünften Jahr eine Ereignislinie zu sehen ist, lasse man sich nicht beirren, wenn keine Bestätigung erfolgt. Ein Ereignis muß stattgefunden haben, denn sonst wäre diese Linie nicht vorhanden. Man behalte den Punkt 5 auf dem geschätzten fünften Jahr der Lebenslinie und korrigiere an einem anderen Ereignis, das in den Jahren liegt, die der Betreffende in den vergangenen Jahren durchlebte. Daraus folgert sich die Bestätigung. Danach komme man nochmals auf Punkt 5 zurück, der sich durch die Korrektur vielleicht auf das dritte, siebente oder sechste Lebensjahr verschoben hat. Nun ist der letzte Meßpunkt der Ausgangspunkt. So rollt sich das Leben auf der Lebenslinie des Betreffenden ab. Man notiere die Ereignisse, eines nach dem anderen, wie sie folgen. Stimmen zwei bis drei Ereignisse mit der jetzt angewandten Maßeinteilung überein, dann stimmen sie alle; auch für die Zeit nach dem Lebensjahr, in dem sich der Betreffende befindet. Durch geistig bewußtes Leben können sich die nachfolgenden Ereignisse wandeln. Grundsätzlich sollte man zuerst die linke Hand messen und dann die rechte.

Da viele Menschen (aus Religionslosigkeit und als Folge davon durch Mangel an seelischer Kraft) nicht bewältigen können, zu erfahren, wie lange sie schätzungsweise zu leben haben, warne ich vor Aussagen dieser Art. Ein »kritischer Zeitpunkt für Gesundheit« ist in diesem Fall immer gegeben.

Handanalysen und ihre Voraussetzungen

Je nachdem, wieviele Linien in den Händen vorhanden sind, wird die Handanalyse kleiner oder umfangreicher. Selbstverständlich wird nach der linken die rechte Hand begutachtet. Im Vergleich beider wird reduziert oder ergänzt, bis das vollständige Lebensbild ausführlich vorliegt. Die rechte Hand ist die positive und die entscheidende. Für eine vollständige Handanalyse benutze man die drei folgenden Formulare. Bei jeder Handanalyse werden die einzelnen Merkmale gleichzeitig aus beiden Händen notiert.

Bei Analysen ist zu beachten, daß Negatives nicht zu stark betont wird. Optimismus, Lebensmut, Selbstgefühl und vor allem die *seelische Kraft sind zu stärken.*

Nach den Vorarbeiten wird aus den Merkmalsgruppen das Gesamtbild beschrieben. Die Analyse gestaltet sich aus dem, was dem Betrachter zuerst oder am stärksten ins Auge fällt.

Die weiteren Ergebnisse werden wie Bausteine eingefügt, so daß sich ein Lebensbild entwickelt.

Wenn eine Analyse in bestimmter Richtung erwünscht ist, wird von Merkmalen und Merkmalsgruppen nur verwendet, was hierzu erforderlich ist. Für diese spezielle Information nachstehend eine Zusammenstellung.

Gesamt-Charakteristik
Handform, Fingerformen, Daumen und Berge kombiniert mit den Hauptmerkmalen der Linien. Ändernde Einflüsse durch Kopflinien, Nebenlinien, Zeichen und Nägel.

Beruf
Handform, Fingerformen, Daumen und Berge, Saturnlinien-Verlauf, Apollolinien, Kopflinien, Lebenslinienablauf. Konjunktur des Berufes zur Zeit der Beratung beachten.

Berufsweg
Handform und Fingerformen für die Eignung, Daumen bezüglich der Durchführung. Saturnlinien-Verlauf in beiden Händen, so auch die Apollolinien. Zeiten der Aufstiegslinien an den Lebenslinien und das augenblickliche Jahr auf den Saturnlinien; die Konstitution der Linien und ihre Farbe feststellen.

Psychoanalyse, seelische Störungen
Grundbild der Hand- und Fingerformen, Berge, Daumen. Alle Hauptlinien, besonders die Kopflinien, genau analysieren. Venusgürtel, Apollolinien, Vorgeburtslinien, Mondlinien, Uranus- und Neptunlinien, Milchstraßenlinien genau ermitteln. Inseln, Punkte, Ringe, Sterne, Quadrate suchen. Eventuelle Merkmale für Lähmung oder gewaltsamen Tod in der Familie beachten. Gesichtsausdruck, auch Handschrift hinzunehmen.

Krankheitsbild
Handtyp, Fingerformen und ihre eventuelle Deformationen, Nägel, Zeichen auf den Bergen und die Berge, wenn sehr hoch. Daumen. Alle Hauptlinien kontrollieren auf Farbe, Vererbung (Inseln), Punkte, Sterne, Ringe, Gitter, Quadrate.

Unterschiede was vererbt, angeboren oder erworben ist. Operationen oder Verletzungen, kritische Zeitpunkte kann man bekanntgeben außer der Lebensdauer

Kriminalistik
Handtyp und Fingerformen. Besonders Kopflinienverlauf und ob doppelt. Auf Saturn- und Merkurberg, auf Saturn- und Merkurfinger sowie Mondberg nach Gittern und Querlinien suchen: Merkmale für psychische und geistige Brutalität, für Unaufrichtigkeit, Raffsucht und »Diplomatie«, krankhafte Phantasie und ebensolche Medialität. Daumen und Handwurzel sorgfältig beachten, ebenso eventuellen Mangel an Linien in guter Hand. Merkmale für gewaltsamen Tod in der Familie sowie erbliche Belastungen prüfen.

Esoterik
Hand-Präexistenz; Beinform für jetziges, Kopf für folgendes Leben. Handform, Fingerform und Daumen als Gesamtbild. Deformationen und ihre metaphysischen Bedeutungen. Hauptlinien-Konstitution und Verlauf. Alle »schlechten« Eigenschaften, Ereignislinien, besonders Herz-, Saturn- und Kopflinien erfassen; Venusgürtel und karmische Zeichen in Betracht ziehen.

Aus den Händen gemessene Ereignisjahre und sonstige Hinweise

Tag der Diagnose	Bestätigtes Ergebnis: im Lebensjahr
Ereignis	Voraussichtliches Lebensjahr des Eintreffens:
Bekanntschaften	günstig im: Lj.; ungünstig im: Lj.
Freundschaften	günstig im: Lj.; ungünstig im: Lj.
Herzensangelegenheiten	günstig im: Lj.; ungünstig im: Lj.
Ehe	günstig im: Lj.; ungünstig im: Lj.
Unternehmungen	günstig im: Lj.; ungünstig im: Lj.
Erfolg, Aufstieg	günstig im: Lj.; ungünstig im: Lj.
Große Reisen	günstig im: Lj.; ungünstig im: Lj.
Disposition zu Leiden	im: Lj.
Leichtere Gesundheitskrisen	im: Lj.
Lebensgefahr, Verletzung des Eintreffens:	im: Lj.
Seelische Erschütterung	im: Lj.
Schwermut, Depression	im: Lj.
Rhythmus der Todesjahre der väterlichen Generation: der mütterlichen Generation:	
Erbliche Belastungen:	
Besonderes:	

Chirognomisches Schema für linke/rechte Außenhand

Hand/Finger	Form	Länge	Konsistenz	Fingernägel
Ganze Hand				
Handrücken	—	/Breite	—	—
Daumen				
1. Daumenglied				—
2. Daumenglied				—
Jupiterfinger				
Saturnfinger				
Apollofinger				
Merkurfinger				

Länge der Finger im Verhältnis zueinander:
Gesamtniveau der Hand:
Geistige Zuordnung der Gesamthand:
Rasse, Abstammung, Volksgruppe
Besonderes:

Chiromantisches Schema für linke/rechte Innenhand

Fingerglieder		Geistige Einteilung: Spirituell	Geistige Einteilung: Intellektuell	Geistige Einteilung: Materiell
Daumen	1. Glied			
	2. Glied			
Jupiterfinger	1. Glied			
	2. Glied			
	3. Glied			
Saturnfinger	1. Glied			
	2. Glied			
	3. Glied			
Apollofinger	1. Glied			
	2. Glied			
	3. Glied			
Merkurfinger	1. Glied			
	2. Glied			
	3. Glied			
Handberge		Beschaffenheit: normal	Beschaffenheit: extrem groß	Beschaffenheit: eingefallen
Venusberg				
Jupiterberg				

Saturnberg Apolloberg Merkurberg Marsberg Kleiner Marsberg Mondberg			

Handlinien	Länge in mm	Beschaffenheit	Zeichen/Art	Stelle (Fundort)
Lebenslinie Kopflinie Herzlinie Magenlinie Sonnenlinie Venusgürtel Uranusgürtel Neptunlinie Isislinie Raszette Ehelinie Marslinie Milchstraßenlinie				

3. Analyse der Hand von Frau W. K.

Schülerarbeit von Frau Waltraud Fahnert

Dies ist die erste Arbeit einer meiner Schülerinnen: eine Handanalyse mit den Vorarbeiten, ausgeführt 1937. Diese Ausarbeitung, deren Unterlagen durch die Kriegswirren verloren gingen, möge als Arbeitsmuster dienen.

Vorarbeiten

Außenhand
Die *Handform* ist eckig mit zarten Knoten und konischem Einschlag. An der rechten Hand ist zu beachten, daß die Knoten durch Gicht verursacht sind.

Besitzer solcher Hände sind vorwiegend Verstandesmenschen. Durch die zarte, feine Haut ist die Empfindungsfähigkeit der Seele mitgeprägt. Der konische Einschlag schwächt das rein Intellektuelle ab. Die Handform zeigt, daß dieser Mensch gewissenhaft, pflichttreu, zuverlässig, sehr ordnungsliebend und etwas konservativ eingestellt ist.

Der *Daumen* ist lang, rechts länger als links, die Spitze etwas nach außen gebogen. Das erste Glied ist ebenso lang wie das zweite.

Es ist ein Mensch mit starkem Willen, guter Durchsetzungskraft, feiner Einfühlungs- und Anpassungsfähigkeit. Letzteres schwächt hier den starken Willen ab und macht die Frau anschmiegsam und beeinflußbar. Nach dem 28. Lebensjahr (rechter Daumen) wird der Selbstbehauptungstrieb stärker, sie wird eigenwilliger und nicht mehr ganz so nachgiebig sein.

Fingerformen
Zeigefinger: An der linken Hand verhältnismäßig kurz, das erste Glied nach dem Mittelfinger zu gebogen. Das Selbst-

bewußtsein ist in der Jugend nicht stark; dadurch treten Minderwertigkeitsgedanken auf. Viele Traurigkeiten wurden erlebt, viel Kummer und Sorgen (Leber).

Der rechte Zeigefinger ist viel länger, weshalb das Selbstbewußtsein nach dem 28. Lebensjahr stärker wird.

Der Saturnfinger ist an beiden Händen normal lang, eckig. Das Verantwortungsbewußtsein ist groß, die Handeignerin ist überwiegend ernst und nachdenklich, hat Sinn für wissenschaftliche Themen. Das dritte Glied ist an der linken Hand lang und deutet auf Vorliebe für Arbeit im Freien sowie Sinn für Sport hin. An der rechten Hand ist es weniger lang.

Der Apollofinger ist links viel länger als der Zeigefinger: Ideale in der Jugend. Die Handeignerin sucht nach einem Vorbild. Rechts ist er gleich lang mit dem Jupiterfinger. Nach dem 30. Lebensjahr besteht mehr innere Harmonie. Weniger träumerisch eingestellt, sucht dieser Mensch sich aus eigener Kraft zu vervollkommnen.

Der Merkurfinger ist normal lang. Da er etwas konisch ist, wird die Ausdrucksweise der Handeignerin verbindlicher, nicht verletzend sein.

Die gut ausgeprägten ersten Fingerglieder weisen darauf hin, daß Sinn für geistige Betätigung und gute Intelligenz vorhanden sind.

Was diese Eigenschaften ergänzt, von ihnen abgeschwächt oder ausgeglichen wird, zeigt die Innenhand.

Innenhand

Die *Berge* bilden keine starken Konturen, weshalb nicht näher auf sie eingegangen wird. Der Venusberg aber ist voll und kräftig. Es ist Sinnlichkeit, Leidenschaftlichkeit, Hingabefähigkeit, Sinn für ein schönes Heim, für Kinder und den Partner vorhanden. Ein guter Venusberg läßt auch auf Gutherzigkeit und warmes Mitempfinden schließen.

Der Jupiterberg ist erhaben: Strebsamkeit, Kameradschaftlichkeit.

Saturnberg vom Apolloberg angezogen: Das Empfindungsleben zeigt viel Ernst, Nachdenklichkeit und auch Melancholie.

Mars und Mondberg sind gut entwickelt: Mut, Träumerei, Phantasie. Saturnberg und Mondberg ergeben gemeinsam Träumerei und tiefsinnige Romantik. Gut ausgeprägte Berge deuten immer auf Sinn für Lebensgenuß. – Menschen mit eckigem Handtyp neigen leicht zu Geiz; alles, was das Leben verschönt, jeglicher Genuß, scheint ihnen Verschwendung. – So entspannt sich der einseitige Charakterzug. Die Handeignerin gönnt sich eine Lebensfreude, wenn sie es verantworten kann.

Die Linien und Zeichen

Kopflinie
Links: Verläuft etwas gewellt bis an die Grenze zwischen Mars und Mondberg. Sie ist zu Beginn 10 mm mit der Lebenslinie verbunden. Die Denkrichtung ist intellektuell. Die Entschlußkraft ist normal. Eine Insel in der Linie warnt vor Kopfschmerzen.

Rechts: Die Kopflinie ist länger geworden und im intellektuellen Bereich geblieben. Dadurch ist Eigensinn stärker geworden. Die Entschlußkraft ist gut wie in der Jugendzeit.

Herzlinie
Links: Ziemlich breit, bis an den Jupiterberg heranreichend: Viel Herzlichkeit, Gutmütigkeit, Herzensjugend, aber auch Egoismus, da die Linie nicht in den Berg läuft. Die Inselbildung deutet auf einen organischen Herzfehler und eine große Liebesenttäuschung.

Rechts: das gleiche.

Venusgürtel
Links: Nur am Anfang vorhanden: sexuelle Unterdrückungen.
Rechts: das gleiche.

Apollolinie
Links: Stückweise vorhanden, eine Inselbildung: Das Innenleben ist irritiert.

Es besteht die Gefahr der inneren Zersplitterung. Die Insel zeigt Schüchternheit.

Rechts: Die Linie ist wesentlich besser. Die Empfindungswelt ist harmonisch. Eine kleine Insel weist noch immer auf Schüchternheit. Die Linie beginnt im Marsfeld. Es wird viel Mühe, Kampf und Energie kosten, um ersehnte Ziele zu erreichen.

Magenlinie

Links: Etwas zerrissen, teilweise gut. Darm- und Leberstörungen. Ein Teil Magenlinie auf dem Merkurberg: Anlage für Sprachtalent.

Rechts: Die Linie ist gewunden. Das zeigt eine Disposition zu Krampf. Hier kann man gut ersehen, wie die Magenlinie dem Venusberg entspringt. Eine leichte Empfänglichkeit für Sexualkrankheiten geht damit einher. Andererseits zeigt solche Linie vorgeburtliche Belastung der Betreffenden durch Leid der Mutter während der Schwangerschaft an. Auch die Apollolinie, die zum Teil aus dem Venusberg hervortritt, weist auf diese vorgeburtliche Belastung.

Schicksalslinie

Links zweifach: Die erste ist eine gute, klare Linie, die bei der Raszette beginnt und bis an das dritte Glied des Saturnfingers, wahrscheinlich sogar in dieses hineingeht. Oft ist damit ein trauriges Schicksal verbunden.

Die zweite Linie entspringt auf dem Mondberg, reicht in den Handtisch und von diesem in Teilen in den Saturnberg. Verbunden damit ist eine Tendenz zum Reisen, zur Ausweitung des inneren und äußeren Horizonts sowie Förderung durch Beistand und Mithilfe von Partnern (des anderen Geschlechts). Ein Stern zu Beginn dieser Linie zeigt an: Finanzielle Verluste der Eltern in der Jugendzeit der Handeignerin.

Die Schicksalslinie beginnt mit einem Zweig in der Raszette, mit einem zweiten im Mondberg, der am Anfang eine Insel enthält. Diese Insel läßt auf eine Disposition zu Wahrträumen und Hellsichtigkeit beziehungsweise auf Wahrnehmungen, die mehr empfunden als gesehen werden, schließen.

Die Einflüsse der Empfindungswelt wurden von außen angeregt. Linien mit Ursprung im Mondberg geben Aufschluß über innere Ruhelosigkeit, ein ständiges Suchen und Ringen nach Harmonie.

Lebenslinie
Es erübrigt sich, hier weiteres über die Lebenslinie auszuführen, da viele markante Ereignisse auf dieser gut sichtbar ausgemessen werden können. Eine Lebenslinie, klar und gleichmäßig gezeichnet, läßt auf Stabilität, eine gute körperliche Widerstandskraft schließen. In der linken Hand nimmt sie ihren Verlauf in Richtung Mondberg, womit gleichzeitig eine Tendenz zu Ovarienstörungen angezeigt wird.

Zeichen
Linke Hand: Zwei kleine Linien aus dem Beugegelenk des Jupiterfingers führen zum Jupiterberg und weisen auf zwei Fehlgeburten hin. Querlinien auf dem ersten Fingerglied des Saturnfingers sind ein Zeichen für Lebensüberdruß.

Querlinien auf dem ersten Glied des Apollofingers bezeugen überreizte Kopfnerven .

Kreuz neben Saturnlinie auf dem Mondberg: Warnung vor Verlust durch Unaufmerksamkeit, Diebstahl.

Stern seitlich auf dem Jupiterberg: Warnung vor Brandschaden im Umgang mit Feuer.

Rechte Hand: Querlinie im zweiten Glied des Jupiterfingers: Diplomatie. Querlinie im dritten Glied: Heftigkeiten. Querlinien in beiden Fingergliedern des Jupiterfingers: Regungen, eine Tendenz die Neid und Mißgunst zu erkennen geben.

Kleines Viereck im zweiten Glied des Saturnfingers: Harte Schicksalsprüfung, ausgleichende Gerechtigkeit, wegweisend für die Selbsterkenntnis.

Dreieck auf dem Jupiterberg: Sinn für Politik und Diplomatie.

Die Handeignerin ist ein innerlich vornehmer, sehr zart empfindsamer Mensch. Man kann sich auf sie verlassen, denn was sie tut, macht sie aus voller Überzeugung. Verantwortungsbewußt wird sie nach bestem Wissen und Gewissen handeln. Sie ist genau, korrekt, manchmal etwas kleinlich.

Ihre Denk*richtung* ist überwiegend konservativ. Sie hängt an Traditionen, an alten Sitten und Anschauungen. Es fällt ihr nicht leicht, sich auf Neues einzustellen. In ihrer Jugend war sie empfänglicher, anpassungsfähiger und konnte dadurch leichter mit einer neuen Situation fertig werden. Innerlich nicht immer ausgefüllt, wußte sie mit sich selbst oft nichts anzufangen und ließ sich von anderen mehr beeinflussen. Später, nach dem 30. Lebensjahr, ist sie weniger anpassungswillig und selbständiger geworden.

In jungen Jahren seelisch sehr empfindsam, persönlich weniger selbstbewußt, sieht sie alles einseitiger. Sie macht sich negative Gedanken und Sorgen, die sie hemmen und wenig Heiterkeit aufkommen lassen. Vorübergehend kann sie jedoch auch temperamentvoll, lebhaft und aufgeschlossen fröhlich sein. Minderwertigkeitskomplexe führen zu Depressionen.

Wesentlich ist für die Handeignerin die ethische Seite des Lebens, jedoch ist sie auch allen irdischen Genüssen zugeneigt, die sie gern auskostet, um sich dann gern wieder ihrer Aufgabe und Tätigkeit zuzuwenden. Sie hat Verständnis für den lebensnotwendigen materiellen Einsatz. Im stillen jedoch sehnt sie sich nach geistiger Entwicklung. Religiös veranlagt, fällt es ihr dennoch nicht leicht, zu glauben und zu vertrauen, inneren Frieden zu finden. Sie leidet unter dem ständigen Konflikt zwischen Verstand und Empfinden, zwischen Kopf und Herz. Von ihrer Intuition, die ihr den geistigen Weg weist, läßt sie sich nicht genügend führen. Die Seele ist wohl zu einem Höhenflug und für eine geistige Vertiefung bereit, wird aber vom Intellekt gehemmt. Innere Zerrissenheit und Disharmonie entstehen durch mangelnde Konsequenzen. Nach dem 28. Lebensjahr fällt es ihr leichter, sich zu entscheiden. Das Selbstbewußtsein wächst, der Durchsetzungswille wird größer. Da sie sich ihren Kämpfen stellt, reift sie und erkennt ihr wahres, höheres Ich-Selbst als Ziel.

Es war schicksalsbedingt, daß viele traurige Erlebnisse ihr ganzes Wesen berührten. Gram und Befürchtungen haben Spuren hinterlassen. Sie mußte lernen, alles neutraler zu betrachten, um zu begreifen, daß jedes Ereignis innerer Erziehung dient. Nur so ist es möglich, Einklang und Harmonie zu erreichen. Das »Ja-Sagen« als geistige Stellungnahme führt sie durch die Lebensschule und zu höherer Erkenntnis, daß hinter dem Erlebten eine weise höhere Intelligenz steht.

Die reiche Phantasie der Handeignerin ließ sie bis zu ihrem 28. Lebensjahr oftmals träumen. Vieles wurde »farbenreicher« idealisiert angesehen, als es dem tatsächlichen Leben entsprach. Als guter Mensch meinte sie, jeder andere sei auch so wie sie eingestellt. Durch diese Vorstellung erlebte sie manche Enttäuschung. Nach dem 28. Lebensjahr entwickelt sie mehr Tatkraft und Willensstärke. Sie ist nicht mehr bereit, sich von anderen »an die Wand drücken« zu lassen.

Hemmend wirken sich für die geistige Entwicklung die vorgeburtlichen Einflüsse aus, die von traurigen Erlebnissen der Mutter während der Schwangerschaft herrühren. Der eigene Wille jedoch hilft, Menschenscheu, Unsicherheit, Schüchternheit, die ein freies Auftreten hemmen, zu überwinden.

Ihr natürliches Maß an Sinnlichkeit wird zeitweise unterdrückt, was eine Nervenüberreizung zur Folge hat. Ihre Anlage zu Heftigkeiten kommt jedoch auch hier nur selten zum Ausdruck. Die Unterdrückung bewirkt zunehmende Depressionen, die sich bis zum Lebensüberdruß steigern können. Die Bereitschaft, erotische Einflüsse zuzulassen, könnte heilsam für viele ihrer angeborenen Schwächen sein.

Durch innere Hemmungen war die Sinnlichkeit in der ersten Zeit etwas verkrampft. Wenn von beiden Seiten Liebe und Verstehen vorhanden sind, kann sich Einklang ergeben. Schicksalsmäßig sind in der Liebe keine Traurigkeiten angezeigt, mehr aber in der Ehe. Die Partnerwahl sollte aus diesem Grund besonders sorgfältig bedacht werden.

Da sie selbst ein guter Kamerad ist, sich gern dem Partner anpaßt, viel Weiblichkeit besitzt, sind Eheprobleme wahrscheinlich mehr von der anderen Seite zu erwarten. Wichtig ist, daß sie einen Partner findet, den sie aufrichtig liebt, ohne ihn übermäßig zu idealisieren.

Das Leben hält viele Prüfungen für sie bereit. Ein verständnisvoller Partner wäre für sie Ermutigung und Quelle der Kraft. Mit dieser Hilfe fällt es ihr leichter, sich über Erschwernisse hinwegzusetzen. Harmonischer geworden, fällt es ihr dennoch nicht leicht, eine dauerhafte innere Ruhe zu bewahren. Durch die vielen Entwicklungsmöglichkeiten wird sie ihr Leben lang bestrebt sein, sich weiter zu entfalten, denn sie besitzt auch gute geistige Fähigkeiten.

Seelisch kann sie sich stärken durch Kunst und Musik. Sie besitzt Naturliebe, hält sich gerne im Freien auf, wandert gern und findet dabei Erholung. Die Handeignerin ist natürlich, intelligent, diplomatisch. Sie benötigt nicht unbedingt das Wissen aus Büchern, sondern versteht es – in sich hineinlauschend –, intuitiv das Richtige zu erkennen. Einen Partner könnte sie mit ihrer seelischen Empfindungswelt gut ergänzen. Dabei sollte sie sich nicht durch den Intellekt beirren lassen.

Gesundheitliches

Dispositionen zu folgenden Leiden: Blasenstörungen; Überreizung der Sexualnerven durch Unterdrückung; Gebärmutter und Eierstockstörungen linksseitig, Schilddrüsen- und Bronchialleiden, Disposition zu Krampf, zu Gicht. Schwache Kopfnerven und leichte Kopfschmerzen, auch Milzstörungen. Ein undefinierbarer organischer Herzfehler.

Diese Dispositionen, die sich früher oder später bemerkbar machen können, müssen nicht akut werden. Jede Krankheit hat eine innere Ursache, die geistig zu lösen ist.

Fünfter Teil

Ergänzendes, Verwandtes

Jede Religion unter der Sonne
hat eine astrologische Grundlage,
und jede Wissenschaft, die der menschliche Geist
zu bearbeiten fähig ist,
nimmt ihren Ursprung von den Sternenhimmeln Uranias.
Dahin kehrt sie zurück, darin versinkt sie wieder.
Alles ist geordnet nach Maß, Zahl und Gewicht,
und die Gesetze sind ohne Wandel.

1. Chirosophie und Astrologie

Es besteht kein Zweifel, daß die Ergebnisse und Bedeutungen, die aufgrund astrologischer Berechnungen und chiromantischer Ausdeutungen und Messungen gewonnen werden, sich vollkommen decken. Es kommt hier nur auf das Wissen des Betreffenden an. Ich habe sehr viel Gelegenheit gehabt und genutzt, Horoskope und Chiroskope zu vergleichen. Charakter, Talente, Fähigkeiten, Neigungen, Ereignisse, alles deckt sich übereinstimmend, auch die Krankheitsanlagen und -erscheinungen. Besonders dies letzte dürfte viele interessieren, die sich mit Heilkunde beschäftigen. Auf die Krankheitsdiagnosen auf astrologischer Grundlage kann ich hier nicht weiter eingehen und verweise die Interessenten auf die hervorragende Arbeit von G.W. Surya, Band 4 der *Okkulten Medizin*, sowie auf das grundlegende Werk des Wiener Arztes Feerhov *Medizinische Astrologie.*

Gewiß gibt es noch vieles, was in der Chiromantie hinsichtlich mancher Ereignisse noch nicht wiederentdeckt wurde, da ein mehr als hundertfaches Nachprüfen erforderlich ist.

Warum ist das so? Weil sehr viele Menschen nicht wissen, welche Leiden und welche Ereignisse bei den Vorfahren vorkamen. Anderes, was sofort bestätigt werden könnte, wird oft aus Zurückhaltung, Verschlossenheit und Scham verschwiegen, obgleich der Berater weiß, daß es sich nur so verhalten kann. In der modernen Zeit reagiert der Mensch natürlicher.

Das Wissen der alten Weisen ist immer noch vorhanden, es ist nicht verloren; an uns liegt es, es wiederzufinden. Es gibt, wenn auch sehr selten, hier und da in den verschiedenen Ländern Menschen, die noch etwas über die Astro-Chiromantie wissen, auf deren Basis sich auch Ereignisse auf kleinere Zeitperioden als Jahre, also auf Monate und Wochen berechnen lassen, ja selbst auf Tage. Leider erfährt man zu wenig davon.

In diese verfeinerte Wissenschaft einzudringen, ist dadurch schwer; die Studien sind langwierig. Aber die Möglichkeit besteht, das habe ich praktisch erlebt.

Bildhauer Th.W. Wulff, Hamburg, ist auf diesem Gebiet der Astro-Chiromantie erfahren, sowohl durch Begabung intellektueller und sprititueller Art als auch durch Studien in Anatomie befähigt und nicht zuletzt dadurch, daß ihm sehr alte und äußerst seltene Schriften zugänglich waren, von denen viele Astrologen nichts wissen und in denen andeutungsweise sehr wertvolle Hinweise vorhanden sind, die wiederum nur von jenen verstanden werden können, die schon ein tiefes Wissen in verschiedenen Richtungen besitzen. Wulff war so nett, mir seine »Tierkreisverteilung in der Hand« zur Veröffentlichung zur Verfügung zu stellen. Bild 125/435 zeigt diese Einteilung. Für die Kundigen der Astrologie gebe ich zum Vergleich mit der Chiromantie eine Gegenüberstellung.

Obgleich auch bei der Astrologie einiges offen bleibt, ist ihr großer Wert durchaus nicht zu unterschätzen; auch unsere heutigen Wissenschaften sind sehr einseitig und lückenhaft. Man arbeitet auf jedem Gebiet zur Vervollkommnung weiter. Wenn die Menschen selbst erst freier von Materialismus und Intellektualismus und dadurch vollkommener sind, wird es auch die Wissenschaft sein. Der Grund liegt also nicht in der Lehre, sondern im Menschen selbst.

Eine Beurteilung des vorhandenen Maßes des Willens, seiner Stärke und Zähigkeit ist bis heute astrologisch nicht gelungen. Die Veranlagung in diese Richtung läßt sich wohl erkennen, nicht aber die Entwicklung, wie man sie aus Form und Ausdruck des Daumens ersehen kann. Der Durchschnittsmensch hat keine Willensfreiheit, sondern nur Wahlfreiheit, doch sind das Maß und die Zähigkeit des Willens, der Energie, immer die Hauptsache bei allen Handlungen und Unternehmungen. Wer in der Zähigkeit bei der Verfolgung seiner Pläne und Ziele nachläßt, stellt den Erfolg in Frage.

Ebenso ist es mit der Verstandes- und Gedankenrichtung, beides Dinge, die am Daumen und an der Kopflinie zu erkennen und zu beurteilen sind.

Chirosophie		Astrologie
1. Größe der Willenskraft		1. »Stern in der eigenen Brust« (Ererbte Rassen-, Körper- und Geistesmerkmale)
2. Einfluß der spirituellen Welt		2. fehlt
3. Einfluß der intellektuellen Welt		3. fehlt
4. Einfluß der materiellen Welt		4. fehlt
5. Jupitereinfluß	Erste Reihe der Kräfte	5. Jupiter
6. Saturneinfluß		6. Saturn
7. Sonneneinfluß		7. Sonne
8. Merkureinfluß		8. Merkur
9. Marseinfluß		9. Mars
10. Mondeinfluß		10. Mond
11. Venuseinfluß		11. Venus
12. Uranuseinfluß	Zweite Reihe der Kräfte	12. Uranus
13. Neptuneinfluß		13. Neptun
14. Isiseinfluß		14. (Pluto oder Isis?)
15. Die Hauptlinien Karma		15. Durch Plenetenstand zur Geburtszeit am Geburtsort (Radixaszendent)
16. Nebenlinien und Siegel		16. Tierkreiseinfluß und Verhältnis von Planeten zu Fixsternen
17. Die Farbe der Haut		17. Einfluß für Temperament
18. Zeichen und Nebenmerkmale		18. Fortschreiten der Planetenstände, Transite
19. Rasse, Art, Geschlecht*		19. fehlt
20. Grad des spirituellen Bewußtseins		20. Feuer- und Luftzeichen, Wasser- und Erdzeichen
21. Lebensdauer		21. Saturn, Mars

* Da dies aus einem Horoskop nicht ersichtlich ist, ist es für den Astrologen erforderlich, ein Lichtbild des Menschen zu sehen, dessen Horoskop berechnet werden soll. Ein gewissenhafter Astrologe wird auch die Handschrift verlangen, um daran den Stand der Entwicklung zu erkennen. Das muß beachtet werden.

Einige Astrologen bestreiten die Wirkungen der Planeten Uranus und Neptun. Dessenungeachtet kann man aber die Wirkung ihrer ihnen entsprechenden Eigenschaften deutlich – und manchmal recht drastisch – sowohl nach dem Horoskop als auch nach der Hand wahrnehmen. Warum auch nicht? Ihre Kraft- und Lichtausstrahlungen sind die gleichen wie die der anderen Planeten, und eine genaue Grenze der Kraftwirkungen aufzustellen, erscheint mir nicht durchdacht und überheblich, gibt es doch andere Körper und Körperkomplexe im Kosmos, die in der gleichen Entfernung auch ihre Wirkung haben. Hier kann man auch mit der drahtlosen Telegraphie vergleichen.

Wenn die Entfernung zwischen zwei Stationen zu groß ist, um Wirkungen und Resultate zu erzielen, wird eine dritte Station dazwischengebaut. Wissen wir denn, ob im großen Universum nicht auch solche Zwischenstationen vorhanden und wirkend sind? In einem Weltall, das so wundervoll gesetzmäßig bis ins kleinste arbeitet – ich erinnere hier nur an das Karmagesetz, das Vererbungsgesetz und die Periodengesetzmäßigkeit großer Ereignisse sowohl im Leben der Völker als auch des einzelnen –, sollten Dinge, die oft über unseren beschränkten Verstand hinausgehen, nicht möglich sein? Das anzunehmen überlasse ich jenen, die ihren manchmal recht unschöpferischen Verstand als die höchste intellektuelle Instanz des unermeßlichen Weltalls betrachten und anmaßend genug sind, behaupten zu wollen, daß einzig und allein auf unserem kleinen Weltkörper Menschen vorhanden seien.

Die Grundzüge des Lebenswegs sind jedem Menschen vorbestimmt. Dies erkennt man sowohl am Geburtshoroskop als auch an der Formation der Hauptlinien der Hand. Solche durch kosmische Gesetze festgelegten Grundzüge des Lebenswegs und somit des Schicksals sind weder durch den Willen noch durch die Wahlfreiheit zu ändern: Sie sind das konzentrierte Programm, das *wir selbst* im vergangenen Lebenszyklus schufen, indem wir die Resultate früherer Ursachen auslebten, die jedoch neue Ursachen in sich trugen und sich nun wieder auslösen müssen.

Wie sie sich auslösen und in Erscheinung treten, das zeigen uns im Horoskop die Direktionen und die Transite, in der Hand einerseits die Neben- und Ereignislinien, andererseits die Zeichen. Je feiner ein Instrument gebaut ist – zum Beispiel Seismograph und Chronometer –, um so genauer zeigt es an. So ist es auch mit dem Menschen. Je feiner seine Seelenschwingungen, um so feiner auch seine Nerven. Ihnen entsprechend zahlreicher, feiner und klarer zeigen sich die Linien in seiner Hand, weshalb man bei solchen Personen, die einen spirituellen Einschlag haben, mehr lesen und erkennen, also auch mehr ausdeuten kann als bei einem primitiven, materiellen oder unschöpferisch intellektuellen Menschen.

Daß die Astrologie von heute vollkommen ist, hat keiner behauptet; ebensowenig kann man das von der Chiromantie sagen. Aber das angesammelte Material aller Geisteswissenschaften ist derart reich, daß es immer eine größere Orientierung ermöglicht. In der heutigen Zeit beweisen die Menschen in ihrer Lebensart und Auffassung, daß sie weder reif noch wert sind, alles Wissen zu besitzen. Es ist eine sehr weise göttliche Vorsicht, daß nur *einzelne Menschen* (nicht Leute!), immer ihrem *inneren* Wert entsprechend, tiefe Erkenntnis und darum tiefes Wissen erlangen.

Die Beurteilung von Fähigkeiten und Talenten zur Berufswahl kann auf astrologischer, graphologischer, chirognomischer oder phrenologischer Basis erfolgen. Bei der phrenologischen Lesart kann man sehr gut die Fähigkeiten und Anlagen, nicht aber die Hindernisse erkennen, die sich durch Verhältnisse und Umstände ergeben. Astrologie und Handlesekunst lassen es ersehen. Bei der Astrologie langsamer, wegen der Berechnungen; bei der Handlesekunst sofort, weil alles klar vor Augen liegt.

Natürlich müssen alle Analysen übereinstimmen. Sie tun es auch, wenn wirkliches Können vorhanden ist. Alle vier Wissenschaften, von einer Person beruflich ausgeübt, ergeben nur bei allerbester Begabung keine Zersplitterung, weil jede dieser Wissenschaften ein sehr weites Feld umfaßt, viel Gewissenhaftigkeit und Vernunft, aber auch Verantwortlichkeit erfordert, dazu ein sehr gutes Gedächtnis.

Im Interesse des einzelnen Menschen und des Allgemeinwohls wäre es wünschenswert und richtig, wenn sich jeder über seine Fähigkeiten und Anlagen durch diese Wissenschaften informieren ließe. Jeder könnte dann den für ihn richtigen Beruf (entsprechend seinen Fähigkeiten) ergreifen. Mancher könnte sich viele sorgenvolle Enttäuschungen durch Selbsterkenntnis ersparen.

Zur Vervollkommnung des tieferen Studiums der astralen Einflüsse auf den Menschen und die Hand erläutere ich im nächsten Abschnitt die reinen speziellen Einflüsse der einzelnen Planeten. Jeder der dabei beschriebenen Menschentypen stellt den reinen Typ dar, das heißt einen Menschentyp, der von dem einen Planeten ohne andere Einflußmischung den *ganzen* Einfluß hat.

Bei der Beurteilung einer »Personenlinie« oder »Personeneinflußlinie« hat man sehr genau zu beachten, von welchem »Berge« (Planeten) diese Linie ausgeht. Sie ist in den allermeisten Fällen nur haarfein gezeichnet; deshalb braucht sie auch nur sehr kurze Zeit, um in Erscheinung zu treten oder zu verschwinden. Geht sie nur in oder durch einen Berg, kommt nur der Einfluß dieses Planeten (Menschentyps) in Frage. Verläuft die Einflußlinie jedoch im Anfang zwischen zwei Bergen, kommt ein Typ in Frage, der die gemischten Eigenschaften und das Aussehen hat, die sich aus der Mischung der beiden betreffenden Planetencharaktere ergeben. Diese Art des Ausdeutens, des Lesens der Handlinien, ist sehr schwer und setzt ein großes Wissen und sehr viel Praxis voraus. Man muß sich sozusagen »in die Hand hineinleben« und sich sehr stark konzentrieren, was nicht jedem gelingt. Ein sehr geübtes Auge, eine starke Lupe und gutes Licht sind hierfür unbedingt nötig. Diese Art der Deutung ist ein Hilfsmittel, wie jede Wissenschaft, die, oft von Unkundigen und Pfuschern benutzt, die wissenschaftliche Chirologie nur in »bösen Ruf bringen« kann. Ich rate deshalb sehr zur Vorsicht und empfehle die Benutzung dieses Teiles nur den weit fortgeschrittenen Chirologen für Studien und Weiterbildung.

2. Chirosophie und astrale Symbolik

Um den Studierenden der Chirologie eine bessere und schnellere Übersicht in bezug auf die Bedeutung der einzelnen Felder in der Hand zu geben, zeichnete ich die Symbole in ihrer Bedeutung an den hierfür in Betracht kommenden Stellen ein (Bild 40). Im folgenden will ich sie erklären, damit die Einzelheiten noch leichter verständlich sind. Es ist nahezu unmöglich, alles einzuzeichnen, was Bedeutung hat. Die Aussagen in den speziellen Beschreibungen der Handberge und Handlinien sind hiermit zu kombinieren, um das Wissen zu sichern.

Der *Daumen*: Erstes Glied: Der befehlende Mann symbolisiert den Willen.

Zweites Glied: Der Mann mit dem Sprachrohr ruft die Warnung: »Was tust du?« symbolisiert Vernunft, Logik, Überlegung.

Das dritte Glied (Venusberg): Das Liebes- oder Tänzerpaar symbolisiert das Liebes- und Geschlechtsleben, den Rhythmus und Tanz; außerdem Perversität, Genußliebe, Gatten-, Kinder- und auch Nächstenliebe. Die Palette und Harfe bedeuten Sinn für Farbe und Ton; das Haus häusliche Angelegenheiten und den eigenen Körper.

Die *Lebenslinie* bildet die Grenze des Venusbergs und stellt die Zufuhr, Umwandlung und Verwertung der Lebenskraft dar. Am Anfang der Linie erkennt man eine Wiege (Geburt), weiter nach unten das Kind, den Jüngling, den Mann, den Greis und das Grab als Abschluß der Linie; das Ganze gilt auch als Zeiteinteilung.

Die *Herzlinie* symbolisiert die ideale, ethische Seite der Liebe.

Jupiterberg und -finger: Der König symbolisiert Protektion, Stellung, Beruf, Gunst; die Münze Ehren und Wohlstand. Auch Ehrgeiz, Streben und Wohlleben gehören hierher. Die

Brandfackel an der Seite symbolisiert Gefahr durch Umgang mit Feuer.

Saturnberg und -finger: Auf dem ersten Fingerglied symbolisiert das Wasser Gefahr durch Wasser und Schwermut, Lebensüberdruß. Die Sense ist das Symbol für Landwirtschaft; der Förderkorb für Minenbetrieb; der Galgen, das Gefängnis und die Mörderhand für Gefahren durch Überfall, Mord, Körperverletzung und Gefängnis. Die Swastika ist das astrologische Zeichen für Karma, Schicksal. Der Minen- oder Erdarbeiter symbolisiert alles, was damit in Verbindung gebracht werden kann, zum Beispiel Mineralien, Erze, Erde, Grund- und Hausspekulation. Das zerbrochene Automobil gilt als Warnungszeichen für Gefahren durch Unachtsamkeit, Verletzung durch Metall, Baumaterial, Erde (Eisenbahn, Straßenbahn, Auto, Verkehrsmittel, Steine, eventuell auch Gas und große Tiere). Der Saturnfinger ist der längste, und als Einfluß-Zeichen des Bösen auf den Menschen dementsprechend groß .

Apolloberg und -finger: Der Mund und die Noten deuten Gesang an, die Violine Instrumentalmusik und die Palette Malerei; die Maske symbolisiert Bühnenkunst, die Büste Skulptur und Sinn für Plastik überhaupt (wozu das dritte Glied lang sein muß). Die Lyra und die Münze deuten allgemein auf Schönheitssinn, Kunst und Wohlstand.

Merkurberg und -finger: Hier finden wir folgende Symbole: Den geflügelten Merkurstab für Handel; die Waage für Gewerbe und gerechten Ausgleich. Buch und Feder für Literatur; Äskulapstab und Blume für Arzneikunde, die Retorte für Chemie und Physik; das Auge für Intelligenz, Beobachtungsgabe und okkulte Fähigkeiten; den Fuchs mit Vogel für Diebstahl (zu starker Erwerbstrieb) und List; den Redner für Sprache und Beredsamkeit; darunter den Satyr an der Herzlinie für Witz.

Der Marsberg: Zwei verbundene Ringe und ein Baby gehören an die Seite des Merkurbergs als Symbol für Ehe und Liebesneigungen. Sie erscheinen hier aus Platzmangel. Auf dem Marsberg finden sich Zeichen für Feinde (geheime) und Neider. Der Krieger symbolisiert Mut, Willen, Kraft, Selbstkontrolle, Geistesgegenwart, Streitigkeiten, eventuell Brutalität; Verwundung durch Metall (Körperverletzung Operation), Strategie.

Der Handtisch oder das Große Viereck mit der offenen Hand läßt erkennen, wie das Wesen den Mitmenschen gegenüber geöffnet ist, also Toleranz.

Die Marsebene: Das Kampffeld symbolisiert Streit und hitzige Einflüsse (auch Krankheiten fiebriger Art, wie Grippe, Influenza, Fieber). Die Formationen der Grenzlinien des Marsfelds (Kopflinie) geben Aufschluß über Gesundheit und Denkweise.

Der Mondberg: Das Wasser symbolisiert das Wäßrige (Blut, Säfte und die Drüsentätigkeit im Organismus), außerdem Phantasie, Mystik, Intuition, Melancholie; Schiffe bedeuten Reisen, Abenteuer, Veränderungen. Andere Einflüsse des Mondes sind: Stimmungen, Laune, Feinfühligkeit, Medialität, Musik. Auf dem unteren Mondberg finden sich noch folgende Symbole: Die Eule für Mystik, das versiegelte Buch für Geheimwissenschaft (Okkultismus), das Auge für Hellsehen; Hexenkessel und Tarnkappe für Magie, der Sechsstern für Kabbalistik und Sympathie. In diesem Bereich entspringt die Uranuslinie, die sich auf vorher Genanntes bezieht. Auf der gegenüberliegenden Seite, auf der Neptunlinie, sind als Symbole für Gift zu sehen: die Likörflasche, Medizinflasche, Zigarre, Rauchgefäß.

Der auf der *Handwurzelmitte* gezeichnete Stammbaum gibt zu erkennen, daß hier die Zeichen für Herkunft, Geschlecht, Art zu suchen sind.

Die drei *Armbänder* (Raszette) bezeichnen ererbte Lebenskräfte.

Diese Auslegungen und Andeutungen mögen phantastisch anmuten, sind es aber durchaus nicht. Sie lassen sich psychologisch und physiologisch begründen. Jeder sollte durch tieferes Denken selbst zu der Erkenntnis kommen.

3. Chirosophie und Physiognomie

Die Menschentypen nach der Charakteristik der Planeten

Zum Studium der Charakteristik der Menschentypen, zugeordnet nach Planeten, empfehle ich das vorzügliche Werk *Charaktertypen* von Hans Stein (†), neu herausgegeben von Wilhelm G. Böge, Berlin 1952.

Die Kopfzeichnungen der Menschentypen nach Planetenzuordnung sind mit Erlaubnis den Werken von Carl Huter *(Physiognomik)* und Amandus Kupfer entlehnt.

Nachstehend folgen die ausführlichen Signaturen der Planeten.

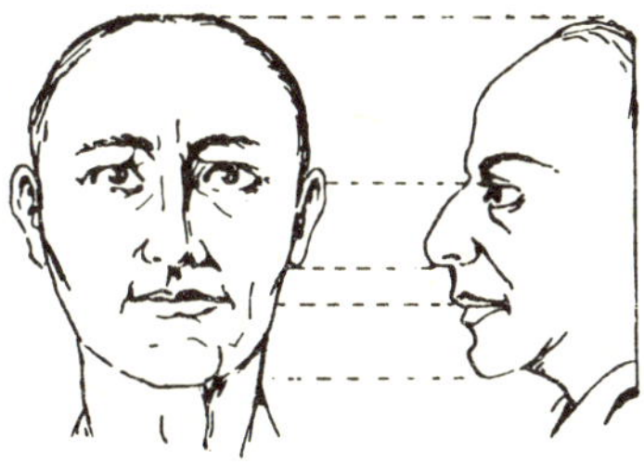

Marstyp

Figur: Die unter diesem Einfluß geborenen Menschen sind mittelgroß bis groß, von derbem Wuchs und starker Körperkonstitution. Der Kopf ist kurz und dick, die Stirn niedrig bis mittelhoch. Ihr Gesicht ist rundlich bis breit, die Haut fest, hart, von dunklerem Rot, manchmal rotbräunlich. Die Haare sind kurz, dick und borstig, eventuell kraus; in der Farbe rot, rotblond oder schwarz. Die Augen sind ziemlich groß, glänzend, kühn; ihre Farbe dunkelbraun, grau oder graurötlich bis rostfarben. Das Weiße des Augapfels ist oft gerötet. Der Mund ist groß, die Lippen sind etwas schmal, die Unterlippe ist etwas wulstig. Ihre Augenbrauen sind dicht, meist struppig, und neigen zur Vereinigung über der Nasenwurzel. Ihre kräftige, gerade oder gebogene Nase macht einen »hervorragenden« Eindruck; die Nasenlöcher sind weit, das Kinn ist hervorspringend. Der Bart ist meist kurz, struppig. Ihre Ohren sind mittelgroß bis groß und etwas abstehend, die Backenknochen etwas hervorstehend. Der Hals ist kurz, dick, muskulös und rot, die Brust breit, die Schultern und der Rücken sind stark, fleischig; die Beine grobknochig und muskulös.

Eigenschaften: Die Marsbeeinflußten sind immer mutwillig, streitsüchtig, rechthaberisch, herrschsüchtig, meist auch brutal und roh. Die Stimme ist stark, laut, etwas metallisch. Sie schreien und befehlen gern, zu Hause wie auch sonst. Sie stellen das kriegerische (und deshalb zumeist das vernichtende) Prinzip dar. Sie können großmütig sein, doch kommt dies weniger von Herzen als von der Selbstverherrlichung und dem Bewußtsein ihrer Macht (Kraft). Sie sind mutig und kaltblütig in Gefahren, jedoch sehr hitzig im Wortstreit, da sehr reizbar und rabiat bis zum Haß. Sie lieben starke Getränke, Spiel und Orgien. Starke Sinnlichkeit und brutale Kühnheit machen sie bei manchen »Damen« anfangs beliebt, doch die Streitsucht läßt die Harmonie nicht von Dauer sein. Sie essen gern viel und sind Liebhaber des rohen Fleisches und der scharfen Gewürze, renommieren und übertreiben gern. Sie beschäftigen sich gern und vorwiegend mit Dingen, die aus Metall sind oder damit zu tun haben. Deshalb findet man sie auch meist als Fleischer, Soldaten, Chirurgen, Schlosser, Schmiede, Zahnärzte usw. Als Redner haben sie eine derbe, kraftvolle Ausdrucksart, im Gegensatz zu der Feinheit und Gewandtheit der Merkurbeeinflußten.

Hände: Ihre Hände sind fest bis hart; die Finger grob, stark und im dritten Glied dick (Genußliebe). Das erste Daumenglied ist groß, breit, meist mehr oder weniger ballenförmig, keulenartig. Der Mars- oder Venusberg ist stark entwickelt, die Marsebene ist oft mit vielen kleinen Linien und Kreuzen belebt.

Mars regiert die Geschlechtsorgane und die Kraft des Trieblebens, Därme, Galle. – *Metall:* Eisen. – *Farbe:* rot. – *Stein:* Diamant.

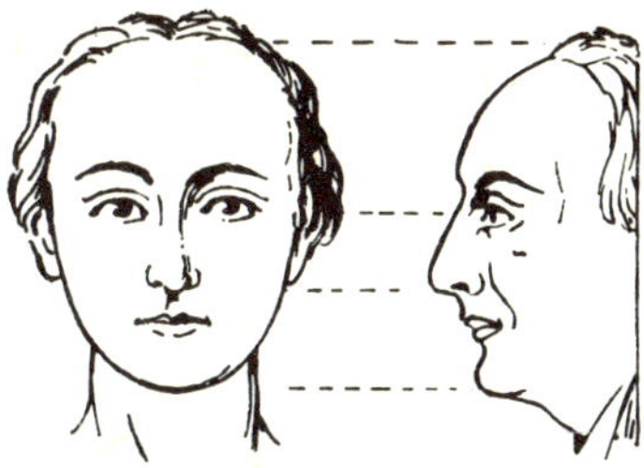

Venustyp

Figur: Die unter dem Venuseinfluß geborenen Menschen haben eine große physische und moralische Ähnlichkeit mit jenen, die unter dem Jupitereinfluß geboren sind, nur ist die Schönheit der Venusgeborenen mehr weiblich. Sie haben schöne, helle, weiche und rosige Haut, sind von gutem Wuchs und schöner Figur. Ihre Haare sind lang, dicht, geschmeidig, blond oder braun und dauerhaft in der Farbe. Die Augenbrauen sind schön, gut geformt und dicht. Ihre Stirn ist rund, eher klein als groß; die Wangen sind rundlich und mit Grübchen versehen. Die Gesichtsknochen sind kaum bemerkbar. Die Nase ist gerade, etwas fleischig und doch schön oder fein. Ihre Augen sind groß, freundlich, feucht und sehr angenehm durch ihren Ausdruck, hellbraun oder blau, sehr magnetisch und auch sinnverwirrend, »streichelnd«; die Augenlider rund und schwer. Ihr Mund ist klein bis mittel, frischrot. Die Lippen sind voll und schön geschwungen; die Zähne gut. Das Kinn ist rund, etwas voll und hat ein Grübchen. Die Ohren sind meist klein, das Ohrläppchen fleischig. Ihr Hals ist weiß, rund und von mittlerer, harmonischer Länge; die Schultern sind rund und voll, abfallend. Die Brust ist meist schmal, doch fleischig; der Busen der Frauen voll und rund – wie bei der antiken Venus. An den runden, schönen Armen stehen keine Knochen hervor. Die Hüften sind gut entwickelt, die Lenden wohlgeformt und die Schenkel voll, schlank und elegant. Die Knie sind ebenfalls voll und etwas nach innen geneigt, die Beine kräftig, die Waden schöngeformt und die Fesseln rund und dünn. Die Füße sind klein.

Eigenschaften: Der Venustyp liebt Eleganz und Harmonie in Kleidung und Äußerlichkeiten. Er neigt sehr stark zur sexuellen Liebe, da die Sinnlichkeit eine der stärksten Eigenschaften ist. In der Liebe ist er gut und sanft, zärtlich und willenlos. Besonders stark ist die Vorliebe für Blumen, Düfte, Musik, Plastik, Farbe und alles Schöne in Form und Farbe. Der reine Venustyp ist immer Künstler, nicht umgekehrt. Gefallsucht macht sich meist bemerkbar, wenngleich oft nur ganz leise und diplomatisch. Das träumerische Wesen im Verein mit der Sinnlichkeit wird hier oft zum Schaden. Das harmonische und deshalb verträgliche, gütige Wesen läßt ihn seinen Mitmenschen mit Wohlwollen begegnen. Dem Zank und Lärm ist er abgeneigt, da sein Wesen stets heiter, frohsinnig, humorvoll ist. Venus gibt dem Menschen weibliche Formen und daher auch weibliche Neigungen. Männer dieses Typs tragen gern Frauenschmuck.

Der Venuseinfluß begabt Künstler, Redner, Komponisten und andere durch das Dargebrachte zu rühren oder »Seele« in die Musik, in die Malerei, in die Skulptur, in die Rede zu legen, also das tiefe vibrierende Schwingen der Seele. Es gibt keinen Künstler, der nicht starken Venuseinfluß hätte. Gibt es dennoch mal einen Künstler ohne Venuseinfluß, so ist das von ihm Dargebrachte nur ein Produkt des Könnens ohne Empfinden, also ein Produkt verstandesmäßiger Imitation. Je mehr Venuseinfluß, um so intensiver sein schöngeistiges Empfinden.

Hände: Die Hände des reinen Venustyps sind voll, etwas weich und mit Grübchen versehen (Oberhand). Die Finger sind glatt, von normaler Länge oder ein wenig kürzer. Die Haut ist weißlich bis weißrosa. Der Daumen ist etwas kurz, der Venusberg sehr voll und stark, reichlich mit Linien versehen.

Venus regiert die Nieren, das Seelische, die Erotik. – *Metall:* Kupfer. – *Farben:* hellgrün, hellblau, rosa. – *Stein:* Achat. Venustyp: zum Beispiel Mozart.

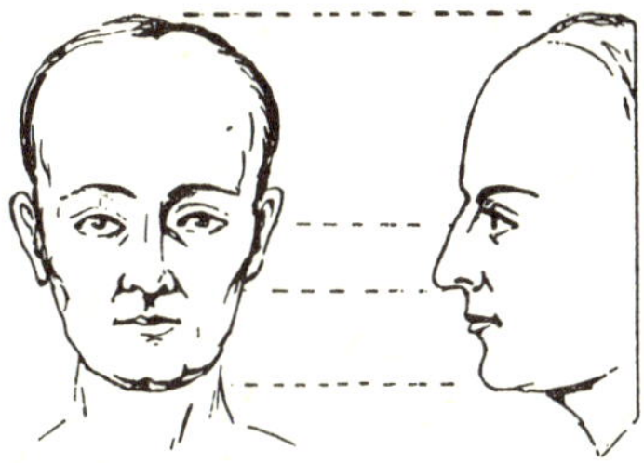

Merkurtyp

Figur: Die unter vollem Merkureinfluß stehenden Menschen sind klein bis mittelgroß, schlank, angenehm. Sie bewahren ziemlich lange ein kindliches Wesen und erscheinen infolgedessen immer jünger, als sie sind. Ihre Hautfarbe ist zart und etwas blaßgelb; die Haare sind braun und zum Kräuseln geneigt. Die Stirn ist hoch und gewölbt, der eventuelle Bart kurz und dunkel, die Augenbrauen sind schmal, lang gewölbt. Ihre Augen sind grau oder braun (seltener blau), unruhig, lebhaft, scharf und durchdringend. Das Weiße der Augen ist gelblich und der Gesamtausdruck verschmitzt, klug. Die Nase ist gerade oder leicht gebogen, lang und gut geformt, eventuell scharf, die Spitze etwas rund und oft mit kleinem Grübchen. Ihre Lippen sind dünn; die Oberlippe tritt etwas hervor über die nach außen gesenkte Unterlippe. Das Kinn ist lang und spitz. Der Kopf ist oben an der Seite, Sitz der Organe des Erwerbssinns, stärker entwickelt, weshalb bei dem Merkurtyp das Talent für Handel und Erwerb stets von Natur aus stark hervortritt. Der Hals ist stark und wohlgeformt, die Brust mittelgroß, fleischig, die Lenden sind wohlgeformt, biegsam; die Arme dünn, jedoch kräftig. Die Stimme ist gut, doch nicht sehr stark.

Eigenschaften: Die unter dem Einfluß des Merkur geborenen Menschen sind körperlich und geistig lebhaft, gewandt, geschickt in körperlichen Übungen und in Handfertigkeiten. Sie besitzen lebhafte Intelligenz, schnelle Auffassung, sind intuitiv und witzig, alles Eigenschaften, welche mit List und Schlauheit verbunden sind. Sie lieben alle Wissenschaften, besonders die okkulten und metaphysischen Studien; sind gewissenhaft in allen Angelegenheiten, beharrlich und schätzen das Vergeistigen aller Genüsse. Sie besitzen eine gute und natürliche Beredsamkeit. Man findet unter ihnen Philosophen, Physiker, Ärzte, Sprachlehrer, Geometer, Akrobaten, Tänzer, Händler. Durch ihr schnelles und großes Auffassungsvermögen und die schnelle Übersicht, Liebenswürdigkeit und Vielseitigkeit sind sie die »geborenen Geschäftsmenschen«. Aber auch Neid ist eine ihrer Eigenschaften. Der schlecht beeinflußte Merkurtyp mißbraucht seine guten Eigenschaften; deshalb ist dieser Typ – noch nicht entwickelt – sehr gefährlich, sowohl beim Mann als auch bei der Frau. (»Merkur, der Gott der Diebe und Huren«, heißt es in der alten Mythologie; ebenso »Hermes«, ein anderer Name für Merkur, »der dreifache Meister des Wissens«.) Dank der ausgezeichneten Rednergabe, Intelligenz und Intuition fällt es ihm leicht, Menschen, mit denen er zu tun hat, schnell zu erkennen und sie mit passenden Redensarten und Wortschwall einzuwickeln und zu beeinflussen. Vom Merkur stark beeinflußte Frauen haben die gleichen Eigenschaften, und wenn sie nicht auf einer sehr hohen seelischen (ethischen) Entwicklungsstufe stehen, sind sie immer habsüchtig und nutzen alle Gelegenheiten, die »etwas einbringen«. Sie sind sehr gute »Schauspieler«, faszinierend stark, berauschen und sind leidenschaftlich bis in das hohe Alter. Ebenso wirken sie sinnlich erregend, was für jüngere, unwissende Menschen ohne festen Willen, die unter Mond, Venus oder Jupiter geboren sind, gefährlich werden kann.

Hände: Die Hände des Merkurtyps sind lang, bei Frauen klein. Die Finger sind meist glatt und ungleich, gemischt. Der Merkurfinger ist oft spitz oder eckig und lang. Die Hände sind im allgemeinen geschmeidig, die Daumen lang und biegsam.

Merkur regiert die Nerven, die Arme, die Lungen, das Denken. – *Metall:* Quecksilber. – *Farben:* gelb, grau. – *Stein:* Jaspis, Topas, Bergkristall.

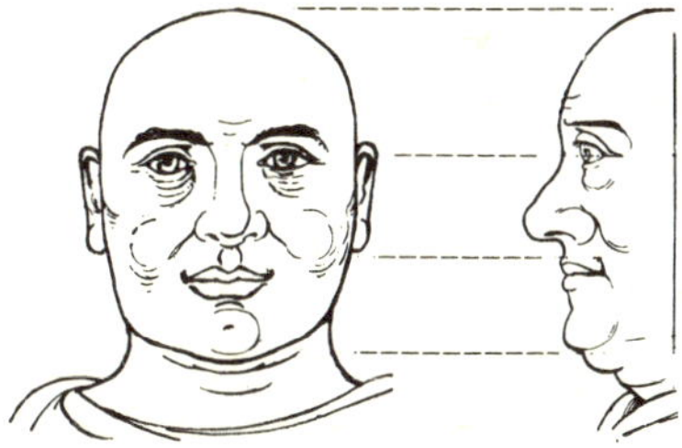

Mondtyp

Die Signaturen des Mond-Typs sind ähnlich denen des Jupiter-Typs (Seite 299), aber weicher.

Figur: Die unter dem Mondeinfluß geborenen Menschen haben einen runden Kopf und ein volles, weiches Gesicht. Die Stirn ist nicht hoch, sondern mehr breit und rund. Die Hautfarbe ist matt, blaß oder wenig gefärbt. Durchschnittlich sind sie klein bis mittelgroß, dick, fleischig und schwammigweich. Der Körper ist wenig behaart. Die Haare sind fein, weich, lang und blond. Die Nase ist etwas kurz, flach und breit. Der Mund ist mittelgroß, die Lippen sind fleischig und stark, die Zähne groß und fehlerhaft. Die Augen sind groß, rund, klar, etwas hervortretend; ihre Farbe ist blau oder blaugrau. Die Augenlider sind ziemlich dick, die Brauen dünn, blond und sehr glatt anliegend. Das Kinn ist dick, voll und fett; die Ohren sind anliegend. Der Hals ist fleischig, dick und weiß. Brust, Hüften, Lenden und Beine sind stark fleischig, aber dabei weich. Es ist stets Neigung und Anlage zur Fettleibigkeit vorhanden. Ihre Füße sind dick und groß.

Eigenschaften: Die Mondbeeinflußten sind unbeständig, unruhig, egoistisch, wenig kriegerisch, deshalb unzuverlässig. Sie sind kalt, matt, faul, gleichgültig und schwerfällig; weniger der ethischen Liebe, mehr aber der Sinnlichkeit und dem Genuß zugeneigt. Sie lieben es, in Tafelfreuden zu schwelgen. Sie trinken und sprechen viel und haben viele weibliche Eigenschaften. Sie sind mehr mystisch als religiös, haben eine große Einbildungskraft, Phantasie und oft gute Intuition, Wahrträume, Ahnungen, besonders, wenn sie in der Einsamkeit leben. Sie lieben Reisen, Wasser und Bequemlichkeit, die

Künste, alles Schöne und romantische Literatur. Sie sind groß im Wortemachen, nicht aber in der Tat. Gute Redner findet man sehr selten unter ihnen. Ihre Unbeholfenheit und ihr Phlegma lassen sie schnell ermüden, weshalb sie keine guten Fußgänger sind und gern »Station« machen. Es fehlt ihnen an Ausdauer, Zähigkeit und Wollen. Die vom Mond stark beeinflußten Frauen geben sich leicht hin; nicht aus Liebe, sondern mehr aus Neugierde, oft aus Mangel an Widerstandskraft. Mondbeeinflußte ziehen immer Menschen im gereiften Alter den jüngeren vor.

Hände: Die Hände sind meist weich, fleischig; der Mondberg ist gut entwickelt, die Finger sind glatt, kurz, spitz oder spatelförmig. Die Daumen sind mittelgroß, die ersten Glieder kurz.

Mond regiert das Wäßrige, die Säfte des Körpers, das Gefühlsleben, Stimmungen, Magen, Gehirn. – *Metall:* Silber. – *Farben:* alle hellen und blassen Farben. – *Stein:* Mondstein, Katzenauge, Koralle.

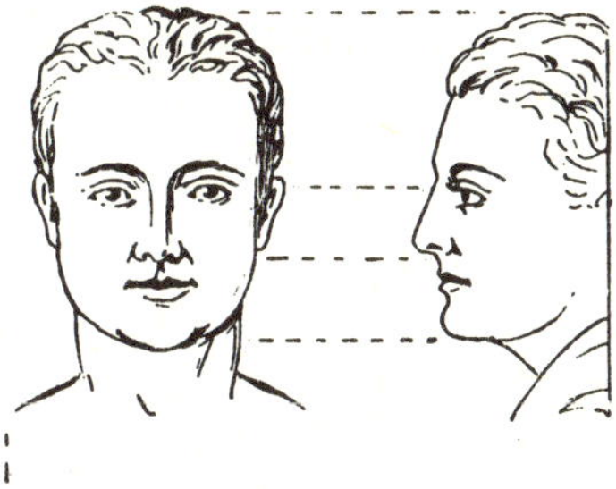

Sonne- oder Apollotyp

Figur: Mittlerer Wuchs und glatte Körperproportionen. Die Farbe der Haut ist gesund, leicht bräunlich. Die Haare sind lang, voll, wellig, geschmeidig, fein, blond oder braun. Die Stirn ist mittelhoch, gewölbt; die Augen sind groß, glänzend, etwas feucht; das Weiße ist rein und klar. Der Augenausdruck ist streng und sanft zugleich, die Irisfarbe hellbraun oder blau, die Wimpern sind voll und geschwungen. Die Brauen sind dicht und glatt, sanft gewölbt. Die Wangen fleischig und fest; die Nase ist gerade und fein, jedoch nicht scharf. Der Mund ist von mittlerer Größe, die Lippen sind von normaler, gleichmäßiger Fülle. Die Zähne sind gut und etwas gelblich. Die Stimme ist stark, angenehm und voll, wohlklingend. Das Kinn ist rund und etwas hervorstehend. Die Ohren haben mittlere Größe, eher klein als groß; das Ohrläppchen ist fleischig und von guter Farbe. Der Hals ist mittelstark, muskulös, ohne daß die Muskelformen hervortreten. Der Körper ist unbehaart. Die Brust ist groß und stark, gewölbt. Die Sehnen der Glieder sind dünn und kräftig, die Schenkel von eleganter Form, die Beine schön. Die Augen (Sehvermögen) und Beine haben als gemeinsame Anlage: Schwäche.

Eigenschaften: Die von der Sonne stark beeinflußten Menschen sind angenehm, weil natürlich und ungezwungen; immer sympathisch und magnetisch, bescheiden, strebsam, verläßlich. Sie sind beliebt und gute, treue Freunde durch ihre aufrichtige Gesinnung. Sie sind etwas heftig, jedoch sofort wieder ruhig, sehr liebenswürdig und haben angeborene Höflichkeit und Herzenstakt, ein heiteres, sonniges Wesen, Humor. Sie verfügen über angeborene innere Würde, übervorteilen nie, sind edelherzig und beredsam. Sie besitzen Scharfsichtigkeit durch ihre Intelligenz *und* ihre Intuition, die sie alles richtig erkennen und beurteilen läßt. (Dies ist ihre hervorragendste Eigenschaft.) Sie sind religiös, doch basiert ihre Religion mehr auf der inneren Betrachtung, Verehrung und Erkenntnis, auf der geistigen Idee, dem inneren Sinn und Wert (Esoterik), nicht auf Aberglauben und Orthodoxie. Von der Sinnlichkeit (Erotik) werden sie stark beeinflußt und sind leicht jemandem zugeneigt. Die Sonnebeeinflußten sind Erfinder und Ausübende aller möglichen Unternehmungen, da sie sehr vielseitig sind. Sie erfinden ungezwungen, mehr durch Inspiration, weniger durch besondere Studien, hauptsächlich in der Kunst und Wissenschaft. Sie sind oft Künstler, Literaten, immer aber Kunstliebhaber.

Hände: Der Sonnetyp hat gemischte Finger, leicht knotig; die Daumen sind mittelgroß, stark und harmonisch. Die Knöchel der Unabhängigkeit (zwischen erstem und zweitem Daumenglied) sind gut entwickelt; der gut ausgebildete Apolloberg ist mit einer klaren Sonnenlinie und von Parallelen dieser durchzogen.

Die Sonne regiert das Herz, das Rückgrat, die Augen, den Solarplexus. – *Metall:* Gold. – *Farben:* gold, orange. – *Stein:* Rubin, Karneol.

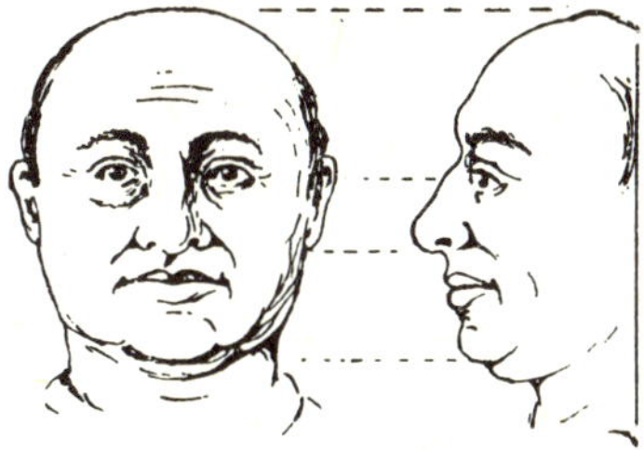

Jupitertyp

Figur: Menschen, die unter dem vollen Einfluß des Jupiter geboren sind, haben folgende Merkmale: Die Figur ist groß und stark, manchmal etwas kleiner. Die Haut ist hell und farbenfrisch, guter Teint, ihre Stimme ist klar. Sie haben große, feuchte, freundliche Augen, blau oder hellbraun; lange Augenwimpern. Die Augenbrauen sind etwas gelockt und dicht. Die Nase ist mittelgroß und gerade, der Mund ziemlich groß; die Lippen sind stark. Die Oberlippe ist etwas überragend. Die Zähne sind groß und gut; die Wangen derb und fleischig; das Kinn ist länger und voll. Ihre Ohren sind leicht anliegend, der Hals ist wohl proportioniert. Die Schultern sind groß und fleischig; der Rücken ist fest und dick. Im Alter neigen sie zu Fettleibigkeit und zu Haarverlust. Füße und Hände sind dick und ziemlich fest, die Beine behaart.

Eigenschaften: Ihr Gang ist gelassen, ruhig. Sie lieben das Bequeme, die Vergnügungen, Feste und Gastmähler. Sie haben religiöses Empfinden (Zeremonien, wenn möglich mit Pomp); Familiensinn, großes Selbstvertrauen; sie sind anziehend, sehr sympathisch, stolz, großzügig, ehrgeizig und tüchtig. Auch sind sie lebhaft, zeitweise zornig aufbrausend, aber nicht nachtragend. Sie lieben die Ruhe und den Frieden; sind höflich, gütig, edelherzig, leichtsinnig im guten Sinne, gefällig, beliebt und sinnlich. Im allgemeinen verläuft ihr Leben glücklich (weil sie schon im Gedankenleben darauf hinarbeiten).

Hände: Die Hände sind mehr weich, aber elastisch, füllig, mit entwickelter Innenhand, langem Zeigefinger. Die Haut ist rötlich und eher glatt.

Jupiter regiert Blut, Leber. – *Metall:* Zink. – *Farben:* purpur, blau. – *Stein:* Saphir, Türkis, Lapis. Jupitertypen: zum Beispiel Albrecht Dürer und Friedrich III.

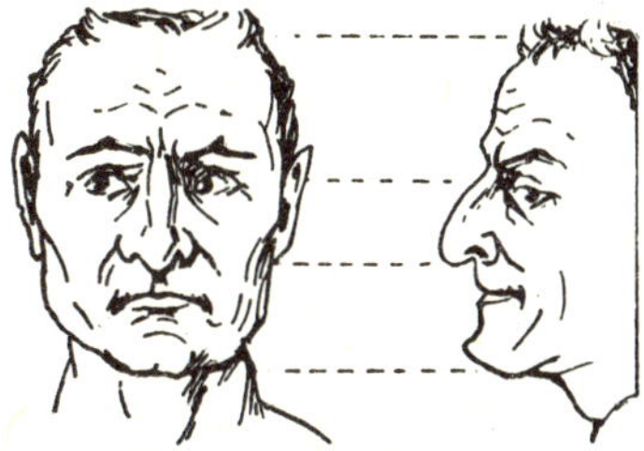

Saturntyp

Figur: mittelgroß oder klein. Die Haut ist bräunlich, erdfarbig, mitunter blaß, trocken und runzelt leicht. Das Haar ist schwarz, glatt und grob, fällt aber früh aus oder lichtet sich. Der Kopf ist lang (nur bei bestimmten Rassen mehr rund). Die Augen sind sehr dunkel, hohl, traurig und verdunkelt, jedoch durchdringend und listig bei Verdacht, Argwohn oder Zorn. Das Weiße des Augapfels ist mehr gelblich, die Augenbrauen sind schwarz, eventuell über der Nase zusammengewachsen. Die Ohren sind groß, die Nase ist mittellang oder lang, mit der Spitze mehr oder weniger abwärts geneigt. Die Nasenlöcher sind mittelgroß bis groß. Der Mund ist groß, die Lippen sind dünn, bei bestimmten Rassen wulstig oder wurstähnlich, wobei sich die Unterlippe etwas nach vorn schiebt oder sich über die Oberlippe hebt. Die Zähne sind in der Jugend gut, meist weißlich, verderben aber schnell. Veranlagung zu überzähligen Zähnen. Das Zahnfleisch ist blaß. Der Bart ist schwarz; das Kinn lang, unten breit und vorspringend. Der Hals ist hager, zuweilen dünn, mit starken Muskeln und ausgeprägten Adern. Der »Adamsapfel« ist bei diesem Typ sehr stark und deutlich. Im allgemeinen sind diese Menschen mager, haben aber starke Knochen. Die Brust ist schmal und behaart, die Schultern sind hoch, die Arme knochig und muskulös.

Eigenschaften: Saturnbeeinflußte Menschen sind stark melancholisch, neugierig, innerlich unruhig, mißtrauisch, grübelnd. Sie lieben die Einsamkeit, das Spielen aus Gewinnsucht und Kombinationslust. Sie sind tüchtig im Berg- und Ackerbau, in Wissenschaft und Musik, sie sind sehr arbeitsam und oft geizig, weniger vergnügungssüchtig. In der Musik leisten sie bisweilen Großes.

Der echte Saturntyp verbringt häufig einen Teil seines Lebens in Abgeschiedenheit, Einsamkeit, im Gefängnis, da dieser Einfluß oft zu Widrigkeiten geneigt macht.

Hände: Diese Hände sind oft mager, die Finger lang und zum Teil knotig. Der Saturnfinger hat Spatelform. Der Daumen ist meist stark und groß.

Die Adern der Füße sind stark sichtbar, die Neigung zu Krampfadern ist ausgesprochen. Die Beine werden frühzeitig schwach und im Alter träge, daher oftmals der gebeugte Körper und unsichere Gang, was diese Menschen prädistiniert, Unfälle des Körpers zu erleiden, besonders aber der Beine. Man findet unter diesem Typ viele Rheumatiker, Gelähmte und Hinkende, Bucklige und Krüppel. Auch Taubheit ist ein Einfluß des Saturn.

Saturn regiert die Knochen, die Milz. – *Metall:* Blei. – *Farben:* schwarz, dunkelgrün, braun. – *Stein:* Onyx, Smaragd. Saturntyp: zum Beispiel Paganini.

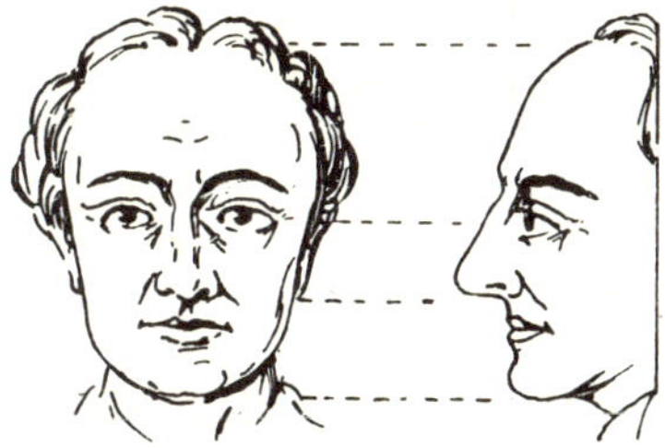

Uranustyp

Figur: Läßt sich nicht ganz genau beschreiben, denn die Uranustypen sind nicht alltäglich, man findet sie sehr selten rein, viel seltener als die anderen Typen, weil wir noch nicht die Auswirkungen des Uranus in dem Maße kennen wie die der anderen Planeten unseres Systems. Das Uranuszeitalter hat erst begonnen.

Im Überblick läßt sich über das Äußere des Uranustyps soviel aussagen: Meist mehr als mittelgroß, vollschlank oder schlank. Haare sind häufig dunkelblond oder dunkler, die Augen dunkelblau oder hellbraun, groß, mit scharfem, sicheren Blick. Die Augenbrauen sind dicht und breit, in der Farbe sehr dunkel oder schwarz, überwiegend schwarz, auffällig. (Dies ist das beste Kennzeichen für den starken Einfluß des Planeten.) Die Farbe der Haut ist eher hell als dunkel, das Gesicht markant, die Stirn frei und hoch. Die Nase ebenfalls markant und kräftig. Die Lippen sind eher schmal als dick. Das Kinn ist gut markiert und stark.

Wenn ein Vergleich hier überhaupt erlaubt ist, könnte man sagen: eine Kombination von Sonne, Merkur, Mars und Venus. Eckige Bewegungen des Körpers.

Eigenschaften: Die stark Uranusbeeinflußten haben vor allem eine sehr gute und schnelle Auffassungsgabe, rasches Begreifen. Sie sind sowohl intellektuell (verstandesmäßig) als auch spirituell (intuitiv-inspirativ) im Denken. Ihre Interessen liegen meist auf Gebieten, die ausgefallen und originell sind. Sie sind gute Erfinder, gute Ingenieure und Elektriker, Flugtechniker, Altertumsforscher, Antiquitätensammler und -kenner. Im Wesen anfangs reserviert und innerlich beobachtend, vorfühlend, später mehr auf die Dinge eingehend, um sie geistig zu verarbeiten. Sie können unerwartet heftig werden, wie überhaupt Plötzlichkeiten Auswirkungen des Uranus sind: Blitz, Explosionen, Kurzschluß.

Zeitweise sieht man Frauen mit feinerem Gesicht und starken, breiten, dunklen Augenbrauen. Diese haben starke Uranuseinwirkung und Uranuscharakteristik, besonders blonde Frauen mit breiten, schwarzen Brauen.

Hände: Die Hände sind näher dem intellektuell-spirituellen Typ, wie auf den Bildern 74 bis 76. Die Finger sind konischeckig mit Knotenbildung.

Uranus regiert das feinere Nervensystem, die Drüsen, gibt inneres Erkennen der tiefen Zusammenhänge, Hellsinnigkeit, starke Neigung zu Studien und Beschäftigung mit Okkultismus, im besonderen mit Kosmologie. – *Metall:* Radium, Uran. – *Farbe:* blauviolett, harmonische Farbenkombination bestimmter Art: Blauviolett mit Gold, mit Silber, mit Gelb. – *Edelstein:* Alexandrit, Bernstein, Magnetstein, Skarabäus.

Uranustypen, wenn auch keine reinen: zum Beispiel Leonardo da Vinci, Paracelsus und Goethe.

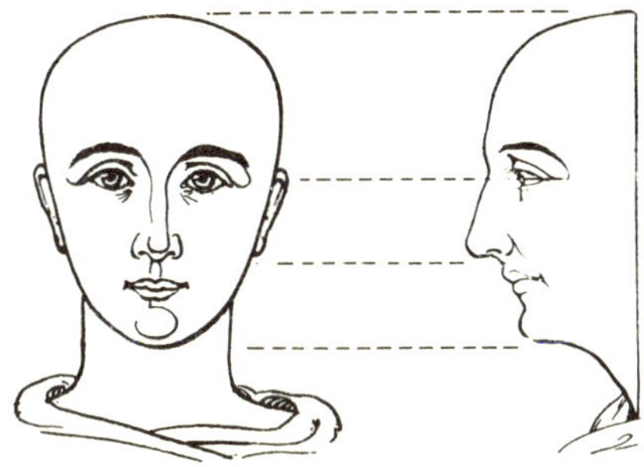

Neptuntyp

Über ihn läßt sich nur sehr wenig sagen, da seine Schwingungen noch feiner sind als die des Uranus. Infolgedessen läßt sich auch der Neptuntyp nicht leicht beschreiben; er ist noch feiner als der Venustyp (siehe Seite 291).

Einige Merkmale sind: sehr hohe, oben breite Stirn; Haarfarbe verschieden, mittelblond bis dunkel; Augen (bei reinem Typ) stark hellblau, hellblau-grau, groß, klar, strahlend und doch etwas verschleiert; Nase fein und schmal (Jakob Böhme); der Mund gut gezeichnet; mittelvolle Lippen. (Oft bringt dieser Einfluß sehr viele Falten in den oberen Teil des Gesichts.) Neptun beeinflußt die Aura.

Eigenschaften: Meist etwas verworrene Anschauungen und Gedankengänge. Hochgeistiges Schauen, starker künstlerischer Einschlag und starke Medialität bei gutem Typ. Bei schlechtem Typ (Einfluß) sexuelle Irrwege und Perversität, Liederlichkeit.

Hände: Die Hände sind blaß, durchsichtig, aber mit glatter Haut, die Fingerform ist ideal. Bei negativem Handtyp weisen die Innenhände viele feine, zerrissene Linien auf, speziell auf den Mondbergen; dazu oft verdorbene Venusberge. Zerrissene Linien auf den Apollo- und Merkurbergen.

Farbe: ultrarot, rotviolett (lila), blaße Farben. – *Stein:* Amethyst.

Verbrechertyp,
dämonischer Typ

Wir sehen hier zwei gänzlich unharmonische Köpfe. Man erkennt auf den ersten Blick das satanische Prinzip, das sich hier verkörpert hat und sich ausprägt; unter dem Einfluß eines bestimmten Planeten stehen beide Typen nicht. Sieht man ein solches Gesicht, einen solchen Kopf mit *der* Plastik, dann weiß man sofort, was *in* diesem Geschöpf steckt. Daß von ihm nicht viel Gutes, Edles zu erwarten ist, ist verständlich, denn: Wie innen, so außen, wie außen, so innen; das ist ein uraltes Naturgesetz, das wir Menschen nicht umstoßen, auch nicht mit dem so oft mißbrauchten »Mantel der Nächstenliebe« zudecken können. Wer Augen hat zu sehen, der sehe.

Alles, was häßlich ist, ist dämonisch, weil nicht gut (göttlich). Dämonische Wesen *müssen* sich in Häßlichkeit verkörpern, wie sich göttliche Wesen in Schönheit verkörpern. Man darf nur nicht »schön« mit »pikant« oder »interessant« verwechseln. Immer, in jedem Fall kommt es auf die Plastik des Kopfes, des Gesichts, der Hand an, nicht auf das, was sie *scheinen*, oder was durch »Hilfsmaterial« hinzu- oder hinaufgelogen wird. In dieser Zeit der Täuschungen ist es Pflicht des einzelnen, auf diese Unterschiede zu achten, oder er täuscht und enttäuscht sich selbst.

4. Chirosophie und Kriminalwissenschaft

Fingerabdruckmuster, wie sie in der Daktyloskopie vorkommen: A ist das sogenannte Bogenmuster ohne Delta. B und C sind Schlingen- oder Schleifenmuster mit Delta, einmal links und einmal rechts. Die Deltas sind durch kleine Pfeile kenntlich gemacht. D ist ein Tannenmuster, ebenfalls mit einem Delta. E ist ein Wirbelmuster mit zwei Deltas. F ist ein Doppelschlingenmuster. Die ersten vier zählen alle zu der Kategorie Schlingenmuster, die beiden letzten zu der der Wirbelmuster.

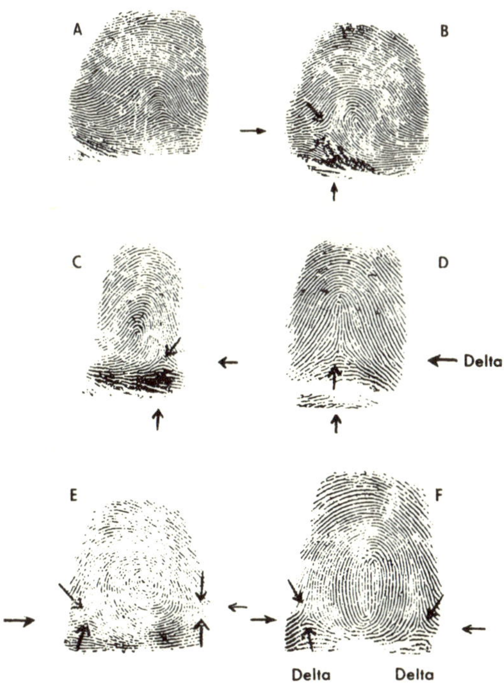

Die Fingerabdrücke kommen alle in diesen Zeichnungen vor, nur mit mehr oder weniger großen Abweichungen in bezug auf die Anordnung der Papillarlinien. Die gleichen Muster finden wir auch in der Innenhand (!), vorwiegend auf dem Mond- und Venusberg. Zwischen Jupiter-, Saturn-, Apollo- und Merkurberg findet man in der Regel nur die Schleifenmuster; manchmal ist auch ein Wirbelmuster anzutreffen, dies jedoch nur in vereinzelten Fällen.

Das Deltamuster kommt *hier* in allen Händen unter jedem Finger auf den Bergen vor. Die anderen Muster können noch nebenher an diesen Stellen vorkommen, doch immer unterschiedlich.

Wie weit die Kriminalpolizei für den Erkennungsdienst zur Zeit die Zeichen der Innenhand, im besonderen die Delta- und Schlingenmuster, benutzt, ist nicht genau bekannt. Es ist ein wertvolles Gebiet, und würde der deutschen Polizei von größerem Nutzen sein, wenn sie nicht nur die Papillarlinien, sondern auch die übrigen Handlinien in ihrer Bedeutung zu Rate zöge, wie es zum Teil im Ausland geschieht.

Ein System, nach dem man aus den verschiedenen Formationen der Fingerabdrücke Charaktereigenschaften herausfinden kann, ist in Europa bisher nicht bekannt.

Die chinesischen Chiromanten haben sich nicht nur auf die Ausdeutung der Handlinien beschränkt, sondern haben auch noch die Formen der Papillarlinien an den Fingerspitzen hinzugezogen. Sie haben zwei Typen von Papillarlinienbildern aufgestellt: die Wirbelmuster (Bild G, chinesisch *tou* oder *lo* = Schnecke genannt), wie sie Bild E zeigt, und die Schleifenmuster (Bild H, chinesisch *ki* = wörtlich Sieb) wie in Bild C.

Die *lo* oder *tou* bedeuten Glück, die *ki* das Gegenteil. A. H. Smith sagt in *Proverbs and common sayings from the Chinese*, Shanghai 1902, S. 314: Ein alter, in China allgemein geläufiger Spruch heißt: »*Ein* Wirbelmuster = arm, *zwei* Wir-

G

lo (tou)

H

Ki

belmuster = reich, *drei* oder *vier* Wirbel = eröffne ein Pfandleihgeschäft, *fünf* Wirbel = werde Kommissionär (gemeint ist das sehr einträgliche und im chinesischen Handel so wichtige Amt des Compradors), *sechs* Wirbel = ein Dieb, sieben Wirbel = Unglückswurm, *acht* Wirbel = friß Stroh, *neun* Wirbel und eine Schleife = brauchst nicht zu arbeiten, hast zu essen, bis du stirbst.

Dieser Spruch zeigt, wie die Kenntnis von den verschiedenen Mustern der Fingerlinien in die breitesten Schichten des chinesischen Volkes eingedrungen ist.«

Die physiognomischen Schriftsteller in Hellas und im alten Rom beschäftigten sich eingehend mit der Rolle, die die Hand und die Finger in der Wahrsagekunst spielten, aber über die Bedeutung der Papillarlinienbilder ist bei diesen Autoren nichts zu finden.

Nach S. 740 des *Picture writing of American Indians* von Mallery erscheint es auch wahrscheinlich, daß die Steinzeichnung der Mic-Mac-Indianer im Zusammenhang mit der Chiromantie steht. Eine andere Deutung des Petroglyphen wäre folgende: Auf prähistorischen amerikanischen Töpferwaren ist auffallend häufig das Auge als Ornament verwendet. Nach einem Bericht in den *Verhandlungen der Berliner Gesellschaft für Anthropologie, Ethnologie und Urgeschichte* vom 20. März 1886, Seite 209, gab ein hierüber befragter Bella-Coola-Indianer (Nordwestamerika) folgende Erklärung: Er zeigte auf die Volarflächen seiner Fingerkuppen und auf die feinen Lineamente, welche die Haut an diesen bietet. Nach seiner Meinung bedeute ein rundliches oder längliches Feld, wie es gewöhnlich zwischen den aufeinanderstoßenden oder parallelen Linien erscheint, gleichfalls ein Auge. Das komme daher, daß ursprünglich jeder Teil des Körpers in ein Sinnesorgan, und zwar speziell in ein Auge, ausgegangen und erst später auf derartige rudimentäre Zustände zurückgebildet sei. Die ganze Natur stellt sich also in der Vorstellung dieses Indianers als belebt und sinnlich veranlagt heraus, nur daß im Laufe der Zeit ein großer Teil der Anlagen bis auf wenige Andeutungen verschwunden ist. Das vorher erwähnte Zeichen zeigt, wie die Indianer im äußersten Norden Amerikas schon auf der primitivsten Kulturstufe, in der Periode der Bilderschrift, Kenntnis der Papillarlinienmuster und sogar ihrer charakteristischen Unterschiede hatten.

Die japanischen Chiromanten nannten die Tastrosetten an den Fingerspitzen »Hamon« wegen der gerollten Form und lehrten, je regelmäßiger sie seien, um so glücklicher werde ihr Träger sein. Je nachdem, ob einer der Finger regelmäßige oder unregelmäßige Wirbel trage, zeige dies Glück oder Unglück verschiedener Art an.

Auch die Malaien scheinen den Papillarlinien ihre Aufmerksamkeit nicht versagt zu haben. W. Skeat bemerkt in Malay Magic, daß bei den malaiischen Chiromanten Wirbelmuster an den Fingerspitzen als Zeichen von Schlauheit betrachtet wurden.

5. Spezielle Antworten auf allgemeine Fragen zur Chirosophie

1. *Welche äußeren und inneren Merkmale muß ein guter Charakterologe aufweisen?*

Der indische Gelehrte Vahara Mihira (siehe sein großes Buch der Nativitätslehre *Brihat Jataka*, deutsch von Th.W. Wulff, Atair-Verlag, Hamburg) schreibt über das Aussehen und die Beschaffenheit eines guten Astrologen – was auch für den Chirosophen und andere Charakterologen gilt – folgendes: »Ein Astrologe muß von guter Herkunft sein, ein angenehmes, freundliches Aussehen, einen ebenmäßigen Körper, edlen Wuchs und wohlgeformte Gliedmaßen haben, er darf nicht durch einen Körperfehler verunziert sein, und seine Hände, Füße, Nägel, Augen, Zähne, Ohren, Augenbrauen, Stirn und Kinn müssen wohlgestaltet und schön proportioniert sein; überhaupt muß er eine gute Konstitution und eine helle, klare, wohlklingende Stimme besitzen, kurz, ein stattlicher Mann sein, denn in der Regel besteht ein Zusammenhang zwischen den guten und schlechten, moralischen Eigenschaften eines Menschen und seinem Aussehen.«

»Weiter wird von ihm Sittenstrenge, Wahrhaftigkeit, Edelmut, Schlagfertigkeit, Scharfsinn, Wissen, Milde und Güte verlangt, er darf weder aufgeregt noch boshaft sein und muß durch sein Wissen seine Standesgenossen überragen, damit er durch seine erfolgreiche Tätigkeit den Ruhm der Wissenschaft vermehrt. Er muß nicht allein befähigt, sondern auch frei von Lastern sein, muß die Sühneopfer kennen, Heilkunde und die Weiße Magie beherrschen, fromm und gottesfürchtig leben, fasten und sich Bußübungen auferlegen. Er muß einen hervorragenden Geist besitzen, um in hinreichender Weise jede Frage beantworten zu können, ausgenommen in solchen Fällen, wo seinen Kenntnissen durch übernatürliche Einflüsse Grenzen gesetzt sind ...«

Wenn heute auch im allgemeinen diese Vorschriften bei uns in Europa nicht beachtet werden, weil die Menschen zu gedankenlos und zu »tolerant« geworden sind, so wird sich doch in jedem Falle die Nichtbeachtung von Seiten des Publikums rächen. Daher auch meine immer wieder betonte Forderung: Fragt den Charakterologen (Chirosophen, Astrologen, Graphologen usw.) nach einem Zeugnis und schaut ihn euch vorher an, bevor ihr ihn um Rat fragt. Habt den Mut, ihn eventuell abzulehnen, wenn ihr kein Vertrauen zu ihm habt.

2. *Gilt eine Handanalyse für das ganze Leben?*
Bleibt die Diagnose eines Arztes für das ganze Leben gültig? Nein. Alles ist dem Wandel unterworfen, auch der menschliche Körper. Da Krankheit und Charakter Polaritäten sind, die in ihrer Wechselwirkung das Schicksal ausmachen, und da wir täglich weiter und Neues denken und damit die Körperorgane positiv oder negativ beeinflussen, ändern sich Denkrichtung, Ursache und Wirkung wieder und wieder. So auch das Wohlbefinden, die Gesundheit, somit auch das Schicksal im alltäglichen Sinn. So können Zeichen und kleine Linien in den Händen kommen und gehen, aber sie müssen nicht. Wenn sich dann neue Ereignislinien zeigen (durch neue seelische Einwirkungen), so muß man sie erneut absuchen, lesen und auswerten.

Alles ist Wandel und Wechsel, Werden und Vergehen, um wieder zu werden. Eine große, ausführliche Handanalyse hat den gleichen Wert wie ein gutes Horoskop. Die festgelegten und erklärten Eigenschaften und Ereignisse bleiben. Nur was sich durch das Erkennen und Auswirken der Ereignisse als Folge und neue Kombination bildet, kann sich später durch entsprechende Wandlung etwas anders gestalten und durch neue Linien zeigen. Schriftliche Analysen sind Lebensweiser.

3. *Ist die Chiromantie eine Wissenschaft?*
Ja, weil sie auf Ursache und Wirkung von Erfahrungstatsachen beruht und von jedem mit gutem Verstand begabten Menschen nachgeprüft werden kann. Sie ist eine höhere Art

der Physiologie und genau wie diese und alle Naturwissenschaften eine Wissenschaft, die gelehrt werden kann. In Frankreich (Paris) wurde die Chiromantie 1913 wieder als Wissenschaft anerkannt.

4. *Kann man auch aus den Fingerabdrücken der Daktyloskopie, wie sie in der Kriminalistik benutzt werden, etwas erkennen oder herauslesen?*

Gewiß wird es auch das geben, doch ist hierüber wenig bekannt. Alles am Körper spricht.

5. *Haben Kinder auch schon Handlinien und -zeichen, an denen man Ereignisse des Lebens erkennen kann?*

Gewiß, manchmal sogar sehr stark und klar, ein andermal weniger ausgeprägt.

6. *Bedeuten die Linien und Zeichen in den Fußsohlen auch etwas?*

Gewiß haben auch diese Formationen ihre Bedeutung, nur ist das System, sie zu lesen, verschieden. Reichliche Linien auf dem Fuß siehe Bild 57. Die Forschungen darüber sind von einem Schweizer aufgenommen worden.

7. *Kann der Mensch sein Schicksal ändern?*

Bedingt; siehe Abschnitt »Wissenschaftliche Begründung der Chirologie«, Seite 23ff.

8. *Warum wird in den verschiedenen Lehrbüchern nie eine Aufstellung der alten Literatur mit Kommentar zu den einzelnen Werken gebracht, so daß der Schüler einen genauen Überblick über die bisherigen Arbeiten gewinnt?*

Diesen Mangel habe auch ich erkannt und eine solche Zusammenstellung 1931 in einem anderen Werk von mir veröffentlicht (Abdruck siehe im Anhang dieses Buches).

9. *Sind die Handlinien Zufall, entstehen sie durch Falten wie bei Tuch und Papier?*

Nein. Die Linien sind ebensowenig Zufall wie alles andere,

was wir in der Auswirkung zu erleben haben, weil wir es selbst veranlaßten. Was der Mensch säet, das wird er ernten. Man wird doch nicht glauben, daß ein neugeborenes Kind oder ein über fünf Monate alter Fötus, die mitunter mehr Linien in den Händen aufweisen als ein alter Mensch, dauernd die Hände auf- und zugemacht haben. Außerdem: versuchen Sie selbst dieses Experiment. Es wird sich nie bestätigen. Alle Linien sind von kosmischen, seelischen Kräften durch frühere Ursachen zur Auswirkung (Materialisation) gelangt.

10. *Kommt es vor, daß Hände mehrerer Personen gleich sind?*
Ähnliche Menschen werden ähnliche Charaktere und ähnliche Hände haben, aber dennoch nicht ganz die gleichen.

11. *Kann der Chirologe in jedem Fall Zeitpunkte nennen?*
Nur dann, wenn dafür die Linien und Zeichen vorhanden sind. Hände mit wenig oder nur den drei Hauptlinien bedeuten für den Chirosophen in bezug auf Zeitpunkte ungefähr das gleiche, was für jeden anderen eine Zeitung ohne Buchstaben bedeutet. Es lassen sich aber nur Jahre ausmessen.

12. *Warum wird die Chirosophie auch abgelehnt?*
Weil sie durch die verwässerten Überlieferungen zu einer Scheinwissenschaft wurde, die gewissenlosen Personen viel Material bot, um Pfuscherei zu treiben und falsche Diagnosen zu stellen. Außerdem sind gewisse kirchliche Kreise daran interessiert, daß Wissenschaften, welche das Erkennen des Menschen ermöglichen (wie Chirologie, Astrologie), weil sie mit dem Göttlichen und den Geisteswissenschaften zusammenhängen, also wahre Religion sind, nicht ins Volk dringen. Daß diese Wissenschaften in den Händen von Pfuschern und Nichtskönnern viel Schaden anrichten, ist selbstverständlich.

Die meisten Anfeindungen aber stammen von jenen Personen, die von diesen Dingen nichts verstehen oder nichts verstehen wollen. Jeder, der tiefer in Dinge und Geschehnisse, wie auch tiefer in Personen hineinschauen kann, ist ihnen unbequem. Man darf nicht vergessen, daß es manchen Menschen durchaus nicht recht ist, daß man sie erkennt und durchschaut.

13. *Kann man die Zukunft voraussagen?*
Bedingt, soweit es sich um Ereignisse handelt, die nicht mit Formalitäten zusammenhängen. Es gibt keine Vergangenheit und keine Zukunft, sondern alles ist ein laufendes Jetzt. Man kann sagen: Alle Ereignisse im Weltall, so auch bei Menschen, wiederholen sich periodenweise in ähnlicher Art, doch mit kleinen Änderungen. Siehe *Periodenlehre* von Fließ, desgleichen von Swoboda, Meewes, Reichenbach und von anderen. Lebensdauer kann erkennbar sein.

14. *Warum gibt es so viele Schwindler und Pfuscher auf diesem Gebiet?*
Weil bisher die ganze erreichbare Literatur der Handlesekunst nicht zuverlässig und nicht von Praktikern geschrieben war. Wenn nun ein Interessent ein solches Buch in die Hand bekam, so mußte er folglich falsche Lehren in sich aufnehmen. Versuchte er, sie an den Händen seiner Mitmenschen anzuwenden, so konnte das Resultat nur Schwindel sein. Besonders viel Unheil auf diesem Gebiet brachten Geßmanns Katechismen. Die Handformenkunde stimmt fast in allen alten Büchern, nur die Handlinien- und Zeichenkunde nicht. Sie wurde erst später in zuverlässiger Art veröffentlicht, in kleinem Maße von Ottinger, in größerem von mir. Jeder kann helfen, den Halbwahrheiten entgegenzuwirken: Wer zu einem Chirologen geht, der keinen bekannten Namen hat, verlange stets die Vorlage eines Zeugnisses. Wer etwas kann, wird sich nicht scheuen, eine Prüfung zu machen. Vorläufig ist dies die einzige Selbsthilfe gegen betrügerische »Chirologen«.

15. *Kann man, wie bei der Physiognomie und der Iriskunde, auch aus den Händen Krankheiten erkennen?*
Ja, soweit es sich um Krankheitsdispositionen, Vererbungen, eventuell auch um überstandene Krankheiten und Operatio-

nen handelt. Solche können allerdings von Geburt aus bestehen oder auch vererbt sein; die Unterschiede kann man sehr leicht und sicher erkennen. Die Sicherheit der Hand- und Nageldiagnosen beträgt bis zu 98 Prozent; das ist mehr, als die klinische Diagnostik aufweisen kann. Diese Diagnostik wird von vielen Ärzten mit gutem Erfolg benutzt. Die Diagnosen nach der Physiognomie, aus den Augen und aus den Händen bestätigen sich gegenseitig, das beweist die Praxis seit vielen Jahren. Siehe hierzu mein Werk *Die medizinische Hand- und Nagel-Diagnostik* (12. Auflage, Freiburg im Breisgau 1989).

16. *Warum benutzen nicht mehr Ärzte diese Diagnose?*
Intern wird diese Diagnostik bereits benutzt. Es gibt eine neue Strömung, auch bei den jungen Studenten der Medizin. Viele versuchen irgendwo und irgendwie, sich mit dem Wissen zu bereichern, das auf Hochschulen nicht geboten wird. In Zukunft werden sich Ärzte viel mehr mit den neuen (und doch uralten) Arten der Diagnostik praktisch beschäftigen und sie einsetzen wie in England, Amerika, Indien, in der Schweiz und anderen Ländern. Ärzten erteilte ich wiederholt Unterricht.

17. *Kann man aus der Hand den Beruf erkennen?*
Es gibt keine Schneider-, Schuhmacher-, Bäcker- oder Lehrerlinien, deshalb kann man auch nicht erkennen, welchen Beruf jemand ausübt. Viele Menschen haben einen falschen Beruf gewählt und wechseln später oft mehrere Male. Man kann aber sehr gut und genau die Anlagen und Talente, mit einem Wort, die technischen und geistigen Möglichkeiten einer Person aufgrund der Handform (Struktur und Plastik) erkennen und daraufhin mit Sicherheit angeben, für welche Berufe der Betreffende in Frage kommt. Man darf nicht Talent mit Interesse verwechseln; das sind verschiedene Dinge. Es kann Interesse vorhanden sein und doch kein Talent, oder Talent und kein Interesse. Eines allein führt zu nichts oder nur zu Halbheiten. Beides zusammen ergibt den Erfolg in dem betreffenden Beruf.

18. *Schadet das Beschneiden der Nagelhaut?*
Es schadet sogar sehr. Es ist eine Fahrlässigkeit der Maniküre, die Nagelschutzhaut zu verletzen oder abzuschneiden. Die Nagelhaut ist zum Schutz der Nagelwurzel gewachsen. Verletzt man sie, dann entsteht dadurch eine – wenn auch fast unsichtbare – Wunde, durch die die magnetischen Kräfte und hellen Säfte ausströmen. Außerdem wird der Nagelwurzel der nötige Schutz genommen. Eine Infektion kann als Folge zu einer sehr schmerzhaften Nagelwurzelentzündung führen. Die Behauptung, daß die Nagelhaut überwächst oder hart wird, ist falsch. Sie kann durch Einfetten weich gehalten und überflüssige Teile mit heißem Seifenwasser und Nagelbürste entfernt werden.

Bei der Anwendung der Kapillar-Diagnostik werden die Nagelhäute mit Öl eingerieben und durch ein Mikroskop genau betrachtet. Man sieht dann deutlich die Säfte kreisen. Verdickte Flußstellen zeigen an, wo ein Leiden zu suchen ist. Diese Art Diagnostik ist an der Stelle unmöglich, wo die Nagelhaut entfernt wurde. Aber der Mode wird ja viel geopfert, selbst die Vernunft!

19. *Kann man aus den Papillarlinien der Finger etwas erkennen?*
Sicherlich ist das möglich, doch gibt es darüber meines Wissens in europäischen Sprachen keine Lehrbücher, ausgenommen über die Daktyloskopie. Im Chinesischen hat man allerdings einige Regeln über die Bedeutung einer Anzahl von »Schnecken« und »Schlingen« aufgestellt. Was darüber bekannt ist, habe ich im Abschnitt »Chirosophie und Kriminalwissenschaft« ab Seite 307 schon beschrieben.

Die feinen Hautmuster zeigen das geistig-seelische Niveau des Handeigners und werden auf dem Mondberg am leichtesten gefunden.

20. *Welche Hände bezeichnet man als gut?*
Gute Hände sind solche, die in ihrer Form und Plastik sowie in den Linienformationen harmonisch und nicht durch schlechte Zeichen, rohes Aussehen, grobe Hauttextur und

ähnliche Merkmale verdorben sind. Eine gute Hand mit einem Mörderdaumen ist keine gute Hand; ebenso ist es mit einer guten Hand, die in der Innenfläche viele Gitter aufweist.

21. *Ist zu ersehen, welche Menschentypen für den Betreffenden ungünstig sind?*

Ja, dies erkennt man an bestimmten Zeichen auf den Bergen, die wieder ihrerseits entsprechende Planetentypen (physiognomisch) darstellen. (Bilder 126 bis 135).

22. *Kann man durch die Chirosophie sein Schicksal verbessern?*

Ja! Indem man sich diese Wissenschaft zu eigen macht, lernt man das kosmische Wirken kennen, sich selbst, andere Menschen und die Urkraft – Gott. Wenn man sich, seine Schwächen und Stärken erkannt hat, kann man ihnen besser begegnen, sie leichter abstellen oder anwenden. Dann beginnt das bewußte Arbeiten. Wenn jemand aber weiß, was er tut und tun soll, ist ihm schon weitergeholfen. Er stellt sich dann mehr darauf ein und unterläßt vieles, was er unwissentlich sonst getan hätte. Oder er stellt sich darauf nicht ein, schlendert seinen Gang weiter wie früher und wird noch mehr vom Schicksal getreten, bis er einsieht, daß größere Kräfte gegen ihn arbeiten, wenn er nicht mit ihnen arbeitet. So verbessert sich der Mensch bewußt erst geistig, dann materiell. Umgekehrt wäre es unnatürlich.

23. *Was ist von den verschiedenen psychologischen Typenlehren zu halten?*

Die Typenlehren sind meist nur in der wissenschaftlichen Benennung verschieden, je nach Art der wissenschaftlichen Perspektive, die vertreten wird. Einige dieser Richtungen sind unvollkommen, andere weisen Parallelen auf. Anfeindungen gegen die Typenlehre tauchen ganz zu Unrecht auf. Typen sind Klassifizierungen und erleichtern die Erklärungen jedem, der einigermaßen Toleranz besitzt und sich ihrer bedient.

Man lasse sich nicht von »Besserwissern« verleiten, eine Sache zu verwerfen, die in Wirklichkeit naturgegeben ist. Am weitesten kommt man noch immer mit der ältesten Typenlehre spirituell, intellektuell, materiell, da sie der kosmischen Dreiteilung Geist, Seele, Körper genau entspricht.

Wenn versucht wird, in der Handlesekunst anstatt der vorhandenen sieben Typen (Handformen) nur drei zu benutzen, so ist das unvollständig aus Mangel an besserer Beobachtung.

24. *Ist die Chirologie eine Basis für Psychoanalyse?*
Man muß sich wundern, daß nicht mehr moderne Nervenärzte darauf gekommen sind, die Handlesekunst als eine Basis für ihre psychischen und psychologischen Behandlungen aufzunehmen. Einige Ärzte benutzen die Astrologie zu diesem Zweck und erreichen erklärlicherweise damit sehr viel mehr als andere, die zu voreingenommen sind, sich dieses alten Wissens zu bedienen. Die Handlesekunst bietet objektiv die beste Basis zur Erkennung körperlicher und seelischer Zustände und ihrer Ursachen. Das ist ihr ganz besonderer Wert. In *Die medizinische Hand- und Nagel-Diagnostik* ist eine Beschreibung über die Verwendung der Chirologie zur Erklärung seelischer Leiden und ihrer Aufdeckung vorhanden und nachzulesen.

25. *Kann man aus der Entfernung (brieflich) Handanalysen erhalten, und wie macht man das?*
Gewiß ist das möglich. Als Unterlagen müssen hierfür eingesandt werden: ein Foto von einer Außen- und einer Innenhand, dazu Abdrücke beider Innenhände mit Fingern und Daumen. Die Fotos, möglichst farbig, müssen scharf und die Abdrücke klar und genau sein, nicht zuviel, nicht zuwenig Farbe. Als Farbe benutzt man »Japan aqua schwarz« (leicht abwaschbar) oder, wo nicht zu haben, schwarze oder blaue Stempelfarbe. Rot, grün, violett sind schwer zu beseitigen. Ferner ist die Angabe einiger Sterbedaten von Onkel, Tante oder Großeltern aus den väterlichen und mütterlichen Generationen erforderlich; außerdem ein Paßbild, um die Rassen- oder Stammeszugehörigkeit festzustellen, was aus der Hand nicht ersichtlich, aber zu wissen notwendig ist, da jede Volksgruppe ihre besondere seelische Struktur hat.

Eine ausführliche Handanalyse ist ein guter Lebensweiser. Günstig ist es auch, wenn besondere Fragen dazu gestellt werden, auf die man dann genauer eingehen kann. Jedoch können keinerlei Angaben über das Leben der Eltern und Kinder gemacht werden, da dies nicht aus den Händen zu erkennen ist.

26. *Wird Unterricht in Chirologie erteilt?*

Ich gab viele Unterrichtskurse, habe aber die berufliche Ausbildung auf besonders gut Begabte beschränkt. Der Lehrer sollte sich die Ablehnung eines Schülers stets vorbehalten. Der Interessent sollte seiner Anfrage ein Lichtbild beifügen, seine Geburtsdaten nennen und auch Fotos und Abdrücke seiner eigenen Hände vorlegen.

Da die Chirologie nur *ein* Zweig der Charakterkunde ist, müssen daneben auch medizinische, psychologische und physiognomische Kenntnisse erworben werden. Wichtige Voraussetzung für eine erfolgreiche Tätigkeit als Charakterologe und wirklich guter und zuverlässiger Berater ist natürlich Lebenserfahrung und menschliche Reife.

Es glaube niemand, daß er durch das Studium der Chirologie allein eine ausreichende Existenz findet. Selbst wer alles Wissen und Können besitzt, muß sich erst einmal einen Namen und Ruf schaffen; dies ist abhängig von seinem Können und Erfolg. Das dauert Jahre, wie bei jedem anderen ernsten Studium. Deshalb die kritische Auswahl der Schüler.

27. *Ist es richtig, wenn der Chirologe ungünstige Ereignisse oder Veranlagungen verschweigt?*

Nein, es ist nicht richtig, denn jeder hat das Recht, genaue Tatsachen zu erfahren, soweit es ihn selbst betrifft. Man kann alles sagen, es kommt nur darauf an, *wie*. Die Sprache ist reichhaltig genug, um jedem seinen Weg zu weisen.

Ein gewissenhafter Chirologe wird immer die Nervenkonstitution und das geistige Niveau des Ratsuchenden in Betracht ziehen, um sich seelisch auf ihn einzustellen. Er muß versuchen, mit seinem Geist in den anderen einzutauchen und durch seine Augen die Welt zu betrachten, zu durchleben, um seine Einstellung zur Umwelt zu erfassen. Dann wird er ihm wirklich gerecht.

Es ist jedoch nicht angängig oder richtig, seine Kenntnisse über andere dritten Personen mitzuteilen. Dadurch kann viel Schaden für jeden Beteiligten entstehen.

Bei jedem gewissenhaften Charakterologen und Psychologen werden Besucher nur einzeln empfangen, auch dann, wenn sie sich in Begleitung von »Verwandten« befinden. Verschwiegenheit ist erstes Gesetz für jeden Berater; hier noch mehr als beim Arzt.

28. *Was ist nötig, um ein außergewöhnlich erfolgreicher Charakterologe und Berater zu werden?*

Diese verschiedentlich an mich gerichtete Frage sei mit folgendem ausführlich und mit ganzer Ehrlichkeit beantwortet.

Machen Sie Reisen, wenn es geht bis in die äußersten Winkel der Welt. Arbeiten Sie alles, was Ihnen in den Weg kommt. Lernen Sie das Leben in allen Situationen kennen und so auch die Menschen, ihre Charaktere, Leiden und Sorgen. Dann studieren Sie die Physiognomik aller Völker und auch ihre Sitten, Gebräuche und ihre Religionsformen. Dann studieren Sie, soweit sich Gelegenheiten bieten und finden lassen, Krankheiten und deren Merkmale (Somatologie). Darauf folgen Psychologie, metaphysische Zusammenhänge von Charakter und Krankheit; ferner Graphologie, Astrologie und Chirologie. Zwischendurch müssen Sie sich aber immer über alle Möglichkeiten der verschiedensten Berufe informieren.

Haben Sie das alles getan, dann sind Sie, Begabung vorausgesetzt, ein guter, zuverlässiger, gewissenhafter Berater und *lebensnaher* Charakterologe, der nicht nur den Suchenden analysiert, sondern ihm auch helfen kann, sich selbst zu finden und das, was für ihn geistig, seelisch und körperlich nötig ist.

Trotz allerbesten Könnens werden Sie auch dann noch, wenn auch selten, feststellen, daß es leere Schriften, schweigende Horoskope und stumme Hände gibt, weil wir irdischen Menschen eben manchmal dem Suchenden (schicksalsmäßig) nicht helfen dürfen und er seinen Weg allein finden soll und muß. Sonst aber werden Sie, wenn Sie den geschilderten Weg gehen, eine bedeutende Kraft dieses priesterlichen Berufes sein.

Das ist meine genaue Antwort auf obige Frage.

29. *Chirologie und Ereignisdeutung*

Es besteht im weiten Publikum immer noch eine irrige Auffassung über das, »was in den Händen steht«. Das kommt aber daher, weil sich unzählige Personen mit der Handlesekunst befassen, die diese Wissenschaft nie gründlich studiert, nur einmal darüber etwas gelesen haben und nun ihre persönliche Empfindung hinzunehmen.

Sie arbeiten mit einer mehr oder weniger guten Intuition und berichten zum Beispiel über das Ergehen der Eltern, der Geschwister, eine neue Stellung, Nachricht von Freunden, oder daß der Betreffende heirate. Das alles steht aber nicht in den Händen und ist daher auch nicht objektiv erkennbar, sondern intuitiv empfunden.

Es ist nicht so, daß ich Intuition nicht schätze, diese um so mehr, wo sie angebracht ist, intuitiv empfunden. Ich will und muß, auch an dieser Stelle dennoch darauf hinweisen, daß nur das als zuverlässig in der wissenschaftlichen Chirologie zu betrachten ist, was man an den entsprechenden Merkmalen objektiv erkennen und zeigen kann. Solche Ereignisse gibt es wenige. Ich nenne:

1. Merkmale für seelische Erschütterungen (Trauer, Gram), Todesfälle in der mütterlichen (linke Hand) und väterlichen (rechte Hand) Generation. Allerdings sind die Ereignisse, die in diesem Fall »Verluste von Blutsverwandten« anzeigen, gekoppelt mit
2. Ereignissen, die eine Begegnung mit außergewöhnlich sympathischen Personen anzeigt (Liebesbekanntschaften), so daß das Schicksal hier einen Ausgleich für den Verlust eines Menschen bietet.
3. Mit diesen beiden Ereignissen gekoppelt sind Zeitpunkte für Begegnungen, die mehr Bekanntschaften, Freundschaften oder Partnerschaften geschäftlicher Art anzeigen,

4. Zeitpunkte für körperliche Krankheiten. Alle Zeitpunkte können nach Jahren genau ausgemessen werden, nicht aber nach Monaten, Wochen oder Tagen, wie es manche »Wahrsager« angeben.

Da nun die oben genannten drei oder vier Ereignisse durch *eine* Ereignislinie angezeigt werden, ist damit auch die Gewißheit für bestimmte Rhythmen in der Sippe und der Einzelpersönlichkeit gegeben. Es gibt noch weitere Rhythmen, die sich in den Ereignissen der Handmerkmale zeigen.

Zum Beispiel macht sich die erreichte Lebensdauer der Vorfahren der eigenen Sippe in den Händen der Nachfahren als gesundheitliche Krise deutlich bemerkbar und zwar die Lebensdauer der Großeltern, besonders stark von Onkel und Tante, weniger stark von den Eltern. Eine dieser Krisen ist die für das Leben entscheidende Krise. Für die Dauer des eigenen Lebens (in der rechten Hand zu suchen), was wieder mit der Lebensdauer eines bestimmten väterlichen Vorfahren in enger Verbindung (Rhythmus-Ähnlichkeit) steht.

Auch folgende Ereignisse lassen sich erkennen:

1. Zeiten, die für die Wahl des Ehepartners schicksalsmäßig (das heißt der eigenen Entwicklung entsprechend) am besten sind.
2. Zeiten für materiellen Aufstieg oder Verlust sowie günstige Zeiten für Protektion (Prüfungen, Examen).
3. Zeiten, die kritisch für die Gesundheit sind, wie Operationen.
4. Eventuell Zeiten günstig für große Reisen.
5. Eventuell Jahre, die besonders kritische Depressionen (Lebensüberdruß) anzeigen.

Mit diesen Ausführungen sind alle Ereignisse objektiv und zuverlässig durch Forschen und Wissen erfaßt.

Sechster Teil

Abbildungen und Zeichnungen

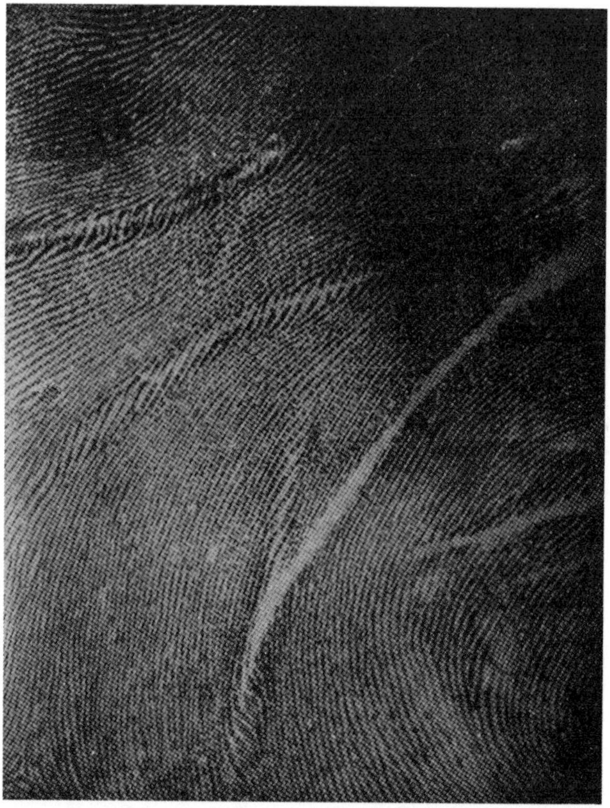

Bild 1) Unabhängig vom Verlauf der Handlinien bildet sich die Hauttextur und zeigt das geistig-seelische Niveau (siehe Seite 70).

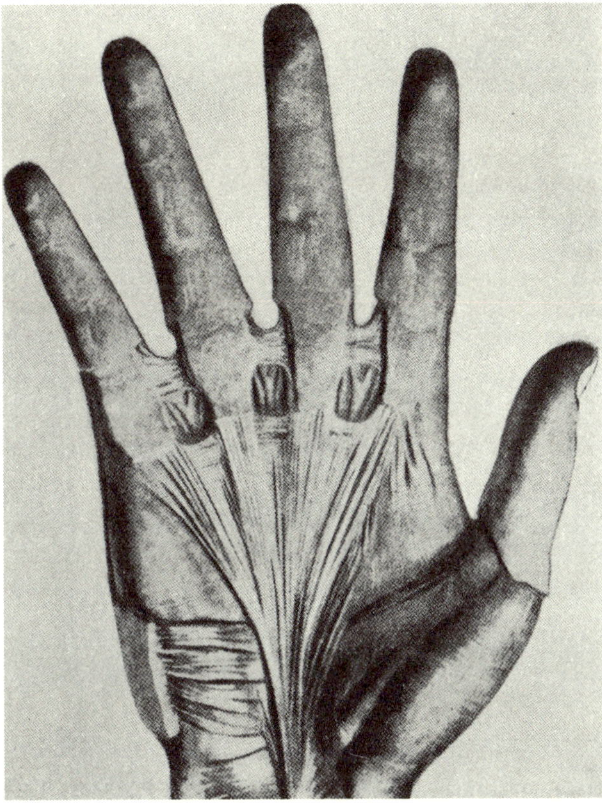

Bild 2) Das bloßgelegte Innere der Hand: Muskulatur, Sehnen, Adern und Hautlagen als weicherer Teil, in dem sich schon die feinstofflichen Kräfte und Strahlungen durch Harmonie (Gesundheit) oder Disharmonie (Krankheit) bemerkbar machen, verdichten, materialisieren (siehe Seite 73).

1 = Strahlung der Hand und der Finger
2 = Strahlung der Zentren
3 = Aura des Körpers (Odstrahlung)
4 = Strahlungen von Blut- und Nervenkreislauf
5 = Strahlungen in Wechselwirkung
6 = untere Beugegelenke der Finger, Anfang der Berge

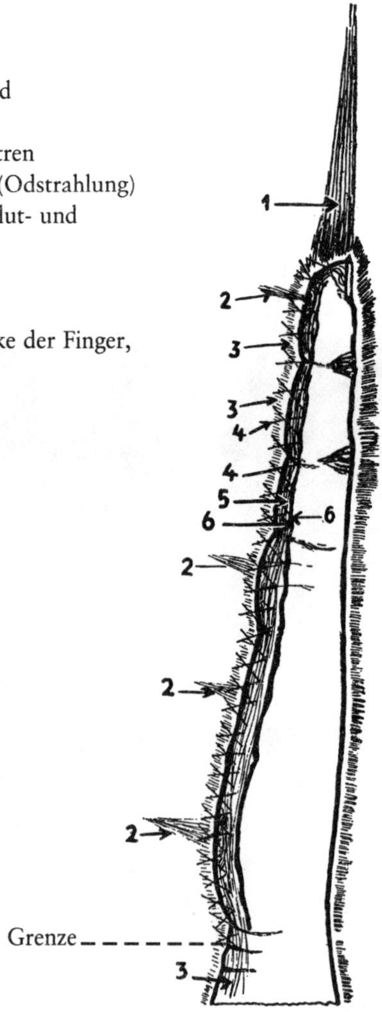

Bild 3) Strahlen, Aura und Nervenzentren der Hand: Seitenansicht (siehe Seite 73).

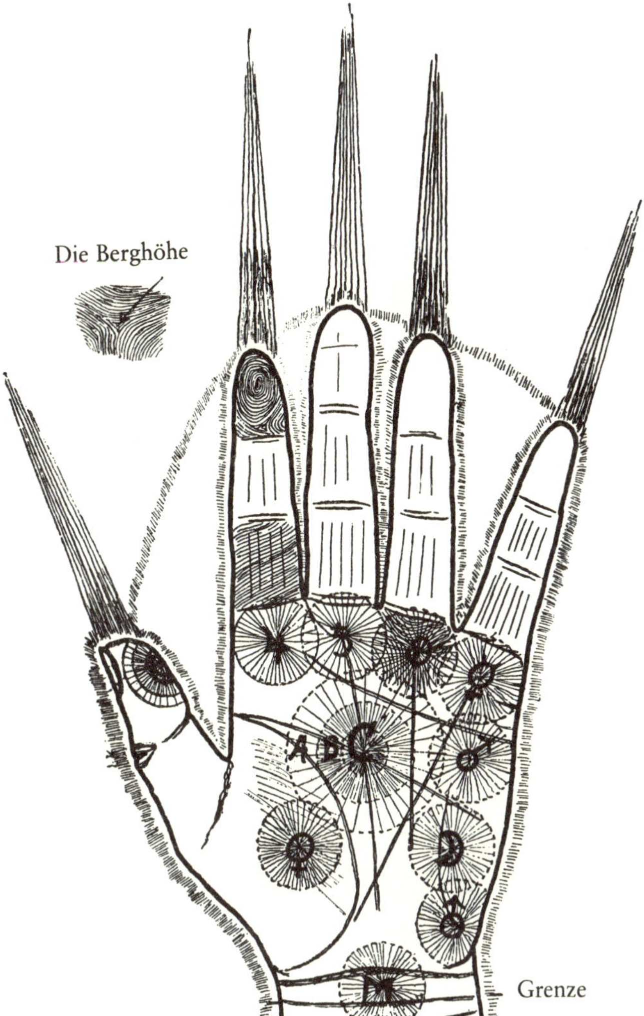

A = Verbindung mit den Sexualorganen
B = Verbindung mit dem Magen
C = Verbindung mit dem Herzen

Bild 4) Strahlen, Aura und Nervenzentren der Hand: flache Innenhand (siehe Seite 76).

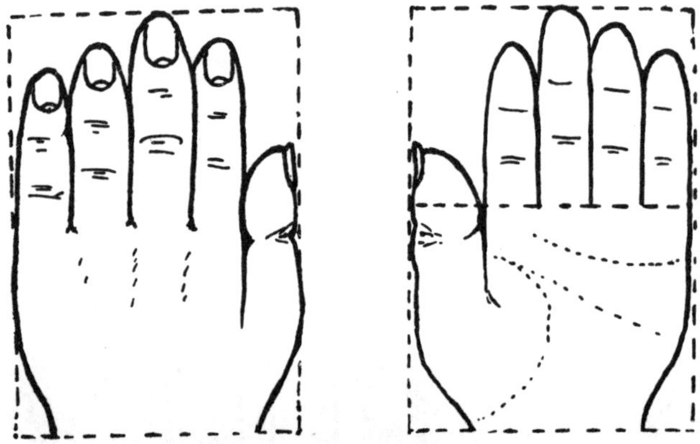

Bild 5) Extrem elementare Handform: fast quadratisch, nur materiell (siehe hierzu auch Bild 98 und Seite 101).

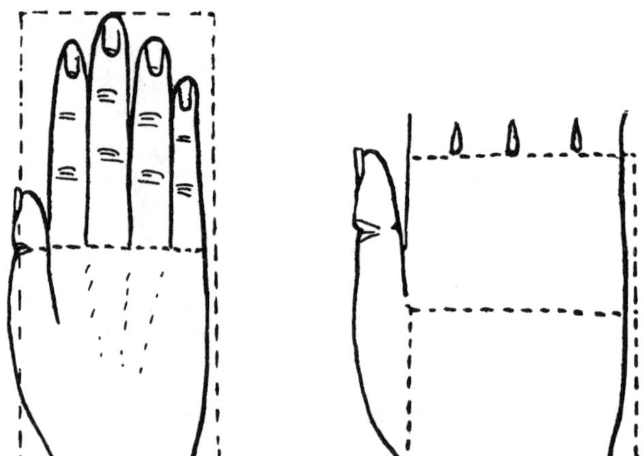

Bild 6) Extrem geistige Handform: hohes Rechteck, nur geistig (siehe Seite 110).

Niedere Handtypen (siehe Seite 101).

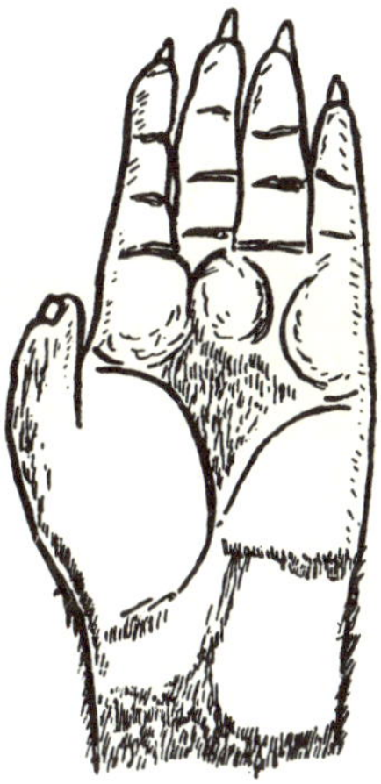

Bild 7) Pavian

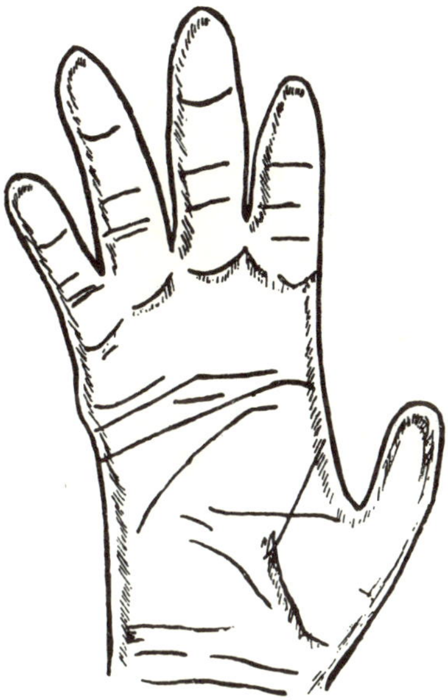

Bild 8) Schimpanse

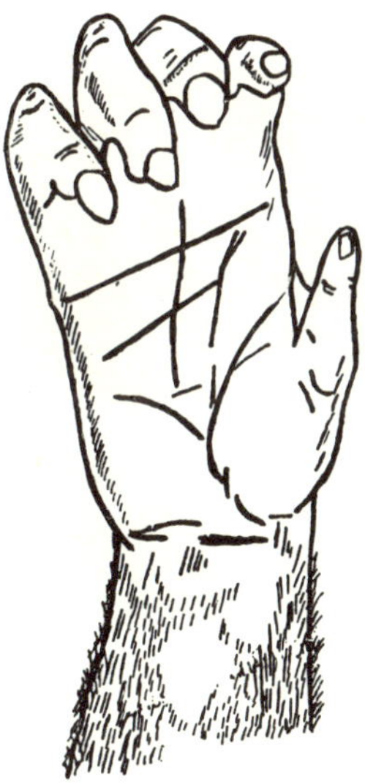

Bild 9) Orang-Utan

Bild 10) Mensch:
elementare, primitive Hand.

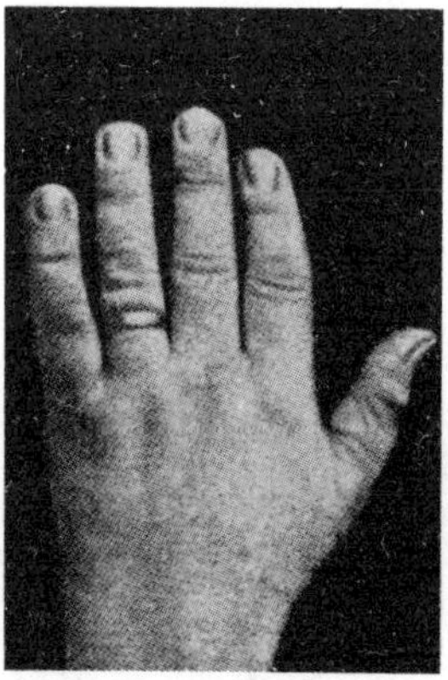

Bild 11) Elementare Hand
(siehe Seite 101).

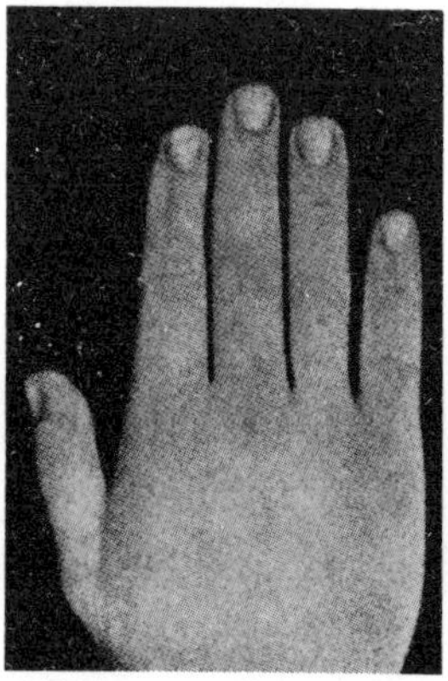

Bild 12) Spatelförmige Hand
(siehe Seite 102).

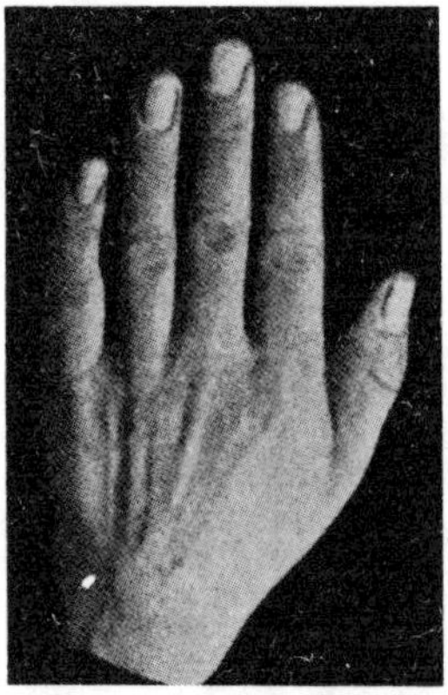

Bild 13) Eckige Hand
(siehe Seite 104).

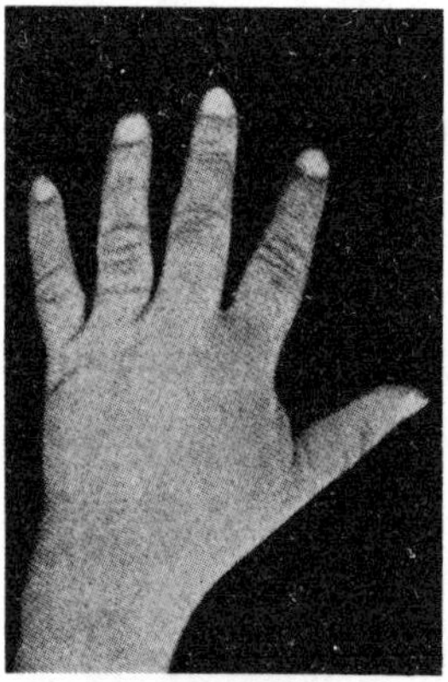

Bild 14) Konische Hand
(siehe Seite 107).

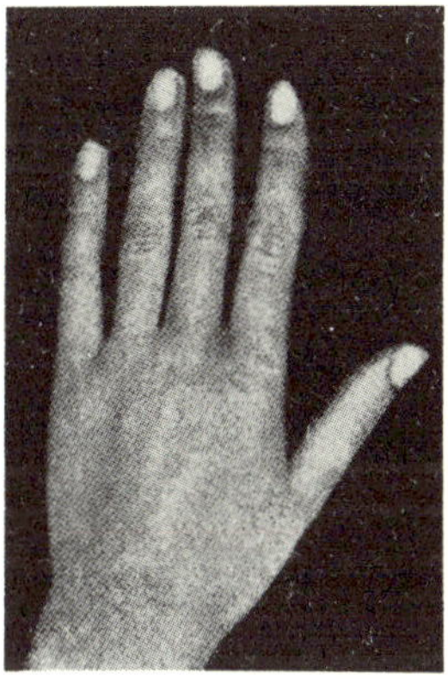

Bild 15) Ideale Hand (siehe Seite 110).

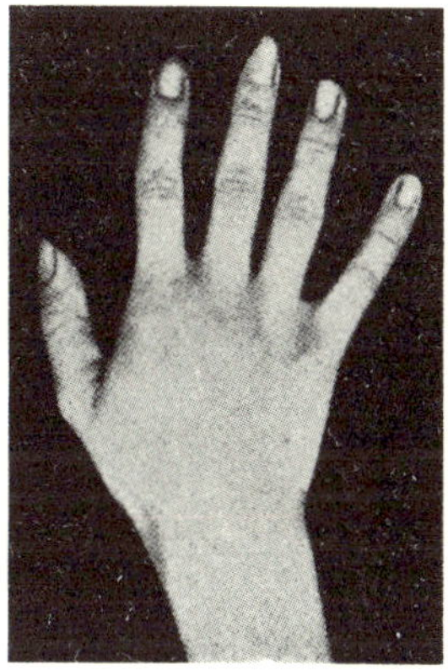

Bild 16) Knotige Hand (siehe Seite 106).

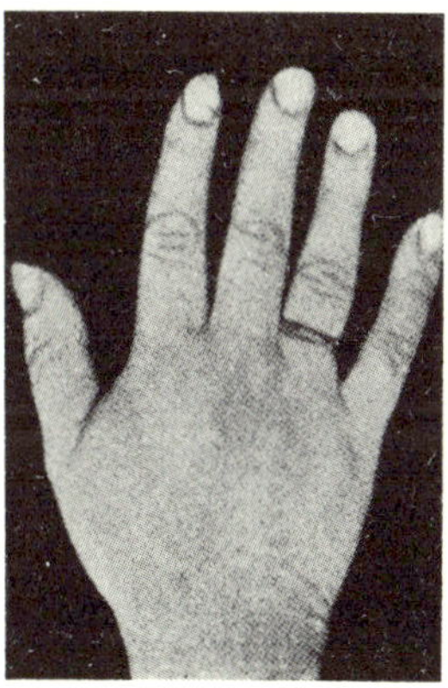

Bild 17) Gemischte Hand (siehe Seite 112).

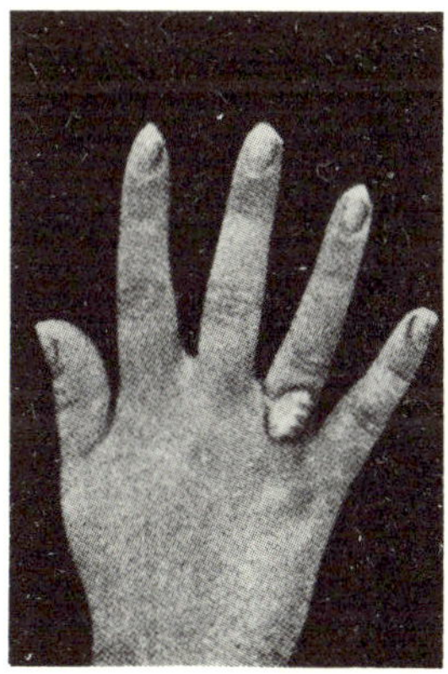

Bild 18) Genießerhand.

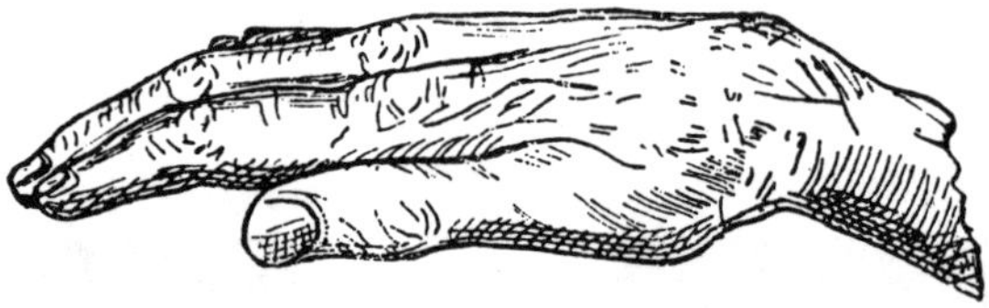

Bild 19) Greisenhand eines 100jährigen Menschen.

Daumenproportionen (siehe Seite 132).

Bild 20) Erstes und zweites Glied gleichlang: harmonischer Ausgleich zwischen Wille und Vernunft; zuverlässig, verträglich.

Bild 21) Spitzer Daumen:
Anlage, sich in Dinge hineinzudenken.

Bild 22) Erstes Daumengelenk stark ausgebildet: Intelligenz, starke Unabhängigkeitsliebe, große Zähigkeit in der Ausführung von Plänen; hartköpfig, unberechenbar, rechthaberisch.

Bild 23) Zweites Glied schmaler als erstes: Eigensinn, eventuell wider bessere Einsicht handelnd; diplomatisch.

Bild 24) Keulendaumen:
brutal, herrschsüchtig, leicht erregbar, jähzornig, eventuell tobsüchtig.

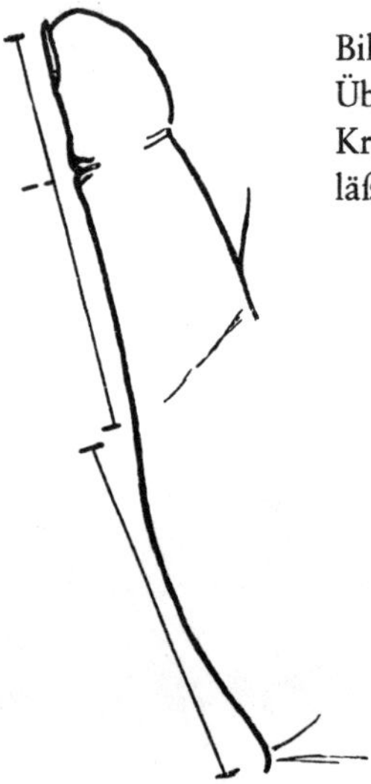

Bild 25) Erstes Glied kurz, zweites lang: Überlegung und Vernunft, aber nicht die Kraft zur Ausführung; anlehnend, läßt sich lenken.

Bild 26) Erstes Glied lang, zweites kurz: strebt Erfolg an; rechthaberisch, unvernünftig.

Bild 27) Daumen nach auswärts gebogen: Anpassungsfähigkeit bis zum Übermaß.

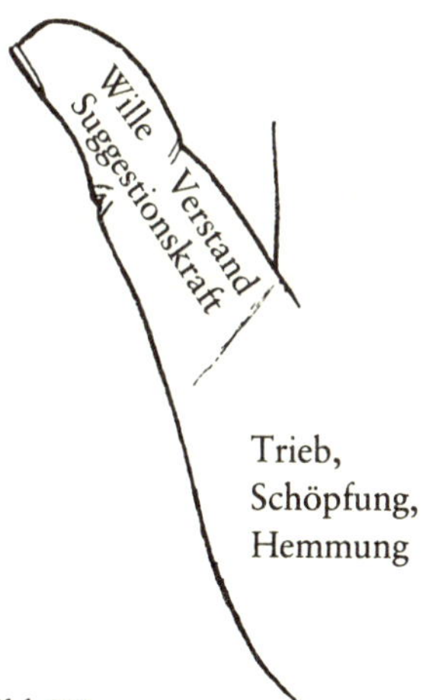

Bild 28)

Daumenformen

Verschiedene Daumen en face (siehe Seite 132).

Bild 29) Keulendaumen

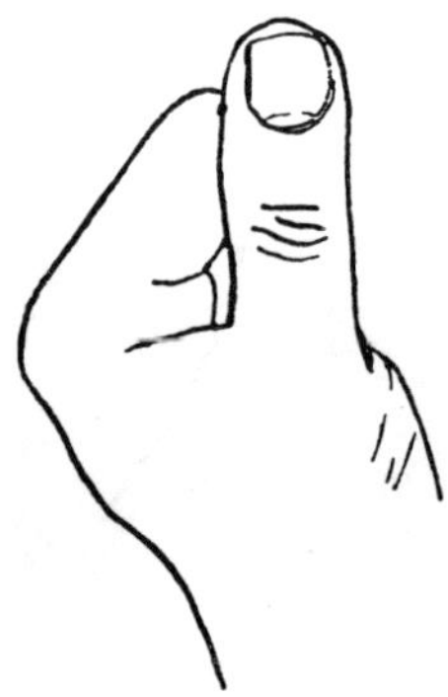

Bild 30) Breiter Daumen

Bild 31) Spateldaumen

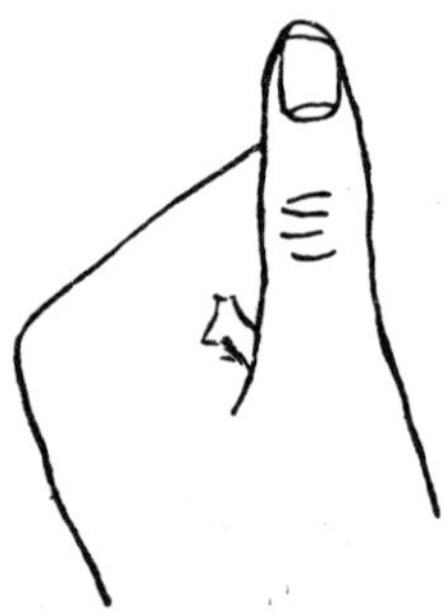

Bild 32) Konisch-spitzer

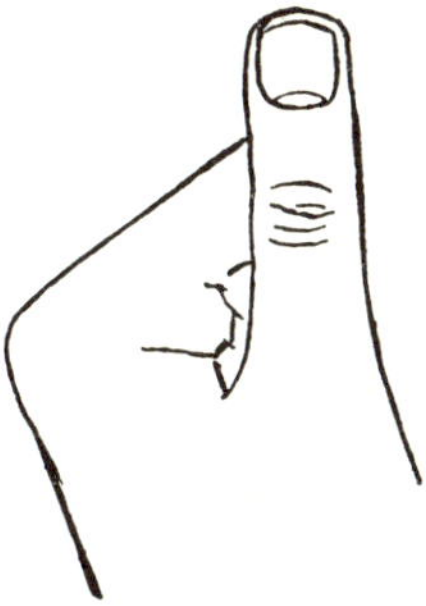

Bild 33) Eckiger Daumen

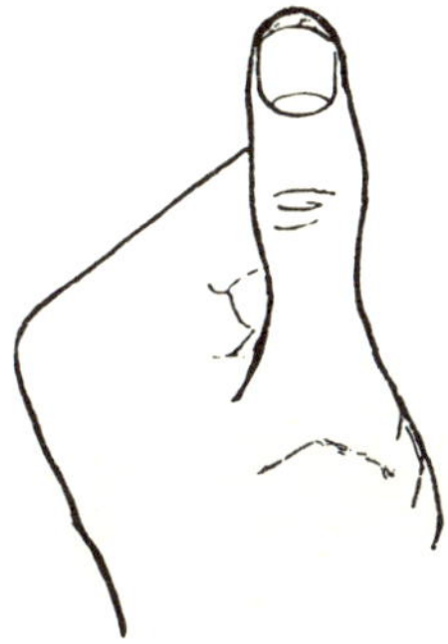

Bild 34) Knotiger Daumen

Fingerformen (siehe Seite 136)

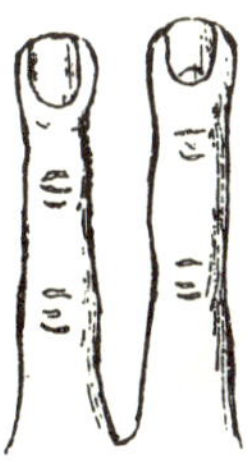

Bild 35)
Spatelförmiger
Finger

Bild 36)
Eckige
Finger

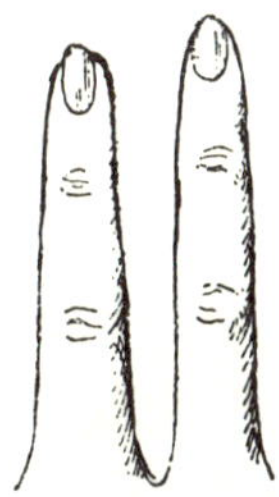

Bild 37)
Konische
Finger

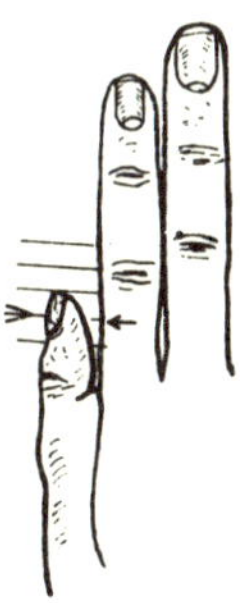

Bild 38) Daumenlängen (siehe Seite 132).
Die normale Länge des Daumens reicht bis zur Hälfte des unteren Glieds des rechten/linken Zeigefingers, wie der Pfeil andeutet. Nach dem Maß von Willen und Durchsetzungskraft ist der Daumen kürzer oder länger.

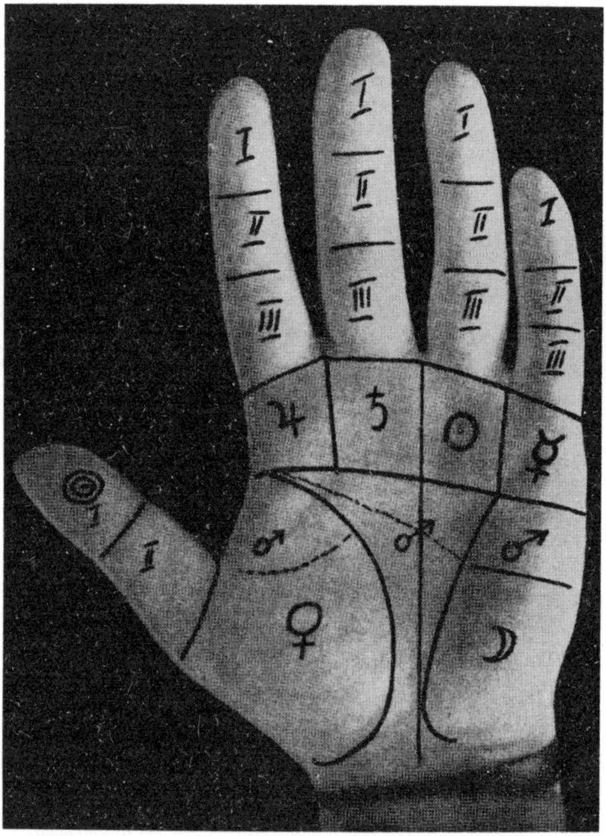

Bild 39) Genaue Begrenzung der Handberge (siehe Seite 144).

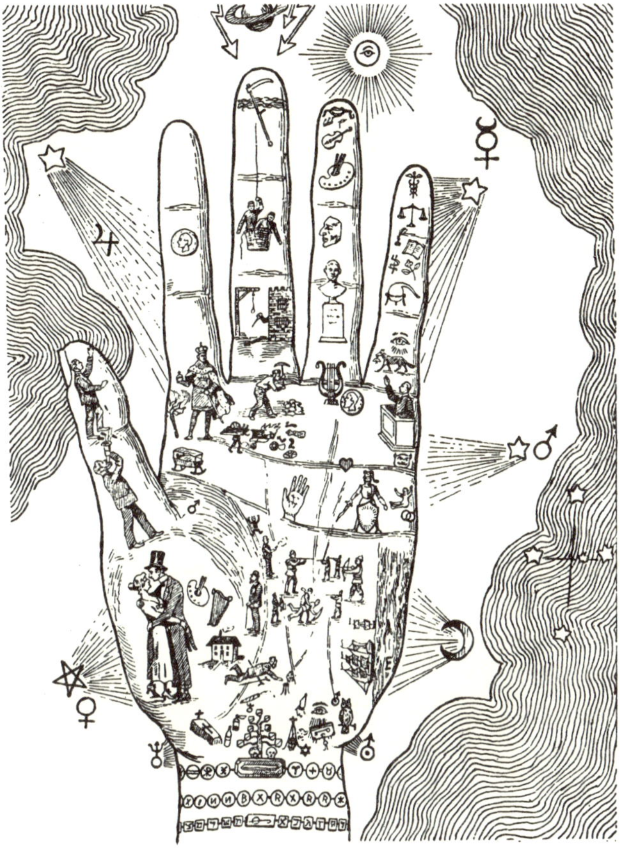

Bild 40) Chirosophie und astrale Symbolik (siehe Seite 285).

Bei allen Fingern:

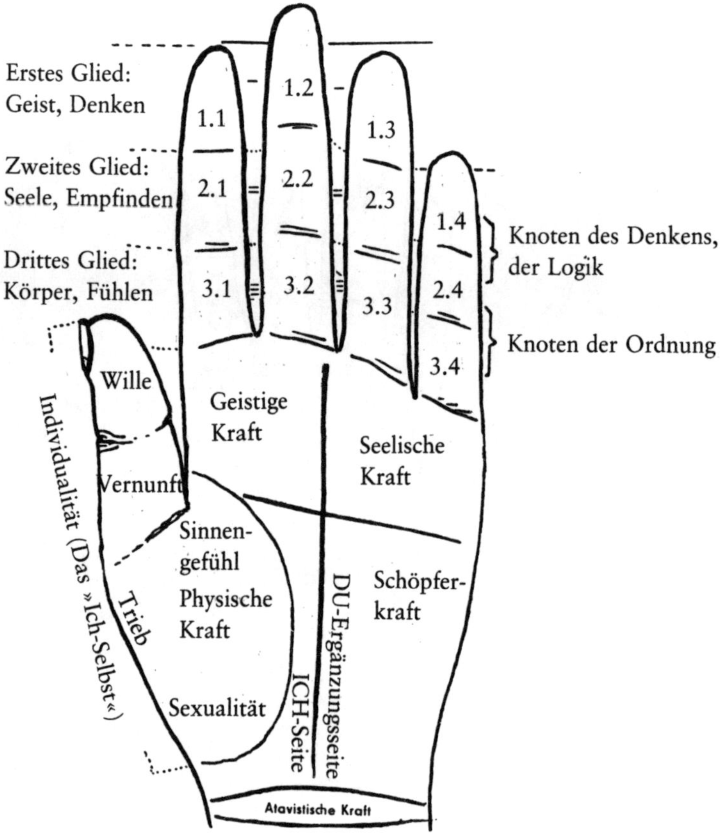

Bild 41) Geistige Einteilung der Innenhand (Herkunft: ur-arisch) (siehe Seite 159)

1.1 Geistiges Erkennen, Streben	1.2 Geistige Aufnahme-fähigkeit, Konzentration	1.3 Geistig-schöp-ferisches Schaffen, Empfinden	1.4 Geistiger Auf-trieb, Wieder-gabefähigkeit, Denken
2.1 Seelisches Ermessen	2.2 Seelisches Nachsinnen	2.3 Seelische Sensibilität	2.4 Seelisches Aufgreifen (Findigkeit)
3.1 Praktische Durchführung	3.2 Tätiger Einsatz (Arbeit, Sport)	3.3 Praktische Kunst-gestaltung	3.4 Praktische Gestaltung, Erwerb

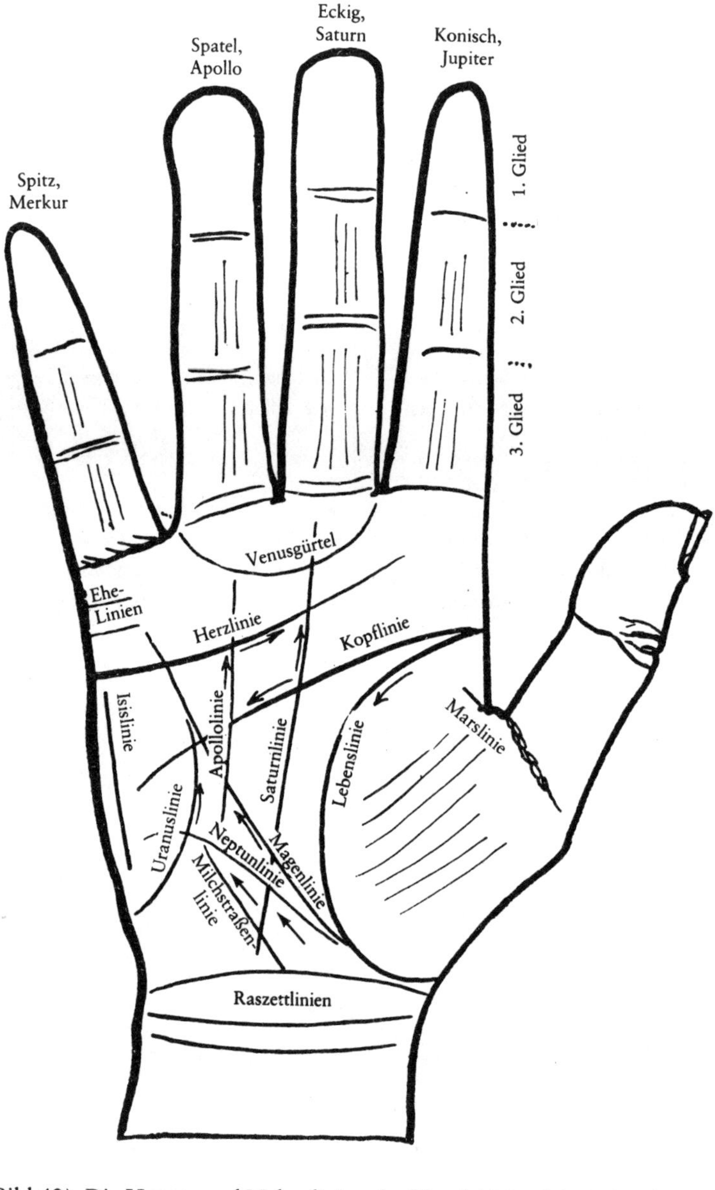

Bild 42) Die Haupt- und Nebenlinien der Hand (siehe Seite 166), die Formen der Finger (siehe Seite 136).

Bild 43) Linienformationen

a) Säbellinien

b) Linien mit Punkten

c) Zerrissene·Linie

d) Gitterlinien

e) Linie mit Inseln

f) Linie mit Haarlinien

g) Auf- und absteigende Äste

h) Oben und unten offene Gabeln;
Einfluß-, Ereignis- und gestörte Linien.

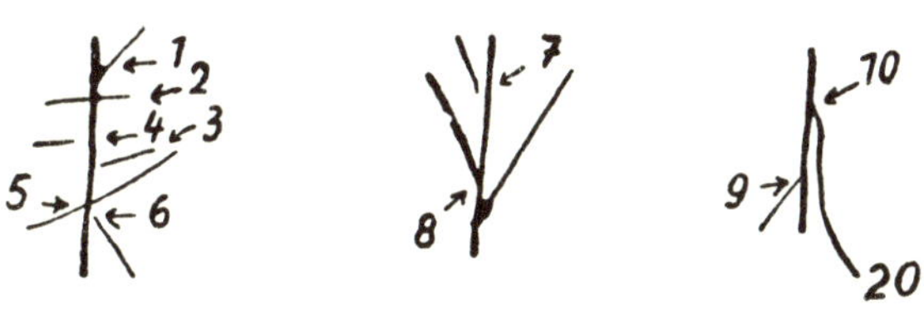

A B C

Bild 43) Linienformationen – Fortsetzung

h) Oben und unten offene Gabeln;
Einfluß-, Ereignis- und gestörte Linien.

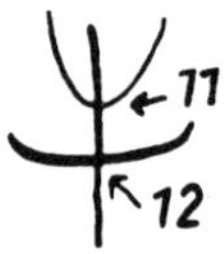

D

E

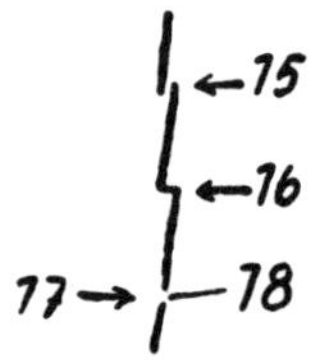

F

G

i) Parallele Linien

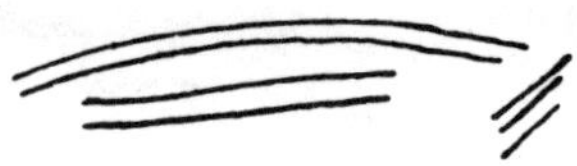

k) Wellenlinien

l) Gebrochene Linien

m) Kettenlinien

n) Linie mit Schutzquadrat

o) Linien mit Quasten

p) Krankhafte Linien

Bild 44) Zeichen und Symbole

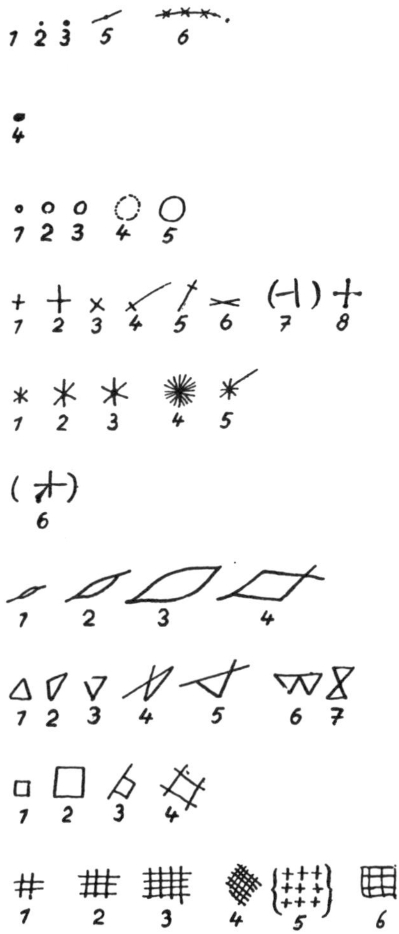

1) Punkte

2) Fleck

3) Ringe

4) Kreuze

5) Sterne

6) Halbstern

7) Inseln

8) Dreiecke

9) Vierecke, Quadrate

10) Gitter

Bild 44) Zeichen und Symbole – Fortsetzung

11) Planeten-zeichen 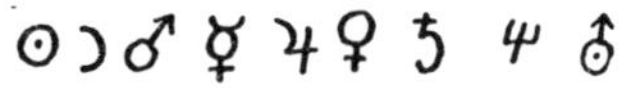

12) Tierkreis-zeichen 

13) Elemente-zeichen 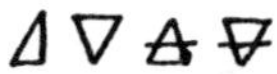

14) a) Pentagramm (pos.) 

b) Pentagramm (neg.) 

c) Hexagramm 

d) Henkelkreuz 

e) Swastika (pos.) 

f) Swastika (neg.) 

15) Germanische Runen 

16) Quasten 

17) Hebräische Schriftzeichen 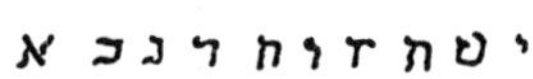

18) Sonstige Zeichen 

Bild 44) Zeichen und Symbole – Fortsetzung

19) a) Symbole der Planetenzeichen

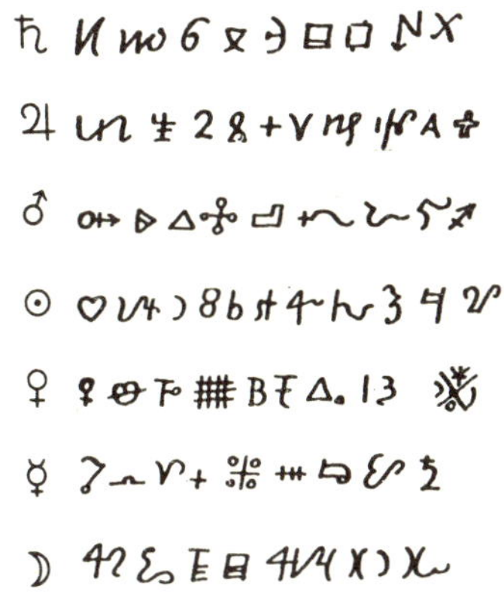

b) Göttliche (theonische) Siegel der Planetenzeichen

c) Dämonische Siegel der Planetenzeichen

Außerdem finden sich in den Händen manchmal deutlich erkennbare Buchstaben und arabische Ziffern.

Bild 45) Verschiedene Linienkonstellationen und Zeichen.

Die Erklärungen zu den einzelnen Ziffern finden sich im Textteil jeweils in dem Abschnitt, der mit der Lage des Zeichens (zum Beispiel Mondberg) oder der Form des Zeichens (zum Beispiel Stern) überschrieben ist. Weiterhin bedeutet in nebenstehender Zeichnung:

28: Strich durch unteres Beugegelenk warnt vor Armverletzung (Merkurfinger).
29: Strich durch unteres Beugegelenk warnt vor Beinverletzung (Apollofinger).
30: Viele feinere Linien im Beugegelenk des Saturnfingers (drittes/zweites Glied): Warnung vor Vergiftung durch verdorbene Lebensmittel, Konserven; Fleisch-, Käse- oder Pilzgift usw.
31: Strich durch unteres Beugegelenk warnt vor Leibverletzung (Saturnfinger).
32: Strich durch unteres Beugegelenk warnt vor Kopf- oder Halsverletzung (Jupiterfinger).

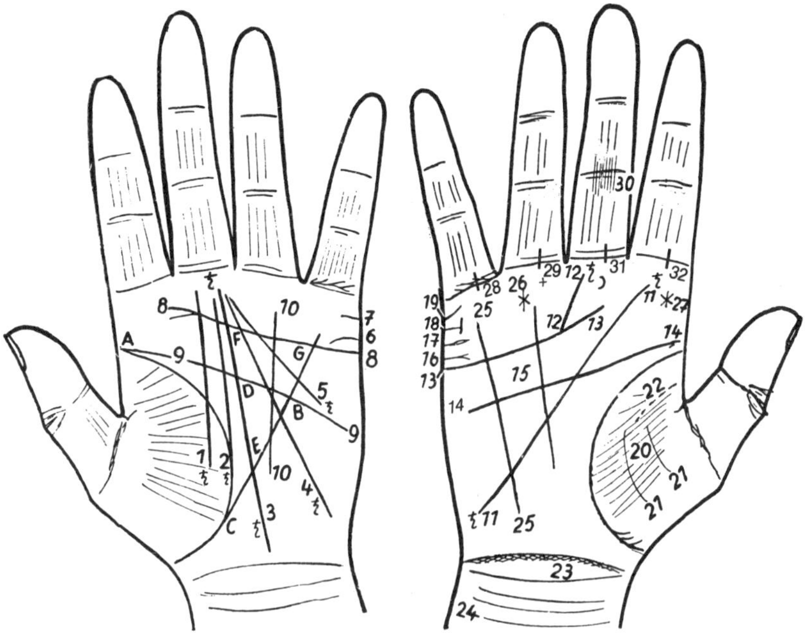

A
B
C
D
E
F
G
1
2
3
4
5
6
7
8
9
10
11
12
13
14
15
16
17
18
19
20
21
22
23
24
25
26
27
28
29
30
31
32

Bild 46) Verschiedene Linienkonstellationen und Zeichen.

Die Erklärungen zu den einzelnen Ziffern finden sich im Textteil jeweils in dem Abschnitt, der mit der Lage des Zeichens (zum Beispiel Mondberg) oder der Form des Zeichens (zum Beispiel Stern) überschrieben ist. Weiterhin bedeutet in nebenstehender Zeichnung:

Linke Hand

6: Störung der Sexualorgane (Ovarien- beziehungsweise Hodenschwäche) .

8: Linie in Herzlinie mündend: Merkmal für Lebensbedrohung oder Unfall, »nicht bei der Sache sein«.

12, 13: Querlinien in der Saturnlinie: Hemmungen in dem betreffenden Lebensjahr (ausmessen erforderlich).

14: Jupiterzeichen an dieser Stelle der Hand bedeutet Tendenz zu religiösen Erkenntnissen.

19: Nervenschwäche. Bei Frauen links: Kinderlinien; Anzahl der Linien identisch mit möglicher Kinderzahl sowie meist mit Anzahl der Kinderlinien an den Ehelinien.

24: Linie aufwärts im stumpfen Winkel in der Kopflinie endend: Jähzorn.

26: Heftigkeit und dadurch Schaden im Beruf.

27: Diplomatisches Wesen.

28: Stern im dritten Glied des Saturnfingers: Warnt vor Überfall, Körperverletzung.

29: Stern im zweiten Glied des Saturnfingers: Warnt vor Lebensgefahr durch Fahrlässigkeit, Unfruchtbarkeit.

30: Stern im ersten Glied des Saturnfingers, seitlich: Warnt vor Lebensgefahr durch Waffen.

31: Kreuz im ersten Glied des Saturnfingers, seitlich: Warnt vor Lebensgefahr, abgeschwächt.

32: Kleine Querlinien an den Fingerspitzen: Schwächliche Gesundheit.

Rechte Hand

33 und 55: Schwermut, die bis zum Lebensüberdruß führen kann.

34: Tod durch Erhängen. (Dies muß nicht Selbstmord sein!)

37: Beginn der Körperschwäche.

38: Zerfall der Körperkräfte.

39: Zerrüttete Nervenkonstitution, angeboren.

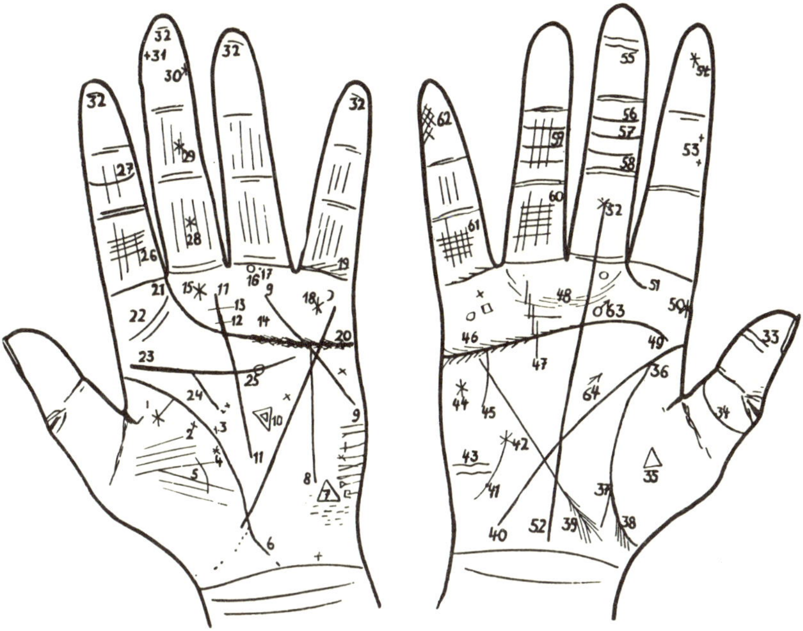

41: Krankhafter Somnambulismus, veranlagt. Warnt vor medialer Betätigung wie Trance und Hypnose (die immer einen gewaltsamen Eingriff bedeuten, außer bei Narkose).
42: Ungünstiges Auslaufen medialer Bestrebungen.
43: Ungünstiges Zeichen betreffs Reisen auf Wasser.
46: Verliebtheit entsprechend so lange, wie diese Äste reichen.
48: Hysteriedisposition, angeboren.
49: Eifersucht (Biegung der Herzlinie nach unten).
51: Bei Frauen: Unterleibsleiden, oft Fehlgeburten, Gewächse.
52: Lebensgefahr und Gefängnis.
56: Warnt vor Gasvergiftung.
57: Warnt vor Medizinalgiften.
58: Warnt vor Körperverletzung durch Unfall.
59, 60: Gehemmtes Empfindungsleben.
61, 62: Hemmungen, sich ehrlich durchzusetzen; dadurch den Anschein von Unehrlichkeiten.
63: Gehässigkeit.
64: Heftige Angriffe.

Bild 47) Verschiedene Linienkonstellationen und Zeichen.

Die Erklärungen zu den einzelnen Ziffern finden sich im Textteil jeweils in dem Abschnitt, der mit der Lage des Zeichens (zum Beispiel Mondberg) oder der Form des Zeichens (zum Beispiel Stern) überschrieben ist. Weiterhin bedeuten in nebenstehender Zeichnung:
I.inke Hand

1: Herzstörung
3: Störungen im Unterleib (Ovarien oder Hoden).
4: Gute Ehegelegenheit.
5: Feinde auf Reisen, falsche Freunde.
6: Nierenstörung.
7, 8: Nierenstörung
9: Pausen im Berufsleben.
10: Ein gehässiger Feind (weil die Kopflinie bei 13 schneidend)
11: Allgemeine Feinde.
12: Feindliches Ehepaar (zwei gekreuzte Linien).
16: Bruch in der Linie, Bruch in Herzenssachen durch Überheblichkeit.
17: Saturntypmenschen sind dem Betreffenden nicht günstig.
18: Gekrümmter Nagel: Asthma, Engherzigkeit, Intoleranz.

Rechte Hand

21, 22: Zeichen für sexuelle Ausschweifung.
23: (Beginn der Lebenslinie): Langsame Entschlußkraft.
26: Stern hier zeigt immer Tendenz zum Fallen.
27: Unaufrichtigkeit, Leber-/Gallestörung.
28: Schwere Schicksalsprüfungen
29: Zerrissene Linie (mit und ohne Zeichen): Leberstörung.
30: Leberschwäche.
31: Bei starkem Mondberg: Rheuma in Arm und Schulter
32: Disposition zu Besessenheit.
33: Saturnring, gibt viele Hindernisse auf dem Lebensweg.
34: Melancholie.
35: Lebensgefahr.

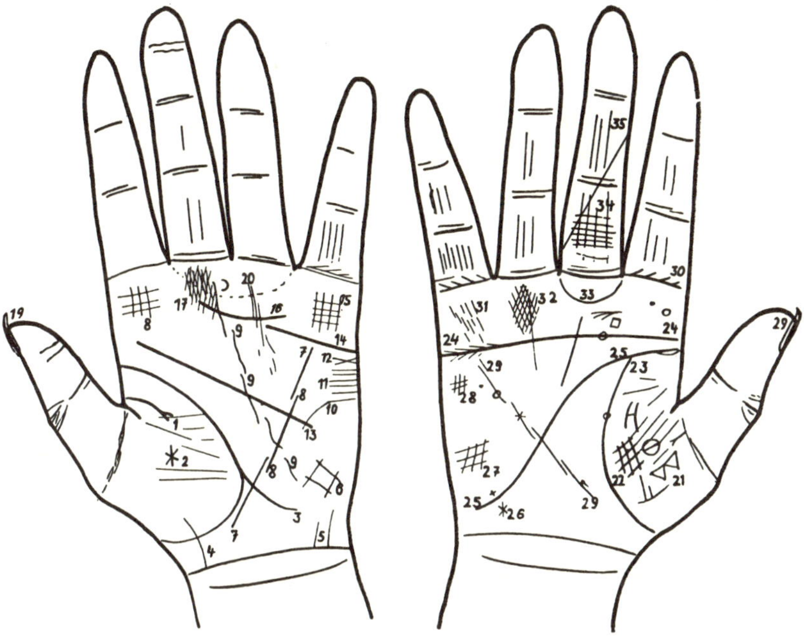

Bild 48) Verschiedene Linienkonstellationen und Zeichen.

Die Erklärungen zu den einzelnen Ziffern finden sich im Textteil jeweils in dem Abschnitt, der mit der Lage des Zeichens (zum Beispiel *Mondberg*) oder der Form des Zeichens (zum Beispiel *Stern*) überschrieben ist. Weiterhin bedeuten in nebenstehender Zeichnung:

Linke Hand

6: Doppelte Magenlinie, stabilisiert Körper- und Nervenkonstitution; Begabung für Arztberuf.
7: Finanzielle Verluste der Eltern des Betreffenden in seiner Jugendzeit.
8: Gehemmter Aufstieg (18. Lebensjahr).
9, 10: Veränderungen, kleine Unterbrechungen; eventuell Wechsel im Beruf.
11, 12: Vergrößerung des Herzmuskels.
13 mit 14: In Frauenhänden: Schwere Entbindung.
15: Günstiges Zeichen für Handel und Geschäft.
16: Venusgürtel bis in die Ehelinie: Der andere Ehepartner regiert. Grund: Schwaches Rückgrat angeboren, daher keine Kampfnatur.
19: Ein K-Zeichen: Anfangsbuchstaben des Namens oder einer nahestehenden Person.
20: Isislinie. Lebensernst, Neigung zu Enthaltsamkeit.
21: Viele kurze Intuitionslinien sind ungünstig und als Milz- und Bauchspeicheldrüsenschwäche zu werten.
22 mit Insel in der Linie: Enttäuschung in Liebesverbindungen. Die Linie selbst ist eine Giftlinie, die vererbte Gifte anzeigt. (Metaphysische Einflüße derselben Quelle.)

Rechte Hand

23: Bitternis in der Ehe.
27: Kopfverletzung durch Fahrlässigkeit.
28: Übertriebene Strebsamkeit.
30, 31: Aufstieg in dieser Zeit, bessere Verhältnisse. Man sollte die Zeit bewußt nutzen. Von allein kommt nichts.

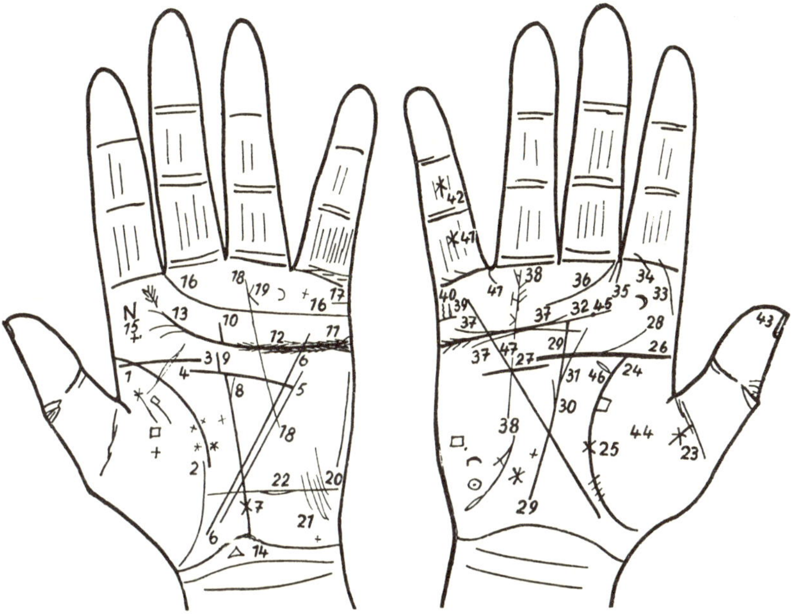

32: Hemmungen durch das andere Geschlecht.
33, 34: Zeichen für Fehlgeburten, die kommen oder waren.
35: In Verbindung mit großem Mondberg: Rheuma.
37: Viel Leid in der Liebe.
38: Buchstaben an der Apollolinie: K, H, E, A: sie deuten Namen an.
39, 40: Kranke Kinder (Zeichen dafür).
41: Stern im dritten Glied des Merkur: Mediale Veranlagung.
42: Stern im zweiten Glied des Merkur: Verdirbt Merkureigenschaften.
43: Kurzer Nagel: Gereiztes Wesen (durch Herzstörungen).
44: Gehörstörungen; brauner Fleck oder Punkt.
46: Blinddarmleiden.
47: Das »hohe« oder magische Dreieck.

Bild 49) Verschiedene Linienkonstellationen und Zeichen.

Die Erklärungen zu den einzelnen Ziffern finden sich im Textteil jeweils in dem Abschnitt, der mit der Lage des Zeichens (zum Beispiel *Mondberg*) oder der Form des Zeichens (zum Beispiel *Stern*) überschrieben ist. Weiterhin bedeuten in nebenstehender Zeichnung:

Linke Hand

1: Bronchialleiden.
2: (auf Marsberg): Verstärkt die Bedeutung von 1.
3: Lebensgefahr, aber mit Schutz.
4: Eine Bekanntschaft in diesem Lebensjahr.
5: Latente, fiebrige Krankheiten.
8: Darmleiden, nicht bösartig.
11: Verlust durch eine Bekanntschaft auf Reisen.
13: Eine starke und gleich darauf eine schwächere Liebesbeziehung. (Selbstverständlich »verpflichten« diese Zeichen nicht dazu. Es zeigen sich Gelegenheiten an.)
14: Kurze Liebesbeziehung.
15: Linien für Studien oder Literatur.
16: Anfänge vom Venusgürtel; eventuell Disposition zu Onanie.
17, 17: Bruch in Herzensangelegenheiten durch Intrigen oder auch durch Fahrlässigkeit.
18: Der Tannenzweig ist ein sehr ungünstiges Zeichen. Das Dreieck ist sehr gut zu werten.
19, 20, 21: Planetenzeichen in Verbindung mit Charakteristik des Mondes = Wechsel, Wandlungen.

Rechte Hand

22: Strebsamkeit.
23: in Verbindung mit 24–24: Veranlagung zu Irrsinn.
25: Durch Mondeinfluß Tendenz zu großen Reisen und Reisebekanntschaften.

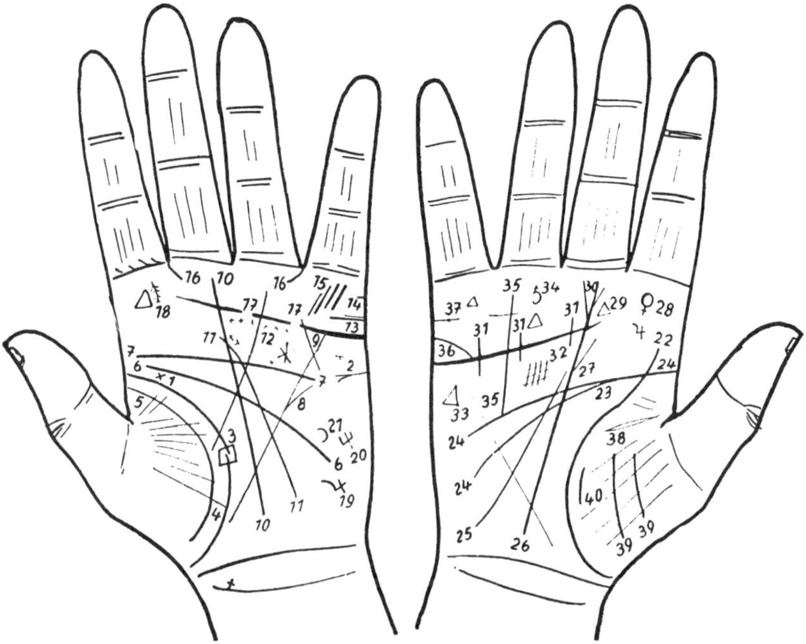

31: Erworbene Herzstörungen; Neigung zu schweren Geburten.
32: Üble Gesinnung.
37: Ehelinie mit rotem Punkt: Der Ehepartner kann plötzlich verunglücken.
38: Verpaßte, gute Ehegelegenheit.
39, 40: Hemmungen im Liebesleben.

Bild 50) Verschiedene Linienkonstellationen und Zeichen.

Die Erklärungen zu den einzelnen Ziffern finden sich im Textteil jeweils in dem Abschnitt, der mit der Lage des Zeichens (zum Beispiel *Mondberg*) oder der Form des Zeichens (zum Beispiel *Stern*) überschrieben ist. Weiterhin bedeuten in nebenstehender Zeichnung:

Linke Hand

2: Fiebrige Krankheit.
3: Kopfverletzung.
4: Gram; wenn mit 15: Nervenfieber.
5: Störungen im Beruf durch Einmischung von Verwandten.
6: Bekanntschaft mit Streitigkeiten.
7, 8, 10: Roter Punkt zeigt Augenschaden an.
9: Jähzorn.
11, 13, 14: Günstige Pläne.
12, 17: Ungünstige Pläne.
18: Beinverletzung.
23: Verlust einer nahestehenden Person.
24: Ungünstige Herzensangelegenheiten.
25: Verdirbt den ehrlichen Sinn.
29: Zweig aus dem Beugegelenk: Unterleibsstörungen bei Frauen.
30: Eifersucht.
31: Trennung einer Herzensbeziehung oder Ehe.

Rechte Hand

33: Hemmungen in der Handlung.
34: Herzstörungen (Herzklappenfehler).
38: Bitternisse in Liebes- und Ehebeziehungen (siehe auch 40).
39: Überreizte Kopfnerven.
40: Schwächt viel von der Bedeutung von 38 ab.
43: Kopfverletzung durch Unfall.
44: Überreizung der Kopfnerven, gestörtes Denken. Ursache: Magen.
45: Vererbung von Kopfschmerzen, durch Arterienverkalkung bei Vorfahr.
50: Zerfall der Lebenskräfte.

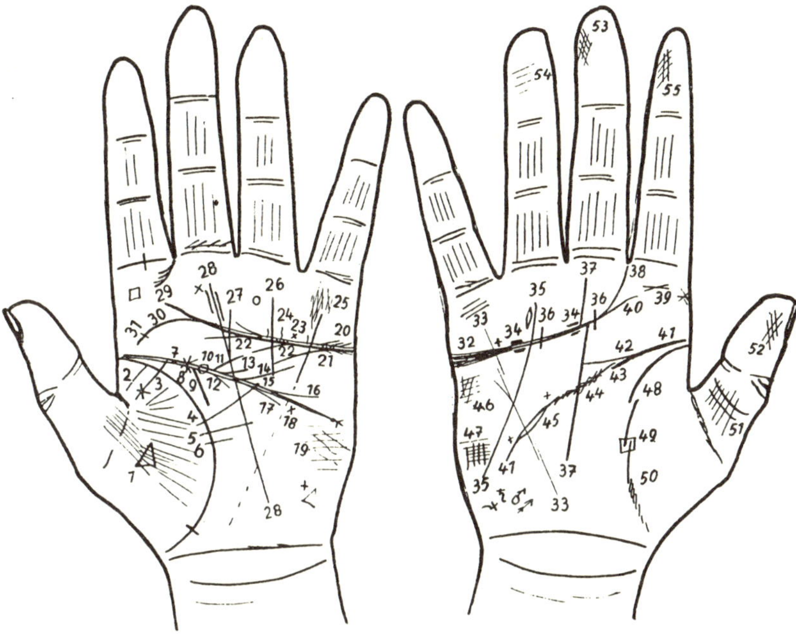

2
3
4
5
6
7
8
9
10
11
12
13
14
15
16
17
18
19
20
21
22
23
24
25
26
27
28
29
30
31
32
33
34
35
36
37
38
39
40
41
42
43
44
45
46
47
48
49
50
51
52
53
54
55

Bild 51) Verschiedene Linien- und Zeichenkombinationen in Verbindung mit Venusberg und Lebens- und Kopflinie.

Ausführliche Erklärungen siehe Abschnitt »Linien- und Zeichen auf den Handbergen/Venusberg«, Seite 226

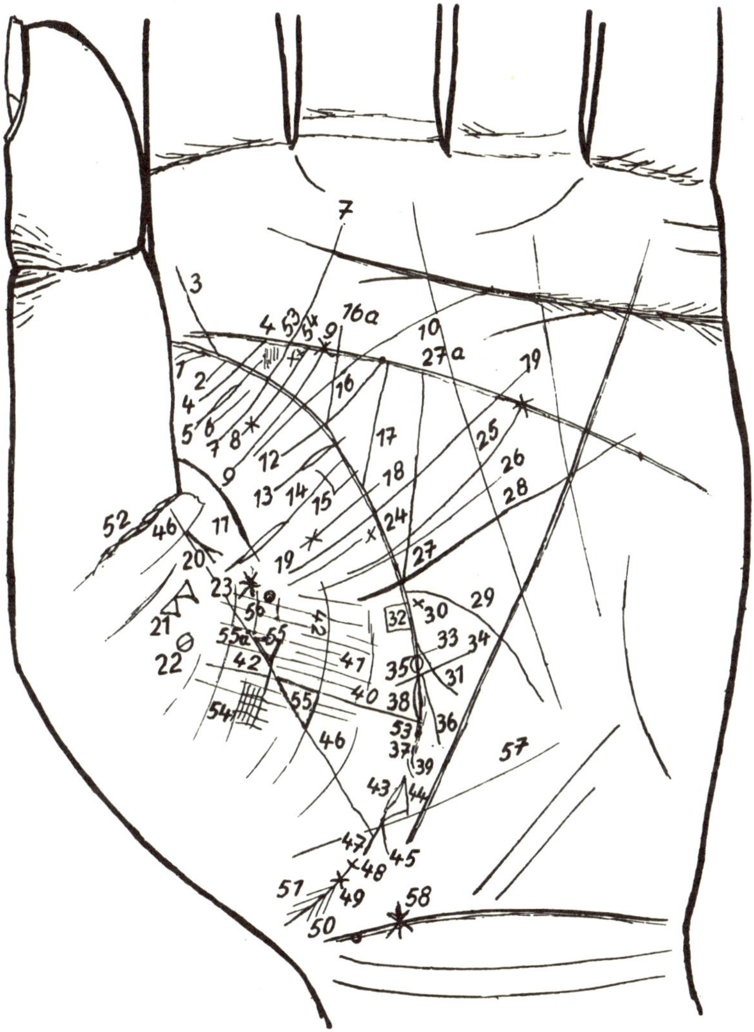

Bild 52) Ereignislinien und deren Kombinationen.

1: Todesfall und Krankheit in den ersten Lebensjahren.
2: Chronische Krankheit.
3: Kopfverletzung.
4: Wie bei 1 sowie Liebesaffäre.
5–38: Wie bei 4.
5: Viereck an der Linie: Abgeschiedenheit, Internierung.
5–36: Kleines Dreieck an der Linie: Herzensverbindung.
6: Winkellinie, warnt vor Körperverletzung.
7: Herzensangelegenheit; außerdem: Todesfall mit Erbschaft (weil die Ereignislinie in die Apollolinie verläuft).
8: Roter Punkt: Verletzung. Dunkler Punkt: Krankheit mit Fieber.
9 waagrecht: Bekanntschaft.
9 waagrecht mit senkrecht: Günstige Zeit für Unternehmungen; möglicherweise bedingt eines das andere, da beides auf den gleichen Zeitpunkt fällt.
10: Depressionen durch Gram, Todesfall usw.
11: Bekanntschaft mit Streitigkeiten oder Prozeß.
12: Wie 11; dazu: kritischer Zeitpunkt für Gesundheit (einschneidende Linie).
13: Günstige Zeit für Reise.
14: Bekanntschaft und Liebesbegegnung mit Streitigkeit im selben Jahr.
15: Selbstmordtendenzen, wenn die Linie bis 28 verläuft.
15: Kleines Dreieck an der Lebenslinie: Liebesbegegnung ungünstig.
16: Liebesbegegnung, verbunden mit Ärger, Gram oder Erkrankung.
17, 19: Gefährliche Zeit für Verletzungen, Operationen. 19 ist gefährlicher.
18: Gute Zeit für Unternehmungen, jedoch gehemmt durch das andere Geschlecht, da aufsteigende Linie an der Herzlinie endet.
20: Trauer, Depression. Mit 21: Finanziell ungünstige Zeit.
22: Günstige Zeit für Reisen.
23: Altersschwäche und ungünstige Zeit für Unternehmungen.

(Bitte auf der übernächsten Seite weiterlesen)

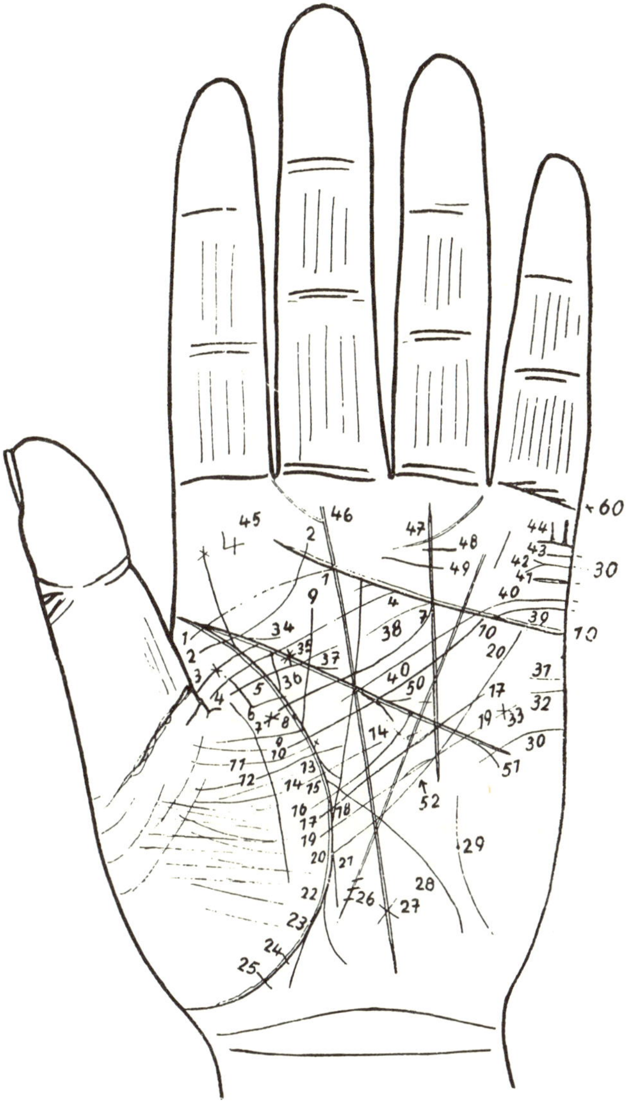
60
45
4
46
2
47
48
44
43
42
49
30
41
1
9
40
4
7
39
34
38
10
10
1
35
37
20
2
3
36
40
50
37
31
5
17
4
32
6
7
8
19
33
14
30
9
10
51
11
13
12
14
15
52
16
18
17
19
29
20
21
28
22
26
27
23
24
25

24, 25: Kritische Zeitpunkte für die Gesundheit und das Leben.
26: Kränklichkeiten.
27: Finanzielle Verluste der Eltern in der Jugendzeit der Person.
33 und 52 verstärken die Lebensgefahr bei Operationen (in Zeichen 19).
39: Ehe mit Traurigkeit auslaufend.
40: Ehe mit Streit, der zur Scheidung führen kann.
44: Kinderlinien senkrecht zur Ehelinie: Erst Knabe, dann Mädel.
46: Leichtsinn (Unbedachtsamkeit) in geschäftlichen Angelegenheiten.
48: Hemmungen durch Intrigen (negativer Merkureinfluß).
49: Hemmungen durch Verwandte (negativer Saturneinfluß).
1, 4 (an der Herzlinie): Abzweigungen sind günstige Zeiten für Herzensangelegenheiten in dem Jahr, da die kleinen Zweige die Herzlinie verlassen.

Die Zeiten, in denen die Schnittpunkte der Linien 1, 4, 5–38, 7, 40, 10, 14, 17, 19 auf die Saturnlinie fallen, sind günstige Zeiten für Bekanntschaften und Freundschaften.

Bei Linie 5–38 sehen wir, daß eine Verbindung teilweise fehlt. Für diese Ausdeutung gehen uns die Linien nur so weit an, als sie zwischen Herz- und Kopflinie liegen. (Herz = Liebe, Kopf = Verstand; Freundschaft.) Bei Linie 5 liegt die »eigene Seite« (Seite des Daumens), bei Linie 38 liegt die Seite der Anderen. Sie ist länger als die eigene. Dies zeigt, daß sich bei der anderen Seite mehr Zuneigung zeigt oder vorhanden ist als auf der eigenen; es bleibt Versuch ohne Zustandekommen der Angelegenheit. Die Zeit bei Linie 4 und 7 und 10 ist dagegen sehr günstig und gut auslaufend.

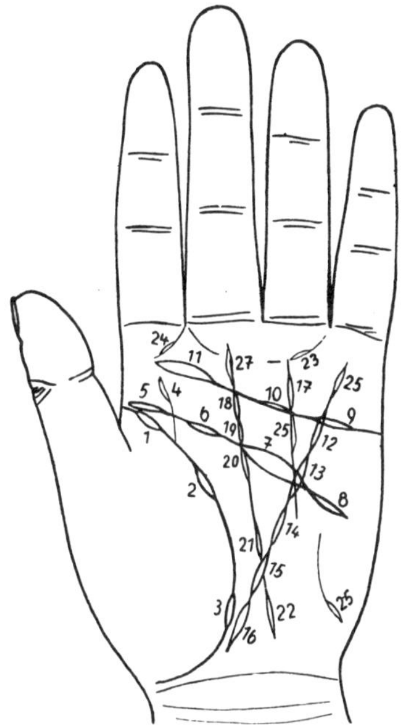

Bild 53) Vererbungszeichen für Krankheiten in den Hauptlinien.

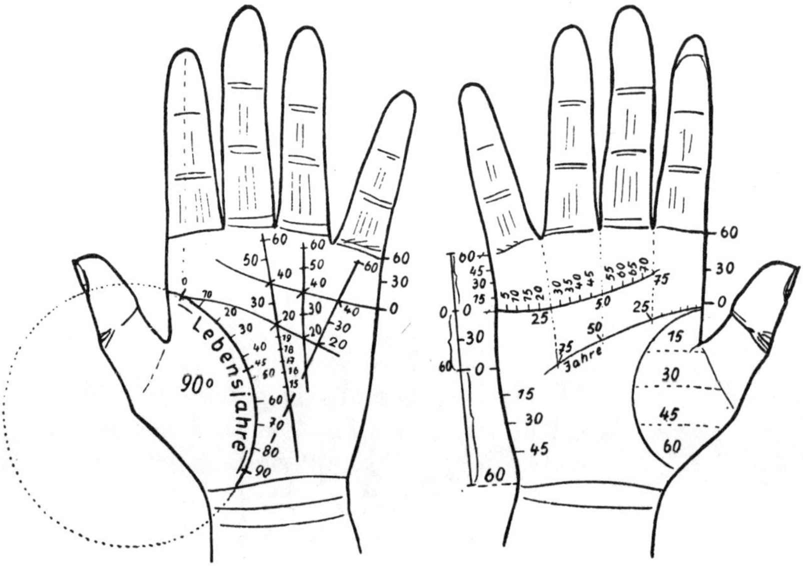

Bild 54) Maßeinteilung der Linien, Berge und des Nagels (siehe Seite 257).

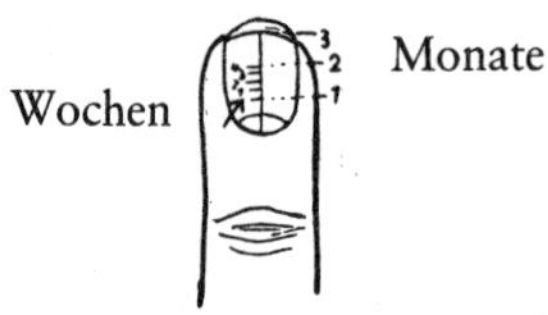

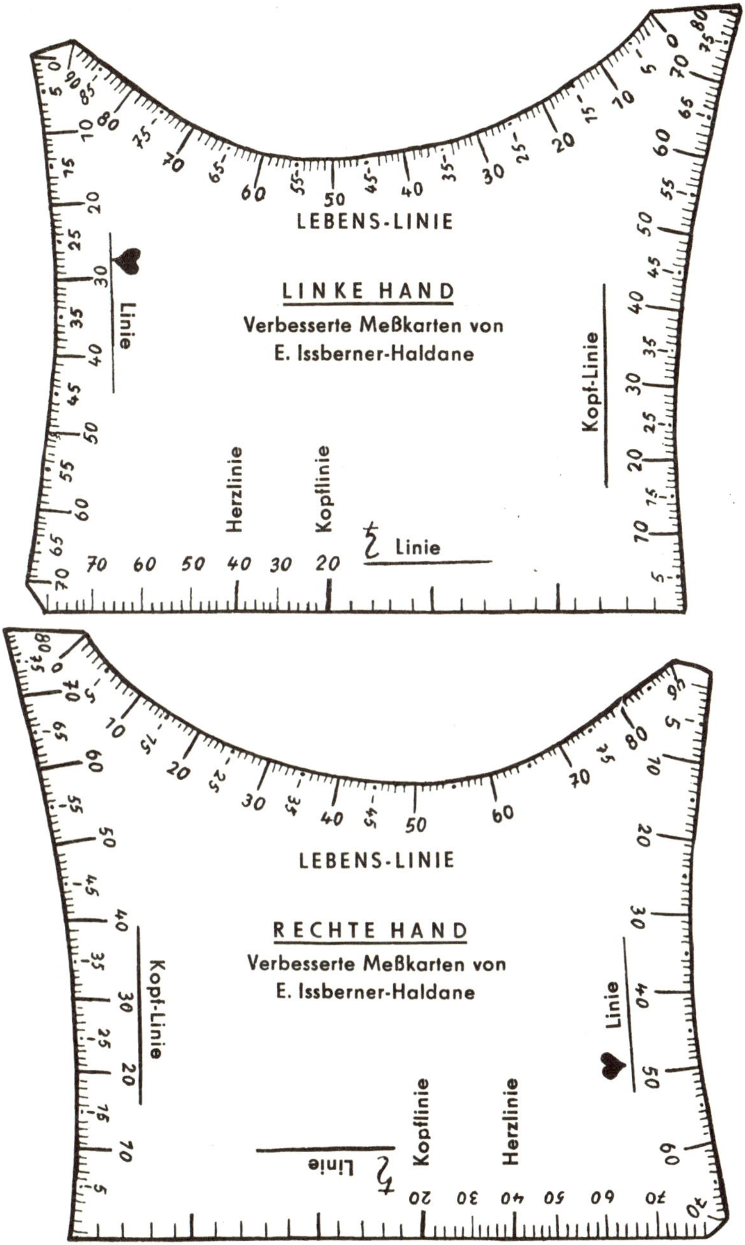

Bild 55) Meßtafeln für die Handlinien: Lebenslinie, Kopflinie, Herzlinie, Saturn(Schicksals)linie (siehe Seite 257).

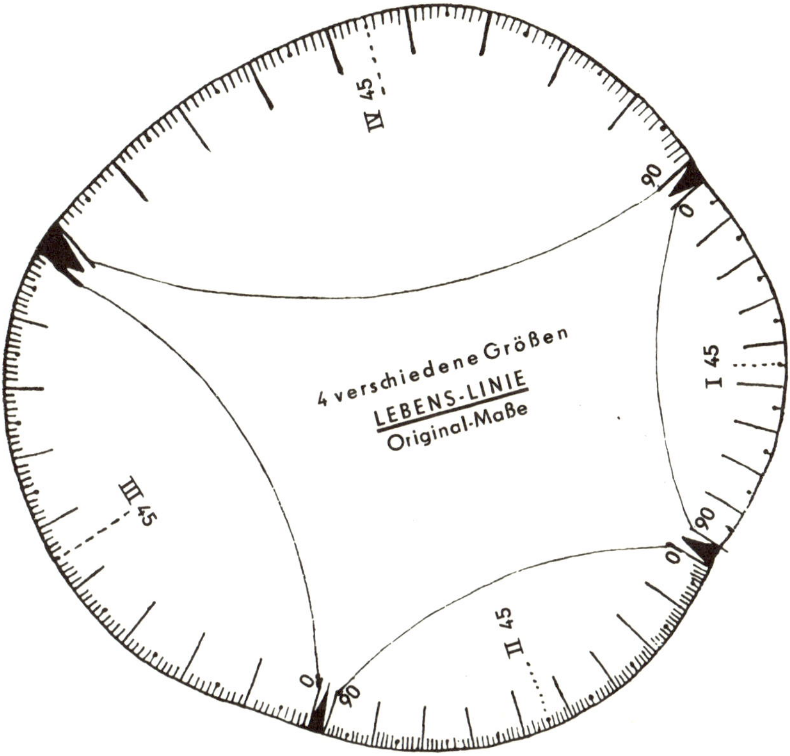

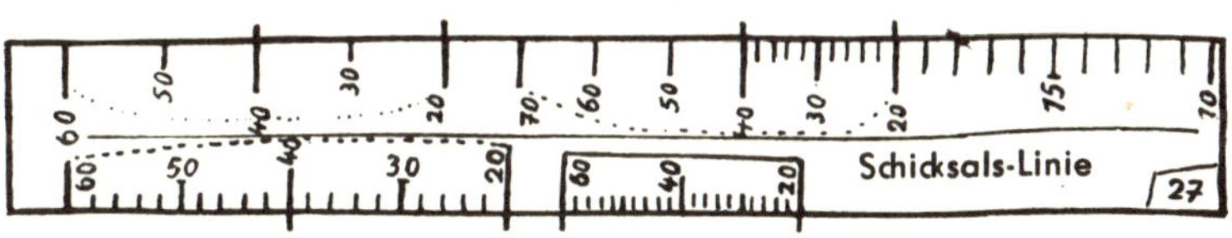

Bild 56) Meßtafeln für die Handlinien: Lebenslinie und Schicksalslinie (siehe Seite 257).

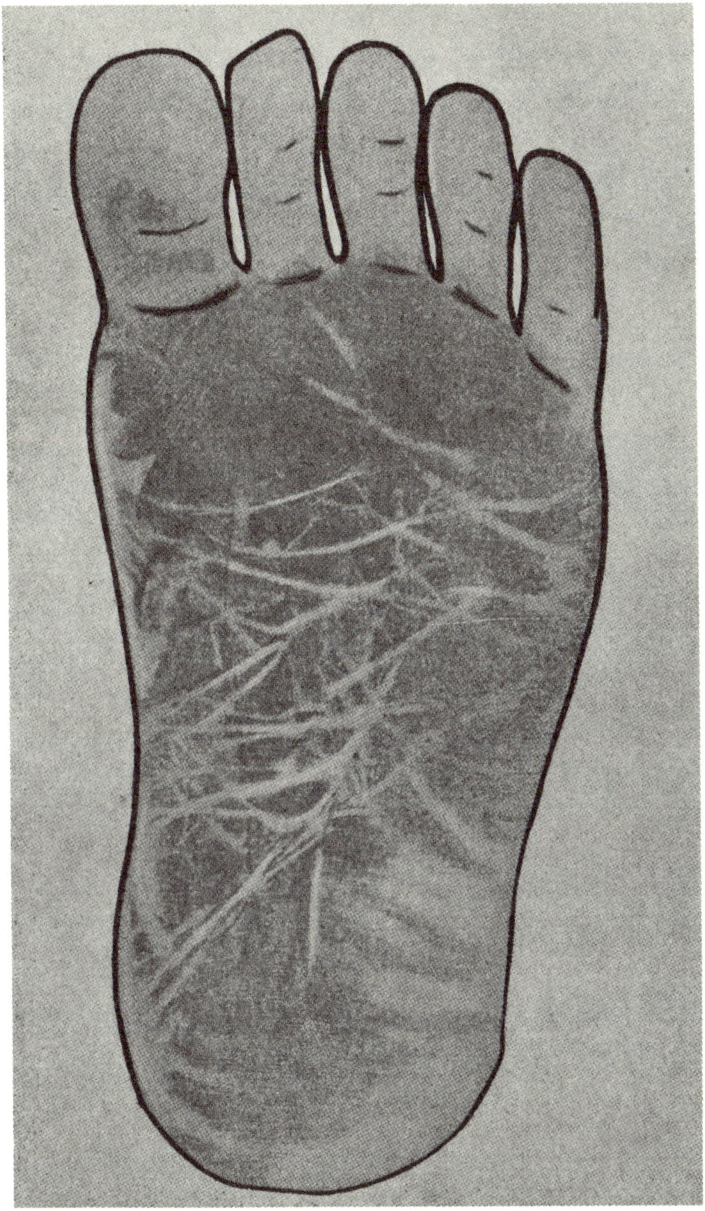

Bild 57) Fußlinienabdruck des rechten Fußes mit zahlreichen Linien (Herr Uthan, ohne Arme geboren).

Bild 58) Abdruck einer linken Hand mit wenigen Linien (siehe Seite 253).

Dieses Bild zeigt den Abdruck einer Innenhand, die einem anscheinend eckigen Handtyp angehört. Nehmen wir für diesen Fall an, sie sei eckig. Bei einem Abdruck sind die Form und die Plastik nicht zu bestimmen, weshalb ich hier darüber leider nichts ausführen kann.

Zuerst die Bedeutung der eckigen Hand.

Sie bezieht sich auf Kleinlichkeit, Genauigkeit, Pflichtbewußtsein und Nützlichkeitsprinzip sowie konservatives Denken. Da die Hand groß ist und die Finger einen Eindruck der Schwere machen, wird der Handeigner mehr für sehr kleine Arbeiten, Feinmechanik, in Frage kommen. Der Daumen ist kurz, aber gut entwickelt, ebenso der Knoten im ersten Gelenk. Der Daumen ist nicht biegsam, das heißt, eigener Sinn und Hartköpfigkeit, sogar Grobheit, sind vorhanden. Das Maß des Willens ist nicht sehr groß, daher sind Energie und Durchsetzungskraft nur gering veranlagt, wenn auch Eigensinn und Hartköpfigkeit scheinbar einen kleinen Ausgleich zu bieten vermögen. Aus diesen Gründen können Pläne, Unternehmungen, auch nur teilweise durchgeführt werden. Da der Daumen sich nicht im rechten Winkel abbiegen läßt, kann die Unabhängigkeitsliebe nicht betätigt werden. Der Merkurfinger ist normal lang und ziemlich eckig: weniger Rednertalent, jedoch Sinn für Organisation und Geschäft. Zusammengefaßt: Ein Mann, der ganz auf das Praktische und Nützliche eingestellt ist und sich im täglichen Leben auch durchsetzen könnte, wenn er nicht zu sehr an der Kleinlichkeit und dem Althergebrachten hängen würde.

Die Plastik der Berge ist auf diesem Bilde nicht ersichtlich, weshalb ich zu den Linien übergehe.

Die Herzlinie ist im allgemeinen kraftvoll, hat nahe ihrem Anfang durch eine Insel eine zu große Breite, was eine Disposition zu organischem Herzfehler und dadurch auch zu Nörgelei bedeutet. Sie endet mit (2) in einem Ast zwischen Jupiter- und Saturnfinger, was Bitternisse in der Ehe bedeutet, jedoch abgeschwächt wird durch den zweiten Ast (16). In der Linie unter dem Saturnfinger sind kleine Punkte enthalten; sie weisen auf schadhafte Zähne hin (6). Eine kurze und abgebrochene Apollolinie zeigt Schönheitsempfinden an; da sie in der Saturnlinie entspringt, wird der Mensch durch seinen Beruf zu dem Schönheitsempfinden geführt. Diese Erleben setzen für eine Zeitlang (30. bis 50. Lebensjahr) aus und beginnen dann erst im späteren Alter wieder stärker hervorzutreten.

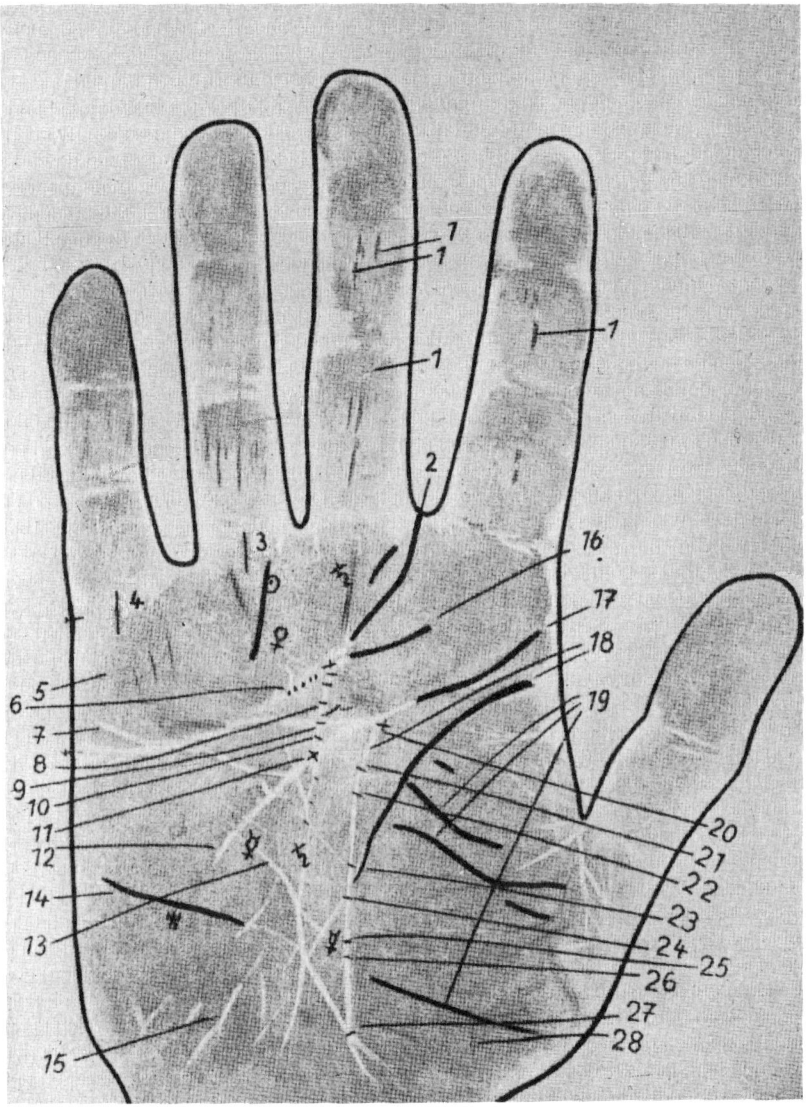
1
1
1
1
2
3
4
5
6
7
8
9
10
11
12
13
14
15
16
17
18
19
20
21
22
23
24
25
26
27
28

Die Kopflinie (17–12) beginnt im Anfang (17) ein wenig getrennt von der Lebenslinie (18–18), um sich später (20) nochmals mit ihr zu vereinigen. Solche Menschen sind zeitweise hastig im Entschluß, ein andermal wieder sehr schwerfällig. Die Linie ist aber kraftvoll und gut (ungestört) und zeigt einen guten Intellekt (verstärkt durch 5), gute Gehirnnerven. Die Gedanken- oder Denkrichtung (Richtung der Kopflinie) geht wohl nach der phantasievollen und idealeren Seite des Lebens, neigt aber auch schon stark zu Grübelei (12). Das ist immer gefährlich. Da hier der Mondberg (Säfte) stark entwickelt erscheint, was schon aus der Fläche zu ersehen ist, gibt dies eine Neigung zu Schwindelgefühl und Fall durch Blutandrang zum Kopf (bei roten Nägeln und gewölbtem Mondberg) oder Blutleere (bei blassen Nägeln und flachem Mondberg).

Die Magen- oder Merkurlinie (13) ist etwas gewunden (Krampf) und gebrochen (Nierenstörung). Es lagert eine Menge von Medizinalgiften im Körper (14). Intuition (15) zeigt sich hier sehr gut im Entstehen begriffen an.

Die Saturnlinie kommt ungefähr aus der Handmitte nahe der Raszette, und das gibt Streben nach Selbständigkeit und Sichdurchsetzen. Da diese Linie nur ein wenig hin- und hergebogen ist, aber nicht schlecht im Ausdruck, wird der Handeigner auch einen ziemlich geraden Lebensweg haben, der kleine Abwechslungen und Veränderungen zeigt, die aber nicht schwierig verlaufen. An der Kreuzstelle mit der Herzlinie erfährt die Saturnlinie eine Unterbrechung: Hemmung durch Frauen oder Gutherzigkeit im 42. Lebensjahr. Gleich danach ergibt sich eine neue Bahn, die gut und stabil ist. Günstige Zeiten für Bekanntschaften und Freundschaften sind (auf den Querlinien der Saturnlinie abzumessen) das 17., 19. (bei 9) und das 25. Lebensjahr, das am besten und günstigsten in dieser Hinsicht ist.

Lebensjahre für Gram, Kummer, Depressionen (Linien vom Venusberg nach der Herzlinie): 27., 34. (20), 40. (schwach zu erkennen), 45. (23), 51. (24), 65. (26); im 71. Lebensjahr macht sich ein absteigender Ast (allgemeine Körperschwäche) bemerkbar, und 79. und 83. Lebensjahr sind sehr kritische Jahre für die Gesundheit und das Leben (27).

Die mit 19 bezeichneten dicken Linien im Venusberg deuten auf stärkere Sinnlichkeit (und zumeist Undankbarkeit). Die Linien 1 in den Fingern sind gute Ströme. Linien 3 und 4 gehen durch die Beugegelenke und verletzten sie. Ihre Bedeutung: Warnung vor Verletzung der Beine (3) und der Arme (4).

Bild 59) Abdruck einer linken Hand mit vielen Linien (siehe Seite 255).

Für den Fortgeschrittenen bringe ich ein reichhaltiges Bild, in dem ich die Hauptlinien ebenfalls wieder mit den betreffenden Planetenrunen bezeichnet und sonstige Zeichen durch einen Strich mit einer Nummer an der Grenze der Hand markiert habe.

1: Linie im zweiten Glied des Jupiter: Diplomatie.
2: Im dritten Glied Querlinien: Heftigkeit, die im beruflichen Leben Schaden bringt.
3: Ein Hauptast der Herzlinie, der hier endet: Bitternisse im Eheleben.
4: Dreieck auf Saturnberg: Sinn für Religion und Magnetismus.
5: Kreuz auf Saturnberg: Neigung zu Unfall durch Körperverletzung.
6: Querlinien im dritten Glied des Saturnfingers: Grübeleien.
7: Querlinien im zweiten Glied des Saturnfingers warnen vor Vergiftung durch Medizinalgift.
8: wie 7: warnt vor Gasvergiftung.
9: Senkrechte Linien durch das zweite Beugegelenk warnen vor giftiger Speise, Pilzgift usw.
10: Linie vom Saturnberg kommend, die Apollolinie schneidend: Hemmungen in der Betätigung auf künstlerischem Gebiet durch Verwandte.
11: Senkrechte Linien im Apollofinger (wie überall): Gute Ströme.
12: Querlinien: Hemmungen im Empfindungsleben.
13, 14: Dreiecke auf dem Apolloberg: Sinn für Ethik und Ästhetik.
15: Insel in der Herzlinie: Herzfehler, Disposition vererbt, mütterliche Linie.
16: Dreiecke auf Merkurberg: Routiniert, klug in Wissenschaft und Handel.
17: Querlinien im Merkurfinger, erstes Glied: Verdirbt das ehrliche Denken.
18: Querlinien im Merkurfinger, zweites Glied: Verdirbt Ausführungen durch Hemmungen seelischer Art.
19: Zahl der Kinderlinien im Merkurbeugegelenk bedeutet die Möglichkeit, nicht die Tatsächlichkeit. Diese Zeichen sind zu vergleichen mit den auf den Ehelinien (21, 22) senkrecht stehenden Kinderlinien.
20: Endung der Magenlinie auf Merkurberg: Sprachtalent.

21: Eheangelegenheiten im 35. Lebensjahr. Ausgang: Entfremdung, Mißverstehen, Trennung.

22: Eheangelegenheit im 27. Lebensjahr. Ausgang: Plötzlicher Abbruch.

23: Eheangelegenheit im 24. Lebensjahr mit traurigem Ende.

24: Stern auf Apolloberg: Günstig ist das 28. Lebensjahr für Bekanntschaften mit Angehörigen der freien Berufe. Betreffender wird klug, aber herzleidend sein und im Aussehen Sonne-Merkurtyp mit etwas Saturn im Wesen haben.

25: Verästelungen an und in der Herzlinie: Traurige Herzensverbindungen.

26: Marslinie: Feindlich gesinnte Person; bei mehreren Linien: soviele Personen.

27: Stern im Marsberg: Körperverletzung. An einer Linie, die aus der Herzlinie kommt: Unfall durch große Tiere. Der gleiche Stern hängt an Operationslinie 51, 52. Dreieck: Strategie. (Aus den unter 27 bezeichneten Punkten läßt sich schon das Ereignis gut kombinieren und konstruieren, wenn man die umliegenden Zeichen mit dazu in Betracht zieht.)

28–41: Kopflinie mit zwei Enden 28; 28 als Gabel: Vielseitigkeit.

28 und der Beginn von 25 ergeben fast die Formation einer viereckigen Insel in der Kopflinie; sie ist noch nicht vollständig, doch kommt dies noch nach. In diesem Fall: Folgeerscheinung nach vererbter Disposition für Gehirnerweichung, starke Kopfschmerzen.

29: Insel in der Magenlinie. An dieser Stelle: Disposition zu Gallenleiden.

30 (und auch neben 29): Dreiecke in der Magenlinie. Magnetismus.

30: Im unteren Winkel dieses Dreiecks kreuzen sich Saturn- und Magenlinie.

31: Neptun- oder Giftlinie: Medizinalgifte im Körper. Die Insel in dieser Linie zeigt Enttäuschungen in Liebesverbindungen. Siehe 21, 22, 23.

32, 65, 40 bis neben 10: Saturnlinie, gut, lang und stabil. Diese Linie gibt einen guten, geraden Lebensweg. Weil sie unten aus dem Mondberg kommt und nicht beschädigt ist, wird der Betreffende auch Glück in Übersee haben, außerdem auf Reisen, mit Reisenden, mit dem anderen Geschlecht und solchen Bekanntschaften, die mit Dingen, mit »Mode und Konjunktur«, in Verbindung stehen. Es besagt wechselvolles, aber doch schönes Leben. Diese

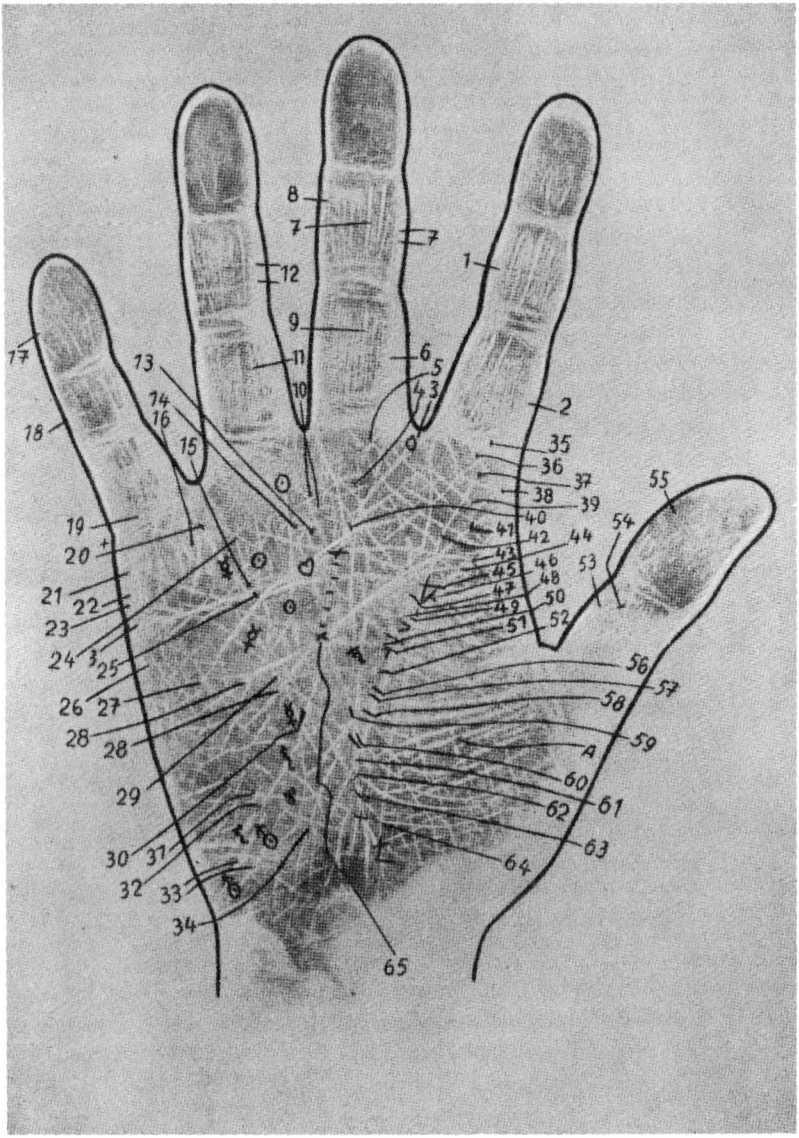

Bild 59) Abdruck einer linken Hand mit vielen Linien.

lange, gute Linie vom unteren Mond- bis zum Saturnberg gibt auch eine vererbte Anlage zu Wahrträumen.

33: Uranus- oder Intuitionslinien geben Einfühlung und guten Instinkt, Vorausfühlen.

34: ist eine Linie, die ihren Anfang in der Lebenslinie (60) hat und sich von dort im Bogen nach der Handwurzel zieht: Neigung oder Versuch zu Selbstmord, starke Depressionen. Durch Messen der Lebenslinie läßt sich die Zeit feststellen.

35: Linien im Jupiterbeugegelenk aufwärts: Leberstörung, Gallestauung.

36: Schräge Linie, die dieses Gelenk schneidet, bei Frauen: Fehlgeburt.

37: Dreieck auf dem Jupiterberg: Sinn für Politik.

38, 39: Zwei schräg über den Berg laufende Linien: Blasenschwäche.

40: Kleine Insel in der Saturnlinie, nahe Herzlinie, in Verbindung mit dem Dreieck (oder Insel) in der Lebenslinie unten (63): Vorfahr hatte Magenkrebs. Mütterliche Generation.

41, 42: Linien aufsteigend aus Anfang der Lebenslinie: Strebsamkeit.

43 ist eine Strahllinie eines Sterns im Anfang der Kopflinie: Augenverletzung.

43, 44 zusammen ergeben eine kleine Insel, die mit diesem Stern zusammenhängt und deshalb Operation bedeutet.

43, 44 als zwei Linien weiterlaufend enden sie gegen den Merkurberg mit einer kleinen Biegung in der Herzlinie: Todesfälle oder Depressionen in Verbindung mit materiellen Verlusten (negativen Merkureinflüssen).

45: In diesem (20.) Lebensjahr tiefe Trauer. Linie endet in Herzlinie.

45: Ist auch die waagrechte Abschlußlinie an einem kleinen Dreieck an der Lebenslinie, das durch die aufsteigende Linie (46) gebildet wird: Im selben Jahr Liebesverbindung oder günstige Gelegenheit für Ehe.

46: Ein aufsteigender Ast aus der Lebenslinie: Günstige Zeit für Unternehmungen im Beruf oder Geschäft. Da diese Linie bis hoch in den Jupiter geht: eine Gelegenheit, die sich zum besten nutzen läßt. Auszumessen an der Lebenslinie (22./23. Lebensjahr).

47, 48, 49, 50: Jede Linie bedeutet Depression, Gram, Trauer.

50: Ein Ereignis, den Verstand oder Kopf betreffend: Ärger, Streit.

51: endet am Mondberg: Günstige Zeiten für große Wasserreisen. Die bei 41 in der Lebenslinie anliegende Insel deutet auf Leiboperation.

52: (und 51): Zwei sehr feine Linien, die in eine stärkere münden, die in der Richtung des Marsbergs läuft: Verletzungen durch Metall, eventuell Operation.

53: Linie um das zweite Daumenglied laufend: Hemmungen in der Erkenntnis. (Läuft diese Linie rund um das Glied: Tod durch Erhängen; dies braucht nicht Selbstmord zu sein, sondern kann auch durch Unfall geschehen).

54: Zwei Dreiecke, deren gemeinsame Basis die Linie 53 konstruiert: Hinweis, daß diese Person nach Erkenntnis durch Sinnen und Tat streben soll.

55: Querlinien im ersten Daumenglied (wenn sie auch im ersten Glied des Saturnfingers vorhanden sind): Melancholie, Lebensüberdruß.

56: Diese Linie bildet mit der aus 51 kommenden hier einen Stern in der zweiten Saturnlinie: Finanzielle Verluste der Eltern.

57: bildet mit 51 und 59 einen Stern neben der Saturnlinie im Marsfeld: Zeigt Streitigkeiten mit Heftigkeit an.

57: endet in der Magenlinie und weist damit auf eine Störung in der Gesundheit.

58: Eine Linie, zum Mondberg zeigend: Günstige Zeit für weite Reise.

59: Aufsteigende Linie in Saturnlinie mündend: Günstige Zeit für Unternehmungen.

A: Dreieck auf Venusberg: Wachsamkeit und Umsicht im täglichen Leben, besonders bei Herzensangelegenheiten.

60: Saturnlinie. Daneben aufsteigende starke Linie, in die Magenlinie mündend: stabilisiert die Gesundheit; günstige Zeit im allgemeinen.

61: Absteigende Linie aus der Lebenslinie kommend: Abnehmen der Körperkräfte.

62: Beginn und Aufstieg der Apollolinie. An derselben Stelle scharfer Schnitt in der Lebenslinie: Kritische Zeit für Gesundheit und Leben.

63: Kritischer Zeitpunkt für Gesundheit und Leben.

64: Wie 63, mit Linie nach Marsberg: Plötzlicher und heftiger Tod.

65: siehe 32.

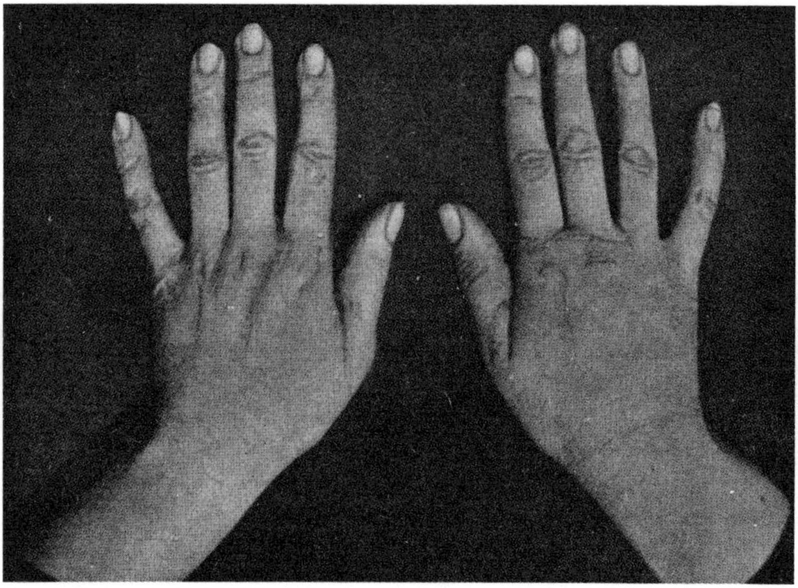

Bild 60) Konische Hände mit eckigem Einschlag (weiblich).

Konische, weibliche Hände mit einem Einschlag zum eckigen Typ. Die mehr zarten Formen zeigen, daß es sich hier um eine feinnervige, sensitive Person handelt, deren Vorfahren auf gute Auswahl eines mehr geistig entwickelten Ehepartners achteten. Daher das schmale Handgelenk. Minimale Anflüge zur Spatelform an einigen Fingerspitzen weisen auf Sinn für größere Pläne und auf Anlagen zu feinen Handarbeiten kunstgewerblicher Art hin. Die fehlenden Nagelmonde zeigen Herzneurose; die auffallend kleine Form des Fingernagels am linken Merkurfinger deutet an, daß organisches Herzleiden in der mütterlichen Generation vorhanden war.

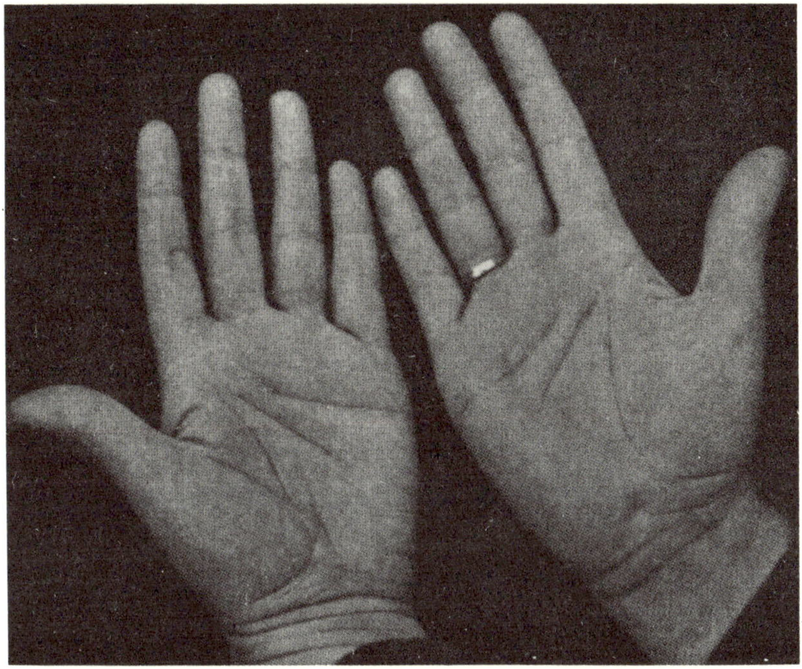

Bild 61) Konische Hände mit eckigem Einschlag (weiblich).

Der auswärts gebogene Daumen deutet auf den Grad der Anpassungsfähigkeit. Die mehr fleischige Hand weist auf eine freudige Genußfähigkeit dieser weiblichen Person (gute Entwicklung aller Berge). In der linken Hand zeigt die Kopflinienrichtung noch Neigung zu idealistischem, phantasievollem und romantischem Gedankenleben. In der rechten Hand (nach dem 28. Lebensjahr) erfolgt jedoch eine Umstellung zum intellektuellen, verstandesmäßig-materiellen Denken. Diese Hand ist – im Gegensatz zu der von Bild 60 – physisch und psychisch kraftvoller, die Konstitution des Körpers stabiler (stärkere Handgelenke), doch weisen die ersten Fingerglieder in ihrer beachtlichen Länge auf gute geistige Veranlagung hin.

Ist die Hand auf Bild 60 mehr das Merkmal eines feinnervigen Empfindungsmenschen, der feinste Ströme aufzunehmen imstande ist, aber weniger kraftvollen Magnetismus ausstrahlt, so ist diese Hand mehr die eines gesunden und kultivierten Triebmenschen mit starker magnetischer Anziehung und kraftvoller Erotik.

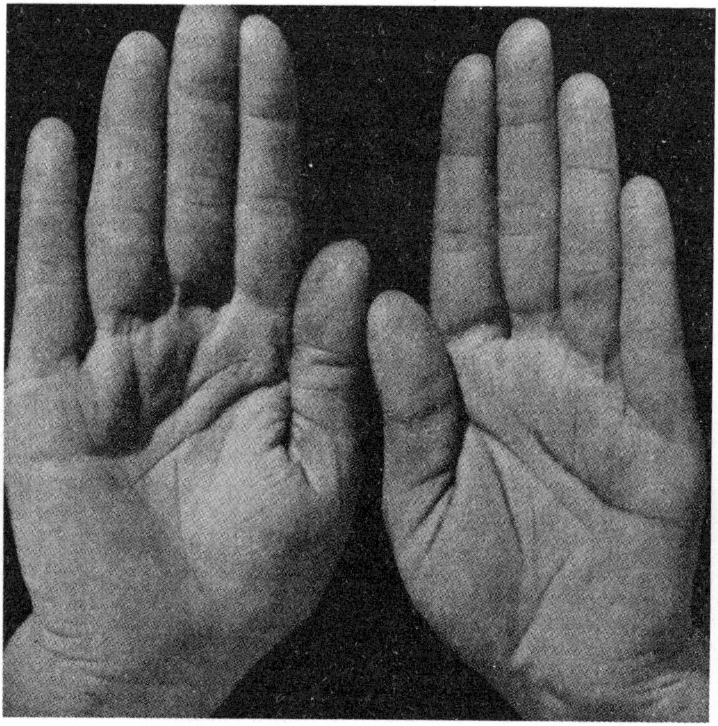

Bild 62) Gemischte Hände (weiblich); Grundtyp konisch-materiell.

Man beachte genau – da sehr wichtig – die vom Handgelenk abgebogenen Hände. Diese Verschiebung in der Länge des Zeigefingers im Verhältnis zu den anderen Fingern muß schon eine falsche Begutachtung ergeben. Das wird an dem Bild der rechten Hand deutlich. Hier erscheint durch die schiefe Haltung des Arms naturgemäß der Zeigefinger länger als der Ringfinger. Läge der Arm in gleicher Richtung, das heißt, in einer geraden Linie, die von der Mittelfingerspitze bis zum Ellenbogen verläuft, dann wären die beiden genannten Finger gleich lang. Die linke Hand auf diesem Bild zeigt die Situation nicht so auffällig.

Auch an dieser Hand sind die ersten Fingerglieder (mit den unteren) in gleicher Länge, so daß eine geistige Begabung vorhanden ist. Da aber die Kopflinien, wie klar ersichtlich, parallel mit der Herzlinie zum Marsberg verlaufen, ist diese Begabung mehr verstandesmäßig. Hierdurch ergibt sich ein Mangel an Gestaltungskraft, da die guten Kopflinien nicht mit dem Mondberg verbunden sind. Die vollen Berge zeigen bei diesen eckigen Händen den Genießer an, der nur mit dem Verstand, nicht aber mit der Seele genießt und egoistisch ist.

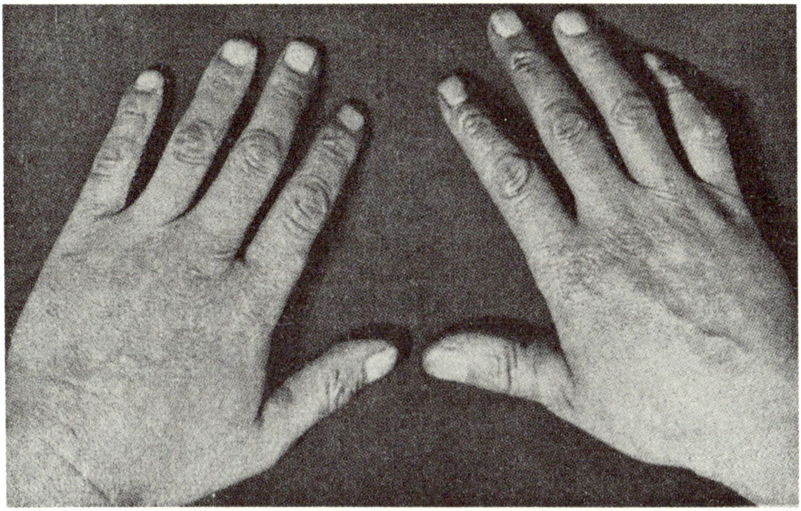

Bild 63) Gemischte Hände (männlich); Grundtyp konisch-materiell.

Diese Hände zeigen den konischen Handtyp eines Mannes. Ein leicht eckiger Einschlag macht sich an den Fingern bemerkbar und weist auf eine Mischung von gemüthafter Einstellung zur Umwelt mit dem Versuch, alles verstandesmäßig zu verwerten. Infolgedessen ist er nicht kleinlich und konservativ, sondern hat immerhin noch eine angenehme Mischung von beiden. Der Zeigefinger der linken Hand ist etwas kürzer, doch nur um einige Millimeter, während der Ringfinger reichlich lang ist und den Idealist aus Berechnung anzeigt. Gleichzeitig zeigt der verkürzte Zeigefinger auch Mangel an Persönlichkeit an.

Sind in der Hand auf Bild 62 die Daumen biegsam und deuten Anpassungsvermögen sowie etwas Nachgiebigkeit an, so sind die Daumen dieser Hand steif, ohne Biegsamkeit; daher erscheint der Handeigner ohne Anpassungswilligkeit.

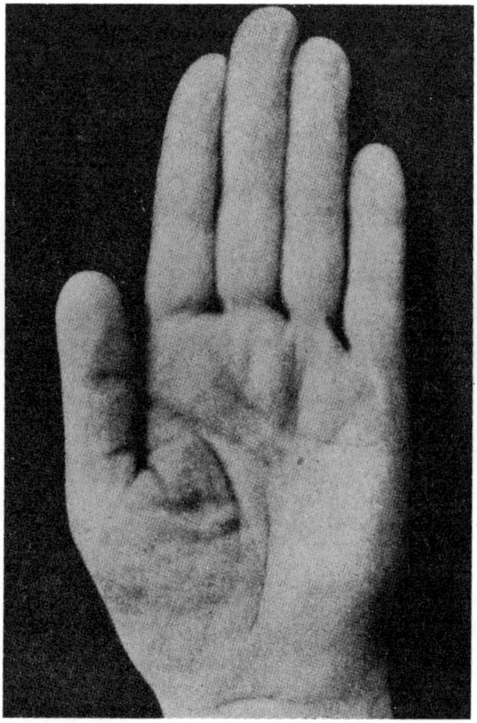

Bild 64) Die Hände der Malerin Käthe Kollwitz.

Fingerknoten an eckiger Hand. Zuverlässigkeit, Vorliebe und Verlangen nach Gerechtigkeit. Alles Für und Wider wird mit großer Bedachtsamkeit erwogen. Der Ausdruck dieser Hände ist der einer sehr gütigen und klugen Frau mit viel Mütterlichkeit, in der sich Gehirn- und Herzdenken harmonisiert haben.

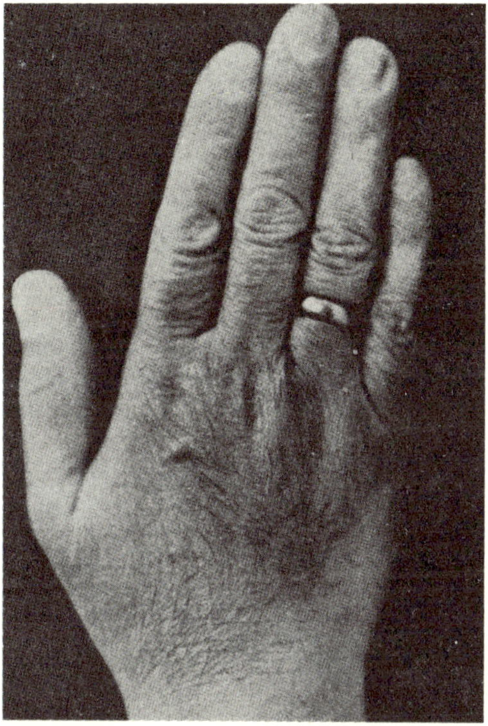

Käthe Kollwitz

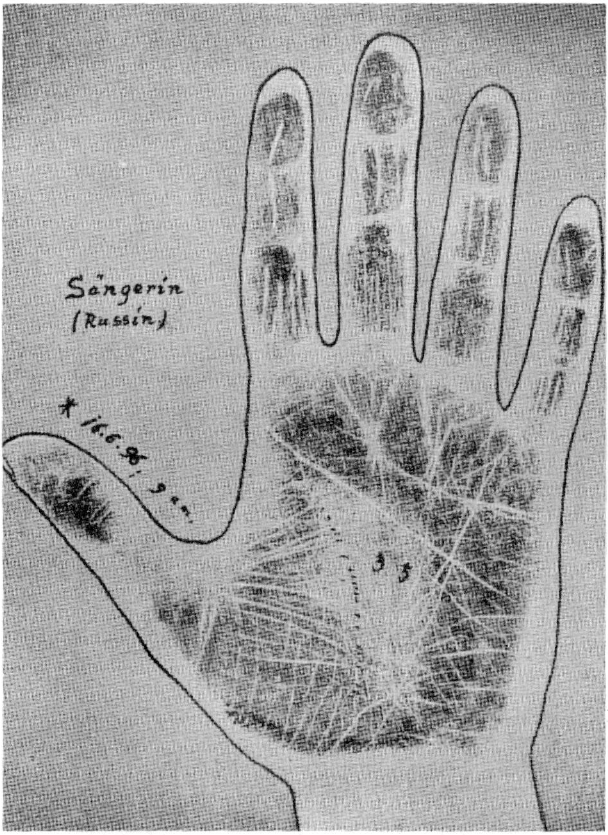

Bild 65) Damenhand (rechte Hand) mit teilweise sehr guten Linien; Sängerin, geboren am 16. Juni 1896, 9 Uhr, in Rußland.

Diese linienreiche Hand weist auf starke Erlebenstiefe. Die gerade verlaufende Kopflinie, genau auf der Grenze des Marsberg/Mondberg endend, weist auf sachliches Denken und wenig Gestaltungskraft und Einfühlung. Daher ist hier auch der innere Zwiespalt zwischen Kopf- und Herzdenken und somit keine ganze Harmonie im Wesen gekennzeichnet. Die durch Querlinien gestörte Apollolinie zeigt, daß die berufliche Laufbahn als Künstlerin durch Intrigen (Linien vom Merkurberg), aber auch durch Zersplitterung des seelischen Erlebens (Aufsplitterung der Linie selbst) sowie durch Lampenfieber (Insel in der Apollolinie oberhalb der Herzlinie) zu leiden hat. Der Ansatz des Venusgürtels endet in der Apollolinie: Leichtsinn (Unbedachtsamkeit) in Liebesangelegenheiten.

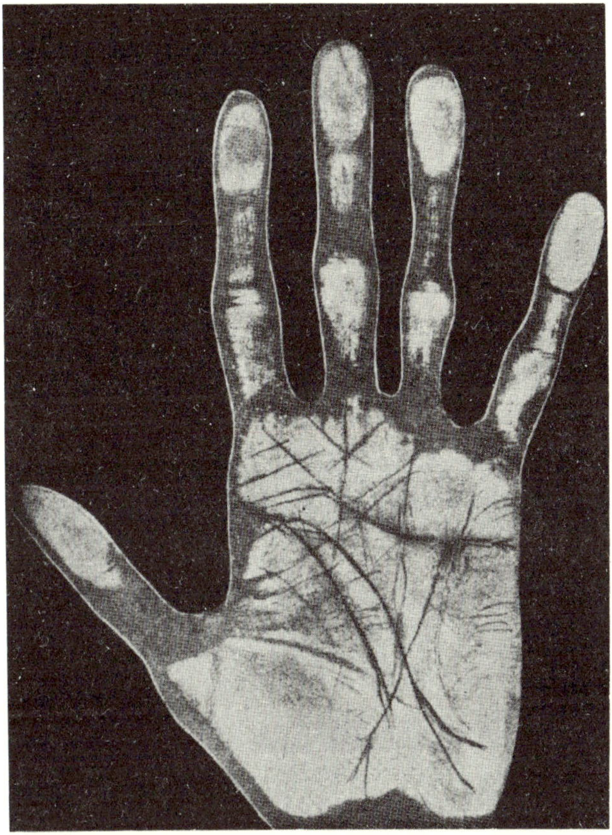

Bild 66) Rechte Hand eines Selbstmörders mit typischer Kopflinienformation. (Handabdruck mit Stempelfarbe gefertigt.)

Hier ist die plötzlich und ganz tief abfallende Kopflinie mit hakenförmiger Endung in den Mondberg auffällig. Diese Kopflinienformation weist auf starke Tendenz zu Selbstmord durch Wahnanfälligkeit des Betreffenden selbst, sowie auch darauf, daß Ähnliches bei den Vorfahren dieses Mannes geschehen ist. Die sehr schmale und in ihrer Konstitution sehr schwache Handstruktur weist auf eine sehr schwache und dekadente Körperlichkeit durch Überzüchtung. Der Stern auf dem Saturnberg disponiert zu körperlicher Katastrophe – wahrscheinlich durch eine Frau. Die Intuitions-(Uranus-)linie ist gut in ihrer Formation, jedoch stark zersplittert und weist auf krankhafte Medialität sowie negative astrale Einflüsse.

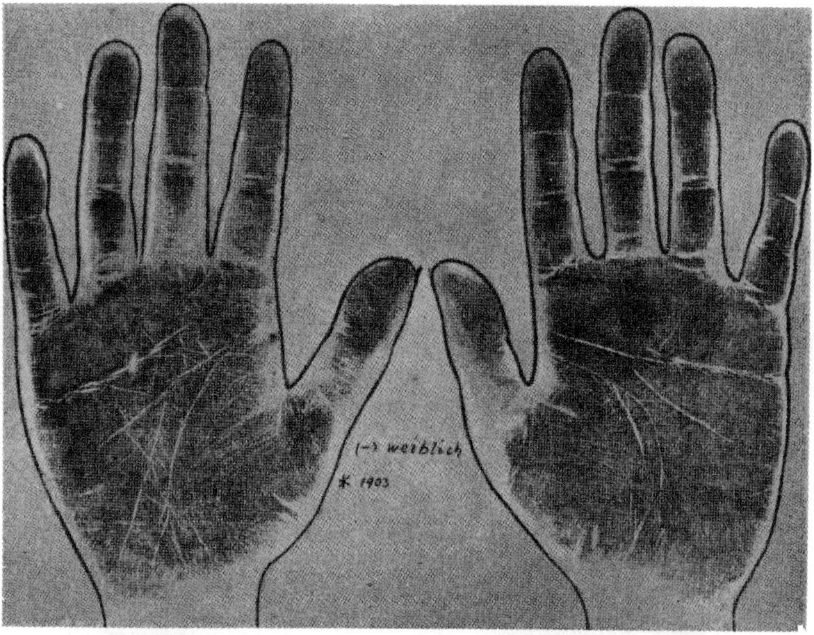

Bild 67) Mädchenhände mit meist schlechten Linienkonstitutionen.

Konische, materielle Mädchenhände. Der linke Daumen zeigt in der Form des ersten Gliedes Neigung zu Jähzorn bis zum 30. Lebensjahr. In der rechten Hand fällt die lange gerade Herzlinie auf. Da diese aber nicht mit der Kopf- und Lebenslinie verbunden ist, zeigt sich keine Disposition zu gewaltsamem Tod, doch waren bei den Vorfahren väterlicherseits (rechte Hand) Lähmungserscheinungen vorhanden, die hier als Nachwirkungen zeitweise Platzangst hervorrufen können. Im übrigen zeigt die Länge der Herzlinie Nymphomanie – als Veranlagung, die bei der vorhandenen Verliebtheit (siehe Herzlinie) und der genießerischen Sinnenfreudigkeit (mollige Hand) leicht zur Entfaltung kommt.

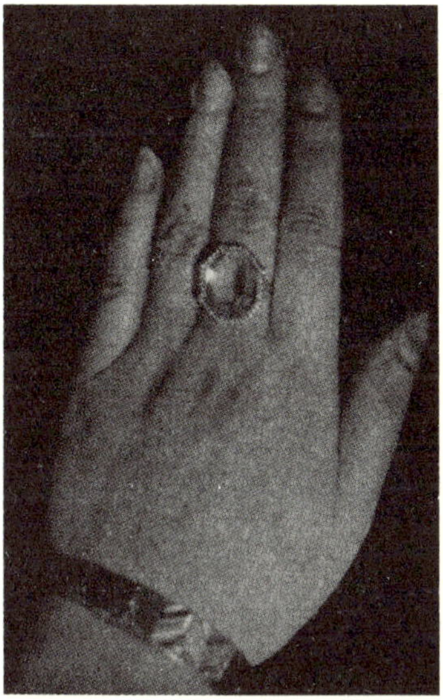

Bild 68) Sensibel-konische, materielle Hand. Langer, starker Daumen bedeutet Selbstbewußtsein.

Diese auch in ihrer Fülle schöne Frauenhand hat konische Form. Die sonst bei konischen Händen vorhandenen Stimmungsschwankungen und oft auch Haltlosigkeit charakterlicher Art fallen hier ganz fort durch den geraden, festen Daumen (Selbstbewußtsein und Eigenwilligkeit) sowie durch den leicht eckigen Anklang der Fingerform bei Saturn- und Apollofinger. Dennoch zeigt diese Hand ein hohes Maß von Gemüt, Hingabefähigkeit, Fraulichkeit und Zärtlichkeitsbedürfnis (Fülle, Weichheit, Grübchen).

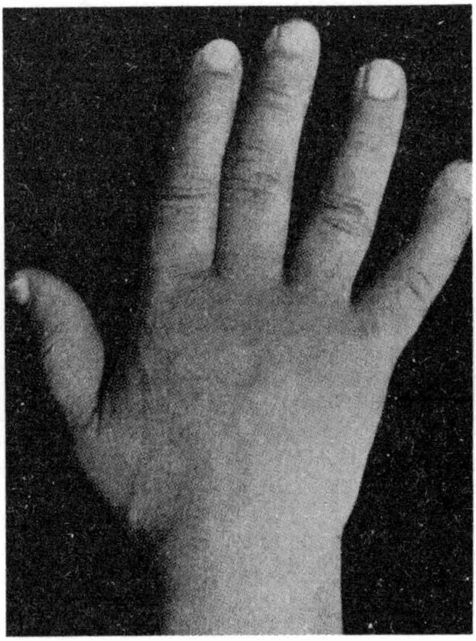

Bild 69) Praktisch-materielle, eckige, rechte Hand (weiblich); gute Handwerkerhand einer Jugendlichen. Auswärtsgebogene Daumenspitze: etwas Anpassung, aber zähes Wollen; Daumen kurz und dick: schnell erregbar, egoistisch, sinnlich.

Es handelt sich um die ziemlich primitive, aber praktische Hand eines 15jährigen Mädchens. Die Fingerformen sind eckig; das Gedankenleben ist daher nur materiell-verstandesmäßig ohne tiefere Gemütswerte. Der Daumen ist kräftig und etwas biegsam, wenn auch nicht ganz in normaler Länge. Obgleich eigenwillig und stur, kann sich die Handeignerin anpassen. Sie ist beeinflußbar und nachgiebig, wenn der angeborene Egoismus dieses Typs seine Vorteile erkennt. Die ersten Fingerglieder sind kurz, daher keine besondere geistige Begabung.

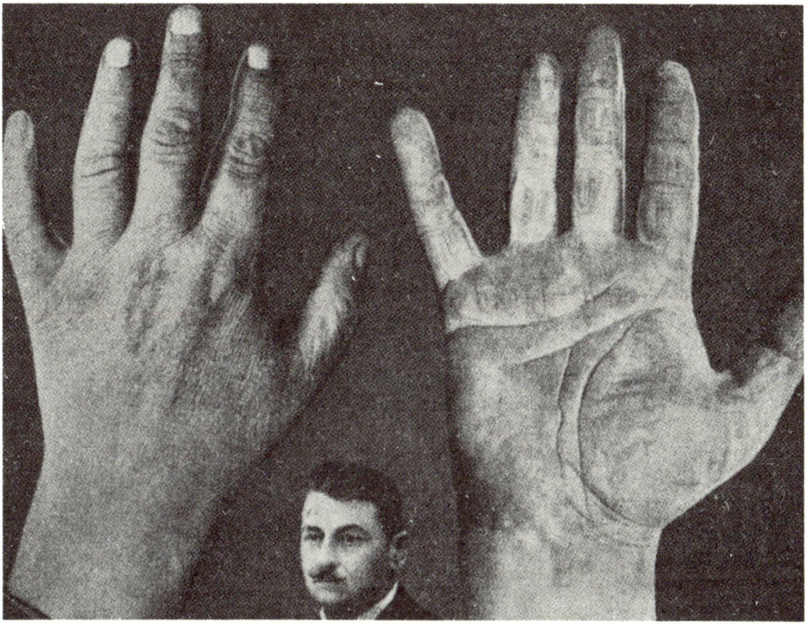

Bild 70) Elementar-konischer Handtyp.

Dieses Bild zeigt eine elementar-konische Mischung. Großer, breiter Handrumpf, kurze, konische Finger, feste Hand; instinktiv und praktisch. Da die Hand groß und plump ist: starkes Verlangen nach materiellem Besitz. Die sehr kompakte Basis der Hand (Venus- und Mondberg mit kräftigen Handgelenken) zeigt in der Konstitution große Widerstandsfähigkeit, die jedoch leicht zur Verschlackung neigt. Die Kopflinie verläuft in rein intellektueller Richtung (wie auch die Kopfform zeigt), daher vollkommene Unterdrückung des seelischen Erlebens, wie es die linienarme Innenhand beweist. Die Daumen sind stark und starr. Eigenwilligkeit und Herrschsucht, keine Anpassung, starrköpfig.

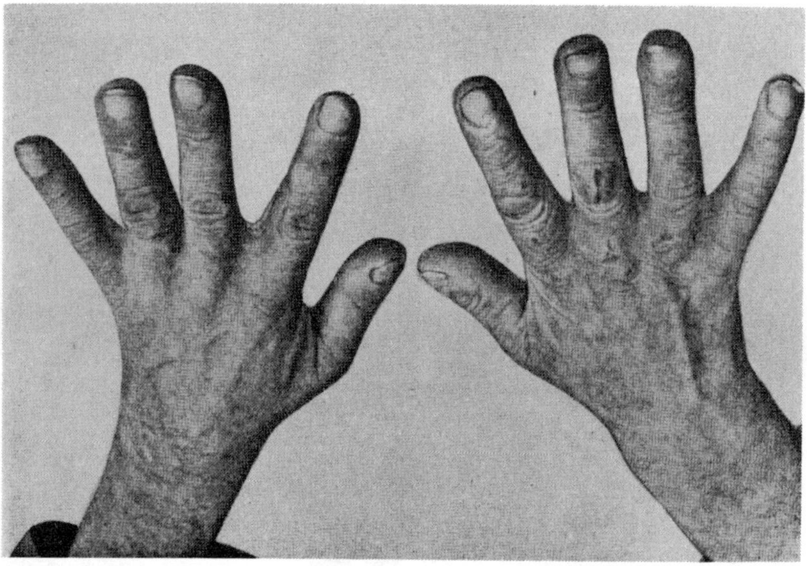

Bild 71) Elementar-eckiger Handtyp; Keulendaumen (»Mörderdaumen«); brutal, leicht erregbar bis tobsüchtig. (Die Aufnahme ist technisch leider nicht gut, aber lehrreich).

Elementar-eckiger Handtyp mit der Daumenform, die Jähzorn (bis zur Tobsucht) anzeigt. Verstärkt wird diese Reizbarkeit zum Jähzorn noch durch die starke Behaarung der Hände und Arme sowie durch die kurzen Fingernägel (organische Herzstörungen, daher leichte Erregbarkeit). Es sind die Hände eines bekannten Lustmörders von 1924. Die eckige Handform weist auf Genauigkeit, alles andere auf Rohheit und Brutalität. In jungen Jahren Fleischer, später Anatomiediener, zuletzt Mörder von nachgewiesenermaßen sechzehn Frauen, die er sehr »sachgemäß« zerteilte und als Fleisch und Würstchen ausbot. In seiner Behausung hielt er peinliche Ordnung.

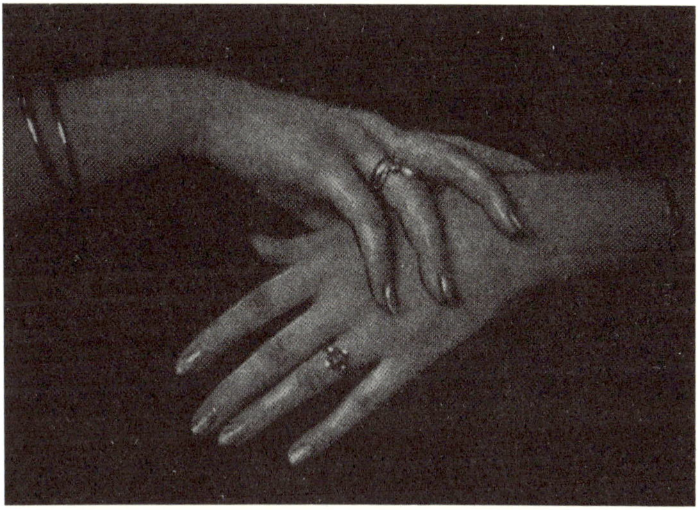

Bild 72) Idealer Frauenhandtyp mit leicht knotiger Beimischung.

Idealer Handtyp. Es sind die schönsten Hände in Form und Ausdruck. Die Handeignerin ist eine vornehme, feine und kultivierte Natur mit einer guten Einfühlung und Feinspürigkeit (wie die schlanken, langen Finger zeigen). Die leichte Aufwärtsneigung der Fingerspitzen bedeutet Wißbegierde und Großzügigkeit. Diese Naturen sind keine »guten Hausfrauen« in bezug auf Wirtschaftlichkeit, aber sie verstehen es, das Heim wohnlich, anheimelnd und künstlerisch zu gestalten und dem Ehepartner mit ihrem besonders feinen Instinkt beste Hinweise zu geben. Die Form der Nägel weist auf Nierenstörungen hin.

Fingerknoten an idealer Hand: Momentan exzentrisch und skeptisch, kehren solche Menschen, richtig geleitet, durch Empfindung und Intuition sowie Inspiration stets zu tiefen Empfindungen zurück.

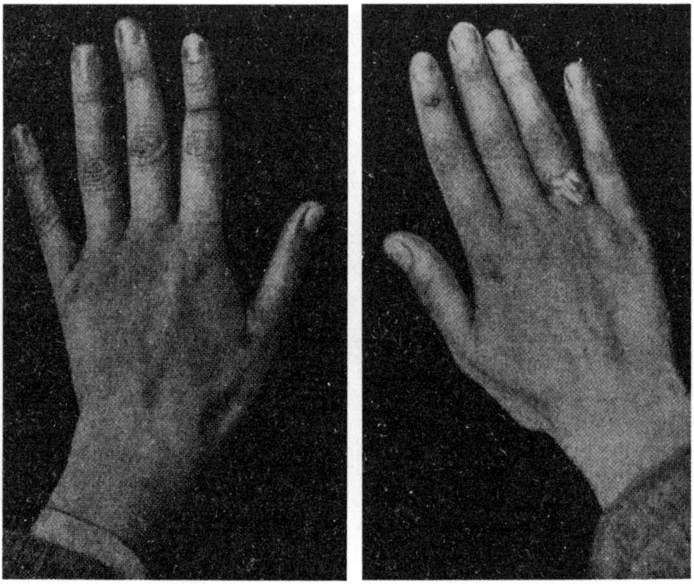

Bild 73) Eckig-konischer Handtyp, idealer Einschlag.

Dieses Bild zeigt eine Mischung eines schlanken, eckigen Handtyps mit einem Einschlag zum idealen Typ. In genauer Einteilung: spirituell als Basis, intellektuell als zweite und materiell als dritte Unterteilung. Es ist eine harmonische und darum gute Hand, die als schön zu bezeichnen ist. Da der Daumen nur an der Spitze leicht gebogen ist und sonst gerade und fest, sind damit angezeigt: fester Charakter und geistige Anpassung. Die etwas angedeuteten Mittelknoten der Finger zeigen einen Ordnungssinn an, der nicht überaus kleinlich ist im Selbstordnen, wohl aber solches von anderen verlangt.

Handtypen der Dreiteilung (siehe Seite 100).

Die Bilder 74, 75 und 76 zeigen drei Männerhände in der Unterschiedlichkeit von spirituell, intellektuell und materiell – oder: erkennen, begründen, ausführen – oder: erfinden, berechnen, herstellen usw.

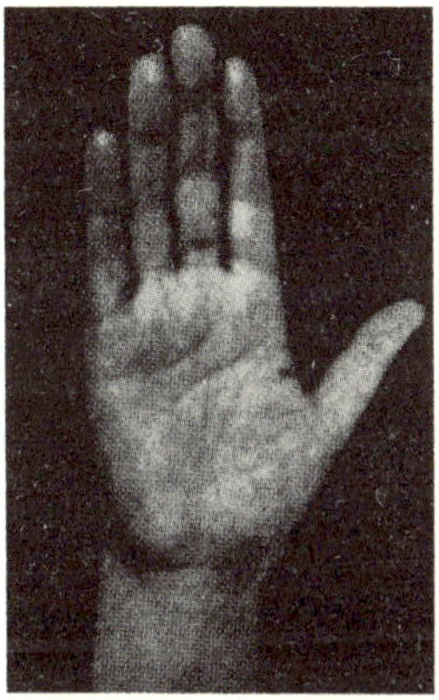

Bild 74) Spirituelle Hand

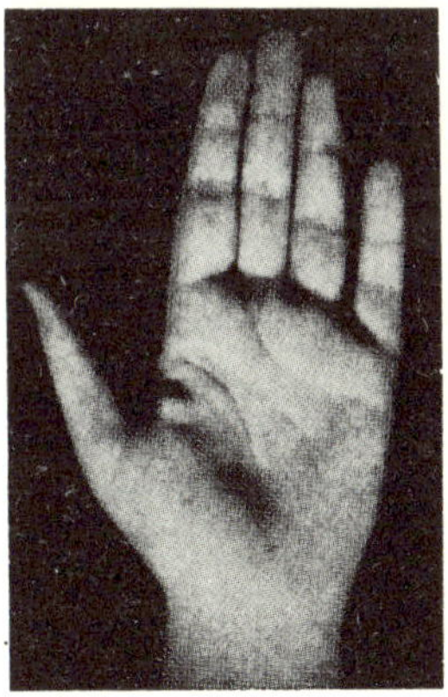

Bild 75) Intellektuelle Hand

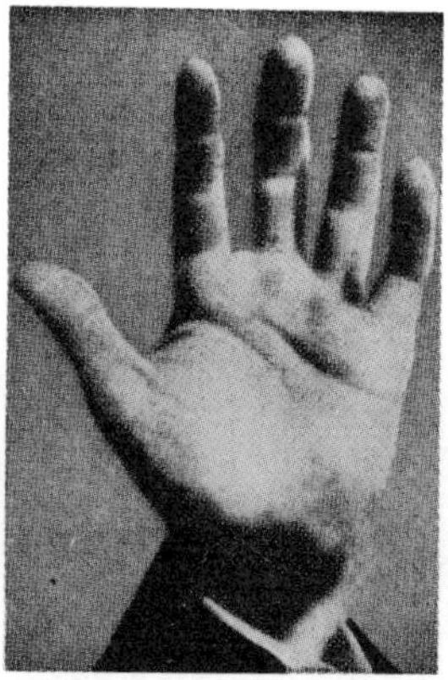

Bild 76) Materielle Hand

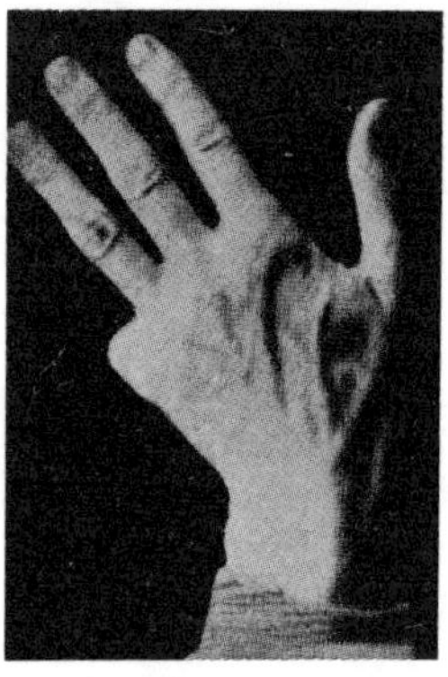

Bild 77) Eckige Hand mit Knoten.
Erstes Daumenglied lang, zweites kurz: rechthaberisch, unvernünftig, will um jeden Preis Erfolg haben
(siehe Seite 141).

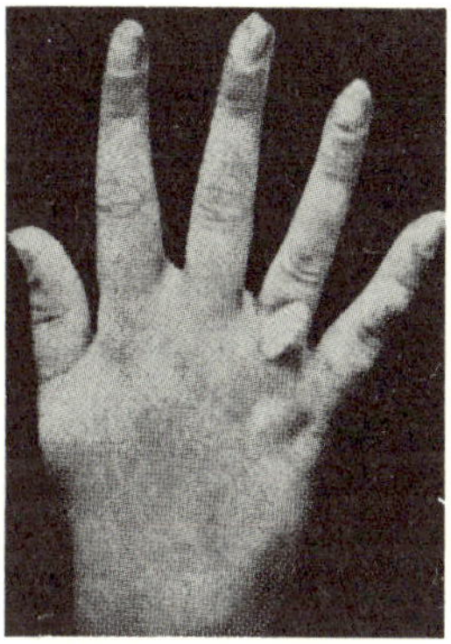

Bild 78) Konische, weiche Genießerhand (weiblich), weich und innig, ganz Weib.
Weiche Finger: impulsiv, empfindlich, sinnliche Natur, wechselnde Stimmungen (siehe Seite 107).

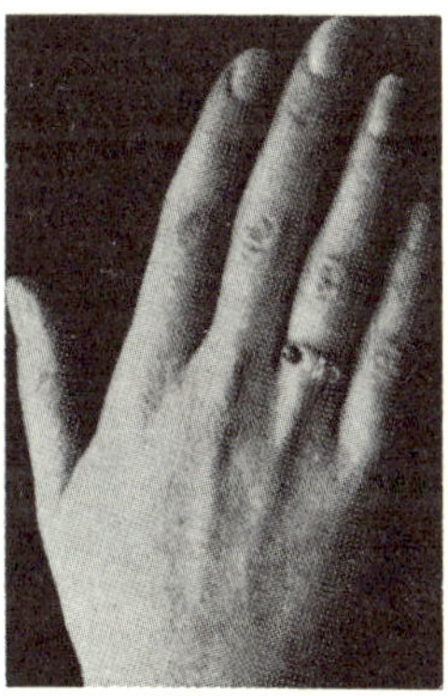

Bild 79) Konische Spatelhand (weiblich). Guter, schlanker, konisch-eckiger Typ einer Sängerin (siehe Seite 107).

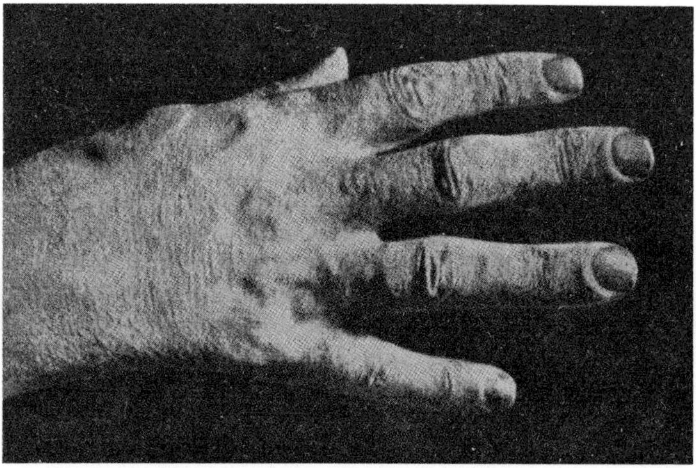

Bild 80) Die Pianistenhand von Franz Liszt; eckig-spatelförmig, daher Virtuosität.

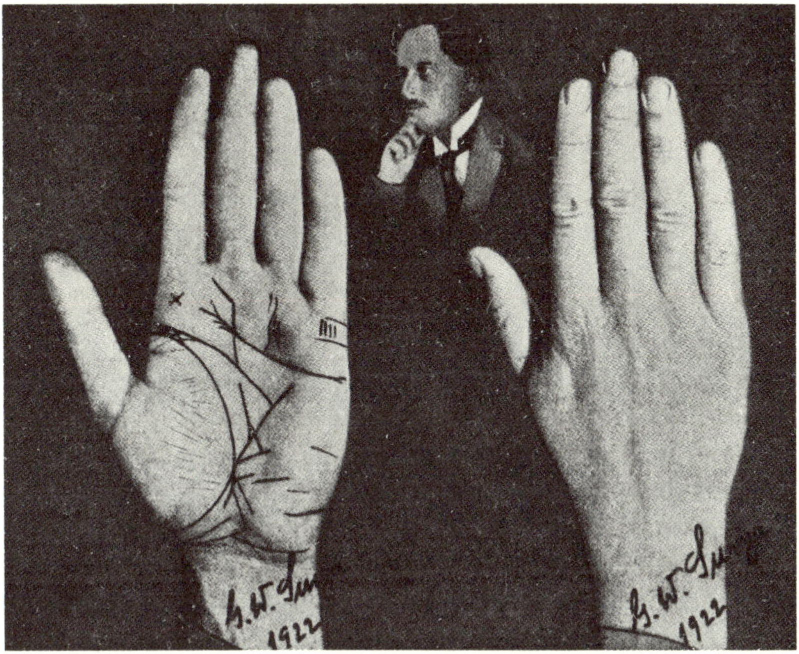

Bild 81) Die Hände des weltbekannten Schriftstellers wissenschaftlich-okkulter Literatur und Kenners der okkulten Medizin G. W. Surya.

Die Handform ist gemischt konisch-eckig: intuitives Erkennen, vernunftmäßiges Erfassen und sachliche Bearbeitung der Probleme und Erkenntnisse. (Surya ist der Verfasser des zwölfbändigen Werkes *Okkulte Medizin.*)

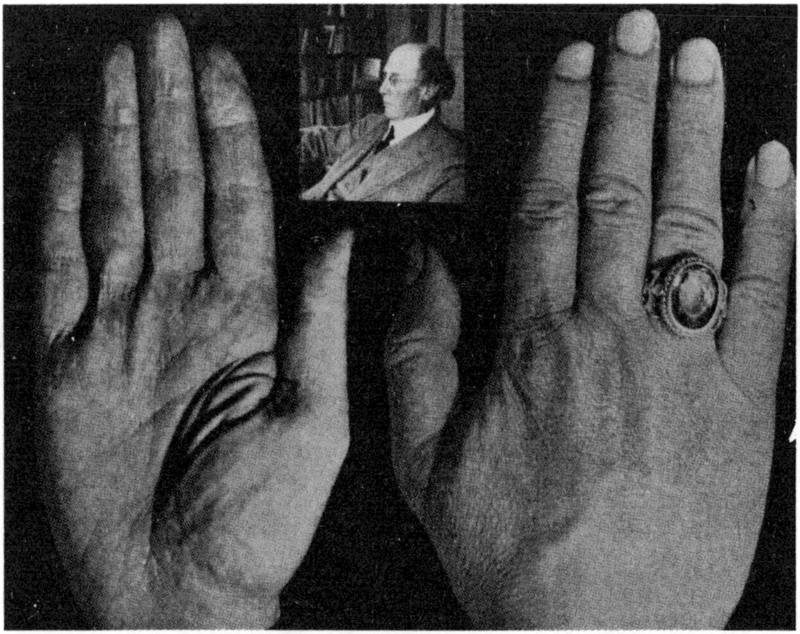

Bild 82) Die rechte Hand des bedeutenden Anthropologen, Altsprachen- und Religionsforschers und ehemaligen Zisterziensermönchs Lanz von Liebenfels (1874 bis 1954) im 63. Lebensjahr.

Der Handtyp ist eckig mit leicht konischem Einschlag, geistig und auch praktisch; gut geformter Daumen.

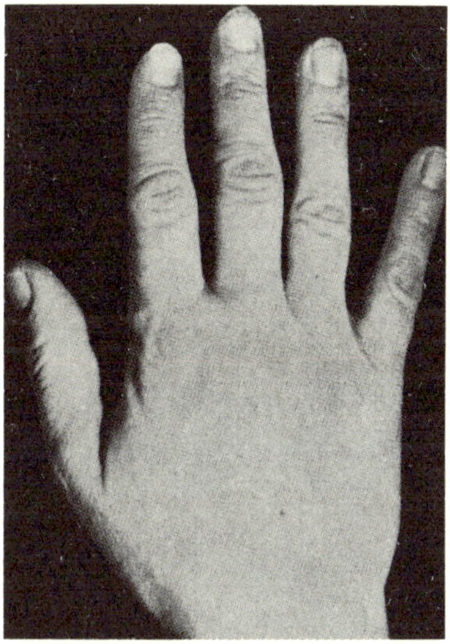

Bild 83) Die rechte Hand des bedeutenden schwedischen Kunst- und Porträtmalers Ivar Kamke.

Der Handtyp ist konisch-eckig mit leichter Knotenbildung in den mittleren Fingergliedern.

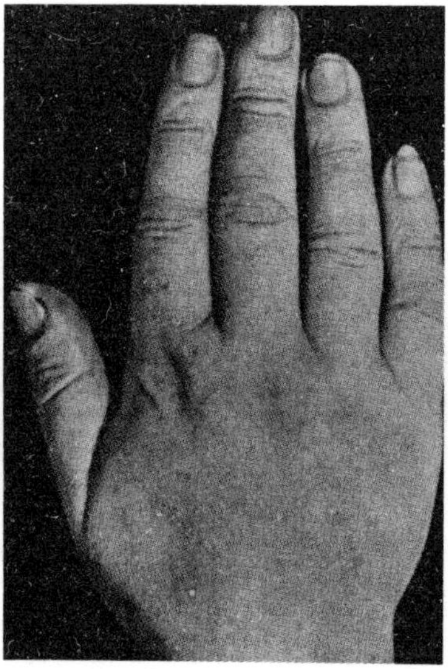

Bild 84) Die rechte Hand des Verfassers dieses Werkes, Ernst Issberner-Haldane, im 44. Lebensjahr.

Der Handtyp ist gemischt (siehe Seite 112): Zeigefinger und Kleiner Finger konisch, Mittelfinger eckig, Ringfinger spatelförmig. Eine feste, kräftige Hand mit feiner Haut und geradem, kräftigem Daumen ohne Biegung. Gemischt spirituell-materiell (geistig-seelisch und körperlich harmonisiert). Stark ausgebildetes erstes Daumengelenk: Intelligenz, starke Unabhängigkeitsliebe, große Zähigkeit in der Ausführung von Plänen.

Bild 85) Die Hände des deutschen Kunstmalers Professor Fahrenkroog, Barmen, 1927.

Der Handtyp ist schmal, eckig, mit leichter Bildung der Mittelknoten und kräftigem, etwas biegsamem Daumen.

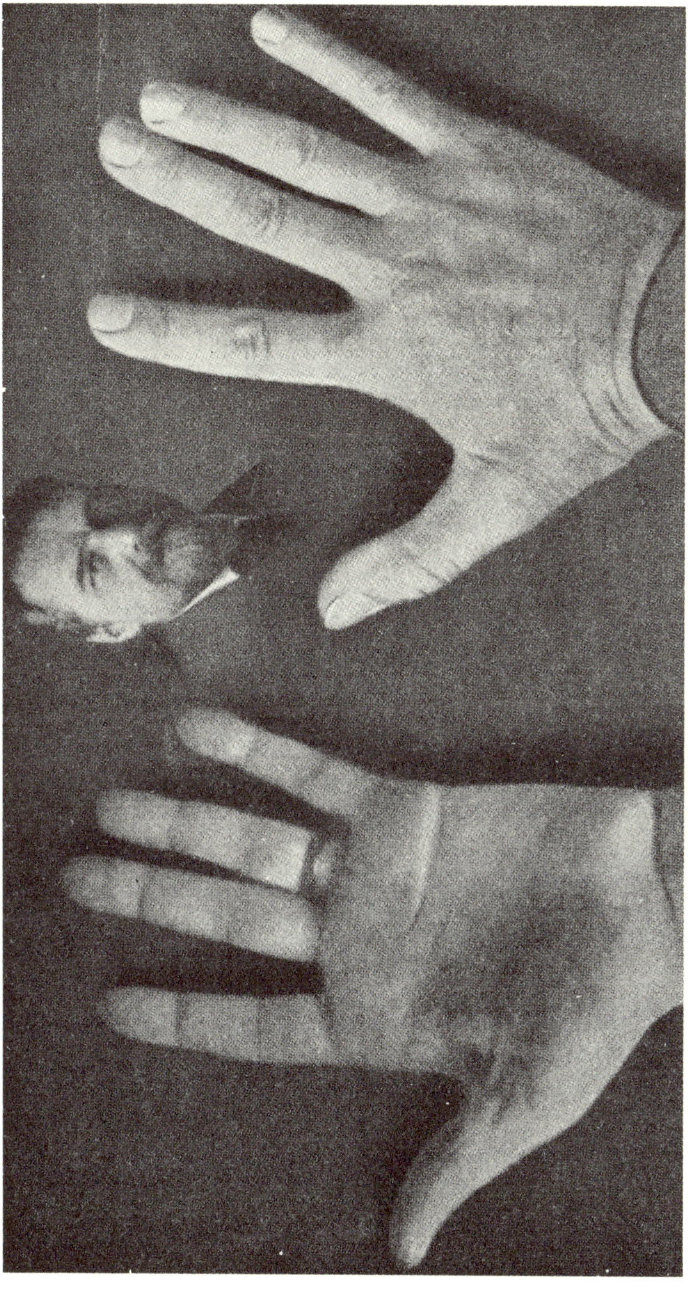

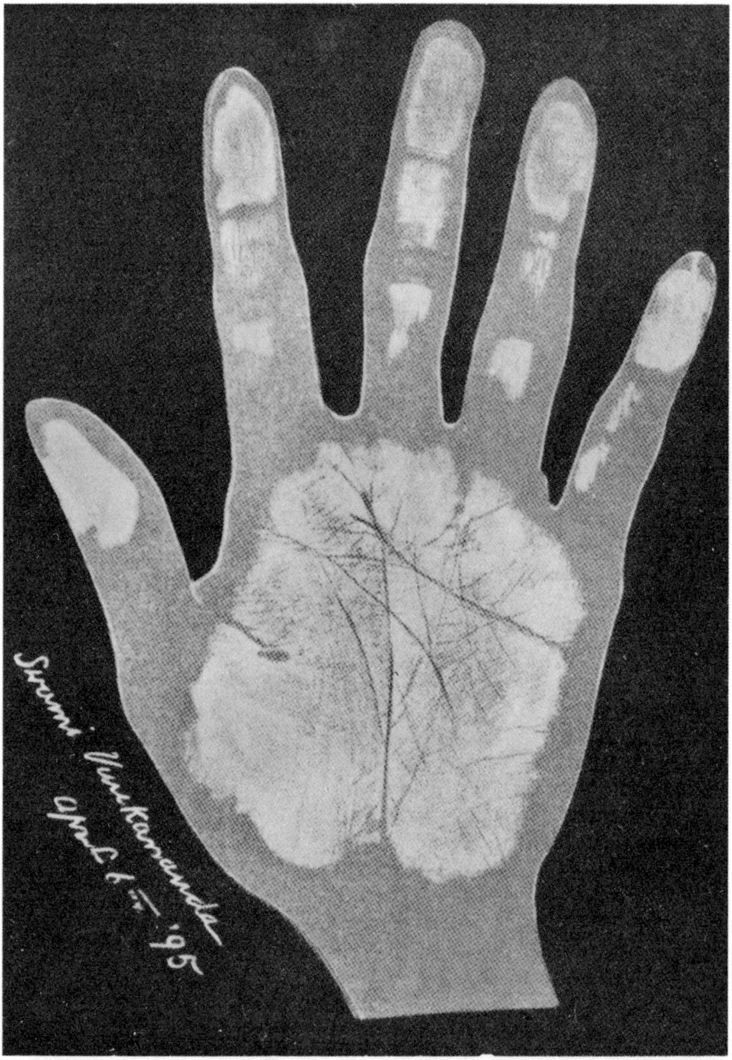

Bild 86) Die rechte Innenhand des bekannten indischen Philosophen, Yogalehrers und Schriftstellers Swami Vivekananda (1862 bis 1902) im 33. Lebensjahr.

Der Handtyp ist knotig-philosophisch (siehe Seite 106).

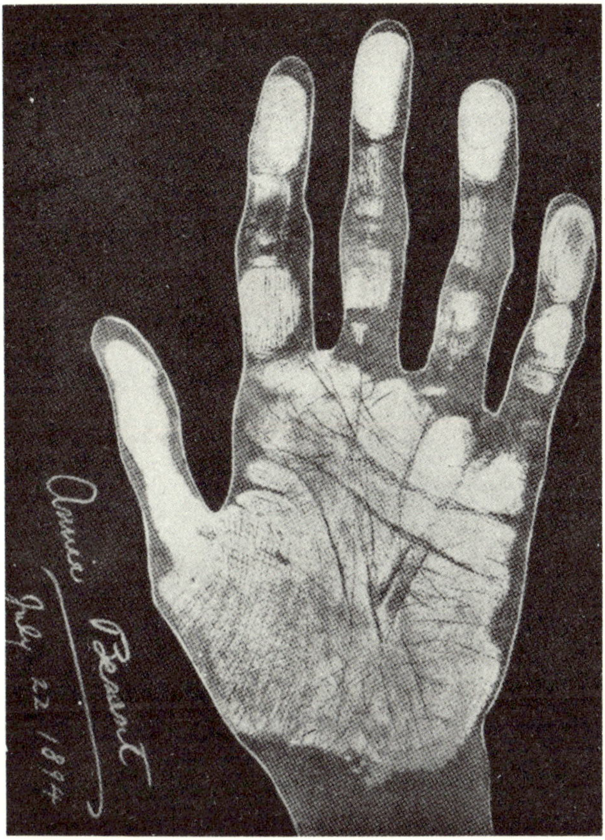

Bild 87) Die rechte Innenhand der ehemaligen Präsidentin der Theosophischen Gesellschaft Anni Besant (1847 bis 1933) im 47. Lebensjahr.

Der schmale Handtyp ist knotig-philosophisch (siehe Seite 106); übermäßiger Linienreichtum. Die zersplitterte, intellektuelle Kopflinie in Verbindung damit zeigt seelische Disharmonien in hohem Grad, noch verstärkt durch rissige Herzlinie.

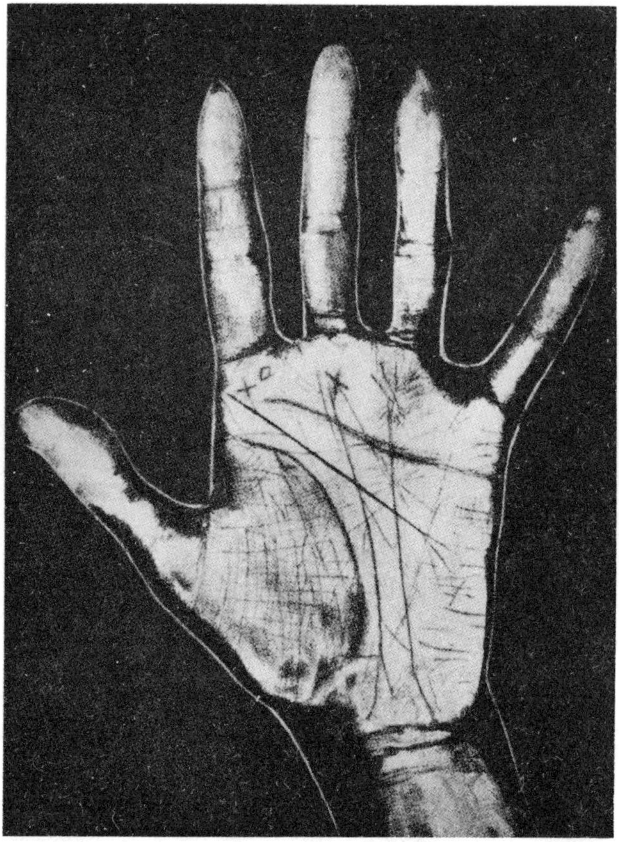

Bild 88) Die rechte Innenhand der Schauspielerin Sarah Bernhardt (= Henriette Rosine Bernard, 1844 bis 1923).

Der Handtyp ist schmal und konisch (siehe Seite 107) mit geradem, festem Daumen. Man beachte die lange Apollolinie mit der Sonne auf dem Apolloberg (Berühmtheit). Die Saturnlinie entspringt im Handgelenk: der Lebensweg wird aus eigener Kraft gestaltet. Einflußlinie vom Oberen Mondberg zum Saturnberg mit Kreuz für Katastrophe des Körpers (Unfall während einer Fahrt, dadurch Verlust eines Beines). Ein scharfer Querstrich schneidet die Lebenslinie im 80. Lebensjahr, dem Jahr ihres Todes.

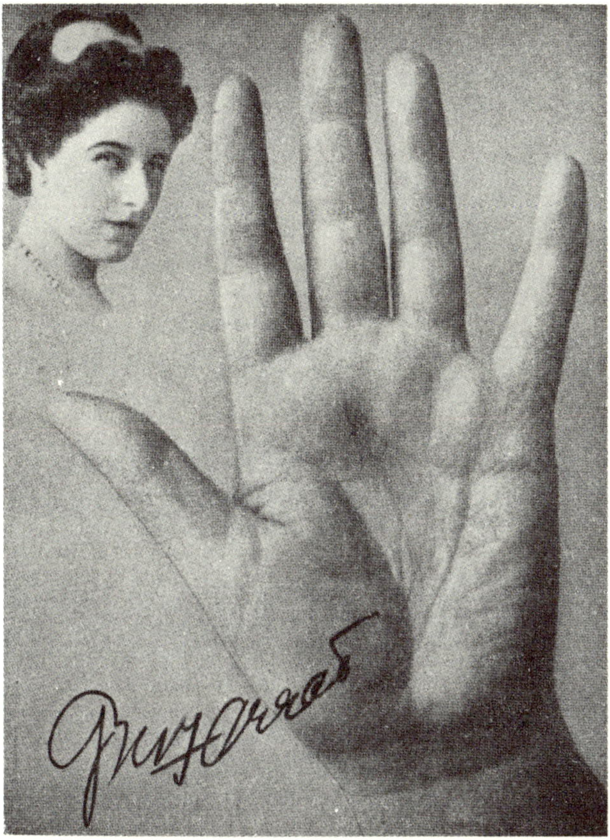

Bild 89) Die linke Innenhand der Opernsängerin und Filmdiva Geraldine Farrar, 1904.

Der Handtyp ist gut konisch (siehe Seite 107). Die Saturn-, Apollo- und Merkurlinien beginnen im Venusberg (Aufstieg durch das andere Geschlecht). Drei gute Raszetteringe weisen auf ein hohes Alter. Der spitze, aber gerade Daumen zeigt eine einfühlsame und eigenwillige Persönlichkeit mit guter Durchsetzungskraft.

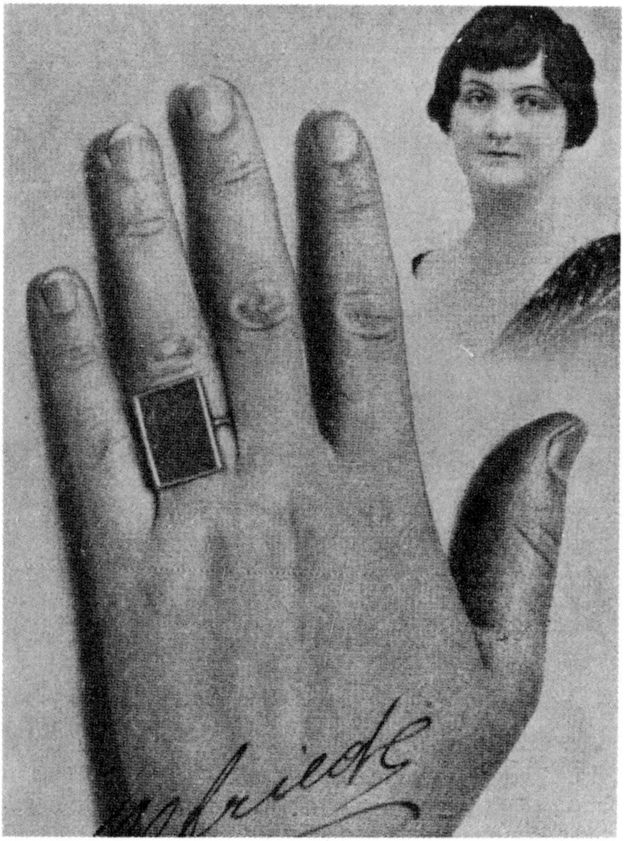

Bild 90) Die linke Hand einer begabten Sängerin, 1920.

Der Handtyp ist eckig-konisch. Die Finger, besonders deren erste Glieder, sind etwas kurz, was auf eine mehr verstandesmäßige und materielle Einstellung hindeutet. Grübchen weisen auf viel Zärtlichkeitsbedürfnis. Der steife, unbiegsame und etwas kurze Daumen zeigt Eigenwilligkeit, Mangel an Anpassung und Energie, wobei die Eigenwilligkeit die fehlende Energie ersetzt. Die zarte Haut deutet auf lange Jugendlichkeit und großes Feingefühl.

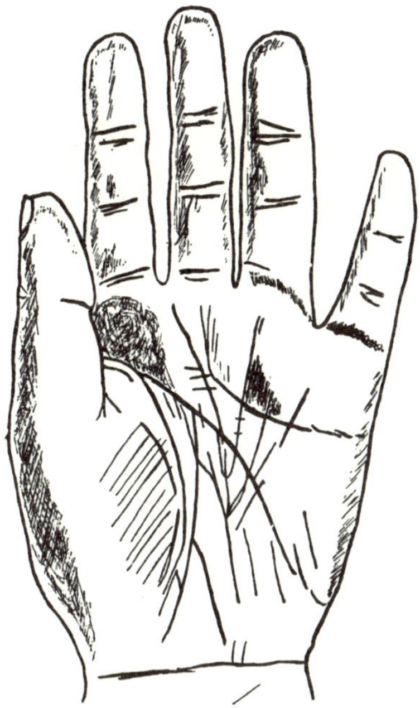

Bild 91) Handbild des schwedischen Dichters August Strindberg (1849 bis 1912).

Man beachte die typische Kopflinie für Depressionen und Schwermuttendenz. Der Daumen ist sehr lang und kräftig: Hinweis auf Energie und Zähigkeit, Eigenwilligkeit und wenig Anpassung (entsprechend seinem geistigen Niveau). Der starke Jupiterberg weist auf Ehrgeiz.

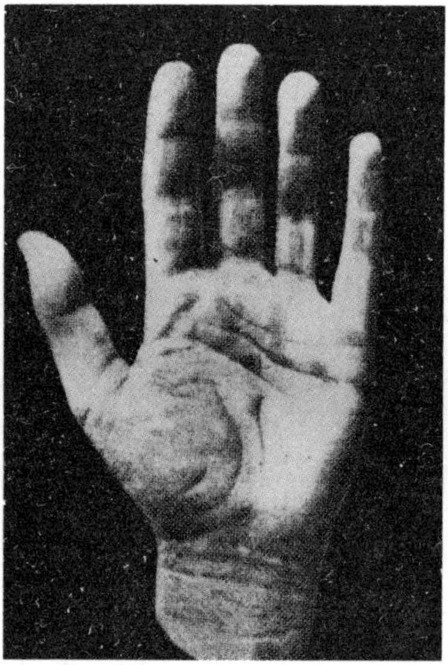

Bild 92) Die in ihrer Proportion sehr gut ausgeglichene Hand des Schriftstellers S. MacManus.

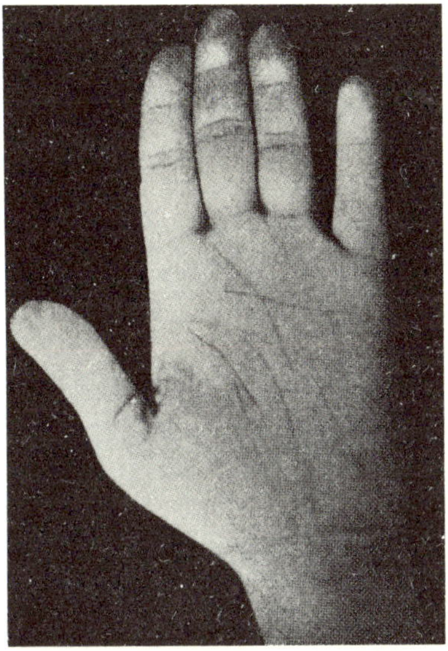

Bild 93) Die sehr disharmonische und materielle Hand des Malers Eugen Carriere.

Die Fingerlängen sind im Verhältnis zum Handteller sehr kurz, der Daumen ist sehr tief angesetzt. Die unteren Fingerglieder sind verdickt, die Hand ist fleischig: Bequemlichkeit, materieller Schlemmer, ungeistig, lasch.

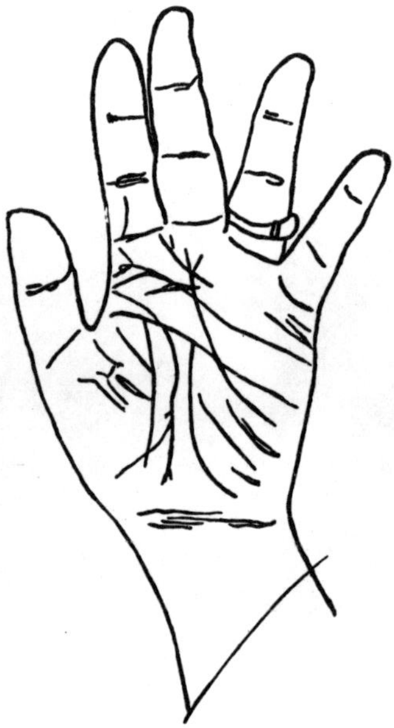

Bild 94) Handbild des Schriftstellers Emile Zola.

Eine konische, fleischige Genießerhand mit nach aufwärts gerichteten Fingerspitzen. Durch die intellektuelle Kopflinie ist er als Gemüts- und Empfindungsmensch disharmonisch.

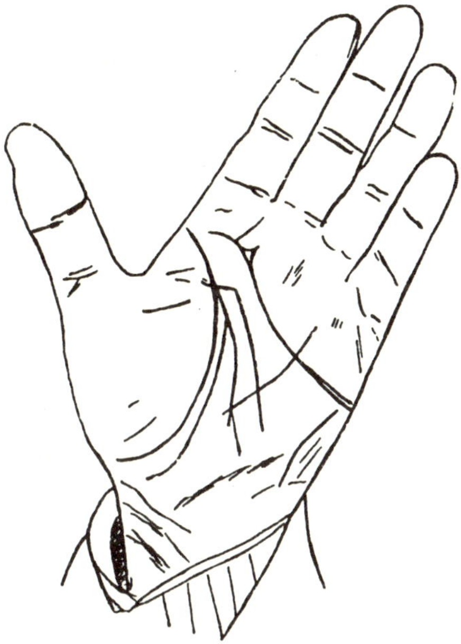

Bild 95) Handbild mit charakteristischer Handhaltung des Staatsmanns Clemenceau.

Man beachte die doppelte Kopflinie und den starren, kraftvollen Daumen. Diese drei Faktoren deuten auf unvermutete Entschlüsse; nicht berechenbares Wesen.

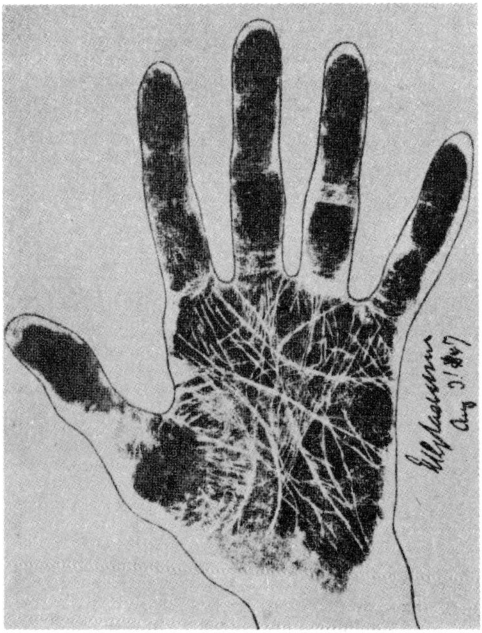

Bild 96) Abdruck der rechten Hand des britischen Staatsmanns W. E. Gladestone.

Hier liegt ein klarer, guter Handabdruck vor, wie er für Studien und für Fernbegutachtungen sein muß. Der Handtyp ist geistig-knotig mit kraftvollem, etwas biegsamem, knotigem Daumen. Eine besonders gute und auch feine Hand mit guten, klaren Linien (Studienhand).

Bild 97) Die außerordentlich linienreichen Handabdrücke einer Stenotypistin im 24. Lebensjahr.

Diese in ihrer Reichhaltigkeit interessanten und klaren Abdrücke seien hier als ein auch für Könner komplizierter Fall zum Studium und Üben beigegeben. Ein Foto der Handform, die der Umrandung der Abdrücke ziemlich genau entspricht, konnte leider nicht beigebracht werden.

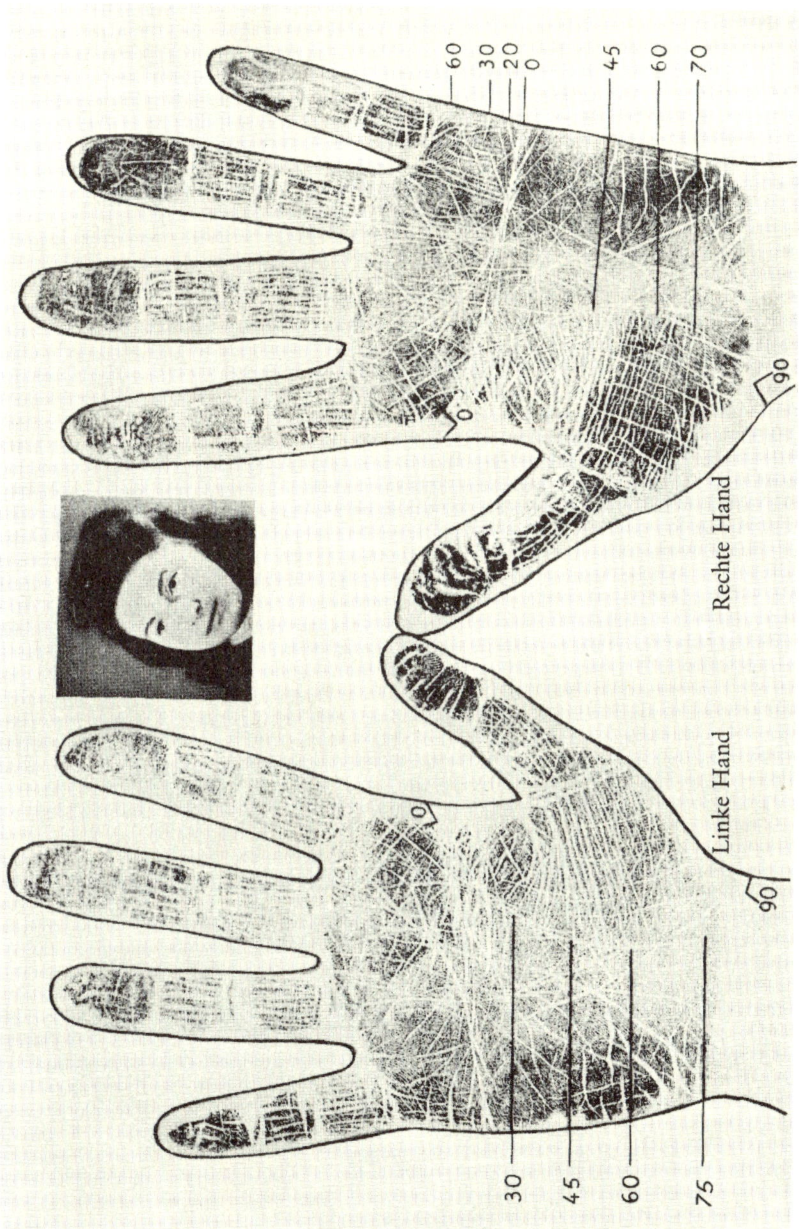
Rechte Hand
Linke Hand
60
30
20
0
45
60
70
90
0
0
90
30
45
60
75

Die Bilder 98 bis 122 bieten Gelegenheit für Studien und Übungen zur Charakterisierung von Handformen. Es ist dem Studierenden zu empfehlen, von jeder dieser Hand*formen* eine Charakteristik auszuarbeiten. Das wird ihm mit der Zeit und bei fleißiger Übung die nötige Sicherheit geben, genaue und reichhaltige Analysen zu fertigen. In diesen Beispielen fällt allerdings die Betrachtung der Kopflinie fort, was zu Fehlern führen kann. Dennoch sind diese Übungen sehr wichtig. Als Beispiel einer sorgfältigen Ausarbeitung habe ich das Handbild 112, die Hand eines bedeutenden Reformarztes, gewählt.

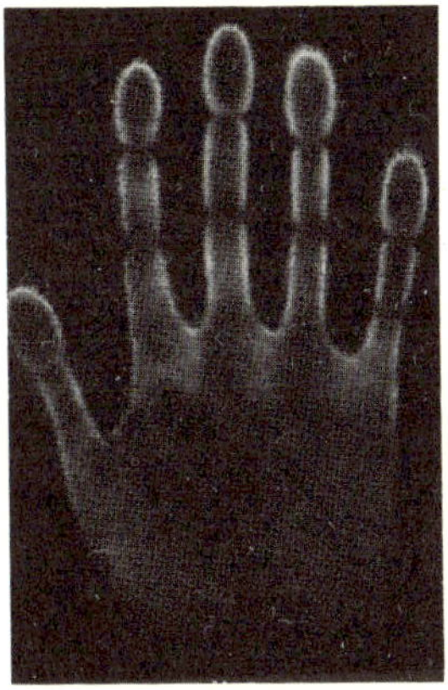

Bild 98) Foto der Handstrahlen.

Es handelt sich um eine Fotografie mit Selbstbelichtung durch Auflegen der Hand auf die Fotoplatte im dunklen Raum. Die Ausstrahlungen, besonders der Finger, zeigen den menschlichen Magnetismus und die Strahlkraft der Aura, die nicht nur den Fingern, sondern dem ganzen Körper eigen ist (siehe hierzu auch Bilder 3 und 4).

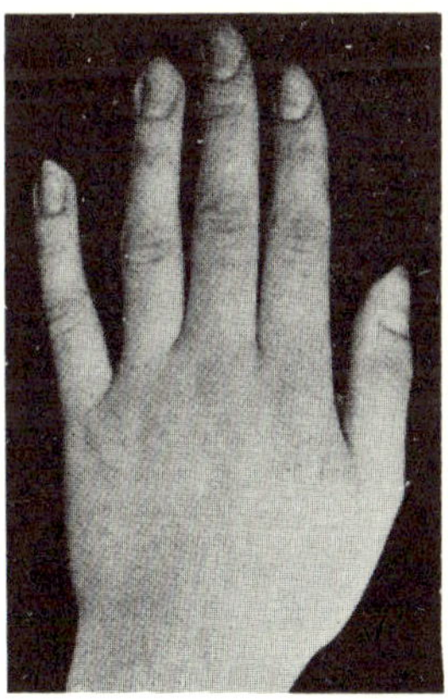

Bild 99) Linke Hand einer Sängerin.

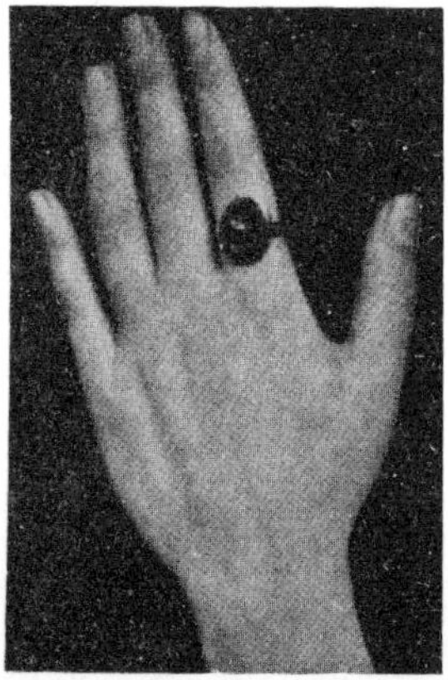

Bild 100) Linke Hand einer Erzieherin, Chefsekretärin.
Schmaler, fester, gerader Daumen: kann Temperament durch Willen zügeln.

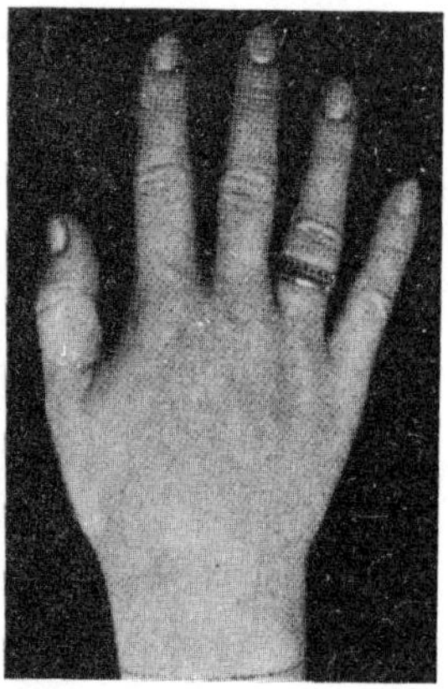

Bild 101) Rechte Hand einer wissenschaftlichen Graphologin.
Konische Hand mit Knoten: Nachdenklichkeit anstatt Impulsivität, verbunden mit unpraktischer Phantasie.

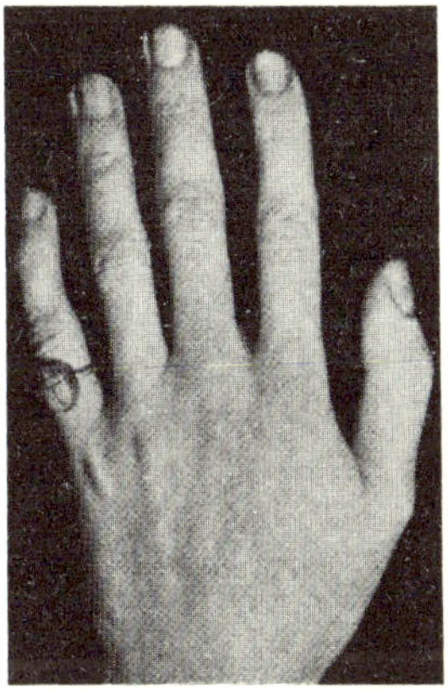

Bild 102) Linke Hand eines Schriftstellers, Architekten.

Eckig-geistige Finger; einwärts gebogener Daumen: extreme Vorsicht, Argwohn, Reserve. Erstes Daumenglied kurz, zweites lang: Überlegung und Vernunft, aber weniger Durchführungskraft (siehe Seite 132).

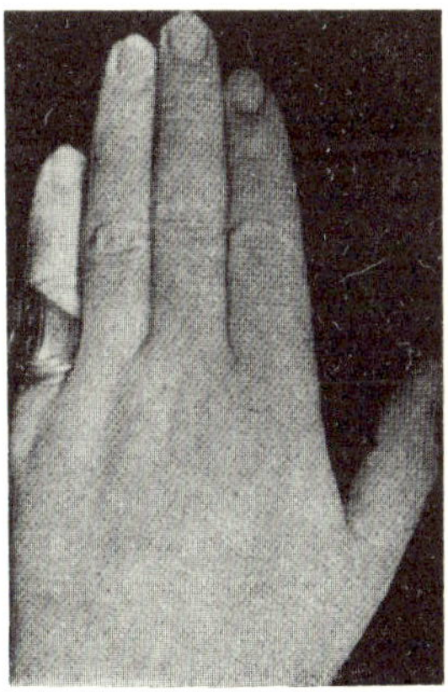

Bild 103) Linke Hand eines Apothekers und Komponisten.

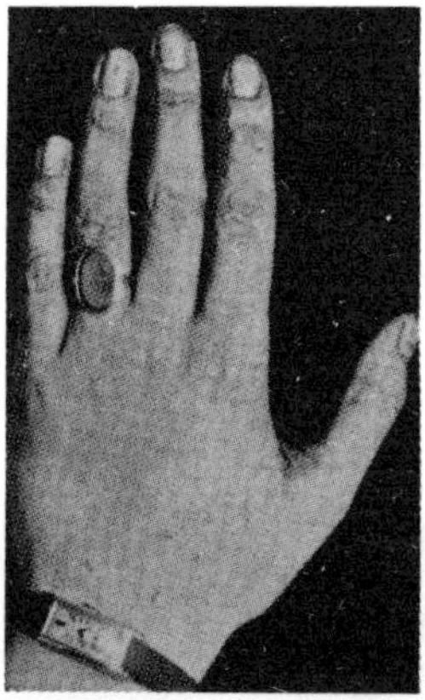

Bild 104) Linke Hand einer Theologin.

Zweites Daumenglied schmaler als das erste: Eigensinn und Diplomatie; erstes und zweites Daumenglied gleich lang: harmonischer Ausgleich; zuverlässig, verträglich.

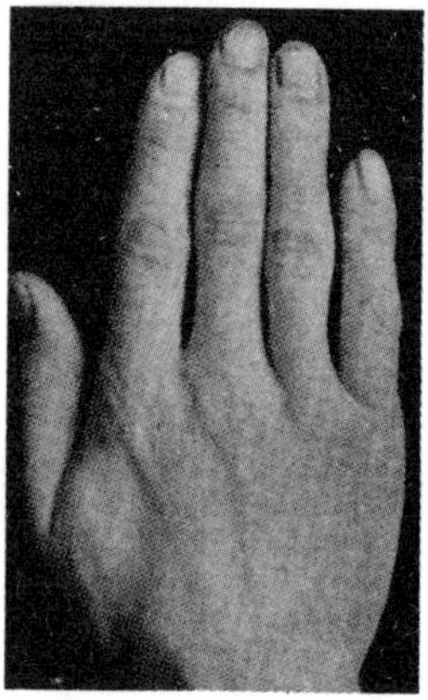

Bild 105) Rechte Hand eines Theologen.

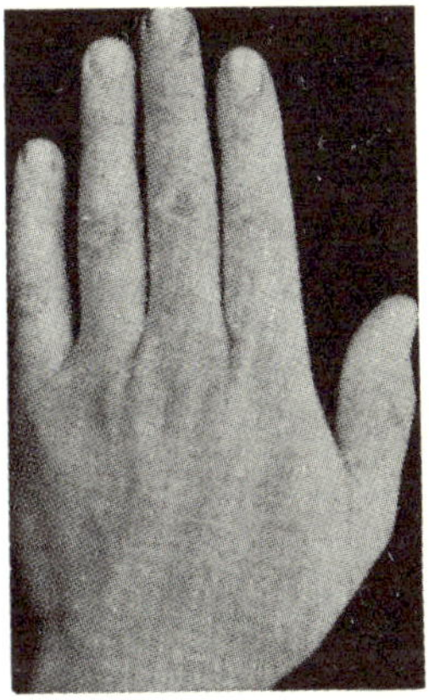

Bild 106) Linke Hand eines Ingenieurs.

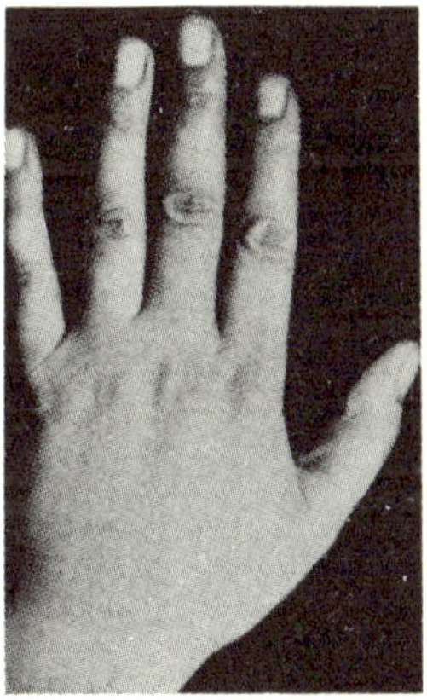

Bild 107) Linke Hand einer Studentin rer. pol.

Sehr kleiner Daumen: Mangel an Willen und Selbstbeherrschung, unsicher und zaghaft.

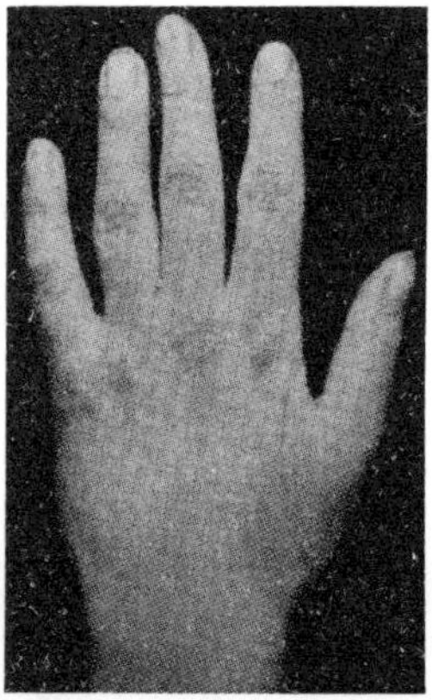

Bild 108) Linke Hand einer Kunstgewerblerin.

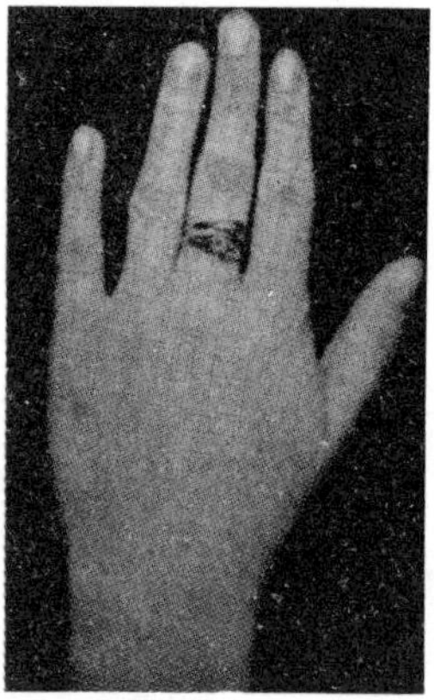

Bild 109) Linke Hand einer Modezeichnerin.
Konische Hand mit Knoten: Nachdenklichkeit anstatt Impulsivität, verbunden mit Phantasie (siehe Seite 141).

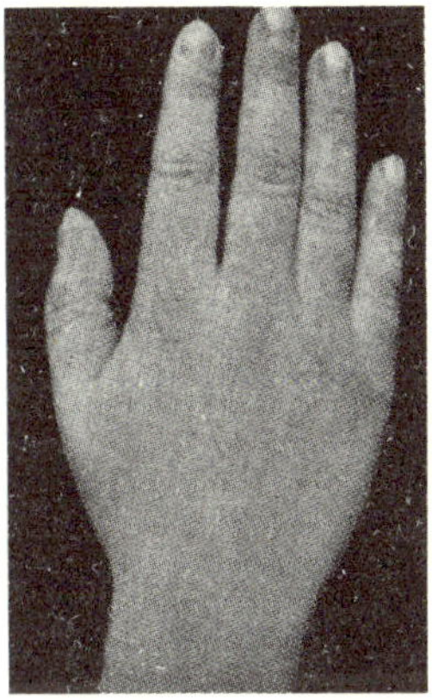

Bild 110) Rechte Hand einer Hausfrau.

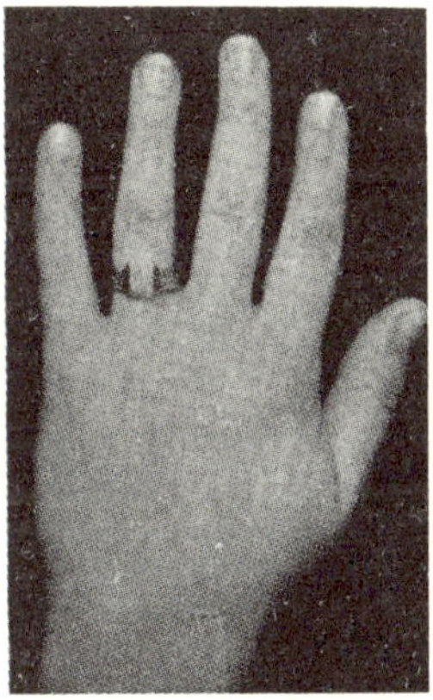

Bild 111) Linke Hand einer Köchin.

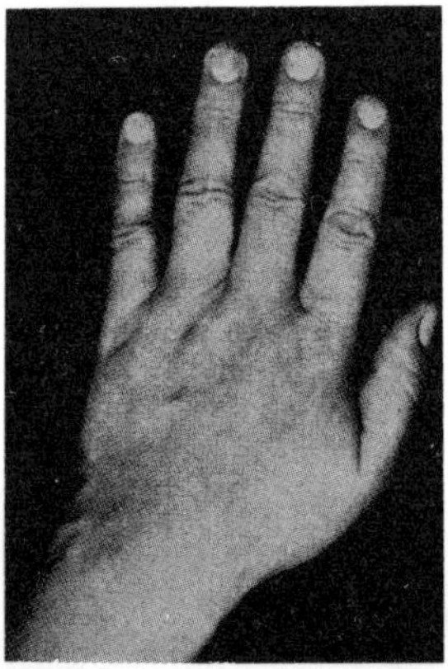

Bild 112) Linke Hand des Arztes Dr. med. Reinhart Steintel.

Diese gemischte Männerhand ist eine Mischung aus konischem und eckigem Typ. Daher ist der Handeigner eine Persönlichkeit, die viel Genauigkeit und Gründlichkeit besitzt, was aber durch den konischen Einschlag nie zur Pedanterie ausartet. Er wird eher oft großzügig, schwunghaft, aber auch etwas Stimmungsmensch sein.

Treibt die erstgenannte Veranlagung zu Tätigkeit und gewisser Rastlosigkeit, so die andere zu Gemächlichkeit und Ruhe des Körpers, nicht aber zu Ruhe der Gedanken. Die zarte Haut zeugt von Einfühlung, Empfindungsfähigkeit, langer Jugendlichkeit, körperlich und auch im Temperament.

Da auch der Daumen gute und starke Form (Persönlichkeit) zeigt, wird sich der Handeigner in jeder Richtung durchzusetzen wissen und dies mit intensiver Betonung unterstreichen, worauf die kraftvolle Handform im ganzen und der Ausdruck des Daumens und der Finger im einzelnen hinweisen.

Die hier in der Länge stärker ausgebildeten mittleren und unteren Glieder des Zeige-, Mittel- und Ringfingers zeigen an, daß diese Persönlichkeit besondere Begabungen für mehrere Berufe besitzt: Der Zeigefinger, konisch mit eckigem Einschlag (Mystik) und langem dritten Glied, als Geistlicher. Sinn und Liebe für Natur und einfühlende Naturwissenschaft sind hierdurch ebenfalls betont.

Der Mittelfinger, mehr eckig und mit langem dritten Glied: Verantwortungsfreudigkeit, Gewissenhaftigkeit, ausgeprägtes Gerechtigkeitsgefühl und Betätigung praktischer Art in Richtung Landwirtschaft und leichterer körperlicher Sport.

Der Ringfinger, leicht konisch und mit leiser Andeutung von Spatelform, langes drittes Glied: gute Intuition in jeder Richtung, Gedanken für praktische Dinge und Vorausschau, Begabung für Kunst (Musik) und Literatur.

Der kleine Finger zeigt Rednergabe an; das erste Glied lang und konisch weist nochmals auf Intuition, gewählte Ausdrucksart, Sinn für spirituelle Studien.

Der untere Teil der Hand ist fleischig und voll, kräftig. Dies zeigt eine stabile körperliche Widerstandskraft, gute, gesunde Erbmasse, starken Magnetismus und eine besonders freudige Genußfähigkeit sowie Lebensbejahung.

Es ist somit die Hand eines verläßlichen, gütigen, vielseitig begabten und anziehenden Mannes mit inneren Werten. Da er, wie oben bemerkt, auch sehr religiös ist, kann er nur Natur- und Priesterarzt sein. Begabung für Chirurgie sei ebenfalls erwähnt.

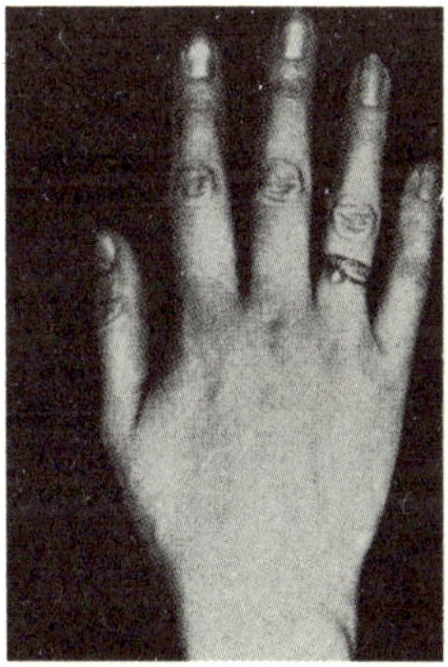

Bild 113) Rechte Hand einer Ärztin.

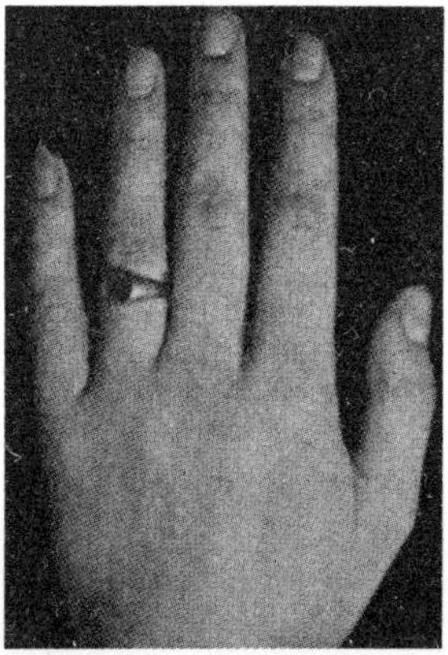

Bild 114) Linke Hand einer Kindergärtnerin.
Weiche Finger: impulsiv, empfindlich, sinnlich.

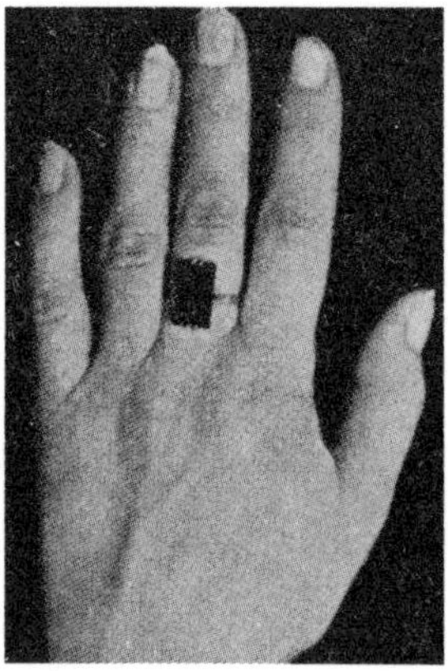

Bild 115) Linke Hand einer Schullehrerin.

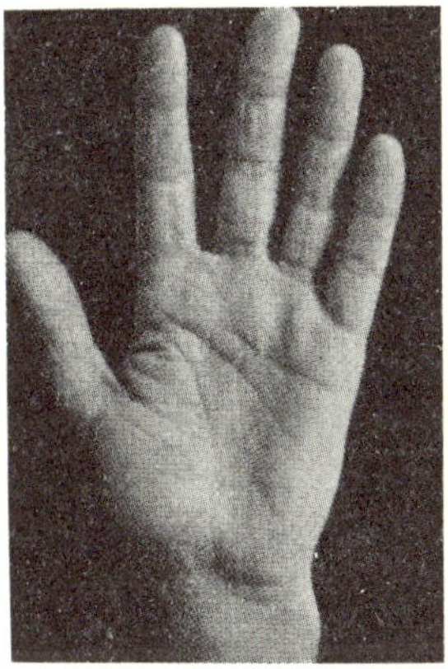

Bild 116) Linke Hand einer Malerin.

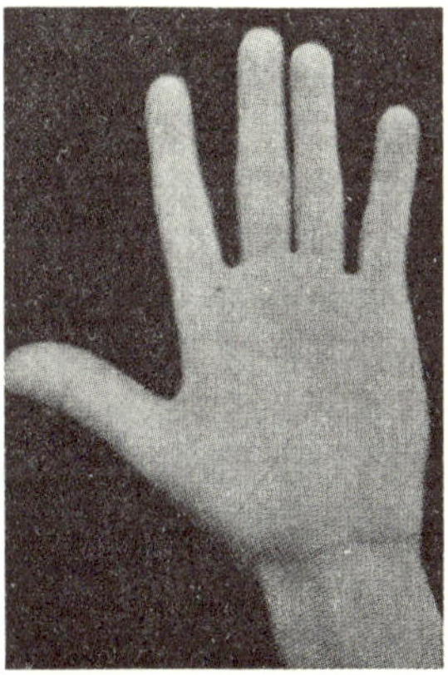

Bild 117) Linke Hand einer Bildhauerin.
Knotige Finger: starke Logik und Sinn für Ordnung.

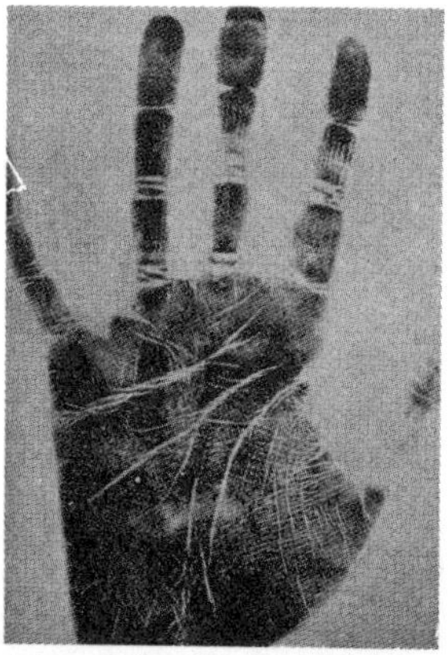

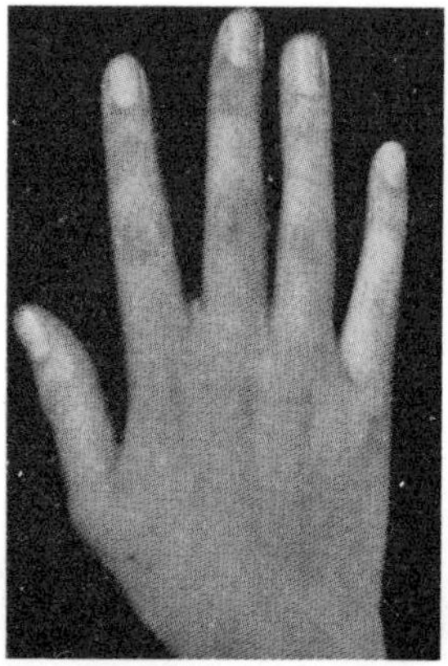

Bild 118) Linke Innenhand und rechte Außenhand eines Mädchens.

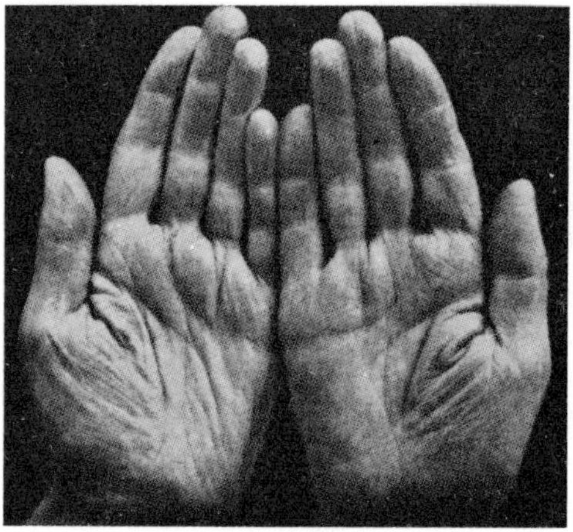

Bild 119) Hände eines Landschaftsfotografen und Astrologen mit Ballen an der Innenseite der Fingerspitzen (siehe Seite 136).

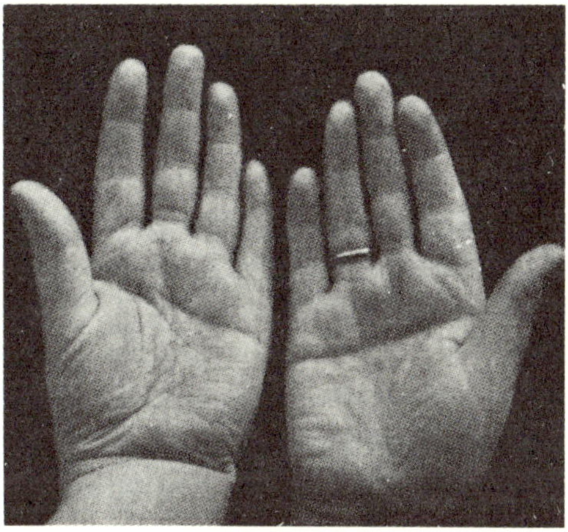

Bild 120) Hände einer Buchhalterin und Astrologin.

Erstes Daumenglied kurz, zweites lang: Überlegung und Vernunft; mäßige Durchführungskraft (siehe Seite 134); weiche Finger: impulsiv, empfindlich, sinnlich (siehe Seite 137); Ballen an der Innenseite der Fingerspitzen: siehe Seite 137.

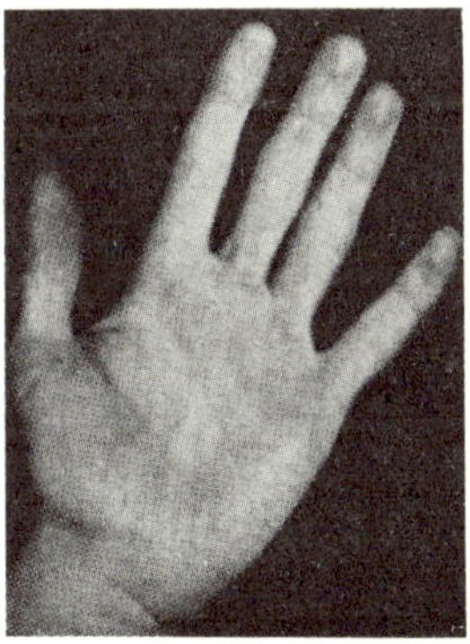

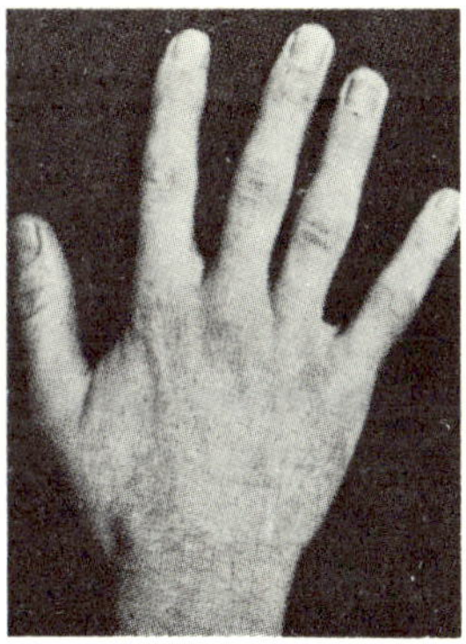

Bild 121) Hände eines Philosophiestudenten.

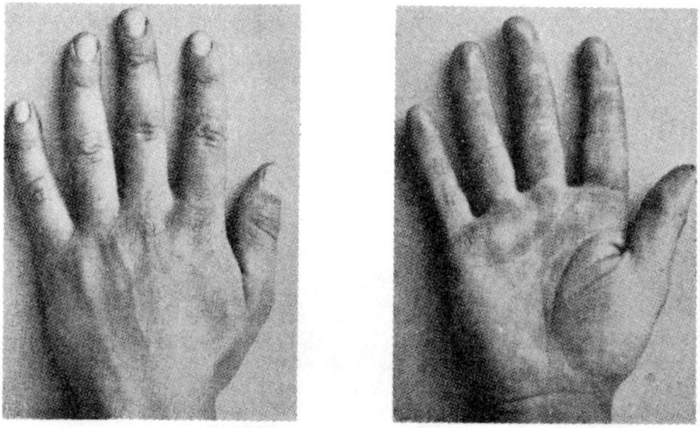

Bild 122) Hände eines Modelltischlers und Innenarchitekten.

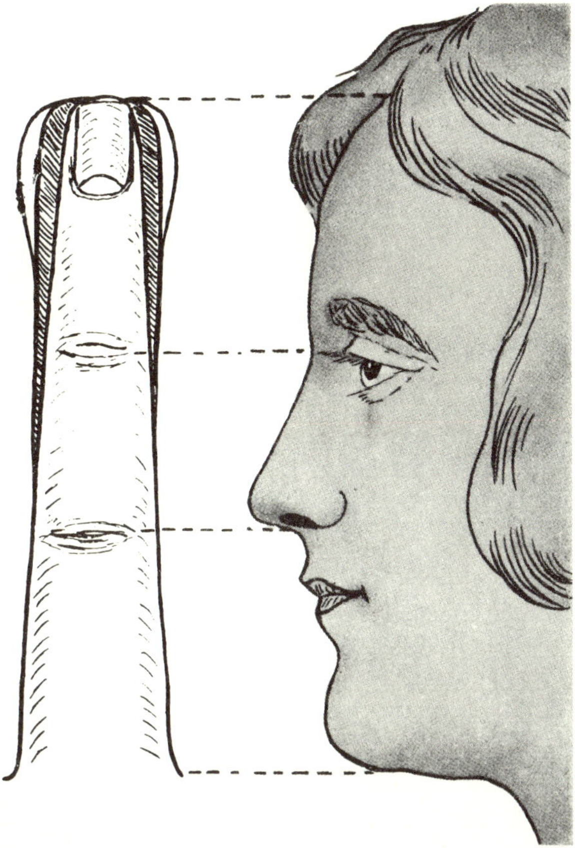

Bild 123) Analoge Dreiteilung von Finger und Kopf des Menschen.

Erstes Fingerglied = Oberschädel = Geist,
zweites Fingerglied = Mittelschädel = Seele,
drittes Fingerglied = Unterschädel = Körper.

Der jeweils längste Abschnitt ist für diesen Menschen dominant; gleiche Längen bedeuten größte Harmonie.

Die Abbildung des Fingers zeigt die Differenzierung der drei Fingergrundformen: innen = konisch; Mitte = eckig; außen = spatelförmig (siehe Seite 112).

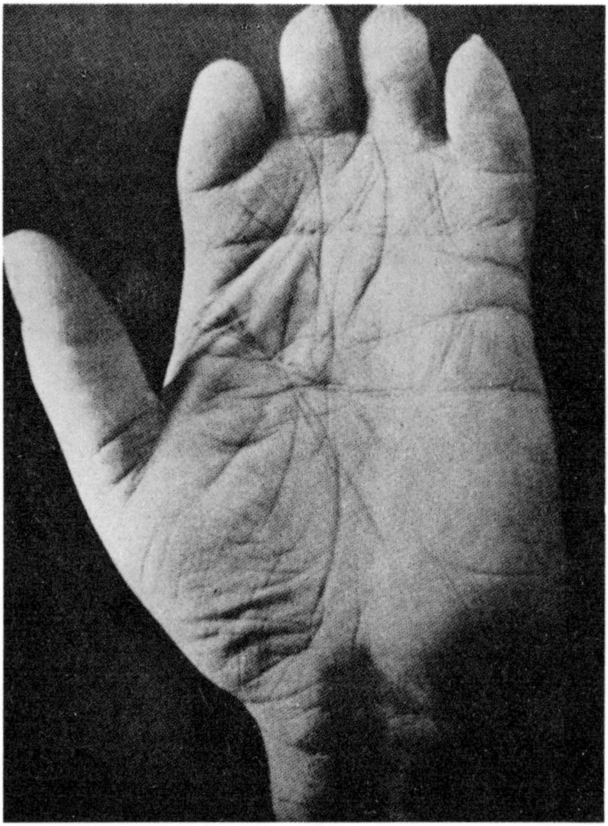

Bild 124) Angeborene Verwachsung (Dekadenzerscheinung).

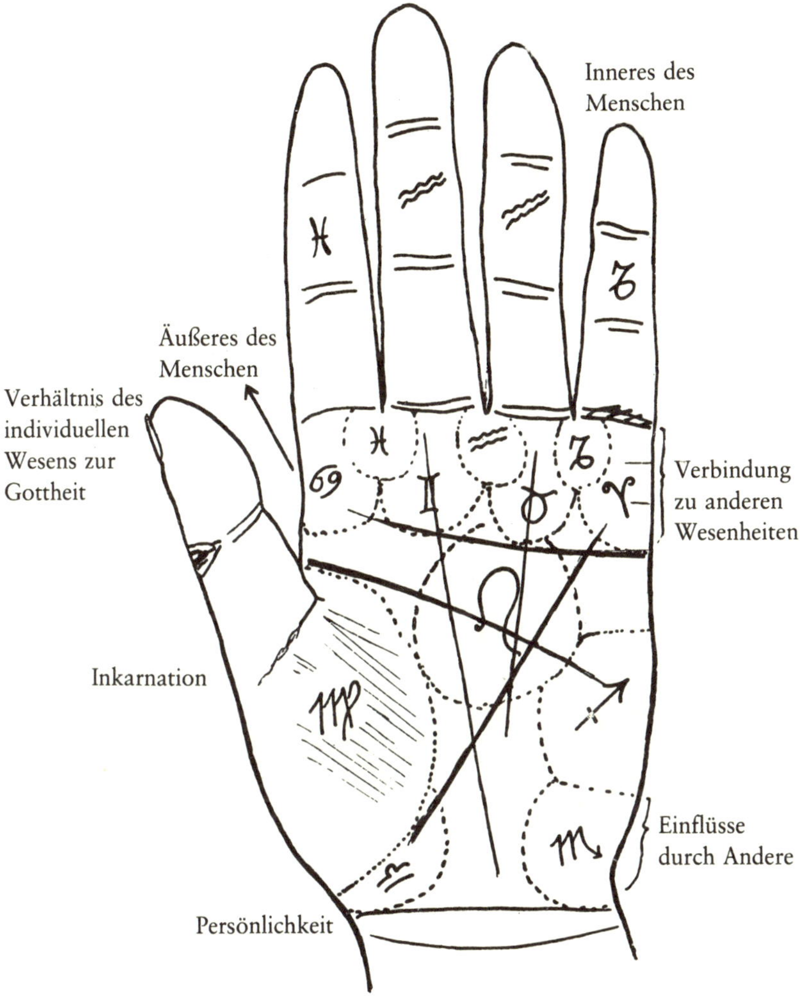

Bild 125) Astrochiromantie nach Th. W. Wulff, Hamburg (siehe Seite 282).

Kopftypen des Menschen
und ihre Planetenzuordnung
(siehe Seite 291).

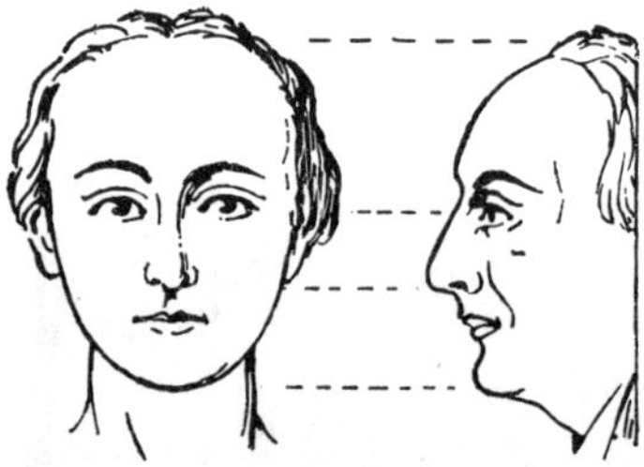

Bild 126) Venustyp

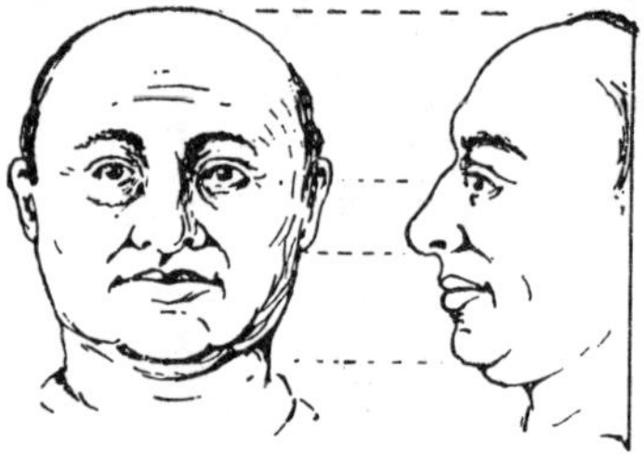

Bild 127) Jupitertyp

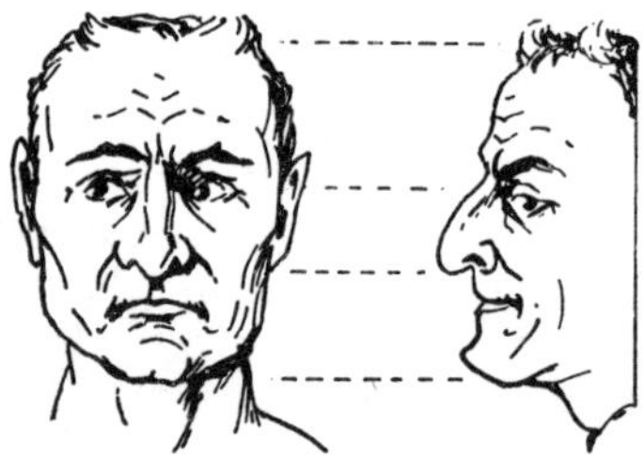

Bild 128) Saturntyp

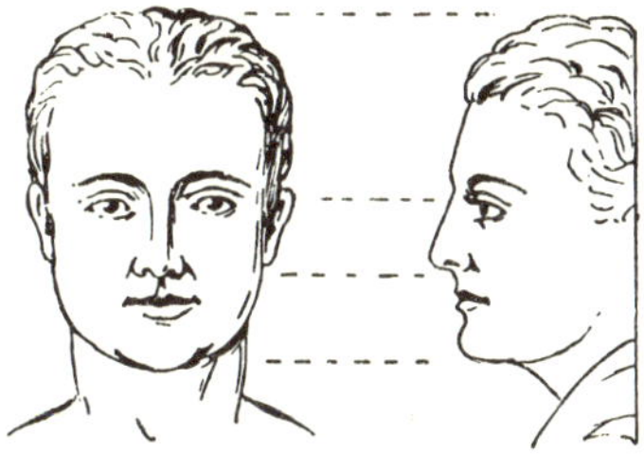

Bild 129) Sonne(Apollo)typ

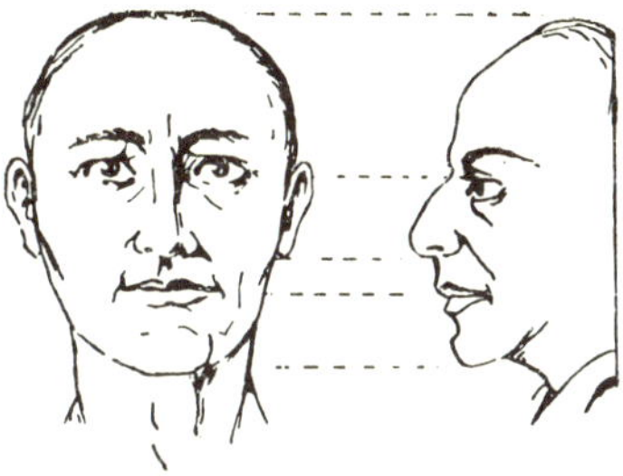

Bild 130) Marstyp

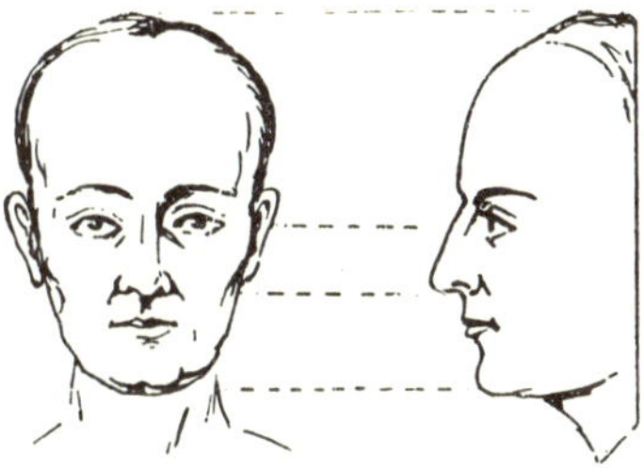

Bild 131) Merkurtyp

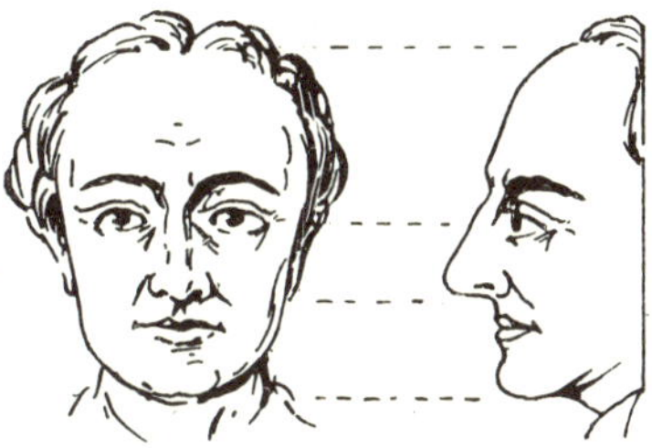

Bild 132) Uranustyp

Bild 133) Dämonischer
Verbrechertyp

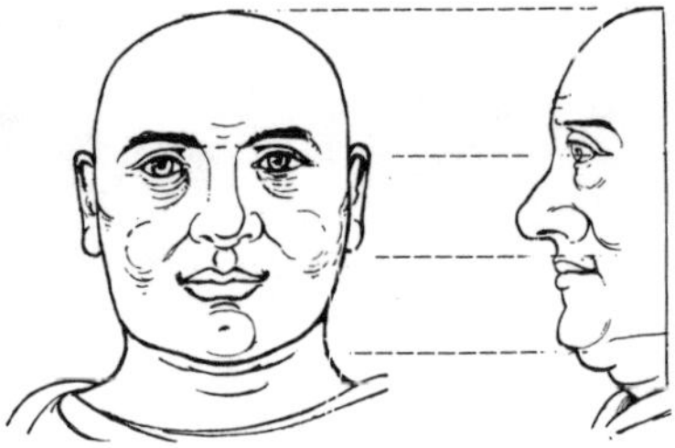

Bild 134) Mondtyp

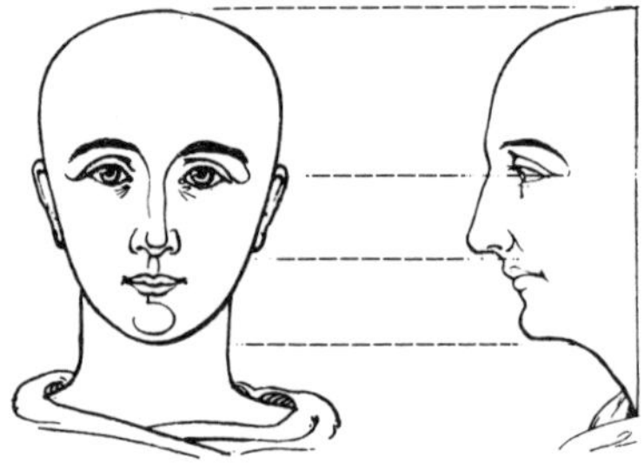

Bild 135) Neptuntyp

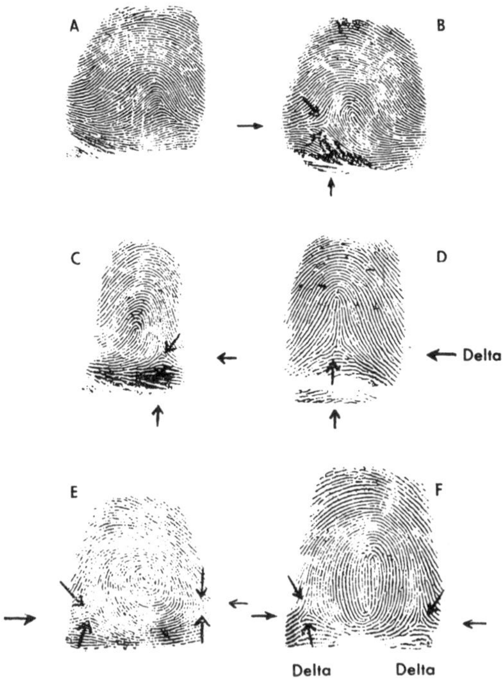

Bild 136) Fingerabdruckmuster (siehe Seite 310).

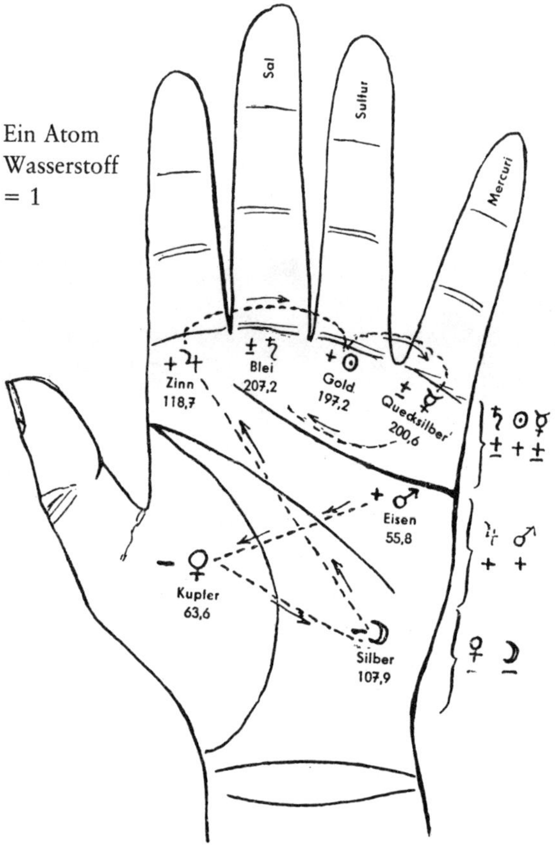

Bild 137) Die Ausdehnungen der einzelnen Innenhandflächen beziehungsweise Handberge und die Atomgewichte der zugeordneten Metalle stehen in umgekehrtem Größenverhältnis zueinander; das heißt, der Teil der Innenhand mit dem geringsten Atomgewicht, der Marsberg (Eisen), beansprucht den größten Teil der Handfläche, und der Saturnberg (Blei) mit dem größten Atomgewicht hat die kleinste Flächenausdehnung (nach E. Bachmann, Zürich 1933).

Anhang

Lexikon der alten Literatur über Handlesekunst.

Abuhaly ben Omar (11. Jahrh.). Deutsche Übersetzung. Freystadt 1903.

Alchindi, Arabische Ausgabe, heute nicht mehr zu haben.

Achillinus, Alex., Bononiensis, De Chyromantie principiis et physionomie. Fol. Bononie, ex officina Hieronymo de benedictis, 1518. Acht gez. Bll.

Avicenna, arabischer Arzt. Heute nicht mehr zu haben.

Aristoteles, Griechische Abhandlung. Britisches Museum (384—322 v. Chr.). „Chyromantia Aristotelis cum figuris." Ulm 1490. „De Coelo et mundi causa."

d'Arpentigny, C. S., „La Chirognomie", 1839. „La Science de la main." Paris 1865. — (Heute längst überholt.)

Belot, Rev. M. Jean, „Oeuvres de Jean Belot contenant la Chiromence, etc." Rouen 1640. Lyon 1672.

Bolifon, A., Italien 1677.

Cardanus, G., italienischer Arzt, „De rerum Varietate". Basel 1557.

Carus, Dr. med. Carl Gustav, eine Vorlesung „Über Grund und Bedeutung der verschiedenen Formen der Hand in verschiedenen Personen". 18 Seiten Großformat Text und 9 Tafeln Abbildungen. Stuttgart 1846. — Ein ganz ausgezeichneter Vortrag, oft bezugnehmend auf die Forschungen von d'Arpentigny und auf eigene Forschungen und Beobachtungen.

Cocles, B., italienischer Meisterchiromant seines Jahrhunderts. „Physionomiae et Chyromantiae Compendium." Übersetzungen in Latein, Deutsch, Französisch. Rouen 1698.

Cocles, B., Lateinisch: B. L. Coclitis Bononiensis, naturalis philosophiae, Medicinae Doctoris, „Physiognomiae et Chiromantiae Compendium". Argentorati, Anno 1533. Auch 1504, 1517 und 1546.

Decrespe, M., „La Main et ses Mystères". Paris 1894. „Matière des Oeuvres Magiques." Paris 1893.

Desbarolles, A. A., „Les Mystères de la Main". Paris 1859. „Révetations Complètes." Paris 1879 (1048 S.). Das letztgenannte Werk enthält auch viel über Phrenologie, Graphologie usw. Es ist mit viel Phantasie gemischt.

Erbenius, N., Lichae 1597.

Fabricius, J. A., „Gedanken von der Erkenntnis der Gemüter aus den Temperamenten der Chiromantie und Physiognomie". Jena 1735.

Fuchs (Fuchsii), 1615. „Chiromantie."

Galen, C., griechischer Arzt (103—193 n. Chr.), Autor von „Secundum Hippocratem Medicorum Principia". Paris 1528.

Goclenio, R., „Aphorismorum Chiromanticorum Tractatus" usw. Leipzig 1597. „Tractatus magico medicus." Frankfurt (Main) und Leipzig 1699.

Hartlieb, Dr. Joh., „Die Kunst Chiromantia". Faksimile-Ausgabe der ältesten als Blockbuch um 1448 in Augsburg gedruckten Handlesekunst. 46 Tafeln. Mit Nachwort von E. Weil. Gr.-4°. München 1923, Pappband. Ausgezeichnete Faksimile-Wiedergabe des ältesten im Druck vorliegenden chiromantischen Werkes. — Diese Schrift enthält nur Handrunen, deren beigegebene Ausdeutungen fast alle unrichtig, daher praktisch nicht verwertbar sind.

Höping, Joh., „Chiromantia Harmonica". Jena 1681. „Institut. Chiromanticae". 1689, 1701.

Indagine, Joh., der Meisterchiromant seiner Zeit! „Introductiones Apostlesmaticae Elegantes in Chiromantiam etc." Straßburg 1522. „Chiromantia, Physiognomia Periaxiomata de Faciebus Signorum." 1534. — Übersetzungen in Deutsch, Französisch und Englisch. 1753. In Englisch: „The Book of Palmistry and Physiognomy." 1651.

Ingebern, Joh., „Chiromantia, Metoposkopa et Physiognomia practica". Frankfurt 1724. Auch Frankfurt (Main) 1692 und 1701.

Job, Jon Georg, Anleitung zu denen curiösen Wissenschaften, nehmlich der Physiognomia, Chiromantia, Astrologia, Geomantia, Oniromantia, Onomantia, Teratoscopia, Sympathia u. Antipathia. Worinnen denen curiösen Gemüthern auf deut- und gründlichste gezeiget wird, wie man aus des Menschen Gesichte, Händen und Geburts-Stunden, nach d. Sonnen-, Mond- u. Sternen-Lauff, item Punctiren, Traumen, Nahmen u. erscheinenden Wunder-Zeichen, ein Prognosticon u. Nativitat von seinem bevorstehenden Glück u. Unglück stellen könne. Mit Frontispiz, 31 Kupfertafeln u. 3 Holzschnittafeln. Frankfurt u. Leipzig, Nicolai, 1737. 9 Bll. 488 S. 5 Bll. Register. Halbleder d. Zeit.

Lutz, L. H. (Philosoph, Chemiker und Arzt), „Chirosophie concentrate". Nürnberg 1679.

May de Francoine, Ph., „La Chiromancie Medicinale". Haag 1665.

Mayens, Dr. Philipp, „Chiromantia Medica". Dresden 1667. 1670. Andere Ausgaben: 1739, 1769. Mayens lehrte Chiromantie an der Universität Dresden! Er war auch Astrologe.

Magnus, A. Leipzig 1807.

Mott, F. H., „Manus Religiosorum", 2. Auflage. Colonia 1676.

„Papus" († 1914). „Traité synthétique de Chiromancia", 1892.

Peruchio, „La Chiromance, La Physiognomie et la Geomance". Paris 1636. Andere Ausgaben: 1653, 1656, 1683. Bedeutender Chiromant!

Pescatoris, „Metoposcopie & Chiromantie". Jena 1705.

Praetorius, Joh., „Cheiroscopia & Metoposcopia". Jena 1659. Latein, aus dem Italienischen übersetzt. Andere Ausgaben: 1661, 1680, 1705.

Requeno, V., „Scoperta della Chironomia". Parma 1797.

Ronphile, „Chyromantie naturelle". Lyon 1633, Paris 1655, 1665.

Rothmann, J., „Chiromantia Theorica Practica". Erfurt 1595, London 1652.

Sohn, F. F. Berlin 1856. Drei dünne Druckschriften ohne Bedeutung.

St. Germain, Comte C. de (geboren 1846), „Handbook of Palmistry". New York 1883. „Practical Palmistry". Chicago 1897, London ?. — „Practise of Palmistry for Professional Purposes". Chicago 1897/98. — Das letztgenannte, große Werk ist eines der besten überhaupt! St. G. war Astrologe, Alchimist und Chirosoph. Schüler von Desbarolles, den er aber weit übertraf.

Sanders, R., „Physiognomie, Chiromancie, Metoposcopie etc.". London 1653. „Palmistry; the Secrets Thereof Disclosed." London 1664. Sanders war in England der bedeutendste Chirosoph des 17. Jahrhunderts.

Sider, A., „La Chiromancie Royale et Nouvelle". Lyon 1666.

Spadoni, „Studio di Curiosita nel quale tratta di fisionomia, Chiromantia e Metoposcopia". Venice 1675.

Spark, J. J., „Scientific and Intuitional Palmistry". London 1895.

St. Hill, Kath., „The Grammar of Palmistry". London 1892. 1895. Deutsche Übersetzung existiert. Inhaltlich arm.

Tiberius, Ant., „Chiromantie". Mg. 1541.

Tricasso, „Chyromantia Novamente revista e con Somma diligentia coretta e stampata". Mantua 1525, 1534, 1538. Eine französische Übersetzung 1583 und 1552, Paris Lat. Norib. 1560. Paris, Claude Frémy 1561.

Taisnier, Joanne. „Opus mathematicum octo libros" Coloniae Agrippinae 1583 (1562) completus, innumeris, prope modum figuris idealibus manuum et Physiognomiae ... quorum sex priores libri Absolutissimae Cheiromantiae Theoricam ... Item Isagogen Astrologiae Indiciariae-Omnibus, Matheseos, Cheiromantiae, Philosophiae & Medicinae studiosi utiles ac necessarii. Eine deutsche Ausgabe ist in Vorbereitung.

Ernst Issberner-Haldane

Die medizinische Hand- und Nageldiagnostik

Das Standardwerk der Chirologie

12. Aufl., 270 S. mit 166 Zeichn. und 33 Abb.
ISBN 3-7626-0053-8

Immer mehr Ärzte beachten neben den modernen wissenschaftlichen Untersuchungsmethoden auch die Erkenntnisse der Heilkunde, die seit Jahrtausenden existieren, aber früher nur wenigen Eingeweihten bekannt waren. Hierzu zählt auch die Hand- und Nageldiagnostik, eine Wissenschaft, die, von Ernst Issberner-Haldane neu belebt und durch ungezählte Untersuchungen und statistische Vergleiche erhärtet, heute in der Lage ist, anhand von über einhundertfünfzig verschiedenen Merkmalen in den Händen Krankheiten zu diagnostizieren oder die vorhandene Neigung zu einer bestimmten Krankheit erkennen zu lassen.

Rita Issberner-Haldane

Atlas der Chirologie

Analyse und Diagnose aus der lebendigen Hand

264 S. mit 419 farb. Abb. und 1 Ausschlagtafel mit 4 fbg. Abb.
ISBN 3-7626-0277-8

Menschen aller Altersstufen streben mehr und mehr nach Selbsterkenntnis. Die eigenen Hände bilden die Basis für ein Selbststudium: Sie lassen sich beobachten und kontrollieren. Hierdurch werden innere Zusammenhänge und äußere Gegebenheiten miteinander verbunden und erfaßt. Menschen vieler Berufsgruppen, besonders im pädagogischen und sozialen Bereich, finden im *Atlas der Chirologie* reiche Anregungen für ihre Arbeit. Dem Berufsberater bieten sich im Erkennen der Formengesetze mehr Aufschluß und Übersicht für die Begabungen junger Menschen. Eltern und Erzieher können lernen, wie ihre Kinder besser einzuschätzen und zu verstehen sind. Ärzte und Heilpraktiker finden klare Hinweise für die Prophylaxe und für die Therapie.

Verlag Hermann Bauer · Freiburg im Breisgau